DIREITO MUNICIPAL EM DEBATE

EDUARDO DE SOUZA FLORIANO
Coordenador-Geral

BRUNO SANTOS CUNHA
GUSTAVO MACHADO TAVARES
Coordenadores

DIREITO MUNICIPAL EM DEBATE

Volume 5

Belo Horizonte

2021

© 2021 Editora Fórum Ltda.

É proibida a reprodução total ou parcial desta obra, por qualquer meio eletrônico, inclusive por processos xerográficos, sem autorização expressa do Editor.

Conselho Editorial

Adilson Abreu Dallari
Alécia Paolucci Nogueira Bicalho
Alexandre Coutinho Pagliarini
André Ramos Tavares
Carlos Ayres Britto
Carlos Mário da Silva Velloso
Cármen Lúcia Antunes Rocha
Cesar Augusto Guimarães Pereira
Clovis Beznos
Cristiana Fortini
Dinorá Adelaide Musetti Grotti
Diogo de Figueiredo Moreira Neto (*in memoriam*)
Egon Bockmann Moreira
Emerson Gabardo
Fabrício Motta
Fernando Rossi
Flávio Henrique Unes Pereira

Floriano de Azevedo Marques Neto
Gustavo Justino de Oliveira
Inês Virgínia Prado Soares
Jorge Ulisses Jacoby Fernandes
Juarez Freitas
Luciano Ferraz
Lúcio Delfino
Marcia Carla Pereira Ribeiro
Márcio Cammarosano
Marcos Ehrhardt Jr.
Maria Sylvia Zanella Di Pietro
Ney José de Freitas
Oswaldo Othon de Pontes Saraiva Filho
Paulo Modesto
Romeu Felipe Bacellar Filho
Sérgio Guerra
Walber de Moura Agra

CONHECIMENTO JURÍDICO

Luís Cláudio Rodrigues Ferreira
Presidente e Editor

Coordenação editorial: Leonardo Eustáquio Siqueira Araújo
Aline Sobreira de Oliveira

Av. Afonso Pena, 2770 – 15º andar – Savassi – CEP 30130-012
Belo Horizonte – Minas Gerais – Tel.: (31) 2121.4900 / 2121.4949
www.editoraforum.com.br – editoraforum@editoraforum.com.br

Técnica. Empenho. Zelo. Esses foram alguns dos cuidados aplicados na edição desta obra. No entanto, podem ocorrer erros de impressão, digitação ou mesmo restar alguma dúvida conceitual. Caso se constate algo assim, solicitamos a gentileza de nos comunicar através do *e-mail* editorial@editoraforum.com.br para que possamos esclarecer, no que couber. A sua contribuição é muito importante para mantermos a excelência editorial. A Editora Fórum agradece a sua contribuição.

Dados Internacionais de Catalogação na Publicação (CIP) de acordo com a AACR2

D598	Direito Municipal em Debate / Eduardo de Souza Floriano, Bruno Santos Cunha, Gustavo Machado Tavares (coord.).– Belo Horizonte : Fórum, 2021. v. 5. 336 p; 14,5x21,5cm ISBN: 978-65-5518-158-6 1. Direito Municipal. 2. Direito Público. 3. Direito Constitucional. I. Floriano, Eduardo de Souza. II. Cunha, Bruno Santos. III. Tavares, Gustavo Machado. IV. Título. CDD 341.316 CDU 342

Elaborado por Daniela Lopes Duarte - CRB-6/3500

Informação bibliográfica deste livro, conforme a NBR 6023:2018 da Associação Brasileira de Normas Técnicas (ABNT):

FLORIANO, Eduardo de Souza; CUNHA, Bruno Santos; TAVARES, Gustavo Machado (coord.). *Direito Municipal em Debate*. Belo Horizonte: Fórum, 2021. 336 p. v. 5. ISBN 978-65-5518-158-6.

Aos procuradores municipais que atuam com perseverança na criação de um país justo e democrático, no qual a Constituição e os princípios republicanos sejam respeitados e o cidadão tenha justiça social e tributária.

Agradecimento especial à Diretoria da Associação Nacional dos Procuradores Municipais – ANPM (gestão 2018/2020), na pessoa do ex-presidente Cristiano Reis Giuliani, pela liberdade e confiança depositada na Diretoria de Eventos Científicos e na Comissão Organizadora do Congresso Brasileiro Virtual de Procuradores Municipais, responsáveis pela edição da presente obra.

SUMÁRIO

A ADVOCACIA PÚBLICA COMO FUNÇÃO ESSENCIAL À JUSTIÇA NOS MUNICÍPIOS BRASILEIROS

ALEXSANDRO RAHBANI ARAGÃO FEIJÓ, ANA BEATRIZ GETELINA SOUSA..17

1 Introdução...17

2 A administração pública e o controle prévio dos atos administrativos...19

2.1 A modernização da gestão pública e o princípio da eficiência...........21

3 A institucionalização da Advocacia Pública na CRFB/88...................24

3.1 A Advocacia Pública e sua função essencial no Estado Democrático de Direito...28

4 A atuação dos procuradores municipais no desenvolvimento socioeconômico e no aprimoramento da qualidade da gestão pública nos municípios brasileiros...31

4.1 A institucionalização da Advocacia Pública nos municípios brasileiros: principais levantamentos do 1º Diagnóstico de Advocacia Pública Municipal no Brasil.....................................32

5 Conclusões..36

Referências...38

A DEVOLUÇÃO AO ERÁRIO DE VERBA REMUNERATÓRIA RECEBIDA INDEVIDAMENTE POR SERVIDOR PÚBLICO, AINDA QUE DE BOA-FÉ, EM VIRTUDE DE ERRO OPERACIONAL DA ADMINISTRAÇÃO E A NECESSIDADE DE REVISÃO DO TEMA Nº 531 DO STJ

ELIANE PIRES ARAÚJO, DANIEL LOPES PIRES XAVIER TORRES.......43

1 Sistema de precedentes brasileiro: uma visão geral.........................43

2 A necessidade de revisão do Tema nº 531 do STJ.............................51

2.1 Como funciona o trâmite no STJ..51

2.2 Descrição da base fático-jurídica posta em julgamento.....................52

2.3 Da necessidade de revisão do Tema nº 531.....................................55

Referências...59

AQUISIÇÃO DE BENS E INSUMOS E CONTRATAÇÃO DE
SERVIÇOS PARA O ENFRENTAMENTO DA EMERGÊNCIA
GERADA PELA PANDEMIA DO NOVO CORONAVÍRUS

EDCARLOS ALVES LIMA..61

    Introdução 61

1   Contratação direta: exceção ao dever de licitar 62

2   Enfrentamento à emergência em saúde pública decorrente da
pandemia do novo coronavírus: instrumentos possíveis....................64

2.1   Contratação direta por emergência – Hipótese do art. 24,
inciso IV, da Lei nº 8.666/1993...64

2.2   Contratação direta, por dispensa de licitação, introduzida pela
Lei nº 13.979/2020, com suas alterações posteriores 72

2.3   Procedimento licitatório na modalidade pregão: inovações
temporais trazidas pela legislação extraordinária................................76

3   Formalidades adicionais às contratações feitas com base na
Lei nº 13.979/2020, com suas alterações posteriores 77

4   Regras contratuais estatuídas pela novel legislação............................79

    Conclusão 80

    Referências 82

CALAMIDADE PÚBLICA: PONTO DE INFLEXÃO NO DIREITO
PÚBLICO BRASILEIRO

GIULIANO CAMPOS PEREIRA...83

    Introdução 83

1   Calamidade pública...84

2   Direito público 85

3   Direito constitucional 86

4   Direito administrativo..89

5   Direito tributário e financeiro 96

6   Direito processual civil 99

    Considerações finais...103

    Referências 104

O PAPEL DA ADVOCACIA PÚBLICA NA JURISDIÇÃO
ADMINISTRATIVA MUNICIPAL: INCURSÕES HISTÓRICO-
JURÍDICAS PARA COMPREENSÃO DAS DINÂMICAS DE PODER
NA ADMINISTRAÇÃO MUNICIPAL BRASILEIRA

IGOR SILVA DE MENEZES 107

Introdução 107

1 Advocacia pública e a jurisdição administrativa municipal: da vocação dos Procuradores Municipais para solução de conflitos na jurisdição administrativa extrajudicial 109

2 Possíveis contributos da historiografia para compreensão do déficit de institucionalidade da advocacia pública municipal 114

3 Do minimalismo constitucional e da subjetividade ilimitada do legislador local: dois artifícios retóricos contrários à institucionalização da advocacia pública municipal 123

Conclusões 127

Referências 131

ESTATUTO JURÍDICO-CONSTITUCIONAL DA ADVOCACIA DE
ESTADO E O CONTROLE DA ADMINISTRAÇÃO PÚBLICA

RENATA HELLWIG FERREIRA 135

1 Introdução 135

2 Advogados de Estado e as prerrogativas da advocacia 137

2.1 Percepção dos honorários de sucumbência 138

2.1.1 Limitações às leis locais (estaduais e municipais) face à lei federal 139

2.1.2 A natureza de verba privada dos honorários sucumbenciais 141

2.2 Exercício pleno da advocacia 143

2.3 Inviolabilidade do instrumental de trabalho do advogado 145

3 Prerrogativas da advocacia pública como carreira de Estado 146

3.1 Independência funcional dos advogados de Estado 147

3.1.1 (In)existência de vínculo hierárquico entre advogados de Estado e Administração Pública 148

3.2 (Ir)responsabilização dos advogados públicos 150

3.3 Independência financeira e orçamentária 152

4 Advocacia de Estado e o controle da Administração Pública 152

5 Considerações finais 155

Referências 156

TRANSFERÊNCIA DE RECURSOS DO MUNICÍPIO DE MARICÁ PARA O ESTADO DO RIO DE JANEIRO, NO ÂMBITO DAS POLÍTICAS PÚBLICAS DE SAÚDE DE COMBATE À COVID-19 E DESNECESSIDADE DE SUBMISSÃO PRÉVIA AOS ÓRGÃOS DELIBERATIVOS DO SISTEMA ÚNICO DE SAÚDE (SUS)

DANIEL DE SOUZA VELLAME 159

 Relatório...159

 Fundamentação 160

 Conclusão 170

PARECER Nº 421/2020: PROJETO DE LEI SOBRE CONTRATOS ADMINISTRATIVOS

SÉRGIO VERÍSSIMO DE OLIVEIRA FILHO, JOÃO LUIZ MARTINS ESTEVES...171

I Consulta..171

II Análise 171

III Conclusão 183

PARECER NORMATIVO Nº 01/2020, DE 13 DE ABRIL DE 2020: NECESSIDADE DE MANUTENÇÃO DAS ATIVIDADES ESSENCIAIS EXERCIDAS PELOS SERVIDORES PÚBLICOS PERTENCENTES AO GRUPO DE RISCO DURANTE A PANDEMIA CAUSADA PELO CORONAVÍRUS (COVID-19)

ADELMAR AZEVEDO RÉGIS, GUSTAVO BEDÊ AGUIAR, THAÍS FERREIRA VITURINO BOUERES 185

1 Relatório..185

2 Análise jurídica 186

2.1 Quanto à competência para emissão de parecer normativo.............186

2.2 Quanto aos decretos emitidos no combate à pandemia de Covid-19 186

2.3 Quanto ao alcance das medidas adotadas no combate à pandemia de Covid-19, perante o quadro de servidores do município...190

2.4 Quanto aos serviços essenciais e ao conflito jurídico-interpretativo das normas a serem adotadas por servidores públicos em meio à Covid-19 193

2.4.1 Quanto à classificação dos serviços essenciais perante o surto de Covid-19 193

2.4.2	Quanto ao conflito jurídico-interpretativo das normas a serem adotadas por servidores públicos em meio ao surto pandêmico de Covid-19 199
2.5	Quanto aos encaminhamentos a serem adotados para dirimir os conflitos entre a necessidade da manutenção dos serviços essenciais e o direito à saúde dos servidores públicos pertencentes ao grupo de risco 209
2.5.1	Quanto às atividades e serviços considerados essenciais 211
2.5.2	Quanto ao grupo de risco 211
2.5.3	Quanto à possibilidade de não aplicação do teletrabalho para o servidores do grupo de risco por decisão do titular do órgão e de realocação dos servidores públicos municipais, que desempenham atividades ou serviços essenciais e estejam presentes em "grupo de risco" da Covid-19 212
2.5.4	Quanto à junta médica municipal 220
2.5.5	Quanto à presença da gestante e da lactante em grupo de risco para Covid-19 221
3	Conclusão 222

AÇÃO CIVIL PÚBLICA DE IMPROBIDADE ADMINISTRATIVA (COM PEDIDO LIMINAR DE INDISPONIBILIDADE E SEQUESTRO DE BENS)

IGOR SILVA DE MENEZES,
MATHEUS VINICIUS MENEGATTI DA COSTA 225

I	Dos fatos (da imputação dos atos de improbidade administrativa) 226
II	Da opção processual do município no caso dos autos 230
III	Da individualização das condutas 231
IV	Dos requisitos da medida liminar..235
V	Do objeto do arresto...237
VI	Dos pedidos..238
VI.1	Do pedido liminar (*inaudita altera pars* e *initio litis*) 238
VI.2	Dos pedidos principais...239

AÇÃO DIRETA DE INCONSTITUCIONALIDADE Nº 70082801408

RENATO RAMALHO..243

1	Contextualizando a LCM nº 859/2019. Considerações sobre a atualização da Planta Genérica de Valores do IPTU em Porto Alegre..244
1.1	Os parâmetros da justiça tributária 244

1.2	A planta genérica de valores como instrumento de verificação da base de cálculo do IPTU	247
1.3	Da necessária atualização da PGV do Município de Porto Alegre	248
1.4	Das alterações advindas da LCM nº 859/2019 – Promoção da justiça tributária por meio da atualização PGV	258
2	Resumo da inicial	263
3	Preliminares	265
3.1	Da primeira preliminar. Procuração que não indica de forma objetiva e individualizada os dispositivos legais impugnados. Descumprimento de determinação judicial que implica a extinção da demanda sem resolução do mérito	265
3.2	Da segunda preliminar. Descompasso entre o pedido e a causa de pedir. Inépcia da inicial	268
3.3	Da terceira preliminar. Ausência de impugnação do complexo normativo. Falta de interesse de agir	269
3.4	Da quarta preliminar. Alegação de divergência dos valores da PGV com os critérios fixados em lei. Matéria infraconstitucional. Não cabimento de ADI	272
4	Mérito	273
4.1	Da inexistência de progressividade em função da localização do imóvel. Aplicação de alíquotas diferenciadas por divisões fiscais. Expressa autorização constitucional	273
4.2	Inexistência de retroatividade da alteração dos critérios para a fixação do preço do metro quadrado do terreno	279
4.3	Critérios informadores da Planta Genérica de Valores em conformidade com os princípios da legalidade, capacidade contributiva e moralidade administrativa	281
4.4	Inexistência de ofensa aos princípios da isonomia, proporcionalidade e razoabilidade	290
4.5	Observância dos princípios da segurança jurídica e da vedação dos efeitos confiscatórios	292
5	Do não cabimento da medida cautelar	299
5.1	Inexistência de *fumus boni iuris*	299
5.2	Inexistência de *periculum in mora*	300
5.3	Do *periculum in mora* inverso	301
6	Conclusão	304
7	Listagem dos documentos anexos	305

RECLAMAÇÃO CONSTITUCIONAL (COM PEDIDO DE MEDIDA LIMINAR)
LUCIANO SODRÉ GALVES,
SÉRGIO VERÍSSIMO DE OLIVEIRA FILHO,
JOÃO LUIZ MARTINS ESTEVES...307

1   Do cabimento da presente reclamação 308

2   Do interesse e da legitimidade ativa do requerente 312

3   Da síntese fática e contextualização processual...........................313

4   Da violação de decisões e súmula vinculantes desse excelso
Supremo Tribunal Federal 320

5   Da necessidade de concessão de medida liminar (tutelas de
urgência e de evidência)...328

6   Do provimento jurisdicional postulado...............................331

SOBRE OS AUTORES...333

A ADVOCACIA PÚBLICA COMO FUNÇÃO ESSENCIAL À JUSTIÇA NOS MUNICÍPIOS BRASILEIROS

ALEXSANDRO RAHBANI ARAGÃO FEIJÓ

ANA BEATRIZ GETELINA SOUSA

1 Introdução

A partir da Constituição da República Federativa do Brasil de 1988 (CRFB/88) e, sobretudo, com a Emenda Constitucional nº 19/1998, a Administração Pública passou a buscar constantemente a eficiência, a qual tem como vertentes, entre outras, o desenvolvimento socioeconômico e o aprimoramento da qualidade da gestão pública. Tais vertentes são importantes para todos os entes federativos, mas são estratégicas para os municípios, pois estão mais próximos da comunidade local.

Diante desse cenário, emerge o questionamento acerca de quais medidas a Administração Pública pode adotar para aperfeiçoar o desenvolvimento socioeconômico e a qualidade da gestão pública nos municípios brasileiros.

Uma dessas medidas é a implementação da Advocacia Pública no âmbito municipal, a qual, apesar de não possuir disposição expressa na CRFB/88, é Função Essencial à Justiça, conforme já decidido pelo Supremo Tribunal Federal em sede de repercussão geral (Tese 510).

Nesse sentido, o presente artigo objetiva analisar a Advocacia Pública, perpassando pela ascensão ao *status* de Função Essencial à Justiça com a promulgação da CRFB/88, com especial foco nos municípios brasileiros, em razão da ausência de previsão constitucional expressa acerca das Procuradorias no âmbito municipal.

Ademais, busca-se investigar a importância do Procurador Municipal na concretização de políticas públicas, no desenvolvimento socioeconômico, bem como no aprimoramento da qualidade da gestão nos municípios brasileiros. Averígua-se, também, a necessidade da implementação da Advocacia Pública no âmbito municipal, a partir do exercício das funções típicas, assim como de controle interno de legalidade da Administração Pública por Procuradores efetivos, investidos no cargo mediante aprovação em concurso público de provas e títulos.

A partir de uma análise acerca do controle prévio dos atos praticados pela Administração Pública, função que deve ser desempenhada por Procuradores Municipais, a fim de compatibilizar as atividades administrativas com o ordenamento jurídico pátrio e com os princípios insculpidos no art. 37, *caput*, da CRFB/88, realizar-se-á a averiguação das políticas públicas, as quais têm o objetivo de atender às demandas sociais, bem como do papel desempenhado pela Advocacia Pública na concretização dos programas apresentados pelo Poder Executivo, sobretudo no âmbito municipal, em razão da proximidade aos problemas da população.

Ainda, verificar-se-á a Advocacia Pública a partir da promulgação da CRFB/88, que dispôs expressamente sobre a carreira nos âmbitos da União, dos Estados e do Distrito Federal, conferindo-lhe o *status* de Função Essencial à Justiça. Além disso, examinar-se-á a problemática da ausência de previsão constitucional expressa no tocante à Advocacia Pública no âmbito municipal, apesar de a CRFB/88 ter elevado os municípios à condição de ente federativo, concedendo-lhes autonomia.

Ato contínuo, perscrutar-se-á a responsabilidade dos municípios, entes federativos que estão mais próximos da realidade local, na execução da política de desenvolvimento urbano, com a finalidade de garantir o atendimento das necessidades básicas e o bem-estar dos cidadãos.

Nesse diapasão, será feita a análise dos principais dados do 1º Diagnóstico de Advocacia Pública Municipal no Brasil, realizado pela Associação Nacional dos Procuradores Municipais (ANPM), em parceria com a Herkenhoff & Prates, a exemplo do levantamento que revelou o déficit de Procurador Municipal concursado em cerca de dois terços dos municípios brasileiros.

2 A administração pública e o controle prévio dos atos administrativos

É cediço que quando a Administração Pública pratica atos administrativos deve agir em nome do interesse público. Assim, conforme José dos Santos Carvalho Filho (2018, p. 21), em obediência ao princípio da impessoalidade, insculpido no art. 37, *caput*, da CRFB/88,[1] os atos administrativos não devem ter como objetivo prejudicar ou beneficiar determinado indivíduo de forma específica, pois, caso seja verificada essa atuação, estaria violando o interesse coletivo e, também, o princípio da isonomia, o qual é basilar no ordenamento jurídico brasileiro, nos termos do art. 5º, *caput*, da CRFB/88.[2]

Por conseguinte, além dessa perspectiva do princípio da impessoalidade, que se consubstancia na atuação sem preferências da Administração Pública, José Afonso da Silva (2014, p. 676) ensina que há outra concepção desse princípio que se refere ao agente público, o qual não está autorizado, pela própria essência do Estado, a praticar atos administrativos em nome próprio, de forma pessoal. Pelo contrário, o agente público atua em respeito à vontade estatal, de modo que é o Estado, e não o agente, que pratica os atos administrativos.

Nesse sentido, os atos administrativos destinam-se a atender finalidades, as quais têm caráter eminentemente público. Dessa maneira, os atos administrativos geram efeitos na vida cotidiana da sociedade, razão pela qual precisam estar adequados, isto é, em sintonia com o princípio da legalidade, bem como com os princípios da impessoalidade e isonomia, para que os efeitos jurídicos estejam, de fato, alinhados ao interesse público.

À vista disso, merece destaque a abordagem das políticas públicas, por meio das quais se verifica que, em conformidade com Márcia Maria Barreta Fernandes Semer (2019, p. 459), o Estado, caracterizado como Democrático de Direito, fundado na inclusão social, a partir da promulgação da CRFB/88, atua em prol da prestação de serviços

---

[1] "Art. 37. A administração pública direta e indireta de qualquer dos Poderes da União, dos Estados, do Distrito Federal e dos Municípios obedecerá aos princípios de legalidade, impessoalidade, moralidade, publicidade e eficiência e, também, ao seguinte:" (BRASIL, 1988).

[2] "Art. 5º Todos são iguais perante a lei, sem distinção de qualquer natureza, garantindo-se aos brasileiros e aos estrangeiros residentes no País a inviolabilidade do direito à vida, à liberdade, à igualdade, à segurança e à propriedade, nos termos seguintes:" (BRASIL, 1988).

públicos para a sociedade, constituída sob o primado da dignidade da pessoa humana.

Segundo Maria Paula Dallari Bucci (2008, p. 251), as políticas públicas consubstanciam-se em programas de ação governamental, também chamados de arranjos institucionais complexos, que têm por objetivo coordenar os meios de que dispõe o Estado e, ainda, as atividades privadas. Desse modo, as políticas públicas, como o próprio nome sugere, destinam-se à sociedade em geral, e são desenvolvidas com o fito de promover os objetivos sociais urgentes e relevantes.

No pensamento de Flávio Mitsuyoushi Munakata (2019, p. 96), a Advocacia Pública exerce a função, dentre outras, de promover as políticas públicas propostas pelos chefes do Poder Executivo, em programa político eleito democraticamente, exercendo, assim, um papel preponderante na viabilização de políticas voltadas para atender às necessidades da população.

Consoante Patrícia Ulson Pizarro Werner (2019, p. 239-241), para a construção das políticas públicas, a Advocacia Pública exerce o papel de averiguar as opções jurídicas viáveis, escolhendo as ferramentas adequadas, como, por exemplo, a celebração de convênios ou contratos, entre outras, bem como desenvolve as atribuições de acompanhar o desenvolvimento das políticas públicas, de modo a propor orientações no plano interno para a consecução dos objetivos propostos.

As políticas públicas nas áreas da saúde, educação, meio ambiente, entre outras, de acordo com Renata Ferrero Pallone (2019, p. 336-337), impactam no cotidiano dos cidadãos, de modo que devem ser exercidas com transparência. Por essa razão, a concretização das políticas públicas é desempenhada com auxílio da Advocacia Pública cujos membros buscam a melhor alternativa, inserida no ordenamento jurídico pátrio.

Logo, a Advocacia Pública, que exerce Função Essencial à Justiça, constitui-se como instituição permanente, a qual, por meio da atuação técnico-jurídica e da promoção dos princípios constitucionais, exerce a orientação dos governantes para a implementação das políticas públicas. Além disso, tem como características a independência e a autonomia, verdadeiros pressupostos que auxiliam no cumprimento do seu papel constitucional de, entre outros, impedir abusos aos princípios constitucionais, garantir a probidade na administração, e, sobretudo, de salvaguardar os direitos fundamentais (SEMER, 2019, p. 472; MUNAKATA, 2019, p. 96).

Por conseguinte, para viabilizar as políticas destinadas aos interesses da sociedade, os Advogados Públicos contribuem, também, para a governabilidade, de modo que, atentos aos programas apresentados pelo Poder Executivo, desempenham o controle prévio dos atos administrativos, de maneira que os agentes administrativos, atuando em nome do Estado, pratiquem atos eivados de vícios inconstitucionais e ilegais, os quais podem prejudicar, atrasar ou, ainda, impossibilitar o andamento da promoção de políticas públicas (MUNAKATA, 2019, p. 96).

Nesse diapasão, sabe-se que é nos municípios onde a vida se desenvolve e onde, também, os Procuradores Municipais atuam em busca de preservar o interesse público, exercendo Função Essencial à Justiça e garantindo a segurança jurídica, por meio de uma análise rigorosa dos atos praticados pela Administração Pública.

Por essa razão, a análise prévia do ato administrativo é de fundamental importância para que se possa aferir se o princípio da legalidade está, de fato, respeitado e se o interesse público está sendo preservado em sua integralidade.

À vista disso, observa-se a necessidade de que tais atos estejam em conformidade com os princípios previstos no art. 37, *caput*, da CRFB/88, especialmente os princípios da legalidade e da eficiência. Desse modo, estando os atos administrativos sem qualquer vício que possa gerar a anulação, os efeitos, por consequência, serão positivos para o interesse público.

Para tanto, sabendo-se da relevância dos princípios constitucionais para nortear a atuação dos Procuradores Municipais no exercício do controle prévio dos atos praticados pela Administração Pública, é necessário analisar, especialmente, o princípio da eficiência, que foi inserido na CRFB/88 por meio da Emenda Constitucional nº 19/1998, em um contexto de mudanças ocorridas no Estado brasileiro no final da década de 1990. Nesse sentido, é imperioso verificar, no tópico a seguir, a aplicação desse princípio como fator de modernização da gestão pública e norteador da atuação dos Procuradores Municipais.

2.1 A modernização da gestão pública e o princípio da eficiência

Consoante Maria Sylvia Zanella Di Pietro (2016, p. 114), a inserção do princípio da eficiência ao art. 37, *caput*, da CRFB/88, que abarca os princípios constitucionais da Administração Pública, ocorreu por meio da Emenda Constitucional nº 19/1998.

Do ponto de vista histórico, o princípio eficiência, que adquiriu *status* constitucional, é fruto de uma mudança que aconteceu no Brasil durante a década de 1990 e foi denominada de Reforma do Estado. Essa mudança de perspectiva da Administração Pública, como bem caracteriza Daniela Bandeira de Freitas (2011, p. 132), teve como objetivo a modernização da gestão pública, processo que transmitiu o anseio da sociedade de melhoria da prestação dos serviços públicos.

Essa reforma administrativa originou-se em um momento de crise do Estado social intervencionista, que se manifesta na medida em que ocorre o declive da capacidade de controle do Estado, o crescente déficit na legitimidade de tomada de decisões e a incapacidade crescente em realizar funções organizativas e de governos, o que gerou a necessidade de Reforma da Administração, conforme mencionado por Irene Patrícia Nohara (2016, p. 49).

Dessa forma, conforme Maria Sylvia Zanella Di Pietro (2016, p. 114), o princípio da eficiência, que além da previsão constitucional também se encontra positivado no art. 2º, *caput*, da Lei nº 9.784/1999,[3] não pode ser observado isoladamente, sendo, pois, necessário sua consonância com os demais princípios previstos no art. 37, *caput*, da CRFB/88, não podendo haver sobreposição dos princípios.

Nesse contexto, Irene Patrícia Nohara (2016, p. 49) salienta que a eficiência já era averiguada no tocante às funções desempenhadas pelos agentes administrativos, de modo que a inserção do princípio na CRFB/88 não representou significativa inovação. No entanto, é inegável que a partir da constitucionalização a eficiência adquiriu força normativa e passou a ser um princípio a ser observado por toda a Administração Pública.

Com efeito, Hely Lopes Meirelles (2016, p. 105) defende que a eficiência é um dos deveres da Administração Pública, sendo, dessa maneira, um balizador dos atos praticados pelo agente público, que deve pautar-se na prestação do serviço com prontidão e excelência. Trata-se do princípio mais moderno da função administrativa, que exige a prestação adequada dos serviços à sociedade em geral, de modo a contemplar as necessidades coletivas.

---

[3] "Art. 2º A Administração Pública obedecerá, dentre outros, aos princípios da legalidade, finalidade, motivação, razoabilidade, proporcionalidade, moralidade, ampla defesa, contraditório, segurança jurídica, interesse público e eficiência." (BRASIL, 1999).

Por conseguinte, o princípio da eficiência deve ser compreendido de maneira que a atividade praticada pela Administração Pública deve buscar produzir um efeito positivo, isto é, adequado diante do interesse público almejado. Nesse diapasão, o princípio da eficiência impõe que a atividade administrativa seja exercida com presteza e rendimento funcional (MEIRELLES, 2016, p. 105).

À vista disso, a aplicação do princípio da eficiência, além dos princípios previstos no art. 37, *caput*, da CRFB/88, que norteiam a Administração Pública, é fundamental para que os Procuradores Municipais desempenhem com rigor jurídico o controle prévio dos atos administrativos, para verificar se estão em consonância com as diretrizes basilares da atividade administrativa e, também, se tais atos atendem, de fato, o interesse público.

A importância da atuação eficiente dos Procuradores Municipais se revela, especialmente, em momentos de crise, como essa desencadeada pelo avanço do novo coronavírus. Diante dessas situações, em que há uma necessidade maior de intervenção do poder público na saúde e na economia, por exemplo, o assessoramento técnico proporcionado pela Advocacia Pública é colocado em evidência, tendo em vista a urgência das demandas sociais.

À vista disso, sabendo-se que os municípios estão mais próximos dos problemas urbanos, é imprescindível que se tenha um suporte técnico-jurídico, a partir da atuação dos Procuradores concursados, que propicie o auxílio ao ente municipal para atender os interesses da comunidade local, por meio da utilização eficiente dos recursos públicos disponíveis.

Destarte, observa-se o papel essencial da Advocacia Pública no cotidiano do município, haja vista que os Procuradores Municipais orientam os prefeitos na escolha das opções jurídicas mais adequadas ao caso concreto, conferindo à ação governamental compatibilidade com o ordenamento jurídico pátrio e com o interesse público, proporcionando eficiência e economicidade à atuação estatal. Como exemplo, tem-se que a compra de medicamentos e respiradores, a construção de hospital de campanha, entre outros, são demandas que precisam ser analisadas pelos Procuradores, pois são eles que devem verificar a viabilidade da dispensa de licitação a fim de atender mais rapidamente às necessidades da coletividade.

Além disso, a edição de decretos municipais limitando a circulação de pessoas ou prevendo a retomada das atividades comerciais, por exemplo, deve ser averiguada juridicamente pelos Procuradores, tendo em vista as repercussões sociais.

Portanto, a partir da análise da atuação da Advocacia Pública Municipal no controle interno de legalidade dos atos administrativos, na viabilização das políticas públicas e na aplicação do princípio da eficiência, faz-se necessário averiguar a Advocacia Pública a partir da promulgação da CRFB/88.

3 A institucionalização da Advocacia Pública na CRFB/88

Conforme os ensinamentos de Rodrigo Gerent Mattos (2016, p. 29-30), a Advocacia Pública, inserida no ambiente de um Estado Democrático de Direito, foi pensada pelo constituinte como uma instituição de Estado, de caráter suprapartidário, incumbida de auxiliar o Poder Executivo na tomada de decisões.

À vista disso, segundo Claudio Madureira (2015, p. 201), com a promulgação da CRFB/88, as funções, anteriormente desempenhadas pelo Ministério Público, que cumulava a defesa dos interesses da sociedade e do Estado, foram divididas em duas carreiras diferentes, distinguindo-se a atuação institucional de cada uma, de modo a refletir o modelo utilizado na Itália, que se baseia na divisão orgânica entre a Advocacia Pública e o Ministério Público.

Dessa forma, a Advocacia Pública, a partir de sua institucionalização, passou a ser permanente e a desempenhar papel singular no fortalecimento da democracia brasileira, vez que detém conhecimento sobre os atos praticados pela Administração Pública, exercendo o controle preventivo de atos desviantes e fornecendo suporte jurídico aos administradores para a execução de políticas públicas. Assim, os Advogados Públicos desempenham a função, entre outras, de prevenir o gestor público dos riscos da realização de um ato administrativo, bem como de produzir os instrumentos jurídicos para que os atos viáveis se tornem eficazes (MATTOS, 2016, p. 29; CHEHIN; MARTINS, 2019, p. 75).

Desse modo, a importância de a Advocacia Pública ter sido institucionalizada, adquirindo *status* constitucional, reside no fato de que os Procuradores exercerão atividade permanente de orientação jurídica aos governantes, ainda que diante das alternâncias do poder e das alterações programáticas dos planos de governo, em conformidade com o planejamento dos novos executores das políticas públicas (MATTOS, 2016, p. 29).

Por conseguinte, as disposições constitucionais atribuem à Advocacia Pública as atividades de consultoria e assessoramento jurídico, a representação judicial de órgãos e entidades da Administração Pública, bem como a fiscalização dos atos praticados pela Administração Pública, por meio de um controle interno de legalidade, de modo que tais atividades constituem-se de natureza técnica e permanente, verdadeira função essencial. Dessa forma, a Advocacia Pública caracteriza-se como instituição de controle interno para os fins do art. 74 da CRFB/88[4] (MARTINS JÚNIOR, 2019, p. 27-28).

Nesse diapasão, Flávio Mitsuyoshi Munakata (2019, p. 90) argumenta que o modelo constitucional, responsável por instituir a Advocacia Pública, incumbiu a essa instituição a função de viabilizar as políticas públicas, analisando-as sob o ordenamento jurídico pátrio, de modo a observar o patrimônio público, a legalidade dos atos praticados pela Administração Pública, combatendo a improbidade no âmbito administrativo.

Entretanto, não há disposição própria na CRFB/88 para a Advocacia Pública no âmbito municipal. Apesar disso, o conjunto de disposições constitucionais que versam sobre a instituição e a carreira dos Procuradores nas esferas federal, estadual e distrital são de observância obrigatória para os municípios (MARTINS JÚNIOR, 2019, p. 28).

Apesar da ausência de disposição constitucional sobre a Advocacia Pública no âmbito municipal, Márcio Silva Fernandes (2013, p. 3) ensina que o art. 1º, *caput*, da CRFB/88, conferiu aos municípios brasileiros posição singular na tradição histórica brasileira, de forma nunca antes vista, em razão de que foram expressamente elevados à posição de entes da Federação, assim como os Estados e o Distrito Federal. Ademais, o art. 18, *caput*, da CRFB/88[5] previu a autonomia municipal em situação semelhante à dos demais entes federativos.

---

[4]   "Art. 74. Os Poderes Legislativo, Executivo e Judiciário manterão, de forma integrada, sistema de controle interno com a finalidade de:
I – avaliar o cumprimento das metas previstas no plano plurianual, a execução dos programas de governo e dos orçamentos da União;
II – comprovar a legalidade e avaliar os resultados, quanto à eficácia e eficiência, da gestão orçamentária, financeira e patrimonial nos órgãos e entidades da administração federal, bem como da aplicação de recursos públicos por entidades de direito privado;
III – exercer o controle das operações de crédito, avais e garantias, bem como dos direitos e haveres da União;
IV – apoiar o controle externo no exercício de sua missão institucional." (BRASIL, 1988).

[5]   "Art. 18. A organização político-administrativa da República Federativa do Brasil compreende a União, os Estados, o Distrito Federal e os Municípios, todos autônomos, nos termos desta Constituição." (BRASIL, 1988).

Destarte, conforme Ricardo Sahara (2019, p. 194), os entes federados, incluindo os municípios, gozam de igualdade jurídica, com fulcro no art. 18 da CRFB/88, de modo que a cada ente é reservado um campo de competência, estando os municípios, conforme previsão constitucional, incumbidos dos interesses de âmbito local, pois estão mais próximos aos cidadãos.

À vista disso, justamente em razão da autonomia municipal, reconhecida constitucionalmente, não há vedação à implementação das Procuradorias Municipais, mesmo que não tenham sido incluídas na CRFB/88 como obrigatórias, de maneira que os municípios podem promover a organização e o funcionamento da Advocacia Pública em sede municipal (NUSDEO, 2019, p. 178).

Assim procedendo, Claudio Madureira (2015, p. 191) entende que, em relação à Advocacia Pública dos entes municipais, não houve simples omissão na CRFB/88, argumentando que há uma razoável suposição de que, em razão das proporções territoriais e disponibilidade financeira dos municípios, o poder constituinte originário tenha atribuído o critério ao poder constituinte derivado para instituir as Procuradorias Municipais.

Por esse motivo, entende-se que, apesar de não haver previsão constitucional expressa no tocante à Advocacia Pública em âmbito municipal, no art. 70, a CRFB/88[6] impôs à União a fiscalização contábil, financeira, operacional e patrimonial, o que, por simetria, incide também aos demais entes federativos, de maneira que, somado ao fato de que os municípios devem realizar o controle interno de juridicidade do agir administrativo, cumpre-lhes ter profissionais, no exercício de tal atividade, que sejam imunes às represálias. Por essa razão, verifica-se que há uma imposição da CRFB/88 para que as Procuradorias no âmbito municipal se estruturem de maneira similar à disciplina instituída à Advocacia Pública dos demais entes federativos (MADUREIRA, 2017, p. 236).

Por isso, Raphael Vasconcelos Dutra (2017, p. 245) compreende que, tendo em vista a essencialidade da função exercida pela Advocacia Pública, é possível aplicar o princípio da paridade das formas constitucionais para que se promova a criação de pelo menos um cargo de

---

[6] "Art. 70. A fiscalização contábil, financeira, orçamentária, operacional e patrimonial da União e das entidades da administração direta e indireta, quanto à legalidade, legitimidade, economicidade, aplicação das subvenções e renúncia de receitas, será exercida pelo Congresso Nacional, mediante controle externo, e pelo sistema de controle interno de cada Poder." (BRASIL, 1988).

Procurador para cada município brasileiro, especialmente pelo fato de que a Advocacia Pública no âmbito dos municípios exerce função similar, simetricamente idêntica, à dos demais entes federativos.[7]

Nesse contexto, em busca de suprir a ausência de constitucionalização de tal essencial função no âmbito municipal, a Proposta de Emenda Constitucional nº 153/2003, apresentada pelo então deputado federal Maurício Rands (PT/PE), que altera a redação do art. 132 da CRFB/88 para incluir, expressamente, os Procuradores dos municípios,[8] já foi votada pela Câmara dos Deputados e atualmente está à espera de inclusão em pauta para votação na plenária do Senado Federal, com uma nova numeração, qual seja, Proposta de Emenda Constitucional nº 7/2019 (MOURÃO; VIEIRA, 2018, p. 65).

Nesse diapasão, Raphael Diógenes Serafim Vieira (2019, p. 171) defende que as atribuições da Advocacia Pública devem ser desempenhadas com exclusividade por Procuradores efetivos, investidos no cargo por meio de concurso público, independentemente da existência do órgão dessa Função Essencial à Justiça no respectivo ente federativo.

Destarte, convém destacar o Projeto de Súmula Vinculante nº 18,[9] de autoria da União dos Advogados Públicos Federais do Brasil (UNAFE), protocolizado no ano de 2009, que trata sobre a exclusividade do exercício das funções de Advocacia Pública por servidores efetivos nos âmbitos da União, Estados e Municípios. Porém, em relação a estes,

---

[7] Nesse aspecto, ressalta Raphael Diógenes Serafim Vieira (2019, p. 173): "Além disso, a imposição constitucional de existência do órgão de Advocacia Pública nos Municípios se arrima na igualdade, formal e material, que a Constituição deve assegurar aos entes da federação. Atribuir-lhes competências materiais sem lhes fornecer os mesmos mecanismos de assessoramento técnico e eficiência na execução das respectivas políticas públicas importaria em dispensar-lhes tratamento notadamente diferenciado e ocasionaria um vácuo na função de controle interno da Administração, afetando sobremaneira a regular execução das políticas públicas" VIEIRA, Raphael Diógenes Serafim. O exercício das funções da Advocacia Pública como atividade exclusiva dos advogados públicos efetivos: uma releitura da Proposta de Súmula Vinculante nº 18 do STF à luz dos dados publicados no 1º Diagnóstico de Advocacia Pública Municipal no Brasil (2018). (VIEIRA, 2019).

[8] "Art. 132. Os Procuradores dos Estados, do Distrito Federal e dos Municípios, organizados em Carreira, na qual o ingresso dependerá de concurso público de provas e títulos, com a participação da Ordem dos Advogados do Brasil em todas as suas fases, exercerão a representação judicial e a consultoria jurídica dos respectivos entes federados.
Parágrafo único. Aos procuradores referidos neste artigo é assegurada estabilidade após três anos de efetivo exercício, mediante avaliação de desempenho perante os órgãos próprios, após relatório circunstanciado das corregedorias." (BRASIL, 2003).

[9] "O exercício das funções da Advocacia Pública, na União, nos Estados e nos Municípios, nestes onde houver, constitui atividade exclusiva dos advogados públicos efetivos a teor dos artigos 131 e 132 da Constituição Federal de 1988." (STF, 2009).

o verbete restringiu a obrigatoriedade aos que já disponham de órgão de Advocacia Pública (VIEIRA, 2019, p. 168-169).

Para tanto, Raphael Diógenes Serafim Vieira (2019, p. 198-199) sugere uma modificação no referido PSV nº 18, a fim de suprimir a ressalva imposta aos municípios, de modo a retirar a expressão "nestes onde houver", e incluir o ente "Distrito Federal", bem como o "art. 37, II, da CRFB",[10] no texto, a ser feito pelo STF, de ofício.

Assim procedendo, pelos motivos acima explanados, verifica-se que nos municípios não pode ficar ausente um órgão permanente de representação judicial e extrajudicial, de consultoria e orientação jurídica, visto que a Advocacia Pública institucionalizada e estruturada é responsável pela preservação da memória jurídica do ente federativo e do controle interno de juridicidade do agir da Administração Pública (DUTRA, 2017, p. 256; MADUREIRA, 2017, p. 231).

Portanto, ainda que não haja previsão expressa sobre a Advocacia Pública Municipal na CRFB/88, é necessário observar o que foi disciplinado à Advocacia-Geral da União e às Procuradorias dos Estados e do Distrito Federal, de modo que aos municípios compete instituir ao menos um cargo de Procurador Municipal, a ser provido por meio de concurso público, para o exercício das funções típicas atribuídas constitucionalmente à Advocacia Pública.

À vista disso, após análise do marco histórico da institucionalização da Advocacia Pública na CRFB/88, que privilegiou o fortalecimento das instituições democráticas, é imperioso averiguar a função essencial que tal instituição desempenha.

3.1 A Advocacia Pública e sua função essencial no Estado Democrático de Direito

Convém asseverar que a CRFB/88, além de prever dispositivos sobre os Poderes Legislativo, Executivo e Judiciário, estabeleceu, em um capítulo à parte, as Funções Essenciais à Justiça, formadas por três instituições estatais, quais sejam, Ministério Público, Defensoria Pública e Advocacia Pública, bem como pela advocacia privada, nos termos dos arts. 127 a 135 da CRFB/88, constituindo-se como

---

[10] "O exercício das funções da Advocacia Pública, na União, nos Estados, Distrito Federal e nos Municípios constitui atividade exclusiva dos advogados públicos efetivos, a teor dos artigos 37, II, 131 e 132 da Constituição Federal de 1988." (VIEIRA, 2019, p. 199).

instituições permanentes, essenciais à administração da justiça e ao Estado Democrático de Direito (DUTRA, 2017, p. 244).

Nesse sentido, a CRFB/88 conferiu à Advocacia Pública o *status* de Função Essencial à Justiça, no Título IV, Capítulo IV, que trata da Organização dos Poderes. Além disso, o Poder Constituinte organizou de forma separada dos três Poderes clássicos as Funções Essenciais à Justiça, depreendendo-se que a atuação da Advocacia Pública é caracterizada pela autonomia e independência na orientação jurídica aos governantes (MATTOS, 2016, p. 35).

Com efeito, a Advocacia Pública, a partir da CRFB/88, alcançou a condição de instituição democrática, investindo-se, dessa maneira, como Função Essencial à Justiça. Assim, constitui-se como função típica de Estado, exercendo papel singular na defesa do interesse público tutelado pela União, pelos Estados, pelo Distrito Federal e pelos Municípios (SAHARA, 2019, p. 185).

Por conseguinte, de acordo com Karla Alexsandra Falcão Vieira Celestino e Regina Vera Vilas Bôas (2017, p. 91), a Advocacia Pública exerce função de Estado e, por isso, possui valores basilares fundados na observância e na viabilização dos direitos fundamentais sociais, no respeito ao princípio da dignidade da pessoa humana, além de ter como objetivo aperfeiçoar os instrumentos para assegurar o Estado Democrático de Direito.

Dessa maneira, observa-se que a Advocacia Pública precisa de autonomia para atuar, a fim de evitar a manipulação da instituição pelo governo de plantão, também chamado de governo do momento. Sem autonomia, a missão da instituição e a função expressamente positivada na CRFB/88 restariam comprometidas e descaracterizadas (MUNAKATA, 2019, p. 91).

Dessa forma, a CRFB/88 conferiu à Advocacia Pública Função Essencial à Justiça, de modo que tal disposição é vinculante para os Estados, o Distrito Federal e os Municípios, vez que tais entes precisam de uma instituição de representação, assessoramento e consultoria na defesa de seus interesses e direitos (MARTINS JÚNIOR, 2019, p. 29).

Acerca disso, o Supremo Tribunal Federal, na apreciação do RE nº 663.696/MG,[11] considerou expressamente, em sede de repercussão

---

[11] "DIREITO ADMINISTRATIVO. REPERCUSSÃO GERAL. CONTROVÉRSIA DE ÍNDOLE CONSTITUCIONAL ACERCA DO TETO APLICÁVEL AOS PROCURADORES DO MUNICÍPIO. SUBSÍDIO DO DESEMBARGADOR DE TRIBUNAL DE JUSTIÇA, E NÃO DO PREFEITO. FUNÇÕES ESSENCIAIS À JUSTIÇA. RECURSO EXTRAORDINÁRIO PROVIDO. (...) Tese da Repercussão Geral: A expressão Procuradores, contida na parte

geral, a Advocacia Pública Municipal como uma das Funções Essenciais à Justiça (Tese 510), de modo a destacar que os Procuradores Municipais também atuam para salvaguardar os direitos fundamentais e o Estado Democrático de Direito. Para tanto, o teto remuneratório deles deve se submeter ao subsídio dos desembargadores dos Tribunais de Justiça estaduais, nos termos da parte final do art. 37, XI, da CRFB/88.[12]

Com efeito, é de suma importância salientar que a Advocacia Pública se consubstancia em Advocacia de Estado. Diferencia-se, pois, da Advocacia de Governo, que tem por finalidade defender os interesses dos governantes. A missão do Advogado Público não é a defesa das pretensões do governante, mas sim a salvaguarda do interesse público (CHEHIN; MARTINS, 2019, p. 59-60).

Por conseguinte, as atribuições da Advocacia Pública, realçando a típica função de Estado, pautam-se na defesa dos princípios constitucionais, da legalidade dos atos administrativos, de modo a propiciar segurança jurídica na atuação da Administração Pública, em prol da promoção do interesse público, dos direitos sociais previstos constitucionalmente e, também, da defesa do patrimônio público (SAHARA, 2019, p. 198-201).

Portanto, a partir da análise detalhada da Função Essencial à Justiça atribuída pela CRFB/88 à Advocacia Pública, é necessário averiguar, no próximo tópico, a institucionalização da carreira no âmbito

---

final do inciso XI do art. 37 da Constituição da República, compreende os Procuradores Municipais, uma vez que estes se inserem nas funções essenciais à Justiça, estando, portanto, submetidos ao teto de noventa inteiros e vinte e cinco centésimos por cento do subsídio mensal, em espécie, dos Ministros do Supremo Tribunal Federal." (STF, 2019).

[12] "Art. 37. A administração pública direta e indireta de qualquer dos Poderes da União, dos Estados, do Distrito Federal e dos Municípios obedecerá aos princípios de legalidade, impessoalidade, moralidade, publicidade e eficiência e, também, ao seguinte:
(...)
XI – a remuneração e o subsídio dos ocupantes de cargos, funções e empregos públicos da administração direta, autárquica e fundacional, dos membros de qualquer dos Poderes da União, dos Estados, do Distrito Federal e dos Municípios, dos detentores de mandato eletivo e dos demais agentes políticos e os proventos, pensões ou outra espécie remuneratória, percebidos cumulativamente ou não, incluídas as vantagens pessoais ou de qualquer outra natureza, não poderão exceder o subsídio mensal, em espécie, dos Ministros do Supremo Tribunal Federal, aplicando-se como limite, nos Municípios, o subsídio do Prefeito, e nos Estados e no Distrito Federal, o subsídio mensal do Governador no âmbito do Poder Executivo, o subsídio dos Deputados Estaduais e Distritais no âmbito do Poder Legislativo e o subsídio dos Desembargadores do Tribunal de Justiça, limitado a noventa inteiros e vinte e cinco centésimos por cento do subsídio mensal, em espécie, dos Ministros do Supremo Tribunal Federal, no âmbito do Poder Judiciário, aplicável este limite aos membros do Ministério Público, aos Procuradores e aos Defensores Públicos;" (BRASIL, 1988).

municipal e, também, o papel desempenhado pelos Procuradores nos municípios brasileiros.

4 A atuação dos procuradores municipais no desenvolvimento socioeconômico e no aprimoramento da qualidade da gestão pública nos municípios brasileiros

Faz-se necessário analisar, com base nos ensinamentos de Patrícia Marques Gazola (2010, p. 22-25), a conjuntura municipal e o seu papel diante do projeto constitucional do Estado Democrático de Direito, que estabelece objetivos, nos termos do art. 3º da CRFB/88,[13] metas a serem conquistadas e valores, em normas programáticas com eficácia normativa. Para tanto, tem-se como exemplo o art. 182 da CRFB/88,[14] que prescreve aos municípios a responsabilidade de execução da política de desenvolvimento urbano, a fim de promover a proteção do bem-estar dos habitantes, bem como o pleno desenvolvimento das funções sociais da cidade. Dessa forma, busca-se garantir aos cidadãos condições mínimas para a promoção de uma vida digna.

Com efeito, percebe-se que os municípios detêm papel de protagonistas em prol de solucionar os problemas urbanos, como a falta de acesso à renda e às oportunidades da cidade, vez que, em comparação ao Estado e à União, são os entes públicos que estão mais próximos da realidade cotidiana dos cidadãos, pois estão em contato direto com a comunidade local. Desse modo, para garantir as necessidades básicas dos munícipes, assegurando-se o desenvolvimento humano, tendo por base o princípio da dignidade da pessoa humana, é imperioso que haja a cooperação entre todos os entes federativos, a partir da elaboração de projetos de intervenção para a implementação dos direitos fundamentais (GAZOLA, 2010, p. 34-36; PEDRA, 2010, p. 63).

---

[13] "Art. 3º Constituem objetivos fundamentais da República Federativa do Brasil:
I – construir uma sociedade livre, justa e solidária;
II – garantir o desenvolvimento nacional;
III – erradicar a pobreza e a marginalização e reduzir as desigualdades sociais e regionais;
IV – promover o bem de todos, sem preconceitos de origem, raça, sexo, cor, idade e quaisquer outras formas de discriminação." (BRASIL, 1988).

[14] "Art. 182. A política de desenvolvimento urbano, executada pelo Poder Público municipal, conforme diretrizes gerais fixadas em lei, tem por objetivo ordenar o pleno desenvolvimento das funções sociais da cidade e garantir o bem- estar de seus habitantes." (BRASIL, 1988).

Assim procedendo, de acordo com Daniel Mitidieri Fernandes de Oliveira (2018, p. 83-85), a Advocacia Pública Municipal detém papel relevante na proposição de soluções a fim de combater a desigualdade social, um dos problemas observados nos municípios brasileiros, e, também, contribui para a promoção do desenvolvimento econômico. Por isso, a organização dessa função no âmbito da municipalidade propicia a viabilização de políticas locais sólidas, posto que, inserida num contexto de gestão pública democrática, contribui para a estruturação da legalidade dos governos municipais em prol da melhoria da qualidade da ação governamental.

Por essa razão, sabendo-se da importância das funções desempenhadas pela Advocacia Pública, observa-se a necessidade de estruturação dessa Função Essencial à Justiça, em prol da preservação do princípio democrático, especialmente no âmbito municipal, a fim de fortalecer a carreira, o que será abordado no tópico seguinte.

4.1 A institucionalização da Advocacia Pública nos municípios brasileiros: principais levantamentos do 1º Diagnóstico de Advocacia Pública Municipal no Brasil

Com base no 1º Diagnóstico da Advocacia Pública Municipal no Brasil, realizado pela Associação Nacional dos Procuradores Municipais (ANPM), em parceria com a Herkenhoff & Prates, observou-se que 65,6% dos municípios brasileiros não possuem Advogado Público concursado.[15] Isso significa que dos 5.770 (cinco mil setecentos e setenta) municípios brasileiros, cerca de 3.654 (três mil seiscentos e cinquenta e quatro) municípios não contam com a atuação de pelo menos um Procurador efetivo, aprovado em concurso público específico para a carreira[16] (MOURÃO; VIEIRA, 2018, p. 59-60).

---

[15] Conferir Gráfico 1 (MENDONÇA; VIEIRA; PORTO, 2018, p. 34).

[16] Os dados levantados e resultados obtidos do 1º Diagnóstico de Advocacia Pública Municipal no Brasil possuem credibilidade científica, de modo que o erro amostral é de 5% e o nível de confiança é de 95%. Veja-se: "Os resultados do presente Diagnóstico permitem inferir que 34,4% dos municípios brasileiros contam com ao menos um procurador municipal ativo, ocupante de cargo de provimento efetivo, após aprovação no respectivo concurso público específico para a carreira. Esse dado foi aferido por meio de amostra probabilística estratificada (Amostra 3), representativa para o conjunto de municípios brasileiros. A amostra permite a inferência para o conjunto desses municípios, com erro amostral de 5% e nível de confiança de 95% (...)." (MENDONÇA; VIEIRA; PORTO, 2018, p. 34).

Por conseguinte, o Diagnóstico em questão observou que o índice de institucionalização é decrescente da região Sul para a região Norte do Brasil, de modo que 62,3% e 33,3% dos municípios das regiões Sul e Sudeste, respectivamente, contam com Procurador concursado,[17] enquanto nas regiões Norte e Nordeste essa porcentagem é de 15,8% e 23,0%, nessa ordem. Dos municípios da região Centro-Oeste, por sua vez, 26,7% contam com Procurador concursado para a carreira.

Esse panorama de ausência de estruturação completa da Advocacia Pública Municipal enfraquece os pilares do Estado Democrático de Direito, bem como o próprio federalismo brasileiro, que, com base nos arts. 1º e 18 da CRFB, é simétrico, haja vista que outorgou aos municípios autonomia e, ainda, o mesmo tratamento dispensado aos demais entes federados (MOURÃO; VIEIRA, 2018, p. 57).

Acerca disso, tendo em vista que mais da metade dos municípios brasileiros não possuem Procuradores aprovados mediante concurso público de provas e títulos, observa-se que o Estado Democrático de Direito fragiliza-se ao passo que uma das instituições responsáveis por salvaguardar os interesses dos municípios e dos munícipes não está institucionalizada de forma integral (MOURÃO; VIEIRA, 2018, p. 53).

À consequência disso, sabendo-se que a Advocacia Pública Municipal, entre outras funções típicas, desempenha a atividade de assessorar os administradores para a execução de políticas públicas que atendam às necessidades dos munícipes, é de suma importância que haja a estruturação da instituição nos municípios brasileiros, com vistas a aprimorar a gestão pública, a partir do controle prévio de legalidade e eficiência dos atos praticados pela Administração (MOURÃO; VIEIRA, 2018, p. 53-54).

Nesse diapasão, o Diagnóstico em epígrafe verificou que a presença de pelo menos um Procurador concursado está atrelada ao nível de desenvolvimento humano das cidades, assim considerado com base no Índice de Desenvolvimento Humano Municipal de 2010 (IDHM 2010), com as respectivas faixas,[18] que leva em consideração longevidade, educação e renda, de acordo com as mesmas dimensões do IDH Global.

---

[17] Conferir Gráfico 2 (MENDONÇA; VIEIRA; PORTO, 2018, p. 35).

[18] As faixas do IDHM são: Muito Baixo – 0 a 0,499; Baixo – 0,500 a 0,599; Médio – 0,600 a 0,699; Alto – 0,700 a 0,799; e Muito Alto – 0,800 a 1,0. Os dados são disponibilizados no Atlas de Desenvolvimento Humano no Brasil. (ATLAS, 2017).

Dessa maneira, observou-se que os municípios que contam com Procurador concursado possuem níveis mais elevados de desenvolvimento humano. Assim, entre os municípios que possuem IDHM Alto (união das faixas Alto e Muito Alto), 45,7% contam com Procurador efetivado mediante concurso público.[19] Em relação ao IDHM Médio, a porcentagem cai para 30,4%, e somente 24,1% nos municípios com IDHM Baixo (união das faixas Muito Baixo e Baixo)[20].

Além disso, o Diagnóstico analisou a existência de Procuradores Municipais concursados a dois indicadores de qualidade da gestão pública, quais sejam, o Índice de Governança Municipal do Conselho Federal de Administração (IGM-CFA),[21] que leva em consideração gastos e finanças públicas, qualidade da gestão e desempenho, e o Índice de Gestão Fiscal da Federação das Indústrias do Estado do Rio de Janeiro (IFGF),[22] que avalia a administração dos tributos e a responsabilidade administrativa e fiscal dos municípios.

Destarte, constatou-se que quanto maior o percentual de municípios com pelo menos um Procurador concursado para a carreira, maiores, também, os níveis de qualidade da gestão pública, de modo que entre as cidades com IGM-CFA Alto, 54,2% contam com Procurador concursado, enquanto que entre aquelas com IGM-CFA Baixo o percentual é de apenas 32,0%.[23]

Seguindo parâmetros similares, entre os municípios com o índice IFGF considerado Alto, 48,3% possuem Procurador efetivado por meio de concurso público específico para a carreira, ao passo que a porcentagem cai para 24,0% entre os municípios que detêm IFGF classificado como Baixo.

Por conseguinte, compreende-se que a presença de Procuradores concursados nos municípios brasileiros se relaciona com a eficiência na gestão pública e no desenvolvimento humano, tendo em vista que a Advocacia Pública, caracterizada com função essencial ao Estado

---

[19] Conferir Gráfico 4 (MENDONÇA; VIEIRA; PORTO, 2018, p. 38).

[20] Importante salientar que: "[...] As regiões Sul e Sudeste, nas quais se identificaram maiores percentuais de municípios com concursados, são aquelas que também possuem níveis mais elevados de desenvolvimento humano, o que reforça a correlação entre esses fatores." (MENDONÇA; VIEIRA; PORTO, 2018, p. 38).

[21] Para saber mais sobre o IGM-CFA, consulte CFA. IGM-CFA. Disponível em:www.igm.cfa.org.br.

[22] Para saber mais sobre o IFGF, consulte FIRJAN. Índice FIRJAN de festão Fiscal (IFGF). Disponível em: https://www.firjan.com.br/ifgf/.

[23] Conferir Gráfico 5 (MENDONÇA; VIEIRA; PORTO, 2018, p. 39).

Democrático de Direito, desempenha efetivo papel de controle interno dos atos administrativos, apesar de não ser possível atribuir relação direta de causa e efeito entre os dois fatores. Desse modo, observa-se uma tendência de que Advogados Públicos investidos no cargo por meio de concurso público para atuar no âmbito municipal contribuam para melhores índices de eficiência na gestão governamental (MOURÃO; VIEIRA, 2018, p. 64-65).

Ademais, a presença dos Advogados Públicos Municipais nas instituições republicanas, como as Procuradorias-Gerais Municipais, é imprescindível também para o combate à corrupção, como o desvio de verbas públicas. Assim, ao coibir práticas ilegais, que estão em contradição ao ordenamento jurídico pátrio, a atuação dos Procuradores Municipais está intimamente ligada à destinação correta do dinheiro público, com o fito de atender as demandas sociais (MOURÃO; VIEIRA, 2018, p. 57 e 65).

Além disso, outro dado relevante se refere ao valor médio da remuneração total da classe de acesso, entre municípios com e sem Procurador concursado, por porte municipal.[24] Consoante o Diagnóstico, restou comprovado que nos municípios de Pequeno Porte I, Pequeno Porte II e Médio Porte, conforme classificação do IBGE,[25] os comissionados recebem remuneração superior, em comparação aos Advogados Públicos concursados.

De acordo com Raphael Diógenes Serafim Vieira (2019, p. 191-192), a análise de tais dados revela que o argumento contrário à obrigatoriedade de que haja a institucionalização da Advocacia Pública nos entes municipais ou de, pelo menos, um Advogado Público concursado, baseado na insuficiência de capacidade econômica de alguns municípios brasileiros, foi desarticulado, tendo em vista que o custo médio com a remuneração de advogados puramente comissionados é maior, o que desprestigia a economicidade. Por isso, mais um motivo para a criação e provimento de cargos públicos efetivos de Procurador Municipal.

---

[24] Conferir Gráfico 23 (MENDONÇA; VIEIRA; PORTO, 2018, p. 61).

[25] Pequeno porte I: município de até 20.000 habitantes; Pequeno porte II: município de 20.001 a 50.000 habitantes; Médio porte: município de 50.001 a 100.000 habitantes; Grande porte: município de 100.001 a 900.000 habitantes; Metrópole: município de 900.001 habitantes ou mais. Instituto Brasileiro de Geografia e Estatística – IBGE. (IBGE, 2010).

5 Conclusões

A partir da análise acerca da Advocacia Pública e da atuação dessa Função Essencial à Justiça no âmbito municipal, no tocante ao desenvolvimento socioeconômico e ao aprimoramento da qualidade da gestão pública, entende-se que, apesar de não haver dispositivo expresso acerca da Advocacia Pública Municipal na CRFB/88, não há óbice para a institucionalização da carreira nos municípios brasileiros, em razão da autonomia constitucional conferida a esses entes e da necessidade de realizar as funções típicas e o controle interno de legalidade dos atos administrativos, que devem ser desempenhados por Procuradores concursados, com exclusividade.

Por conseguinte, verifica-se que a Advocacia Pública Municipal deve se pautar na observância dos princípios constitucionais que norteiam a Administração Pública, insculpidos no art. 37, *caput*, da CRFB/88, a fim de combater atos eivados de vícios, mediante o controle interno de legalidade dos atos praticados pela Administração Pública, com vistas a organizar as atividades administrativas ao ordenamento jurídico pátrio, para, assim, entre outras, preservar os direitos fundamentais e garantir a concretização das necessidades sociais.

Nesse contexto, a Advocacia Pública Municipal é Função Essencial à Justiça e, por isso, contribui para a governabilidade, auxiliando os gestores municipais no aprimoramento da qualidade da gestão pública, e, também, proporciona, a partir do desempenho das funções típicas, a melhoria do desenvolvimento humano nos municípios, posto que os Procuradores Municipais empenham esforços para utilizar os recursos públicos disponíveis a fim de atender as demandas sociais e exercer as competências materiais incumbidas aos municípios.

À vista disso, é de grande importância a aplicação do princípio da eficiência, que impõe à Administração Pública a estruturação adequada para que os agentes públicos possam desempenhar as suas funções com presteza e maestria para prover as necessidades coletivas. Para tanto, sabendo-se que a eficiência está atrelada ao modo de atuação e ao resultado alcançado, as Procuradorias têm papel preponderante na busca pela eficiência da máquina pública, visto que os Procuradores em sedes municipais desempenham atividade singular no tocante à boa utilização da verba pública, contribuindo para melhorar a qualidade da ação governamental.

Dessa forma, o zelo pelo interesse público municipal se afirma na atuação dos Procuradores quando da utilização eficiente de recursos públicos, os quais, quando bem planejados, podem ser utilizados para melhor contemplar as necessidades sociais. É dessa forma que os Procuradores desempenham a responsabilidade de salvaguardar o interesse público, a partir da observância ao princípio da eficiência e dos demais princípios constitucionais.

Nesse sentido, sabendo-se que os Procuradores Municipais respiram a vida cotidiana dos municípios brasileiros, entes federativos que estão mais próximos dos problemas sociais e têm a responsabilidade constitucional de promover o bem-estar dos habitantes, é possível inferir que os Advogados Públicos Municipais desempenham função ímpar na concretização das políticas públicas, posto que auxiliam os governantes na busca pela melhor alternativa para a implementação de tais ações, em consonância com o ordenamento jurídico pátrio.

Diante de situações que mudam completamente o cotidiano dos munícipes, como é o caso da pandemia do novo coronavírus, a atuação dos Procuradores Municipais é evidenciada, tendo em vista a urgência das demandas sociais e, por consequência, a necessidade de um suporte técnico-jurídico efetivo, que contribua para a utilização eficiente dos recursos disponíveis para melhor atender as necessidades coletivas, especialmente aquelas relacionadas à saúde.

Assim procedendo, sobretudo em momentos de crise sanitária, social e econômica, revela-se aquilo que está estampado na própria função que a Advocacia Pública Municipal desempenha: a imprescindibilidade de Procuradores nos municípios brasileiros, posto que exercem Advocacia de Estado, e, por conseguinte, atuam para proteger o interesse público e auxiliar os prefeitos na tomada de decisões.

Destarte, a importância do Advogado Público reside no fato de que ele atua em prol da garantia do Estado Democrático de Direito, propiciando a salvaguarda dos direitos fundamentais, e, por isso, desempenha papel essencial no cotidiano do município.

Portanto, observa-se que a institucionalização da Advocacia Pública no âmbito municipal é medida que se impõe, tendo em vista que, para o pleno exercício do controle interno de legalidade dos atos administrativos e das funções de consultoria e assessoramento jurídico, representação judicial e extrajudicial, bem como para a melhoria do desenvolvimento socioeconômico e para o aprimoramento da qualidade da gestão pública, compete aos municípios instituir ao menos um cargo de Procurador Municipal, a ser provido por meio de concurso público, em observância à disciplina instituída à Advocacia-Geral da União e às Procuradorias dos Estados e do Distrito Federal.

Referências

ATLAS de Desenvolvimento Humano no Brasil. Disponível em: https://www.atlasbrasil. org.br/2013/pt/home/. Acesso em: 30 mar. 2020.

BRASIL. CFA. IGM-CFA. Disponível em:www.igm.cfa.org.br. Acesso em: 20 mar. 2020.

BRASIL. CFA. IGM-CFA. *Constituição Federal de 1988*. Promulgada em 5 de outubro de 1988. Disponível em: http://www.planalto.gov.br/ccivil_03/constituicao/constituicaocompilado. htm. Acesso em: 25 jan. 2020.

BRASIL. CFA. IGM-CFA. Constituição (1988). *Emenda Constitucional nº 19, de 04 de junho de 1998*. Modifica o regime e dispõe sobre princípios e normas da Administração Pública, servidores e agentes políticos, controle de despesas e finanças públicas e custeio de atividades a cargo do Distrito Federal, e dá outras providências. Brasília, DF: Presidência da República, 1998. Disponível em: http://www.planalto.gov.br/ccivil_03/Constituicao/ Emendas/Emc/emc19.htm. Acesso em: 12 fev. 2020.

BRASIL. CFA. IGM-CFA. *Lei nº 9.784, de 29 de janeiro de 1999*. Regula o processo administrativo no âmbito da Administração Pública Federal. Brasília, DF: Presidência da República, 1999. Disponível em: http://www.planalto.gov.br/ccivil_03/leis/l9784.htm. Acesso em: 27 jan. 2020.

BRASIL. CFA. IGM-CFA. *Proposta de Emenda à Constituição nº 7, de 2019*. Altera o art. 132 da Constituição Federal, para incluir as procuradorias municipais. Resultado da votação. Brasília, DF: Senado Federal, 2019. Disponível em: https://www25.senado.leg.br/web/ atividade/materias/-/materia/135379. Acesso em: 07 mar. 2020.

BRASIL. CFA. IGM-CFA. *Proposta de Emenda à Constituição nº 153, de 03 de setembro de 2003*. Altera o artigo 132 da Constituição. Resultado da votação. Brasília, DF: Senado Federal, 2003. Disponível em: http://www2.camara.leg.br/atividade legislativa/plenario/ chamadaExterna.html?link=http://www.camara.gov.br/ internet/votacao/mostraVotacao. asp?ideVotacao=4939&tipo=partido. Acesso em: 07 mar. 2020.

BUCCI, Maria Paula Dallari. Notas para uma metodologia jurídica de análise de políticas públicas. *In*: FORTINI, Cristiana; ESTEVES, Júlio César dos Santos; DIAS, Maria Tereza Fonseca (org.). *Políticas públicas*: possibilidades e limites. Belo Horizonte: Fórum, 2008. p. 225-260.

CARVALHO FILHO, José dos Santos. *Manual de Direito Administrativo*. 32. ed. rev., atual. e ampl. São Paulo: Atlas, 2018.

CELESTINO, Karla Alexsandra Falcão Vieira. BÔAS, Regina Vera Vilas. A efetivação dos direitos fundamentais sociais por meio da atuação concreta da advocacia pública municipal. *In*: CUNHA, Bruno Santos; NERY, Cristiane da Costa; CAMPELLO, Geórgia Teixeira Jezlerv. *Direito Municipal em debate*. Belo Horizonte: Fórum, 2017. v. 3. p. 91-117.

CHEHIN, Soraya Santucci; MARTINS, Ricardo Marcondes. Advocacia pública: advocacia de estado e advocacia de governo. *In*: MOURÃO, Carlos Figueiredo; HIROSE, Regina Tamami (coord.). *Advocacia pública contemporânea*: desafios da defesa do Estado. Belo Horizonte: Fórum, 2019. p. 51-77.

DI PIETRO, Maria Sylvia Zanella. *Direito Administrativo*. 29. ed. rev., atual e ampl. Rio de Janeiro: Forense, 2016.

DUTRA, Raphael Vasconcelos. As procuraturas municipais na Constituição da República e a necessidade de aperfeiçoamento do texto constitucional. *Revista da Procuradoria-Geral do Município de Belo Horizonte – RPGMBH*, Belo Horizonte, ano 9, n. 16, jan./jun. 2017, p. 211-239.

FERNANDES, Márcio Silva. *Isonomia entre entes federados*. Brasília, DF: Câmara dos Deputados, 2013. Disponível em: https://www2.camara.leg.br/atividade-legislativa/estudos-e-notas-tecnicas/publicacoes-da-consultoria-legislativa/areas-da-conle/tema6/2013_2143.pdf. Acesso em: 08 mar. 2020.

FIRJAN. Índice FIRJAN de Gestão Fiscal (IFGF). Disponível em: https://www.firjan.com.br/ifgf/. Acesso em: 20 mar. 2020.

FREITAS, Daniela Bandeira de. *A fragmentação administrativa do Estado:* fatores determinantes, limitações e problemas jurídico-políticos. Belo Horizonte: Fórum, 2011.

GAZOLA, Patricia Marques. O papel dos municípios na concretização dos direitos fundamentais. *In:* SOUSA, Horácio Augusto Mendes de; FRAGA, Henrique Rocha (coord.). *Novas tendências do direito municipal contemporâneo*. Belo Horizonte: Fórum, 2010. p. 15-39.

IBGE. *Censo Demográfico 2010:* características gerais da população. Rio de Janeiro: IBGE, 2010. Disponível em: https://www.ibge.gov.br. Acesso em: 20 mar. 2020.

MADUREIRA, Claudio Penedo. A instituição de procuradorias municipais como imposição constitucional. *Revista da Procuradoria-Geral do Município de Belo Horizonte – RPGMBH*, Belo Horizonte, ano 9, n. 16, jan./jun. 2017, p. 211-239.

MADUREIRA, Claudio Penedo. *Advocacia pública*. 2. ed. Belo Horizonte: Fórum, 2015.

MARTINS JÚNIOR, Wallace Paiva. A profissionalização e a exclusividade da advocacia pública. *In:* MOURÃO, Carlos Figueiredo; HIROSE, Regina Tamami (coord.). *Advocacia pública contemporânea:* desafios da defesa do Estado. Belo Horizonte: Fórum, 2019. p. 23-49.

MATTOS, Rodrigo Gerent. A advocacia pública na divisão tripartite dos poderes: Função Essencial à Justiça autônoma que não integra a estrutura organizacional de nenhum dos Poderes clássicos. *Revista Constituição e Garantia de Direito*, v. 9, n. 1, p. 24-51, 5 out. 2016. Disponível em: https://periodicos.ufrn.br/constituicaoegarantiadedireitos/article/download/10341/7313/+&cd=1&hl=pt-BR&ct=clnk&gl=br. Acesso em: 19 mar. 2020.

MEIRELLES, Hely Lopes. *Direito Administrativo Brasileiro*. 42. ed. São Paulo: Malheiros Editores, 2016.

MENDONÇA, Clarice Corrêa de; VIEIRA, Raphael Diógenes Serafim; PORTO, Nathália França Figueiredo. *1º Diagnóstico da Advocacia Pública Municipal no Brasil*. Belo Horizonte: Fórum; Herkenhoff & Prates, 2018.

MOURÃO, Carlos Figueiredo; VIEIRA; Raphael Diógenes Serafim. A essencialidade das instituições para a edificação da democracia e o alarmante déficit da advocacia pública nos municípios. *Revista Brasileira de Direito Municipal*, Belo Horizonte, ano 19, n. 70, p. 51-71, out/dez. 2018.

MUNAKATA, Flávio Mitsuyoshi. Advocacia pública contemporânea – desafios da defesa do estado. *In*: MOURÃO, Carlos Figueiredo; HIROSE, Regina Tamami (coord.). *Advocacia pública contemporânea*: desafios da defesa do Estado. Belo Horizonte: Fórum, 2019. p. 79-104.

NOHARA, Irene Patrícia. *Direito Administrativo*: versão compacta. 11 ed. rev., ampl. e atual. Salvador: Juspodivm, 2016.

NUSDEO, Marcos Fábio de Oliveira. A advocacia pública como função essencial à justiça. *In*: MOURÃO, Carlos Figueiredo; HIROSE, Regina Tamami (coord.). *Advocacia pública contemporânea*: desafios da defesa do Estado. Belo Horizonte: Fórum, 2019. p. 165-184.

OLIVEIRA, Daniel Mitidieri Fernandes de. Desenvolvimento municipal, desigualdade e advocacia pública: um diálogo necessário. *In*: ASENSI, Felipe Dutra; REIS, Vanessa Velasco H.B.; REIS, Vitor Penno (org.). *Procuradorias municipais*: teoria e prática. Rio de Janeiro: Ágora 21, 2018. v. 1, p. 65-86.

PALLONE, Renata Ferrero. A possibilidade de ações judiciais ajuizadas pelo Poder Público como instrumento de Políticas Públicas na Advocacia Pública Federal. *In*: MOURÃO, Carlos Figueiredo; HIROSE, Regina Tamami (coord.). *Advocacia pública contemporânea*: desafios da defesa do Estado. Belo Horizonte: Fórum, 2019. p. 335-353.

PEDRA, Adriano Sant'Ana. Democracia participativa no município. *In*: SOUSA, Horácio Augusto Mendes de; FRAGA, Henrique Rocha (coord.). *Novas tendências do direito municipal contemporâneo*. Belo Horizonte: Fórum, 2010. p. 41-65.

SAHARA, Ricardo. Advocacia pública: função típica de estado na defesa da res pública. *In*: MOURÃO, Carlos Figueiredo; HIROSE, Regina Tamami (coord.). *Advocacia pública contemporânea*: desafios da defesa do Estado. Belo Horizonte: Fórum, 2019. p. 185-206.

SEMER, Márcia Maria Barreta Fernandes. Transparência como política pública e a responsabilidade institucional da Advocacia de Estado na sua efetivação. *In*: MOURÃO, Carlos Figueiredo; HIROSE, Regina Tamami (coord.). *Advocacia pública contemporânea*: desafios da defesa do Estado. Belo Horizonte: Fórum, 2019. p. 451-471.

SILVA, José Afonso da. *Curso de Direito Constitucional Positivo*. 37. ed. rev. e atual. São Paulo: Malheiros, 2014.

STF. Supremo Tribunal Federal. *Projeto de Súmula Vinculante nº 18*. Brasília, DF: STF, 2009. Disponível em: http://redir.stf.jus.br/estfvisualizadorpub/jsp/consultarprocessoeletronico/ConsultarProcessoEletronico.jsf?seqobjetoincidente=266724. Acesso em: 18 mai. 2020.

STF. Supremo Tribunal Federal. RECURSO EXTRAORDINÁRIO : RE 663696 MG – MINAS GERAIS. Relator: Ministro Luiz Fux. DJ: 28/02/2019. *JusBrasil*, 2019. Disponível em: https://stf.jusbrasil.com.br/jurisprudencia/768173459/recurso-extraordinario-re-663696-mg-minas-gerais?ref=serp. Acesso em: 29 mar. 2020.

VIEIRA, Raphael Diógenes Serafim. O exercício das funções da Advocacia Pública como atividade exclusiva dos advogados públicos efetivos: uma releitura da Proposta de Súmula Vinculante nº 18 do STF à luz dos dados publicados no 1º Diagnóstico de Advocacia Pública Municipal no Brasil (2018). *Interesse Público – IP*, Belo Horizonte, ano 21, n. 114, p. 167-204, mar./abr. 2019.

WERNER, Patrícia Ulson Pizarro. A atuação da Advocacia Pública no combate à corrupção e aos atos de improbidade administrativa: uma análise propositiva a partir da compreensão da teoria do ciclo das políticas públicas. *In*: MOURÃO, Carlos Figueiredo; HIROSE, Regina Tamami (coord.). *Advocacia pública contemporânea*: desafios da defesa do Estado. Belo Horizonte: Fórum, 2019, p. 227-256.

Informação bibliográfica deste texto, conforme a NBR 6023:2018 da Associação Brasileira de Normas Técnicas (ABNT):

FEIJÓ, Alexsandro Rahbani Aragão; SOUSA, Ana Beatriz Getelina. A Advocacia Pública como função essencial à justiça nos municípios brasileiros. *In*: FLORIANO, Eduardo de Souza; CUNHA, Bruno Santos; TAVARES, Gustavo Machado (coord.). *Direito Municipal em Debate*. Belo Horizonte: Fórum, 2021. p. 17-41. v. 5. ISBN 978-65-5518-158-6.

A DEVOLUÇÃO AO ERÁRIO DE VERBA REMUNERATÓRIA RECEBIDA INDEVIDAMENTE POR SERVIDOR PÚBLICO, AINDA QUE DE BOA-FÉ, EM VIRTUDE DE ERRO OPERACIONAL DA ADMINISTRAÇÃO E A NECESSIDADE DE REVISÃO DO TEMA Nº 531 DO STJ

ELIANE PIRES ARAÚJO

DANIEL LOPES PIRES XAVIER TORRES

1 Sistema de precedentes brasileiro: uma visão geral

Encontra-se arraigado no constitucionalismo contemporâneo, notadamente o brasileiro, três axiomas que – pelo menos em tese – são amplamente consensuais: (i) as disposições constitucionais, sejam regras ou princípios, são dotadas de normatividade, elas têm força cogente e gozam de superioridade hierárquica no ordenamento jurídico, (ii) os direitos fundamentais têm *status* diferenciado no sistema jurídico, posição central do ordenamento e são função precípua do Estado, e (iii) os Poderes da República estão submetidos à Constituição, vinculando os agentes públicos.[1]

Marco filosófico do movimento que se pode denominar neoconstitucionalismo,[2] o pós-positivismo amplia a função jurisdicional na

---

[1] Cf. BARCELLOS, Ana Paula de. *Constitucionalização das políticas públicas em matéria de direitos fundamentais*: o controle político-social e o controle jurídico no espaço democrático. In: SARLET, Ingo Wolfgang e TIMM, Luciano Benetti (org.). *Direitos Fundamentais orçamento e "reserva do possível"*. Porto Alegre: Livraria do Advogado, 2008, p. 115.

[2] Após a Segunda Guerra Mundial, face às atrocidades cometidas sob o pálio da lei, houve uma aproximação entre direito e moral, com prevalência de uma teoria prescritivo-normativa, foco no intérprete e no direito em sua ação prática (casos concretos), bem como

construção do sentido das normas como forma de aperfeiçoar a aplicação da lei:

> (...) emergiu um nova doutrina pós-positivista que afirma a existência de valores supralegais, que superaram a mera aplicação fria da letra da lei, de modo que foi suplantada a concepção de que o legislativo dita o que será reproduzido pelo julgador, afirmando-se desse modo a discricionariedade judicial na aplicação da lei.[3]

Nesse contexto, nas últimas duas décadas, assistiu-se à valorização dos pronunciamentos judiciais, com tendência a adotar-se a jurisprudência como fonte normativa. Dispositivos do CPC/1973, como o art. 120, parágrafo único,[4] art. 557[5] e art. 481, parágrafo único,[6] todos com redação dada pela Lei nº 9.756/98, além do art. 475, §3º,[7] com redação dada pela Lei nº 10.352/2001, e do art. 544, §4º, "b" e "c",[8] com

---

reforço do papel de fundamentação/justificação da decisão a partir de uma hermenêutica crítica. Exsurge fortalecido, assim, o neoconstitucionalismo, um conjunto amplo de transformações no Estado que têm como marco histórico a consolidação do Estado Democrático de Direito, como marco filosófico o pós-positivismo e como marco teórico a força normativa da constituição, a expansão da jurisdição constitucional e ampliação de novos métodos de interpretação.

[3] NUNES. Dierle; LACERDA. Rafaela; MIRANDA. Newton Rodrigues. O uso do precedente judicial na prática judiciária brasileira: uma perspectiva crítica. *Revista da Faculdade de Direito da Universidade Federal de Minas Gerais* n. 62, Belo Horizonte: 2013. Disponível em: https://www.direito.ufmg.br/revista/index.php/revista/article/view/P.0304-2340.2013v62 p179. Acesso em 04/05/2020.

[4] "Art. 120, parágrafo único. Havendo jurisprudência dominante do tribunal sobre a questão suscitada, o relator poderá decidir de plano o conflito de competência, cabendo agravo, no prazo de cinco dias, contado da intimação da decisão às partes, para o órgão recursal competente."

[5] "Art. 557. O relator negará seguimento a recurso manifestamente inadmissível, improcedente, prejudicado ou em confronto com súmula ou com jurisprudência dominante do respectivo tribunal, do Supremo Tribunal Federal, ou de Tribunal Superior."

[6] "Art. 481, parágrafo único. Os órgãos fracionários dos tribunais não submeterão ao plenário, ou ao órgão especial, a arguição de inconstitucionalidade, quando já houver pronunciamento destes ou do plenário do Supremo Tribunal Federal sobre a questão."

[7] "Art. 475. Está sujeita ao duplo grau de jurisdição, não produzindo efeito senão depois de confirmada pelo tribunal, a sentença: §3º Também não se aplica o disposto neste artigo quando a sentença estiver fundada em jurisprudência do plenário do Supremo Tribunal Federal ou em súmula deste Tribunal ou do tribunal superior competente."

[8] "Art. 544. Não admitido o recurso extraordinário ou o recurso especial, caberá agravo nos próprios autos, no prazo de 10 (dez) dias. §4 º No Supremo Tribunal Federal e no Superior Tribunal de Justiça, o julgamento do agravo obedecerá ao disposto no respectivo regimento interno, podendo o relator: b) negar seguimento ao recurso manifestamente inadmissível, prejudicado ou em confronto com súmula ou jurisprudência dominante no tribunal; c) dar provimento ao recurso, se o acórdão recorrido estiver em confronto com súmula ou jurisprudência dominante no tribunal."

redação dada pela Lei nº 12.322/2010, surgiram como forma de reduzir o número de processos judiciais e dar vazão à crescente demanda que chegava ao Poder Judiciário.

Mais recentemente, consoante a Reforma do Judiciário levada a efeito pela Emenda Constitucional nº 45, de 8 de dezembro de 2004, foram promulgadas as Leis nº 11.418/2006 e 11.672/2008, que instituíram a sistemática da repercussão geral para o recurso extraordinário no Supremo Tribunal Federal (STF) e a dos recursos especiais repetitivos no Superior Tribunal de Justiça (STJ).

Dessa forma, é possível perceber uma evolução na valorização do precedente judicial, aproximando o Brasil, de nítida tradição de *civil law*, à doutrina do *stare decisis*,[9] de tradição de *common law*. O tema será retomado adiante.

Esse movimento de aproximação pode ser verificado na promulgação do Código de Processo Civil de 2015,[10] e contribuiu para a consolidação do STJ (nos termos do art. 105, III, da CF/88) como ator importantíssimo nesse cenário, uma vez que ele é chamado a decidir o caso concreto, mas não só isso. Ele também é o encarregado de uniformizar a interpretação da legislação federal.

Assim, a Corte Cidadã tem a importante função de complementar a função legislativa, como aponta Lorena Miranda Santos Barreiros:[11]

> O texto da lei já não mais é capaz de prover a segurança vindicada pelo ordenamento; em algumas circunstâncias, ao se valer de técnicas legislativas abertas (uso de conceitos jurídicos indeterminados e formulação de cláusulas gerais), o próprio legislador sinaliza claramente a intenção de conferir ao órgão jurisdicional uma função ainda mais explícita e ampla de criação do direito. Diante desse quadro, a decisão

---

[9] Em termos gerais, é a doutrina que defende que o julgador deve respeito ao precedente, sem que exista, todavia, previsão normativa expressa de vinculação. Trata-se de algo arraigado na consciência coletiva dos juízes.

[10] Da leitura da Exposição de Motivos do novo código, extrai-se a inequívoca pretensão de estabelecer no país um modelo de precedentes. Cf. trechos: "Todas as normas jurídicas devem tender a dar efetividade às garantias constitucionais, tornando "segura" a vida dos jurisdicionados, de modo a que estes sejam poupados de "surpresas", podendo sempre prever, em alto grau, as consequências jurídicas de sua conduta." e "A dispersão excessiva da jurisprudência produz intranquilidade social e descrédito do Poder Judiciário." BRASIL. Senado Federal. *Exposição de Motivos*: Código de Processo Civil de 16 de março de 2015. Disponível em http://www2.senado.leg.br/bdsf/item/id/496296. Acesso em: 04 maio 2020.

[11] BARREIROS, Lorena Miranda Santos. Estruturação de um sistema de precedentes no Brasil e concretização da igualdade. *In:* DIDIER, Fredie (coord.) *Coleção Grandes Temas do Novo CPC, V. 3: Precedentes*. Salvador: Juspodivm, 2016.

judicial ganha novos sentidos e importância na medida em que não pode mais negar-lhe a condição de fonte formal do direito.

Nesse contexto, sobressai a importância do STJ para assegurar princípios como igualdade e liberdade, que não dependem mais exclusivamente da força da lei. O precedente exsurge como forma de promover a uniformidade quando da aplicação do direito objetivo.

Por essa razão, ao decidir um recurso especial interposto em face de acórdão de Tribunal de Justiça ou de Tribunal Regional Federal, não se pode mais conceber a atuação do STJ voltada à simples atuação no caso concreto. Mais que isso, o recurso especial deve ser visto como uma oportunidade de a Corte Superior exercer sua competência constitucional de uniformizar a aplicação da legislação federal, ficando em segundo plano a solução do caso concreto para se exaltar o estabelecimento de um precedente, que será aplicado em outros casos.[12]

Mas quais são as dificuldades teóricas e práticas para emplacar no Brasil um sistema de precedentes? Certamente não é uma pergunta fácil de responder, e nos limites deste trabalho buscamos dar pistas para sua solução, sem pretensão de esgotar o tema.

Abordando as diferenças entre os modelos do *civil law* e do *common law*, Juraci Mourão Lopes Filho[13] expõe de maneira precisa uma das suas grandes diferenças, a origem da força vinculativa dos precedentes:

> As decisões proferidas pelo Supremo Tribunal Federal, via de regra, são tomadas como comandos normativos, sobretudo as súmulas que sequer fundamentação possuem. É *reflexo, repita-se, da tradição fortemente normativista, ainda influenciada por aspirações exegéticas. Considerar que a força vinculante se dá por causa de uma aproximação do sistema de língua inglesa, a fim de justificar os rigorismos locais,* **é** *um erro.* Não dá pra justificar o incremento normativo e a insipiente sujeição normativa dos magistrados de segundo e primeiro graus aos julgamentos superiores, com a indicação de analogia a institutos estrangeiros, pois tem sido uma característica bem brasileira a tônica imprimida. (Destaque nosso)

De modo semelhante, Lênio Luiz Streck e Georges Abboud criticam o CPC e o sistema de formação de precedentes justamente porque

---

[12] MARINONI. Luiz Guilherme. O julgamento colegiado nas Cortes Supremas. *Revista Jurídica Luso Brasileira*, Ano 2, n. 5, 2016. Disponível em: http://www.cidp.pt/publicacoes/revistas/rjlb/2016/5/2016_05_0873_0920.pdf. Acesso em: 04 maio 2020.

[13] LOPES FILHO, Juraci Mourão. *Os precedentes judiciais no constitucionalismo brasileiro contemporâneo*. 3. ed. Salvador, Juspodivm, 2020, p. 116/117.

essa "aproximação" ocorreu, na visão de ambos, de forma inadvertida, sem considerar que os modelos têm raízes e características próprias:[14]

> A raiz disso tudo talvez esteja no que se entende por precedente. Ao que estamos lendo por aí, estão fazendo uma simplista equiparação do genuíno precedente do *common law* à jurisprudência vinculante pindoramense. Ora, o fato de o artigo 927 do CPC elencar diversos provimentos que passaram a ser vinculantes, não pode nos induzir a leitura equivocada de imaginar que a súmula, o acórdão que julga o IRDR ou oriundo de recurso (especial ou extraordinário repetitivo) são equiparáveis à categoria do genuíno precedente do *common law*.
>
> Para tal desiderato, cremos ser fundamental a correta noção sobre o que é efetivamente um precedente genuíno do *common law* e a necessária compreensão do que é um provimento vinculante *por disposição legal, por exemplo*, súmula vinculante, acórdão paradigma etc. O sistema genuíno de precedentes inglês é criador de complexidade. O que o CPC-2015 faz é criar provimentos judiciais vinculantes cuja função é reduzir a complexidade judicial para enfrentar o fenômeno brasileiro da litigiosidade repetitiva. Respostas antes das perguntas. Mas, não podemos equiparar o artigo 927 a um sistema de precedentes, sob pena de termos uma aplicação desvirtuada do CPC. (Destaques no original)

Esse apanhado doutrinário se presta a evidenciar que o termo precedente tem sentidos diversos em ambos os modelos, e que no Brasil ele é vocacionado à solução da litigiosidade repetitiva e de massa, uma "justiça de números",[15] com mera redução de complexidade, o que não está no cerne do precedente do *common law*.

Logo, como a versão brasileira do precedente difere sobremaneira daquela dos países de tradição de *common law*, precisamos ter cautela na importação desse instituto, o que nos incita a pensar o desenvolvimento de um verdadeiro sistema de precedentes no país que seja qualitativamente apto a lidar com a complexidade do nosso ordenamento jurídico.

No contexto dessa discussão é ainda pertinente abordar a diferença entre precedente e jurisprudência. Quem bem ilustra a matéria é Michele Taruffo,[16] doutrinador italiano:

---

[14] STRECK, Lenio Luiz; ABBOUD, Georges. 2020, online. *O que é isso – o sistema (sic) de precedentes no CPC?* Disponível em: https://www.conjur.com.br/2016-ago-18/senso-incomum-isto-sistema-sic-precedentes-cpc. Acesso em: 04 maio 2020.

[15] NUNES, Dierle; HORTA, André Frederico. Aplicação de precedentes e distinguishing no CPC/2015: uma breve introdução. *In*: DIDIER Jr., Fredie *et al.* (coord.). *Precedentes.* Salvador: Juspodivm, 2016, 816 p. (Coleção Grandes Temas do Novo CPC, v. 3), p. 305.

[16] TARUFFO, Michele. *Revista de Processo*: RePro, v. 36, n. 199, set. 2011, p. 142.

Quando se fala do precedente se faz normalmente referência a uma decisão relativa a um caso particular, enquanto que quando se fala da jurisprudência se faz normalmente referência a uma pluralidade, frequentemente bastante ampla, de decisões relativas a vários e diversos casos concretos. A diferença não é apenas do tipo semântico. O fato é que nos sistemas que se fundam tradicionalmente e tipicamente sobre o precedente, em regra a decisão que se assume como precedente é uma só; ademais, poucas decisões sucessivas vêm citadas em apoio do precedente. Deste modo, é fácil identificar qual decisão de verdade "faz precedente". Ao contrário, nos sistemas – como o nosso – nos quais se alude à jurisprudência, se faz referência normalmente a muitas decisões: às vezes, são dúzias ou até mesmo centenas, ainda que nem todas venham expressamente citadas. Isso implica várias consequências, dentre as quais a dificuldade – frequentemente de difícil superação – de estabelecer qual seja a decisão que verdadeiramente é relevante (se houver uma) ou então de decidir quantas decisões são necessárias para que se possa dizer que existe uma jurisprudência relativa a uma determinada interpretação de uma norma. (Destaque nosso)

Considerando os ensinamentos acima, é possível afirmar que o CPC adotou a posição do "precedente", vez que é fácil identificar qual decisão faz precedente "de verdade", consoante as hipóteses enumeradas no art. 927, com destaque no presente caso para o julgamento de recursos extraordinário e especial repetitivos. Confira-se o *caput* do dispositivo:

Art. 927. Os juízes e os tribunais observarão:

I – as decisões do Supremo Tribunal Federal em controle concentrado de constitucionalidade;

II – os enunciados de súmula vinculante;

III – os **acórdãos** em incidente de assunção de competência ou de resolução de demandas repetitivas e **em julgamento de recursos extraordinário e especial repetitivos**;

IV – os enunciados das súmulas do Supremo Tribunal Federal em matéria constitucional e do Superior Tribunal de Justiça em matéria infraconstitucional;

V – a orientação do plenário ou do órgão especial aos quais estiverem vinculados.

Nesse sentido é a previsão do art. 121-A do Regimento Interno do STJ, que criou a figura do precedente qualificado. Confira-se:

Art. 121-A. Os acórdãos proferidos em julgamento de incidente de assunção de competência e de recursos especiais repetitivos bem como os enunciados de súmulas do Superior Tribunal de Justiça constituem, segundo o art. 927 do Código de Processo Civil, **precedentes qualificados** de estrita observância pelos Juízes e Tribunais.

Entendendo melhor o que é precedente, podemos formatar, *a contrario sensu*, uma definição de jurisprudência, qual seja, um conjunto de pronunciamentos judiciais que ainda não passou pelo rito do art. 927.

Sem dúvida, um dos objetivos do referido dispositivo, um dos "eixos basilares do novo sistema processual brasileiro",[17] é irradiar efeitos por todo o sistema processual, como forma de conferir maior eficiência e celeridade à tramitação de ações no Poder Judiciário, a exemplo da concessão de tutela de evidência sem o requisito urgência (art. 311, II), improcedência *prima facie* da ação sem citação do réu (art. 332, II), julgamento monocrático pelo relator (art. 932, IV e V), ajuizamento de reclamação (art. 988) e dispensa de efeito suspensivo à apelação (art. 1.012, §1º, V).

O sistema de aplicação de precedentes, portanto, é útil para fomentar estabilidade, integridade e coerência no ordenamento jurídico, consoante dicção do art. 926 do CPC.

Contudo, visando não engessar a aplicação do direito, estão autorizadas "rupturas", desde que fundamentadas e guardado o dever de integridade, sendo as mais conhecidas as figuras do *distinguising* (distinção) e do *overrulling* (superação), mas com a existência de figuras intermédias para ampliar ou reduzir sua abrangência, pois trabalhar com precedentes é sempre um processo de individualização do direito, como ensinam Dierle Nunes e André Frederico Horta:[18]

> Portanto, *trabalhar com precedentes (ou súmulas e teses) constitui um processo de individualização do Direito (o que* **é** *diuturnamente ameaçado pelo formalismo dos enunciados sumulares e das teses estabelecidas pelos tribunais superiores,* sem seguimento dos pressupostos democráticos contra-faticamente impostos no CPC/2015, na medida em que *incentivam a desconsideração das peculiaridades dos casos concretos e de universalização da regra estabelecida no precedente (ou nos casos sumulados), a exigir do intérprete constante atenção* **à** *dimensão subjetiva* (construída processualmente, em especial

---

[17] Consoante decidiu o STJ no julgamento da Resolução de Demandas Repetitivas n. 7/PR, relatoria do Ministro Paulo de Tarso Sanseverino, em decisão publicada no *DJe* do dia 23/6/2017.

[18] *Op. cit.* p. 310.

na fase probatória) do caso concreto, sem a qual restará prejudicada sua conciliação com a dimensão objetiva do Direito. (Destaque nosso)

Logo, o simples fato de haver precedente já firmado não pode ser impeditivo da (re)discussão de teses jurídicas, como se a solução para cada um dos casos concretos viesse pronta e acabada dos tribunais superiores, e não carecesse de interpretação pelos juízos de base, bastando a mera subsunção.[19] O precedente não é inabalável.

No caso a ser tratado no tópico posterior, defende-se a devolução ao erário de verba recebida indevidamente por servidor público, ainda que de boa-fé, e o motivo é a existência de erro operacional da Administração Pública. E a circunstância fática do erro operacional não foi abordada no Tema nº 531 do STJ, que tratou apenas da interpretação errônea da lei.

Diante disso, o STJ afetou dois recursos especiais, formando o Tema nº 1.009, para analisar se o Tema nº 531 do STJ abrange, ou não, a devolução ao Erário de valores recebidos de boa-fé pelo servidor público quando pagos indevidamente por erro operacional da Administração Pública.

A revisão de entendimento firmado em tema repetitivo segue o rito do art. 256-S e ss. do Regimento Interno do STJ, sendo legitimados a tanto algum Ministro integrante do órgão julgador ou o representante do Ministério Público.

Esse nos parece ser o meio por excelência da revisão de entendimento de forma ampla e geral quando se trata de recurso especial repetitivo, vez que o STJ recentemente firmou entendimento de que a reclamação não é via adequada para controle de aplicação de tese de recurso repetitivo.[20]

Passa-se agora à análise propriamente da matéria de fundo.

---

[19] É mordaz a crítica de Lênio Luiz Streck e Gerges Abboud: *"O antigo juiz boca-fria-da-lei parece substituído por um juiz-boca-da-súmula ou ainda juiz-boca-de-qualquer-provimento-vinculante-dos-tribunais-superiores. É incrível como a comunidade jurídica caiu nessa armadilha. Ora, temos a certeza de que nós, juristas, podemos mais do que isto. Qualquer desses modelos de juízes é uma volta ao passado. Aliás, esse é outro risco do sistema-de-precedentes ao modo brasileiro, que parece ignorar ou antipatizar com o caso concreto em benefício do julgamento em abstrato de teses"* (destaque nosso) (*op. cit.*)

[20] Conforme decidido pela Corte Especial do STJ no julgamento da Reclamação nº 36.476/SP, relatoria da Ministra Nancy Andrighi, em decisão publicada no *DJe* do dia 06/02/2020.

2 A necessidade de revisão do Tema nº 531 do STJ

2.1 Como funciona o trâmite no STJ

Antes de remeter os recursos especiais representativos de controvérsia ao STJ, é de competência dos Tribunais de origem levar em consideração o preenchimento dos requisitos de admissibilidade, como diversidade de fundamentos e divergência entre os fundamentos dos órgãos julgadores de origem com representação de todas as teses.

Quando chegam ao STJ, em juízo de admissibilidade (art. 256-D, RISTJ), passam pelo crivo do Presidente da Comissão Gestora de Precedentes, autoridade competente[21] para verificar os requisitos formais dos selecionados, notadamente se eles possuem "abrangente argumentação e discussão a respeito da questão a ser decidida", na forma do art. 1.036, §6º, CPC. É aqui que se faz a triagem, e é decidido, numa análise inicial – que pode ser subsidiada por Nota Técnica do Centro Nacional de Inteligência da Justiça Federal –, se o recurso tem aptidão para ser representativo de controvérsia. Nessa fase, o Tema recebe uma numeração sequencial.

Em seguida, o relator, em questão de ordem como regra (art. 256-V), propõe a afetação, que pode ou não ser acatada pelo órgão julgador (Seção ou Corte Especial). Nessa fase[22] pode haver a determinação da suspensão do processamento de todos os processos pendentes, individuais ou coletivos, que versem sobre a questão e tramitem no território nacional (art. 1.037, II, CPC). Não é feito o julgamento do recurso, mas apenas da proposta de sua afetação.

Aplicando o que foi dito ao Tema nº 1.009, em consulta ao site do STJ, vê-se que na data de 25/08/2020 ele continua afetado (o que ocorreu em 02/05/2019) e concluso ao Ministro Relator Benedito Gonçalves (o mesmo Ministro Relator do Tema nº 531). Isso quer dizer que dois recursos especiais foram selecionados para julgamento pela sistemática dos recursos especiais repetitivos (REsp nº 1769209/AL e REsp nº 1769306/AL), e houve a determinação da suspensão nacional dos processos que versem sobre matéria semelhante.

---

[21] Ou seja, antes de ocorrer a afetação, há uma análise prévia pelo Presidente da Comissão Gestora de Precedentes (*ex vi* do art. 46-A do RISTJ), que atua por delegação do Presidente do STJ (art. 256-C do RISTJ c/c Portaria STJ/GP n.º 299/2017) que decide por despacho irrecorrível. Caso os recursos não sejam admitidos, mantém-se a numeração do tema e serão buscados outros recursos que preencham os requisitos do art. 1.036, §6º, CPC.

[22] A suspensão, caso ocorra, é própria dessa fase, e não da fase de juízo de admissibilidade do Presidente da Comissão Gestora de Precedentes.

2.2 Descrição da base fático-jurídica posta em julgamento

Como afirmado, são dois os recursos afetados. Cada um será analisado em breves linhas.

O REsp nº 1769209/AL tem origem num mandado de segurança e tem como partes no polo ativo a Universidade Federal de Alagoas (UFAL), e no polo passivo um grupo de servidores aposentados da instituição. O objeto litigioso é "a devolução do valor de R$2.828,26, cobrado em face do pagamento indevido, no período de 02/02/2010 a 31/03/2015, da parcela de anuênios no percentual de 3%, quando o devido seria 1%."

A exposição de fatos, conforme narrada na apelação do ente público e indicada no relatório da decisão recorrida, é a seguinte:

> Neste caso, quando dos levantamentos necessários, o RH detectou uma **divergência de 2% (dois por cento) no recebimento dos anuênios, isso porque o autor vinha recebendo a título desse benefício a parcela de 3% (três por cento), enquanto o que lhe é devido resta em apenas 1% (um por cento).**
>
> Diante disto, foi aberto o Processo Administrativo nº 23065. 010693/2016-65, onde se identificou que a autora deveria repor ao erário os valores percebidos no período de (...).
>
> Vê-se, desde aqui, o acerto na revisão do pagamento indevido dos valores nos vencimentos da autora. Tanto, que o mesmo não se anima em combater o entendimento sufragado pela Autarquia, tendo apenas argumentado que tal restituição não poderia ocorrer em razão de erro exclusivo da Administração Pública e porque recebidos de boa-fé, o que não procede, como veremos.
>
> (...)
>
> No que se refere ao fundamento do ato que determinou a revisão dos valores dos proventos da aposentadoria da autora, nenhuma discussão subsiste (e nem sequer fora deflagrada nestes autos), posto que não há dúvida alguma de que a administração equivocadamente concedeu-lhe os anuênios a maior, havendo pagamento indevido no período de 02.02.2010 a 31.03.2015, ocasionando, assim, uma notável lesão aos cofres públicos.

O próprio acórdão da apelação reconheceu que o "pagamento indevido não decorreu de errônea interpretação ou má aplicação da lei, mas de mero de erro operacional da Administração no cálculo dos anuênios". Ou seja, parece não haver dúvidas quanto a isso. Todavia, com base em precedente do TRF5, e "considerando que a sua detecção era difícil e que ele foi realizado por mais de cinco anos, sendo certo, por outro lado, que a verba, de natureza alimentar, foi recebida de boa-fé", rejeitou-se a apelação.

Os embargos de declaração opostos visando a prequestionamento foram rejeitados.

No recurso especial da UFAL, de apenas 6 páginas, alega-se violação ao art. 46 da Lei nº 8.112/90[23] e ao art. 876 do Código Civil,[24] indicando a Súmula nº 235 do TCU,[25] e de resto que o fato de o servidor ter recebido de boa-fé e ser verba alimentar não impede a devolução, porque existe vinculação ao princípio da legalidade, que veda o enriquecimento sem causa.

O REsp nº 1769306/AL também tem origem num mandado de segurança, e como partes no polo ativo a Universidade Federal de Alagoas (UFAL), e no polo passivo um único servidor da ativa integrante da carreira do magistério. O ponto controvertido "se refere à legalidade ou não dos atos administrativos que determinaram (...) a devolução de valores, cobrados em face do pagamento indevido (...) de proventos correspondentes à classe de professor titular".

A exposição de fatos, conforme narrada na apelação do ente público e indicada no relatório da decisão recorrida, é a seguinte:

> Quando dos levantamentos necessários, o RH detectou uma divergência no enquadramento dos autores. Isto porque, em razão do pagamento da vantagem do art. 192, I, da Lei nº 8.112/90, que estaria sendo efetuado de forma equivocada, na medida em que, a partir da vigência da Lei nº 11.244/06, *foi reestruturada a carreira do magistério.* Com isso, *criou-se o cargo de professor associado, intermediário entre os professores adjunto e os*

---

[23] "Art. 46. As reposições e indenizações ao erário, atualizadas até 30 de junho de 1994, serão previamente comunicadas ao servidor ativo, aposentado ou ao pensionista, para pagamento, no prazo máximo de trinta dias, podendo ser parceladas, a pedido do interessado.
§1º O valor de cada parcela não poderá ser inferior ao correspondente a dez por cento da remuneração, provento ou pensão.
§2º Quando o pagamento indevido houver ocorrido no mês anterior ao do processamento da folha, a reposição será feita imediatamente, em uma única parcela.
§3º Na hipótese de valores recebidos em decorrência de cumprimento a decisão liminar, a tutela antecipada ou a sentença que venha a ser revogada ou rescindida, serão eles atualizados até a data da reposição."

[24] "Art. 876. Todo aquele que recebeu o que lhe não era devido fica obrigado a restituir; obrigação que incumbe àquele que recebe dívida condicional antes de cumprida a condição."

[25] Súmula 235 do TCU: "Os servidores ativos e inativos, e os pensionistas, estão obrigados, por força de lei, a restituir ao Erário, em valores atualizados, as importâncias que lhes forem pagas indevidamente, mesmo que reconhecida a boa-fé, ressalvados apenas os casos previstos na Súmula 106 da Jurisprudência deste Tribunal."

titulares, razão pela qual os proventos dos autores deveriam ter passado a ser calculados com base nos vencimentos do professor associado, e não do professor titular, cf. entendimento firmado, em 28/06/2012, por maio da Nota Técnica nº 188/2012/CGNOR/DENOP/SEGEP/MP.

Diante disto, foram abertos os processos administrativos já mencionados, onde se identificou que a parte autora deveria repor ao erário os valores percebidos no período (...)

Vê-se, desde aqui, o acerto na revisão do pagamento indevido dos valores nos vencimentos da autora. Tanto, que a mesma não se anima em combater o entendimento sufragado pela Autarquia, tendo apenas argumentado que tal restituição não poderia ocorrer em razão de erro exclusivo da Administração Pública e porque recebidos de boa-fé, o que não procede, como veremos.

(...) (Destaque nosso)

Na decisão recorrida, a Corte de origem dá a entender que se trata de erro de interpretação:

Com efeito, a Lei nº 11.344/2006 reestruturou a carreira do magistério superior, incluindo, entre as classes de professor adjunto e de professor titular, a de professor associado. Em face disso, *a Nota Técnica nº 188/2012, do MPOG, entendeu que os servidores que se aposentaram com a remuneração da classe imediatamente superior* **àquela** *em que estavam posicionados* (art. 192, I, da Lei nº 8.112/90 e/ou art. 184 da Lei nº 1.711/52) *teriam direito adquirido* à *referida vantagem,* mas que, em função da nova estrutura remuneratória, a sua base de cálculo deveria ter como referência a classe de professor associado, atualmente correspondente à antiga classe de professor titular. (Destaque nosso)

Apesar disso, argumentou-se que, mesmo que se tratasse de pagamento indevido por erro operacional da própria Administração, "impõe-se reconhecer que sua detecção era difícil, tanto foi realizado desde a edição da Lei 11.344/2006, sendo certo, por outro lado, que a verba, de natureza alimentar, foi recebida de boa-fé, por isso descabida é a reposição da quantia paga a maior e indevidos são quaisquer descontos para tal fim". A apelação foi rejeitada.

No recurso especial da UFAL, de 9 páginas, alega-se violação ao já indicado art. 46 da Lei nº 8.112/90, bem como aos arts. 884, 885 e 876 do Código Civil, indicando por igual a Súmula nº 235 do TCU, e de resto que o fato de o servidor ter recebido de boa-fé e ser verba alimentar não impede a devolução, porque existe vinculação ao princípio da legalidade, que veda o enriquecimento sem causa.

Trecho interessante que consta de ambos os recursos[26] (REsp nº 1769209/AL e REsp nº 1769306/AL) é o seguinte:

> A interpretação conduzida pela recorrida e acolhida na decisão do recurso de apelação *levaria ao absurdo de imaginar uma situação fática em que um determinado servidor, beneficiado com o **recebimento de quantias que representassem a sua remuneração em dobro, e, portanto, paga indevidamente, não pudesse ser compelido a devolvê-las,*** a pretexto de se tratar de vantagens de cunho alimentício e recebidas de boa-fé. (Destaque nosso)

Evidenciados os fatos, sem qualquer intenção de pré-julgar os casos, mas voltado à crítica acadêmica articulada com a *práxis*, passa-se a analisar.

2.3 Da necessidade de revisão do Tema nº 531

Como já dito nas seções anteriores, em 02/05/2019, o Ministro Relator Benedito Gonçalves submeteu os Recursos Especiais nºs 1769306/AL e 1769209/AL à Primeira Seção do STJ, em questão de ordem, dando continuidade à Proposta de Revisão de Entendimento firmado em tese relativa ao Tema nº 531 do STJ, e determinou a suspensão da tramitação de todos os processos pendentes, individuais ou coletivos, que versem sobre a questão delimitada e tramitem no território nacional.

Incialmente, convém descrever a ementa do Recurso Especial 1244182/PB, representativo da controvérsia, e que deu origem ao enunciado do Tema nº 531:

> ADMINISTRATIVO. RECURSO ESPECIAL. SERVIDOR PÚBLICO. ART. 46, CAPUT, DA LEI N. 8.112/90 VALORES RECEBIDOS INDEVIDAMENTE POR INTERPRETAÇÃO ERRÔNEA DE LEI. IMPOSSIBILIDADE DE RESTITUIÇÃO. BOA-FÉ DO ADMINISTRADO. RECURSO SUBMETIDO AO REGIME PREVISTO NO ARTIGO 543-C DO CPC. 1. *A discussão dos autos visa definir a possibilidade de **devolução ao erário** dos valores recebidos de boa-fé pelo servidor público, quando pagos indevidamente pela Administração Pública, **em função de interpretação equivocada de lei**. 2. O art. 46, caput, da Lei n. 8.112/90 deve ser

---

[26] A Advocacia Geral da União dispõe de banco nacional de peças, sendo provável que a similitude dos recursos seja decorrente disso.

interpretado com alguns temperamentos, mormente em decorrência de princípios gerais do direito, como a boa-fé. 3. Com base nisso, quando a Administração Pública interpreta erroneamente uma lei, resultando em pagamento indevido ao servidor, cria-se uma falsa expectativa de que os valores recebidos são legais e definitivos, impedindo, assim, que ocorra desconto dos mesmos, ante a boa-fé do servidor público. 4. Recurso afetado à Seção, por ser representativo de controvérsia, submetido a regime do artigo 543-C do CPC e da Resolução 8/STJ. 5. Recurso especial não provido. (REsp 1244182/PB, Rel. Ministro BENEDITO GONÇALVES, PRIMEIRA SEÇÃO, julgado em 10/10/2012, DJe 19/10/2012). (Destaque nosso)

Na proposta de revisão de entendimento, foi submetida a seguinte questão para julgamento no .009: "o Tema 531 do STJ abrange, ou não, a devolução ao Erário de valores recebidos de boa-fé pelo servidor público quando pagos indevidamente por erro operacional da Administração Pública".

Para fins de melhor visualização a questão, confira-se a tabela a seguir elaborada:

Tema nº 531	Tema nº 1.009
a) percepção indevida de vantagem pecuniária;	a) percepção indevida de vantagem pecuniária;
b) boa-fé do servidor;	b) boa-fé do servidor;
c) **interpretação errônea** de uma Lei pela Administração.	c) **erro operacional** da Administração.
d) **quebra da confiança legítima** do administrado em relação ao administrador (falsa expectativa criada pela Administração de que os valores recebidos são legais e definitivos)	d) o mero **erro não tem o condão de gerar quebra de expectativa** ou de confiança, exatamente porque, pela sua própria natureza, ele poderia criar uma situação que não existia e/ou suprimir uma que existia e passa a não mais existir. **Não há no erro espera de que o comportamento da Administração permaneça o mesmo.**

Decorre do art. 926 do CPC os deveres de estabilidade, integridade e coerência da jurisprudência, com observância do princípio da igualdade em relação ao direito (e não somente à lei) e do princípio da segurança jurídica, ainda mais em se tratando de julgamento proferido sob o rito dos recursos repetitivos, precedente qualificado de estrita observância pelos juízes e tribunais nos termos do art. 927 do mesmo diploma.

A distinção aqui apontada (erro de interpretação x erro operacional) foi observada pela Nota Técnica nº 12/2018 do Centro Nacional de Inteligência da Justiça Federal,[27] que aponta a existência de julgados da própria Corte Superior que indicam a ampliação da hipótese aventada no Tema nº 531 e que frisa a necessidade de devolução de valores recebidos indevidamente por servidor público de boa-fé nos casos de erro operacional da Administração.

O Código Civil expressamente aduz, a esse respeito, que "todo aquele que recebeu o que lhe não era devido fica obrigado a restituir" (art. 876).

Não se olvida do fato de que, nos casos em que a Administração aplica a lei de forma incorreta ou que altera interpretação ou entendimento a respeito dela, há quebra da confiança legítima do servidor em relação a ela. A boa-fé existe para tutelar essas situações, justamente por existir um procedimento padrão adotado e que, se esperaria continuar sendo aplicado, mas que o deixa de ser, surpreendendo e inovando na relação.

Entretanto, o mero erro não tem o condão de gerar quebra de expectativa ou de confiança, exatamente porque, pela sua própria natureza, ele poderia criar uma situação que não existia e/ou suprimir uma que existia e passa a não mais existir. Não há no erro espera de que o comportamento da Administração permaneça o mesmo. A boa-fé não está nele abarcada, logo.

As situações de erro exclusivo da Administração acontecem (e com uma frequência certamente indesejada) e **é** exatamente para abarcá-las que se aplica o princípio da autotutela, que permite àquela anular os seus próprios atos ilegais e revogar aqueles inoportunos e inconvenientes (cf. notórias Súmulas nºs 346 e 473 do Supremo Tribunal Federal). Assim, deve a Administração rever os seus atos eivados de vício, do mesmo modo que deve o servidor por eles beneficiado restituir o que indevidamente recebeu a mais.

Não basta a boa-fé para justificar a dispensa do dever de restituição ao erário: **é** necessário que se prove equívoco ou alteração na

---

[27] Disponível em: https://www.cjf.jus.br/cjf/corregedoria-da-justica-federal/centro-de-estudos-judiciarios-1/nucleo-de-estudo-e-pesquisa/notas-tecnicas. Acesso em: 13 maio 2020.

interpretação da lei. O erro escusável e operacional da Administração não pode ser capaz de elidir tal dever.

Relativamente à situação em exame, que envolve, cumulativamente: a) percepção indevida de vantagem pecuniária; b) boa-fé do servidor; e c) erro operacional da Administração, o Tribunal de Contas da União atualmente entende que:

Ressarcimento administrativo. Dispensa. Requisito. **A reposição ao erário somente pode ser dispensada quando verificadas cumulativamente as seguintes condições**: a) presença de boa-fé do servidor; b) ausência, por parte do servidor, de influência ou interferência para a concessão da vantagem impugnada; c) existência de dúvida plausível sobre a interpretação, a validade ou a incidência da norma infringida, no momento da edição do ato que autorizou o pagamento da vantagem impugnada; e d) interpretação razoável, embora errônea, da lei pela Administração. Quando não estiverem atendidas todas essas condições ou, ainda, **quando os pagamentos forem decorrentes de erro operacional da Administração, a reposição é obrigatória**, na forma dos arts. 46 e 47 da Lei 8.112/1990. (Acórdão 3748/2017, Segunda Câmara, Relator Ministro Augusto Nardes, disponível no *Boletim de Jurisprudência de Pessoal do TCU* nº 46/2017)

Ressarcimento administrativo. Dispensa. Princípio da boa-fé. Administração Pública. Erro. **Impõe-se o ressarcimento dos valores indevidamente recebidos pelo servidor, independentemente da boa-fé, quando se tratar de erro operacional da Administração,** pois a dispensa do ressarcimento somente se admite na hipótese de erro escusável de interpretação da lei (Súmula TCU 249). (Acórdão nº 3365/2015, Plenário, Relator Ministro José Jorge, disponível no *Boletim de Jurisprudência de Pessoal do TCU* nº 31/2016)

Especialmente levando em consideração a existência de inúmeros casos (ainda que indesejáveis) em que há erro operacional da Administração Pública identificado pelos órgãos de controle, e a fim de que não haja enriquecimento sem causa e lesão ao erário público, defende-se a revisão do Tema nº 531 do STJ. A partir do Tema nº 1.009, poderá ser restringido o rol de hipóteses de não devolução de valores recebidos irregularmente por servidores públicos que atuem na estrita obediência da boa-fé, já que nele não está a situação de erro operacional, com revisão do precedente qualificado anterior e restabelecimento da segurança jurídica.

Logo, a relevância do Tema nº 1.009 reside em analisar se a situação de erro operacional da Administração se distingue ou não da situação de interpretação errônea de lei. Se distinta for, o servidor poderá ser compelido a devolver a verba indevidamente recebida, ainda que de boa-fé.

Referências

BARCELLOS, Ana Paula de. Constitucionalização das Políticas Públicas em matéria de direitos fundamentais: o controle político-social e o controle jurídico no espaço democrático. *In:* SARLET, Ingo Wolfgang e TIMM, Luciano Benetti (org.). *Direitos fundamentais orçamento e "reserva do possível".* Porto Alegre: Livraria do Advogado, 2008.

BARREIROS, Lorena Miranda Santos. Estruturação de um sistema de precedentes no Brasil e concretização da igualdade. *In:* DIDIER, Fredie (coord.*) Coleção Grandes Temas do Novo CPC*Salvador: Juspodivm, 2016. (v. 3: Precedentes).

LOPES FILHO, Juraci Mourão. *Os precedentes judiciais no constitucionalismo brasileiro contemporâneo.* 3. ed. Salvador, Juspodivm, 2020.

MARINONI. Luiz Guilherme. *O julgamento colegiado nas Cortes Supremas. Revista Jurídica Luso Brasileira,* Ano 2, n. 5, 2016. Disponível em: http://www.cidp.pt/publicacoes/revistas/rjlb/2016/5/2016_05_0873_0920.pdf. Acesso em: 04 maio 2020.

NUNES, Dierle; HORTA, André Frederico. Aplicação de precedentes e *distinguishing* no CPC/2015: uma breve introdução. *In:* DIDIER, Fredie (coord.) *Coleção Grandes Temas do Novo CPC.* Salvador: Juspodivm, 2016. (v. 3: Precedentes).

NUNES. Dierle; LACERDA. Rafaela; MIRANDA. Newton Rodrigues. O uso do precedente judicial na prática judiciária brasileira: uma perspectiva crítica. *Revista da Faculdade de Direito da Universidade Federal de Minas Gerais* n. 62, Belo Horizonte: 2013. Disponível em: https://www.direito.ufmg.br/revista/index.php/revista/article/view/P.0304-2340.2013v62p179. Acesso em 04 maio 2020.

STRECK, Lenio Luiz e ABBOUD, Georges. 2020, online. O que é isso – o sistema (sic) de precedentes no CPC?. Disponível em: https://www.conjur.com.br/2016-ago-18/senso-incomum-isto-sistema-sic-precedentes-cpc. Acesso em: 04 maio 2020.

TARUFFO, Michele. *Revista de Processo*: RePro, v. 36, n. 199, set. 2011.

Informação bibliográfica deste texto, conforme a NBR 6023:2018 da Associação Brasileira de Normas Técnicas (ABNT):

ARAÚJO, Eliane Pires; TORRES, Daniel Lopes Pires Xavier. A devolução ao erário de verba remuneratória recebida indevidamente por servidor público, ainda que de boa-fé, em virtude de erro operacional da administração e a necessidade de revisão do Tema nº 531 do STJ. *In:* FLORIANO, Eduardo de Souza; CUNHA, Bruno Santos; TAVARES, Gustavo Machado (coord.). *Direito Municipal em Debate.* Belo Horizonte: Fórum, 2021. p. 43-59. v. 5. ISBN 978-65-5518-158-6.

AQUISIÇÃO DE BENS E INSUMOS E CONTRATAÇÃO DE SERVIÇOS PARA O ENFRENTAMENTO DA EMERGÊNCIA GERADA PELA PANDEMIA DO NOVO CORONAVÍRUS

EDCARLOS ALVES LIMA

Introdução

Estamos acompanhando um exponencial aumento de contaminações advindas do novo Coronavírus, não só no Brasil, mas no mundo inteiro.

Não por menos, no dia 11 de março de 2020, a Organização Mundial da Saúde (OMS) decretou a pandemia da Covid-19, doença causada pelo novo Coronavírus (Sars-Cov-2), em razão do aumento do número de casos e a disseminação global dele resultante.

Naturalmente, uma situação de pandemia dá ensejo a um colapso não só no sistema de saúde pública, mas também no privado, assim como acarreta reflexos negativos no cenário econômico, tal como temos acompanhado nos últimos tempos. Nesse contexto, ao Poder Público incumbe a difícil tarefa de planejar, com urgência, ações excepcionais e temporárias para a resolução de problemas extraordinários, com a finalidade de controlar a disseminação do vírus e a contaminação das pessoas.

Antes, porém, da citada declaração, pela OMS, de pandemia da Covid-19, o Governo brasileiro já havia introduzido ações importantes para o enfrentamento e prevenção do Coronavírus em território nacional.

Nesse sentido, o Poder Executivo Federal prontamente enviou à Câmara dos Deputados um projeto contendo tais ações, o qual foi recepcionado em 04/02/2020 (PL nº 23/2020), votado em regime de urgência e devidamente aprovado na mesma data. O mesmo procedimento foi adotado no âmbito do Senado Federal, de forma que, já no dia 05/02/2020, o projeto foi aprovado e, em 06/02/2020, encaminhado à sanção presidencial.

Com a sanção ao citado projeto, ocorrida em 06/02/2020, foi publicada a Lei nº 13.979, que, dentre diversas ações de enfrentamento ao Coronavírus, introduziu, no cenário das contratações públicas, a hipótese de dispensa de licitação para as aquisições de bens e insumos e contratação de serviços na **área da saúde** destinados ao enfrentamento de saúde pública, a qual será tratada no presente arrazoado.

Regra geral, consoante preconiza o art. 2º do Decreto-Lei nº 4.657/1942 (Lei de Introdução às Normas de Direito Brasileiro – LINDB), uma lei vigora até que outra a modifique ou revogue, salvo se destinada à vigência temporária, o que é o caso da norma a ser tratada neste artigo, consoante se previu em seu art. 8º.

A fim de conferir maior segurança às contratação realizadas com fulcro na Lei nº 13.979, foi editada a Medida Provisória nº 926, de 20 de março de 2020, que ampliou os objetos da dispensa de licitação, assim como simplificou a formalização de contratações que visem ao enfrentamento da emergência em saúde pública, trazendo inovações à licitação na modalidade pregão e à vigência e alterações dos contratos.

A precitada medida provisória foi convertida na Lei nº 14.035, sancionada em 11 de agosto de 2020, incorporando, de forma definitiva, as adequações até então realizadas na Lei nº 13.979.

Desse modo, no presente artigo pretende-se, sem, é óbvio, ambicionar esgotar o tema, tecer comentários em torno dos instrumentos de que dispõe o gestor público para adoção das medidas necessárias ao enfrentamento da emergência em saúde pública causada pelo novo coronavírus (Covid-19).

1 Contratação direta: exceção ao dever de licitar

É cediço que, diante da necessidade de aquisição de bens ou da contratação de quaisquer serviços, deve a Administração Pública observar a regra geral insculpida no art. 37, inciso XXI, da Constituição Federal, que se traduz no dever de licitar. Senão, vejamos:

> Art. 37. (...)
>
> (...)
>
> XXI – ressalvados os casos especificados na legislação, *as obras, serviços, compras e alienações serão contratados mediante processo de licitação pública*

que assegure igualdade de condições a todos os concorrentes, com cláusulas que estabeleçam obrigações de pagamento, mantidas as condições efetivas da proposta, nos termos da lei, o qual somente permitirá as exigências de qualificação técnica e econômica indispensáveis à garantia do cumprimento das obrigações. (grifamos)

O referido dispositivo constitucional foi regulamentado pela Lei nº 8.666/1993, a qual trouxe as diretrizes gerais aplicáveis às contratações públicas da Administração Pública direta e indireta, com exceção das estatais, atualmente regidas pela Lei nº 13.303/2016.

Em regra, a Administração Pública deve, portanto, valer-se de regular procedimento licitatório para o atendimento de suas necessidades.

Há, todavia, exceções disciplinadas pela própria Lei nº 8.666/1993, a qual veicula as hipóteses de licitação dispensada (art. 17), dispensável (art. 24 – rol taxativo) e inexigível (art. 25 – rol exemplificativo).

É cediço que, nos casos em que a licitação é dispensada, não há opção outra ao administrador público que não atender ao reclamo legal, isto é, sequer se cogita a deflagração de procedimento licitatório.

A licitação será dispensável na hipótese de, conquanto seja viável a competição, não existir utilidade em deflagrar o procedimento licitatório, visto que, caso este se realizasse, o interesse público poderia, no caso concreto, restar comprometido, já que, muitas vezes, se reclama uma atuação mais célere, urgente e eficiente por parte do gestor público.

Não se discute aqui, por óbvio, algumas das hipóteses de dispensa que, de certa forma, exprimem-se em uma verdadeira inviabilidade de competição, como é o caso, por exemplo, do fornecimento ou suprimento de energia elétrica ou gás natural com concessionário, permissionário ou autorizado, tratado no inciso XXII do art. 24 da Lei nº 8.666/1993.

A inexigibilidade de licitação ocorrerá sempre que se estiver diante de uma comprovada situação de inviabilidade de competição (*caput* do art. 25), que é o fundamento nuclear da licitação, ou na ocorrência de uma das circunstâncias exemplificadas nas hipóteses estabelecidas nos incisos do art. 25.

É mister registrar que, nas hipóteses tratadas pelos §§2º e 4º do art. 17, assim como pelo inciso III e seguintes do art. 24, bem como nas situações de inexigibilidade de licitação (art. 25), devem ser os autos, no que couber, instruídos na forma do parágrafo único do art. 26, isto é, com (a) os elementos que caracterizem a situação emergencial ou calamitosa ou de grave e iminente risco à segurança pública que justifique a dispensa, quando for o caso; (b) a razão da escolha do fornecedor ou executante; (c) a justificativa do preço; e (d) o documento de aprovação dos projetos de pesquisa aos quais os bens serão alocados (quando for o caso).

Ademais, o fato de ser dispensado, dispensável ou inexigível o procedimento licitatório não significa dizer que não há que ser observado o dever de planejamento, que é o princípio norteador da atividade do administrador público.

Nesse sentido, toda contratação direta deve ser precedida de regular processo administrativo, no âmbito do qual seja devidamente panejada, justificada a necessidade e demonstrada a melhor solução (objeto) capaz de atendê-la, a ele sendo juntado todos os artefatos que demonstram o regular planejamento.

2 Enfrentamento à emergência em saúde pública decorrente da pandemia do novo coronavírus: instrumentos possíveis

2.1 Contratação direta por emergência – Hipótese do art. 24, inciso IV, da Lei nº 8.666/1993

Inicialmente, importa dizer que o bem jurídico tutelado pela contratação direta por emergência ou calamidade pública é traduzido nas necessidades coletivas e metaindividuais, ou seja, pressupõe-se que a ausência da imediata contratação acarretaria lesão a bens públicos e, por conseguinte, às próprias finalidades perseguidas pela Administração Pública.

Assim, no caso de uma emergência ou calamidade, o tempo necessário para a deflagração e conclusão dos trâmites de um procedimento licitatório se revela um fator impeditivo à sua própria realização, tendo em vista que a sua demora é inconciliável com o interesse público caracterizado pelo objeto perseguido pela contratação.

Nesse sentido, previu o legislador a hipótese de contratação direta engendrada no art. 24, inciso IV, da Lei nº 8.666/1993, que assim preconiza:

> Art. 24. É dispensável a licitação:
>
> (...)
>
> IV – nos casos de emergência ou de calamidade pública, *quando caracterizada urgência de atendimento de situação que possa ocasionar prejuízo*

ou comprometer a segurança de pessoas, obras, serviços, equipamentos e outros bens, públicos ou particulares, e somente para os bens necessários ao atendimento da situação emergencial ou calamitosa e para as parcelas de obras e serviços que possam ser concluídas no prazo máximo de 180 (cento e oitenta) dias consecutivos e ininterruptos, contados da ocorrência da emergência ou calamidade, vedada a prorrogação dos respectivos contratos; (Grifamos)

Em síntese, para a correta aplicação da hipótese ora estudada, necessário se faz que haja a presença de uma situação anormal que impõe a imediata atuação por parte do Poder Público; que a atuação do Poder Público vise ao impedimento, atenuação ou eliminação da situação anormal, a fim de evitar ou minimizar um dano, que pode ser efetivo ou potencial; que a solução encontrada para a situação dependa da contratação de terceiro, que executará o objeto necessário para evitar ou minimizar o dano; e que o procedimento licitatório para a seleção do terceiro seja inadequado para viabilizar o fim almejado, notadamente ante a impossibilidade de serem observados prazos e exigências para a deflagração do certame.

No que concerne à demonstração efetiva dos danos, há que restar devidamente caracterizado, no bojo do procedimento administrativo, que a urgência ensejará, concreta e efetivamente, danos a pessoas, bens e atividades da Administração Pública, de forma que a ausência da contratação ocasionará prejuízos irreparáveis.

Não se pode olvidar, como bem adverte Lucas Rocha Furtado (2015, p. 137), que "será sempre o interesse público que irá justificar a contratação direta", cabendo ao administrador, diante da situação posta à sua análise, a tarefa de:

(...) *confrontar a obrigação de licitar com os possíveis prejuízos ou riscos que poderão resultar da demora na celebração do contrato diante da realização do procedimento licitatório.* Se desse confronto concluir-se que a realização da licitação irá causar ou poderá vir a causar sérios prejuízos à Administração ou à sociedade em geral, será autorizada a contratação direta. (FURTADO, 2015, p. 137, grifamos)

Há que ser respeitada, também, a regra da proporcionalidade na aplicação da contratação por emergência ou calamidade tratada nas linhas acima, analisando-a à luz dos subprincípios da adequação, necessidade e proporcionalidade *stricto sensu*.

Isso porque a pretendida contratação deverá se revelar o meio apto para ser atingido o resultado almejado, isto é, eliminar o risco de dano ao interesse público (adequação), a partir da demonstração de inexistência de outra forma menos gravosa para tal anseio (necessidade) e do sopesamento entre o objeto a ser contratado diretamente e a restrição à igualdade de participação que normalmente decorreria de uma eventual licitação (proporcionalidade *stricto sensu*).

Há, também, outros limites implícitos a serem observados, sobretudo em decorrência da restrição ao princípio de igualdade.

O primeiro deles diz respeito ao objeto da contratação, que, de acordo com o permissivo de que trata a hipótese ora estudada, deve se restringir ao estritamente necessário para afastar o risco de dano ao interesse público originado pela situação de urgência.

Para o nobre jurista Renato Geraldo Mendes (2020, grifamos), a contratação direta fulcrada no dispositivo acima citado:

> (...) pode ter por objeto qualquer solução capaz de resolver o problema, ou seja, obras, serviços e compras. *A solução dependerá sempre do tipo de demanda que envolve a necessidade e caracteriza a emergência ou calamidade pública.* Portanto, a ação administrativa pode visar à contratação de um terceiro para executar uma obra ou um serviço típico de engenharia; a pretensão pode envolver o fornecimento de bens, tais como vacinas, alimentos, medicamentos, água, equipamentos, máquinas, geradores de energia, etc. *O fundamental aqui é demonstrar que o objeto do contrato é meio eficaz de solução para evitar ou atenuar prejuízo aos bens, pessoas ou atividades, em razão da situação anormal que exigiu a ação estatal.*

Outro limite objetivado pela norma é o prazo máximo de duração para a vigência do contrato decorrente da contratação direta em voga.

Isso porque, considerando as peculiaridades que caracterizam a hipótese ora tratada, foi previsto o prazo máximo de 180 dias para a execução do objeto contratado, vedando-se, em regra, a sua prorrogação, ainda que o prazo inicial do contrato tenha sido fixado por período inferior. Visou-se, com isso, evitar que uma situação marcada pela excepcionalidade pudesse se tornar ordinária/permanente, subterfugindo-se do dever de licitar.

Não obstante, destaca-se que o TCU já admitiu, em análises específicas, a prorrogação de contrato firmado por dispensa de licitação por emergência ou calamidade pública, senão vejamos:

Relativamente a essa matéria, a jurisprudência consolidada do TCU é de que é vedada a prorrogação de contrato fundamentado na dispensa de licitação por emergência ou calamidade pública, *exceto em hipóteses restritas, resultantes de fato superveniente, e desde que a duração do contrato se estenda por lapso de tempo razoável e suficiente para enfrentar a situação emergencial.* Exemplos são os Acórdãos 1.667/2008-Plenário, 1.424/2007-1a Câmara, 788/2007-Plenário, 1.095/2007-Plenário bem como as Decisões 645/2002-Plenário e 820/1996-Plenário. (TCU, Acórdão nº 1.022/2013, Plenário, grifamos)

Portanto, em situações excepcionalíssimas, é possível admitir a prorrogação de contrato emergencial, desde que seja devidamente comprovada a manutenção das razões que ensejaram a contratação ou, ainda, o surgimento de novas circunstâncias que exijam a mesma solução extraordinária. Em tais situações, a prorrogação deve ser feita pelo prazo estritamente necessário ao atendimento da urgência/emergência, sendo devidamente motivada e fundamentada pela autoridade competente.

Impende anotar, ainda, que a contratação emergencial, quando a situação urgente é causada pela própria Administração Pública, é indesejável e combatida pelos órgãos de controle.

Isso porque a falta de planejamento, o atraso ou a omissão do administrador, denominados de "emergência fabricada", não poderiam abrir margem para que fosse dispensada a competição ínsita do procedimento licitatório, ocasionando direcionamento da contratação pública e contrariando os princípios constitucionais, sobretudo o da impessoalidade.

Nesse sentido, inclusive, se inclinava a jurisprudência do Tribunal de Contas da União, conforme a seguir se denota:

O Tribunal Pleno, diante das razões expostas pelo Relator, DECIDE:

1. conhecer do expediente formulado pelo ilustre Ministro de Estado dos Transportes para informar a Sua Excelência que, de acordo com as normas que disciplinam a matéria, o Tribunal não responde a consultas consubstanciadas em caso concreto;

2 responder ao ilustre Consulente, *quanto à caracterização dos casos de emergência ou de calamidade pública, em tese*: a) que, além da adoção das formalidades previstas no art. 26 e seu parágrafo único da Lei nº 8.666/93, são pressupostos da aplicação do caso de dispensa preconizado no art. 24, inciso IV, da mesma Lei: *a.1) que a situação adversa, dada como de emergência ou de calamidade pública, não se tenha originado, total ou parcialmente, da falta de planejamento, da desídia administrativa ou da má gestão dos recursos disponíveis, ou seja, que ela não possa, em alguma medida,*

ser atribuída à culpa ou dolo do agente público que tinha o dever de agir para prevenir a ocorrência de tal situação; a.2) que exista urgência concreta e efetiva do atendimento a situação decorrente do estado emergencial ou calamitoso, visando a afastar risco de danos a bens ou à saúde ou à vida de pessoas; a.3) que o risco, além de concreto e efetivamente provável, se mostre iminente e especialmente gravoso; a.4) que a imediata efetivação, por meio de contratação com terceiro, de determinadas obras, serviços ou compras, segundo as especificações e quantitativos tecnicamente apurados, seja o meio adequado, efetivo e eficiente de afastar o risco iminente detectado; (TCU, Decisão nº 347/1994 – Plenário, grifamos).

Ocorre, no entanto, que, embora possa ter havido desídia ou falta de planejamento do gestor público, há uma necessidade pública que, não raras as vezes, não pode ficar insatisfeita enquanto se espera a realização regular de um procedimento licitatório.

Nesse sentido, a jurisprudência do Tribunal de Contas da União evoluiu para passar a admitir, em caráter excepcionalíssimo, a contratação direta pelo tempo estritamente necessário à realização de novo certame, desde que fosse apurada, concomitantemente, a responsabilidade de quem deu causa ao ajuste emergencial. Vejamos tal entendimento:

RECURSOS DE RECONSIDERAÇÃO EM PROCESSO DE PRESTAÇÃO DE CONTAS. QUESTÕES RELACIONADAS A LICITAÇÕES E CONTRATOS. DISPENSAS FUNDAMENTADAS EM SITUAÇÃO DE EMERGÊNCIA. PROVIMENTO PARCIAL AO RECURSO APRESENTADO PELO ADMINISTRADOR. NÃO-PROVIMENTO DO RECURSO APRESENTADO PELA EMPRESA.

1. *A situação prevista no art. 24, VI, da Lei nº 8.666/93 não distingue a emergência real, resultante do imprevisível, daquela resultante da incúria ou inércia administrativa, sendo cabível, em ambas as hipóteses, a contratação direta, desde que devidamente caracterizada a urgência de atendimento a situação que possa ocasionar prejuízo ou comprometer a segurança de pessoas, obras, serviços, equipamentos e outros bens, públicos ou particulares.*

2. A incúria ou inércia administrativa caracteriza-se em relação ao comportamento individual de determinado agente público, não sendo possível falar-se da existência de tais situações de forma genérica, sem individualização de culpas. (TCU, Acórdão nº 1876/2007-Plenário, grifamos)

Destaca-se, ainda, que, no mesmo sentido, a Advocacia-Geral da União (AGU) consolidou o seu entendimento, por meio do verbete da Orientação Normativa nº 11/2009:

A contratação direta com fundamento no inc. IV do art. 24 da Lei nº 8.666, de 1993, exige que, concomitantemente, *seja apurado se a situação emergencial foi gerada por falta de planejamento, desídia ou má gestão, hipótese que quem lhe deu causa será responsabilizado na forma da lei.* (AGU, ON nº 11/2009, grifamos)

Destarte, mesmo que diante de falha no planejamento, por desídia ou má gestão do administrador, poderá ser dispensada a licitação com fulcro do art. 24, inciso IV, da Lei nº 8.666/1993, desde que, por óbvio, sejam cumpridos os demais requisitos engendrados na norma, bem como apurada, de forma indissociável, a responsabilidade do agente causador.

No caso específico da situação da pandemia de Covid-19 que assola o Brasil, a qual requer o enfrentamento direto e urgente para a contenção e prevenção da disseminação do vírus, acredita-se que poderá o gestor, diante da necessidade de atendimento à situação que possa comprometer a segurança de pessoas, utilizar-se da hipótese de contratação direta, por dispensa de licitação, calcada no inciso IV do art. 24 da Lei nº 8.666/1993.

Tal possibilidade de contratação direta, por emergência, poderá ter por objeto não só os bens e serviços necessários na área de saúde pública, mas, também, *v.g.*, educação ou outra política pública que, com urgência que torne impossível a deflagração de um procedimento licitatório, necessite ser imediatamente implementada para a contenção da disseminação do Coronavírus.

Cabe anotar, ainda, que a invocação da comentada hipótese, a nosso ver, independe da existência de decreto exarado pelo Poder Executivo, seja na esfera federal, estadual/distrital e/ou municipal, devendo, contudo, restar plenamente demonstrado, nos autos do processo administrativo, as circunstâncias que caracterizam a emergência ou calamidade – a qual, revestida de urgência, é capaz de impedir a deflagração do procedimento licitatório –, bem como a demonstração de que a contratação direta é o meio mais adequado, efetivo e eficiente para afastar os riscos de prejuízos e danos às pessoas.

Aliás, é mister asseverar que, segundo já entendeu o TCU, não basta haver um ato normativo do Município decretando, indistintamente, situação de emergência para que a contratação seja regular. Vejamos:

(...) a mera existência de decreto municipal caracterizando a situação do município como emergencial não é suficiente para enquadrar as contratações nos requisitos da Lei 8.666/1993 para dispensa de licitação. Era de se

esperar que os pareceristas verificassem, no caso concreto, se os fatos que permeavam as dispensas de licitação se amoldavam, realmente, a alguma das hipóteses de dispensa da Lei de Licitações, o que não ocorreu (...). (TCU, Acórdão nº 2.504/2016 – Plenário, grifamos)

Obviamente, na contratação direta em apreço, outros requisitos deverão instruir os autos do processo, quais sejam: (a) as razões de escolha do contratado/executor; e (b) a justificativa de preço a ser pago para a execução do objeto.

Para ambas as situações, a Administração Pública deverá, analisando o cenário, adotar cautelas no sentido de consultar o maior número de potenciais fornecedores ou executantes do objeto almejado, a fim de permitir a seleção da proposta mais vantajosa para o erário (*ex vi* Acórdão nº 955/2011 – Plenário, do TCU), cumprindo, por outro lado, o princípio da eficiência.

Acerca da análise a ser feita, valiosas são as sempre bem abalizadas lições de Marçal Justen Filho (2014, p. 415, grifamos):

> (...) o risco de consumação de danos irreparáveis nunca apresentará dimensão temporal idêntica. Em certas hipóteses, a Administração disporá de alguns dias para promover a contratação. Em outros casos, a contratação deverá ocorrer no prazo de horas (se não minutos). A avaliação das formalidades cabíveis para produzir a contratação deverá tomar em vista essas circunstâncias. *Quanto maior a extensão temporal que dispuser a Administração, tanto mais extensas e cuidadosas deverão ser as formalidades da Administração para evitar contratação nociva e assegurar a mais ampla participação possível de interessados.* Isso significa que, dispondo de alguns dias para formalizar a avença, a Administração deve adotar um procedimento aberto a todos os interessados, divulgado pelos meios disponíveis o interesse em realizar a contratação, inclusive para o fim de obter propostas diversas. Mas se pode imaginar situação de emergência de tal ordem que todas as formalidades sejam impossíveis de serem atendidas. Nesses casos, a situação pode beirar a própria figura da requisição de bens.

Como bem asseverado pelo ilustre doutrinador, a adoção das cautelas antes indicadas dependerá do prazo de que disporá a Administração Pública para que a execução do objeto seja iniciada. Até porque pensar diferentemente disso esvaziaria a hipótese em si, que é adotada em situações anormais, de emergência ou de calamidade pública.

O fato de ser recomendada vasta pesquisa entre potenciais executores do objeto não está a impor a realização de uma competição entre eventuais proponentes, de forma a ser contratado aquele que oferte o menor preço, mas sim de permitir que o preço contratado se justifique, em termos de compatibilidade, perante o mercado.

Nesse contexto, já entendeu o TCU, nos termos dos excertos a seguir transcritos, extraídos do voto do Ministro Benjamin Zymler, ser tolerável a instrução dos autos, *a posteriori*, uma vez que as propostas de mercado passam a assumir, no processo de dispensa, caráter secundário, pois se visa, com elas, justificar a compatibilidade dos preços a serem pagos na contratação em relação ao praticado no mercado, *verbis*:

> 11. É certo que a situação motivadora da contratação direta deve ser devidamente evidenciada, a escolha da contratada deve ser *justificada e os preços praticados devem ser os de mercado*, sempre de acordo com o disposto nos incisos I, II e III do parágrafo único do art. 26 da Lei 8.666/1993.
>
> 12. Nessa linha, a existência de outras propostas de preços, além daquela contratada, possui por objetivo justificar o preço a ser contratado. Não há que falar, como aponta a unidade técnica, na realização de um procedimento de disputa para se averiguar a proposta mais vantajosa. Caso assim fosse, não se estaria falando de dispensa de licitação, mas de licitação propriamente dita.
>
> 13. É bem verdade que, caso a contratação não ocorra pela proposta de menor preço, o gestor deve justificar o preço praticado e demonstrar as razões de seu procedimento (...).
>
> (...)
>
> 16. Dito isso, *considerando que a regularidade dos preços praticados restou confirmada por outros elementos constantes nos autos, a existência das propostas de preços assumiu um caráter apenas secundário no processo de dispensa. Em outras palavras, mesmo se inexistissem essas propostas, essas contratações diretas poderiam ser consideradas lícitas em relação ao preço praticado.* (TCU, Acórdão nº 1.157/2013, Plenário, grifamos)

No que se refere à escolha da empresa a ser contratada, destaca-se, em compasso ao entendimento esposado no mesmo acórdão antes citado, que há, nas contratações diretas, certa margem de discricionariedade atribuída ao gestor, já que o primado da isonomia é pontualmente afastado em prol de outros interesses públicos. Vejamos o citado entendimento:

> 6. A unidade técnica argumenta que esses fatos caracterizariam fraude na condução do processo de dispensa, em razão do direcionamento da contratação para determinada empresa e a consequente violação do princípio da isonomia.

7. A respeito, observo que o raciocínio estaria correto caso se estivesse a tratar da realização de licitação. Nesse caso, sim, poder-se-ia falar em direcionamento ilícito da contratação e violação aos princípios da isonomia e da moralidade.

8. *Entretanto, trata-se aqui de contratação direta. Ora, a essência desse instituto é exatamente a escolha do futuro contratado pela administração.* Trata-se de opção do legislador, com expresso amparo no art. 37, inciso XXI, da Constituição Federal, em que se entende que o interesse público será melhor atendido caso a administração efetue contratações sem a realização de prévia licitação.

9. *Nessas situações, o princípio da isonomia tem a sua aplicação pontualmente afastada em prol de outros interesses públicos. No caso concreto, de acordo com o disposto no art. 24, inciso IV, da Lei 8.666/1993, a urgência em atendimento de situações de calamidade pública provocou a necessidade de realização de contratações por dispensa de licitação.*

10. Em sendo assim, não vislumbro sentido em se falar em direcionamento ilícito para a realização de contratações diretas.

11. É certo que a situação motivadora da contratação direta deve ser devidamente evidenciada, a escolha da contratada deve ser justificada e os preços praticados devem ser os de mercado, sempre de acordo com o disposto nos incisos I, II e III do parágrafo único do art. 26 da Lei 8.666/1993.

12. Nessa linha, a existência de outras propostas de preços, além daquela contratada, possui por objetivo justificar o preço a ser contratado. Não há que falar, como aponta a unidade técnica, na realização de um procedimento de disputa para se averiguar a proposta mais vantajosa. Caso assim fosse, não se estaria falando de dispensa de licitação, mas de licitação propriamente dita. (TCU, Acórdão nº 1.157/2013, Plenário, grifamos)

Portanto, com base nas lições acima invocadas, é mister concluir ser possível – embora viável a competição – a realização de dispensa de licitação, fulcrada no art. 24, inciso IV, da Lei nº 8.666/1993 para a contratação de serviços e aquisição de bens com vistas ao enfrentamento da emergência em saúde pública decorrente da pandemia causada pelo Coronavírus.

2.2 Contratação direta, por dispensa de licitação, introduzida pela Lei nº 13.979/2020, com suas alterações posteriores

Preambularmente, é necessário destacar que já havia, no arcabouço normativo vigente, normas autorizadoras de adoção de medidas excepcionais para garantia da saúde pública, a exemplo das ações de vigilância epidemiológica inseridas no âmbito do Sistema único de Saúde (SUS), reguladas pela Lei nº 8.080/1990 e Lei nº 6.259/1975.

Não obstante, conforme sobredito nas linhas introdutórias deste artigo, em regime de extrema urgência, foi aprovada e sancionada, em 06/02/2020, uma lei específica para dispor sobre as medidas para enfrentamento da emergência de saúde pública de importância internacional decorrente do coronavírus responsável pelo surto de 2019, qual seja, a Lei nº 13.979, com as alterações promovidas pela Lei nº 14.035 (fruto da conversão da MP nº 926/2020).

Em regra, uma lei é concebida para que sua duração seja por tempo indeterminado até que outra a modifique ou revogue, a teor do que dispõe o art. 2º, *caput*, do Decreto-Lei nº 4.657/42 (Lei de Introdução às Normas de Direito Brasileiro – LINDB)

As normas temporárias, destinadas à aplicação por determinado período ou circunstância (limitadas no tempo), constituem-se uma exceção à regra acima estipulada.

Considerando que o estado de emergência decorrente da pandemia causada pelo coronavírus é medida excepcional, a precitada norma introduzida recentemente, consoante preconizado em seu art. 8º, se presta a ter vigência temporária, cuja aplicabilidade será feita "enquanto estiver vigente o Decreto Legislativo nº 6, de 20 de março de 2020, observado o disposto no art. 4º-H desta Lei".

O art. 4º-H, mencionado no dispositivo *retro*, prevê a manutenção da vigência estabelecida no contrato, mesmo depois de terem sido cessados os efeitos do Decreto Legislativo nº 6/2020.

Na forma determinada pelo §2º do art. 1º da novel norma em estudo, a duração da situação de emergência de saúde pública nela tratada será veiculada em ato do Ministro de Estado da Saúde.

Pois bem. Entre outras medidas importantes trazidas pela novel normatização da situação excepcional ora vivenciada, interessa ao presente estudo tão somente aquelas aplicáveis às contratações públicas.

Nesse sentido, previu o art. 4º da Lei nº 13.979/2020, com as alterações determinadas pela Lei nº 14.035/2020, que:

Art. 4º É dispensável a licitação para aquisição ou contratação de bens, serviços, inclusive de engenharia, e insumos destinados ao enfrentamento da emergência de saúde pública de importância internacional de que trata esta Lei.

Forçoso rememorarmos que, na redação original do precitado dispositivo, *o legislador restringiu o objeto da contratação à área da saúde*, o que poderia inviabilizar o atendimento à emergência, para a mesma finalidade, atinente a outra área, como, por exemplo, educação.

Ademais, não se tinha previsto a possibilidade de serem contratados serviços de engenharia, o que foi incluído a partir da edição da MP nº 926, de 20 de março de 2020, convertida na Lei nº 14.035/2020.

Desse modo, apenas se exclui da hipótese ora tratada a realização de obras de engenharia, assim entendida como "toda construção, reforma, fabricação, recuperação ou ampliação, realizada por execução direta ou indireta" (art. 6º, inciso I, da Lei nº 8.666/1993).

Outrossim, na forma insculpida no §1º do art. 4º, o legislador foi preciosista ao consignar que a dispensa de licitação acima tratada é "temporária e aplica-se apenas enquanto perdurar a emergência de saúde pública de importância internacional decorrente do coronavírus".

A disposição acima é inerente a uma norma cuja vigência seja temporária, uma vez que, cessada a situação excepcional que ensejou a sua edição, as situações por ela possibilitadas deixam de existir, por perderem o seu fundamento de validade.

Em regra, as contratações diretas, decorrentes de dispensa ou inexigibilidade de licitação, além da demonstração dos requisitos das hipóteses que as autorizem, devem atender às regras de instrução dispostas nos incisos do parágrafo único do art. 26 da Lei nº 8.666/1993.

No entanto, foi prevista, no art. 4º-B da Lei nº 13.979/2020, a presunção de atendimento das condições relativas à: (a) ocorrência da situação de emergência; (b) necessidade de pronto atendimento da situação de emergência; (c) existência de risco a segurança de pessoas, obras, prestação de serviços, equipamentos e outros bens, públicos e particulares; e (d) limitação da contratação à parcela necessária ao atendimento da situação de emergência.

Nesse sentido, presumem-se demonstradas as circunstâncias autorizadoras da hipótese de dispensa de licitação em si, o que não isenta o gestor de justificar a escolha da empresa a ser contratada e o preço a ser pago para a execução do objeto (incisos II e III do parágrafo único do art. 26 da Lei nº 8.666/1993).

Destaca-se que, ainda que se pudesse cogitar a não aplicação, à nova hipótese de dispensa de licitação, dos incisos II e II do parágrafo único do art. 26 da Lei nº 8.666/1993, deve a Administração Pública subserviência aos primados básicos insculpidos no art. 37, *caput*, da

Constituição Federal, quais sejam, legalidade, impessoalidade, moralidade, publicidade e eficiência.

A justificativa quanto à escolha da empresa a ser contratada, seja para o fornecimento de bens ou a execução de serviço, é medida que visa ao atendimento dos princípios da impessoalidade e moralidade, já que não é dado ao gestor realizar escolhas que não se compatibilizem com o interesse público.

Justificar o preço da contratação, o qual, como já se sinalizou no presente estudo, não significa o menor preço possível, mas aquele que se revele compatível com o mercado, é ínsito ao princípio da eficiência, do qual decorre, naturalmente, o princípio da economicidade e da vantajosidade à Administração.

Quanto a esta questão, vale a pena consignar que os preços de produtos, insumos e serviços, sobretudo os necessários à prevenção e combate ao coronavírus, encontram-se, a *priori*, influenciados pela situação extremada da pandemia declarada, o que impõe a adoção de cautelas pelo gestor, quando da aferição e justificativa de preço, assim como por parte dos órgãos de controle externo, por ocasião da fiscalização dos atos praticados no âmbito de tais contratações diretas.

Nesse contexto, foi prevista a necessidade de utilização de, no mínimo, *01 (um) dos parâmetros estabelecidos pelas alíneas do inciso VI do §1º do art. 4º-E*, da Lei nº 13.979/2020, quais sejam: a) Portal de Compras do Governo Federal (aqui se inclui outros portais oficiais mantidos pelos demais entes, a exemplo do banco de Preços SP, gerido pelo Estado de São Paulo); b) pesquisa publicada em mídia especializada; c) sítios eletrônicos especializados ou de domínio amplo; d) contratações similares de outros entes públicos; ou e) pesquisa realizada com os potenciais fornecedores.

Como medida **excepcionalíssima**, e **mediante justificativa** da autoridade competente, poderá ser dispensada a estimativa de preços acima tratada, na forma consignada no §2º do art. 4º-E.

Outrossim, a obtenção dos preços através das fontes antes indicadas não impede que a contratação seja efetivada com valores superiores decorrentes de oscilações ocasionadas pela variação de mercado, desde que: (a) haja negociação prévia com os demais fornecedores, seguindo a ordem de classificação, para obtenção de condições mais vantajosas; e (b) a variação de preços praticados no mercado decorra de superveniência devidamente fundamentada nos autos.

Entende-se, também, que, por medida de regular publicidade, deverá ser publicizado o ato de ratificação da hipótese ora versada, por meio de sua veiculação na imprensa oficial, tal como preconiza o *caput* do art. 26 da Lei Geral de Licitações.

2.3 Procedimento licitatório na modalidade pregão: inovações temporais trazidas pela legislação extraordinária

Considerando que a contratação direta, por dispensa de licitação, nem sempre poderá representar a melhor solução disponível ao gestor público para o atendimento à necessidade da Administração Pública, foram previstos importantes mecanismos para deflagração de procedimento licitatório no bojo da Medida Provisória nº 926/2020, que foi convertida, em 11 de agosto de 2020, na Lei nº 14.035.

Nesse sentido, foi prevista a redução, pela metade, de prazos dentro do procedimento licitatório instaurado na modalidade pregão, seja ele conduzido em sua forma presencial ou eletrônica,[1] com vistas à aquisição de bens e insumos ou contratação de serviços comuns[2] necessários ao enfrentamento da emergência em saúde pública ora comentada.

Foi, ainda, disciplinado que, na hipótese de se tratar de um número ímpar, o arredondamento sempre ocorrerá para o número inteiro antecedente (*ex vi* art. 4º-G, §1º).

Desse modo, o prazo fixado para a apresentação de propostas, contado a partir da publicação do aviso da licitação, que, normalmente, é de 8 (oito) dias úteis, passa a ser de 4 (quatro) dias úteis, assim como os prazos para apresentação de razões recursais e de contrarrazões, atualmente de 3 (três) dias úteis cada, passarão a ser de apenas 1 (um) dia útil.

Ademais, nas situações ora evidenciadas, o recurso passa a ter o efeito meramente devolutivo, sem haver a necessidade de suspensão

---

[1] Forma esta obrigatória para os órgãos da Administração Pública federal direta, autarquias, fundações e fundos especiais, tal como determina o art. 1º, §1º do Decreto Federal nº 10.024/2019. A forma eletrônica do pregão é, ainda, obrigatória aos entes da federação que se utilizarem de recursos da União decorrentes de transferências voluntárias, tais como convênios e contratos de repasse (*ex vi* §3º do art. 1º).

[2] A definição legal de serviços comuns se encontra prevista no parágrafo único do art. 1º da Lei nº 10.520/2002, a saber: *"Consideram-se bens e serviços comuns, para os fins e efeitos deste artigo, aqueles cujos padrões de desempenho e qualidade possam ser objetivamente definidos pelo edital, por meio de especificações usuais no mercado".*

do curso do procedimento licitatório, como ocorre ordinariamente (§2º do art. 4º-G).

Outrossim, será de 1 (um) dia útil o prazo para impugnação aos termos do instrumento convocatório[3] ou para a solicitação de esclarecimentos, o que demandará mais atenção por parte do público licitante.

No tópico a seguir, serão apresentados os procedimentos simplificados previstos na Lei nº 13.979/2020, com as inclusões feitas a partir da Medida Provisória nº 926, os quais são aplicáveis às licitações conduzidas na modalidade pregão, cujo objeto seja a contratação para o enfrentamento da emergência em saúde pública decorrente da pandemia do coronavírus.

3 Formalidades adicionais às contratações feitas com base na Lei nº 13.979/2020, com suas alterações posteriores

Como se sabe, qualquer contratação levada a efeito pela Administração Pública, seja ela decorrente de procedimento licitatório ou de situações de dispensa e inexigibilidade de licitação, depende de regular planejamento, com o cumprimento das fases que lhe são peculiares (estudos em busca da melhor solução para enfrentamento do problema identificado).

Ocorre que há situações de emergência que impõem ao gestor uma ação imediata, não raras as vezes impossível de ser planejada com o rigor esperado para uma contratação pública.

Seguindo a lógica de que se está diante de uma situação de emergência real, o legislador, consoante preconizado no art. 4º-C, possibilizou a dispensa, quando o enquadramento do objeto estiver alcançado pelo conceito de bens e serviços comuns, de elaboração de estudos preliminares.

Também por força da situação de emergência, a etapa de gerenciamento de risco apenas será exigida na fase de gestão de contrato, não havendo a obrigatoriedade, portanto, de sua composição ocorrer na fase de planejamento – até porque tal fase pode não existir diante de uma situação de urgência (vide art. 4º-D).

---

[3] Atualmente, o prazo para a impugnação é de 3 (três) dias úteis, conforme previsto no art. 24 do Decreto Federal nº 10.024/2019.

Ademais, na forma prevista pelo art. 4º-E, foi admitida a apresentação de termo de referência e/ou projeto básico simplificados,[4] desde que contenham, minimamente: (a) declaração do objeto; (b) fundamentação simplificada da contratação; (c) descrição resumida da solução apresentada; (d) requisitos da contratação; (e) critérios de medição e pagamento; (f) estimativas de preços; e (g) adequação orçamentária.

A MP nº 926/2020 havia trazido uma novidade que foi muito criticada, qual seja, a possibilidade de o Poder Público contratar empresas que estivessem com inidoneidade declarada ou, ainda, suspensas do direito de licitar e contratar, desde que, comprovadamente, se tratasse de única fornecedora do bem a ser adquirido e/ou prestadora do serviço contratado.

Todavia, quando da conversão em lei da precitada MP, houve alteração do dispositivo, a fim de excluir a possibilidade de uma empesa declarada inidônea de, ainda que seja a única no mercado, ser contratada pela Administração Pública (vide §3º do art. 4º).

Além disso, foi determinada, como cautela adicional à contratação de empresas sancionadas com impedimento ou suspensão de contratar com a Administração Pública, a exigência de prestação de garantia nas modalidades previstas no art. 56 da Lei nº 8.666/1993, que não poderá exceder a 10% do valor do contrato (§3º do art. 4º).

Também na hipótese de haver restrições mercadológicas (de fornecedores e/ou prestadores), poderá a Administração Pública, excepcionalmente e mediante justificativa da autoridade competente, dispensar a apresentação de regularidade fiscal ou, ainda, o cumprimento de um ou mais requisitos de habilitação, ressalvadas a exigência de regularidade trabalhista (CNDT) e a prova de atendimento ao inciso XXXIII do art. 7º da Constituição Federal.[5]

Por oportuno, destaca-se que foi dispensada, neste contexto, a realização da audiência pública a que se refere o art. 39 da Lei nº 8.666/1993, isto é, quando o valor estimado ou o conjunto de licitações simultâneas ou sucessivas forem superiores a R$330.000.000,00.[6]

---

[4] O fato de se ter permitido a utilização de "projeto básico simplificado" reforça a nossa tese de que se revela impossível de ser invocada a hipótese de dispensada a licitação prevista na norma ora estudada para a contratação direta de obras de engenharia, cujo contexto revela uma complexidade incompatível com a simplicidade versada pelo §1º do art. 4º-E.

[5] "Art. 7º (...)
XXXIII – proibição de trabalho noturno, perigoso ou insalubre a menores de dezoito e de qualquer trabalho a menores de dezesseis anos, salvo na condição de aprendiz, a partir de quatorze anos;

[6] 100 (cem) vezes o limite previsto no art. 23, inciso I, alínea "c" da Lei nº 8.666/1993, com atualização de valor feita pelo Decreto Federal nº 9.412/2018.

Por fim, trouxe o legislador uma medida adicional de publicidade dos atos da Administração Pública praticados com fundamento na referida lei, determinando que:

> Art. 4º (...)
>
> (...)
>
> §2º Todas as aquisições ou contratações realizadas com base nesta Lei serão disponibilizadas, no prazo máximo de 5 (cinco) dias úteis, contado da realização do ato, em site oficial específico na internet, observados, no que couber, os requisitos previstos no §3º do art. 8º da Lei nº 12.527, de 18 de novembro de 2011, com o nome do contratado, o número de sua inscrição na Secretaria da Receita Federal do Brasil, o prazo contratual, o valor e o respectivo processo de aquisição ou contratação, além das seguintes informações:
>
> I – o ato que autoriza a contratação direta ou o extrato decorrente do contrato;
>
> II – a discriminação do bem adquirido ou do serviço contratado e o local de entrega ou de prestação;
>
> III – o valor global do contrato, as parcelas do objeto, os montantes pagos e o saldo disponível ou bloqueado, caso exista;
>
> IV – as informações sobre eventuais aditivos contratuais;
>
> V – a quantidade entregue em cada unidade da Federação durante a execução do contrato, nas contratações de bens e serviços.

Vale destacar que todos os procedimentos mencionados anteriormente se aplicam a quaisquer contratações, seja por dispensa ou licitação, para aquisição de bens e insumos ou contratação de serviços que tenham por objetivo o enfrentamento da emergência de que trata a Lei nº 13.979/2020, com suas alterações posteriores.

4 Regras contratuais estatuídas pela novel legislação

No que concerne à formalização do termo de contrato, entendemos pela aplicabilidade das balizas elencadas no art. 60 e seguintes da Lei nº 8.666/1993, com as adaptações e regras específicas versadas pela legislação extraordinária.

A novel legislação trouxe a possibilidade de ser estabelecida, ao contrato celebrado sob a sua égide, o prazo de vigência de até 6 (seis) meses, tendo expressamente admitido prorrogações por períodos sucessivos, enquanto vigorar o Decreto Legislativo nº 6, de 20 de março de 2020 (art. 4º-H).

A vigência contratual inicial poderá, a nosso ver, ser inferior ao prazo acima fixado, bem como as eventuais prorrogações/renovações não se restringem ao prazo de 6 (seis) meses trazido pela norma.

Isto é, enquanto estiver vigente o Decreto Legislativo supramencionado, poderá a Administração Pública, diante da real necessidade de manutenção do ajuste e visando à satisfação do interesse público que o ensejou, dilatar o prazo de sua execução por períodos sucessivos.

Ademais, é mister esclarecer que, uma vez cessada a situação de calamidade pública reconhecida pelo citado decreto, o contrato não perde, automaticamente, o seu fundamento de validade.

Em tal situação, caso se revele pertinente a manutenção da vigência do pacto até a sua extinção natural (decurso do prazo), não haverá necessidade de sua interrupção abrupta.

A norma também estabeleceu a possibilidade de a Administração Pública alterar, de forma unilateral, o contrato para o fim de formalizar acréscimos ou supressões ao seu objeto, no percentual de até 50 % (cinquenta por cento) do valor inicial atualizado.

É imperioso destacar que tal possibilidade (acréscimo e supressão de até 50%), no cenário ordinário, apenas se aplica ao objeto consistente na obra para reforma de edifício ou reforma de equipamento e restritamente aos acréscimos. Nesses termos, são vedadas as supressões e acréscimos acima dos limites permitidos, salvo, em relação às supressões, as decorrentes de acordo celebrado entre os contratantes (*ex vi* alínea "b" do inciso I combinada com os §§1º e 2º, todos do art. 65 da Lei nº 8.666/1993).

Conclusão

À guisa de finalização, o presente ensaio pôde verificar que, como já é de conhecimento notório, todas as contratações e aquisições realizadas pela Administração Pública devem ser feitas por meio de regular procedimento licitatório, com as garantias e os preceitos regulados pela Lei nº 8.666/1993, a qual admite, como medida excepcional, a possibilidade de ser dispensado, dispensável ou inexigível tal procedimento.

Nas situações de emergência e de calamidade pública (art. 24, inciso IV, da Lei nº 8.666/1993), pôde-se concluir que, independentemente de decreto reconhecedor de tais situações, a licitação poderá ser dispensada, desde que a urgência justifique o sacrifício à competição, ínsita ao procedimento licitatório, bem como sejam apresentadas as devidas justificativas e adotadas as cautelas necessárias à regularidade do ato.

Outrossim, considerando a amplitude dos bens jurídicos tutelados pela hipótese autorizadora da dispensa por emergência ou calamidade pública, a sua invocação não se restringe à seara da saúde pública, mas sim ao enfrentamento da situação de emergência que a justifica, a fim de prevenir prejuízo ou danos às pessoas.

Concluiu-se, ainda em relação à citada hipótese, que a desídia do gestor, o mau planejamento ou sua atuação falha não possuem o condão de impedir que a contratação direta seja concretizada, desde que, de forma concomitante, seja apurada a devida responsabilidade do agente causador.

Quanto às hipóteses de contratações versadas pela Lei nº 13.979/ 2020, concluiu-se ser ela uma lei de vigência temporária, cuja aplicabilidade é restrita à contratação de serviços, inclusive de engenharia, ou aquisição de bens e insumos destinados ao enfrentamento da emergência nela tratada.

Ademais, as alterações introduzidas na referida lei pela Medida Provisória 926/2020, a qual foi convertida na Lei nº 14.035/2020, sancionada em 11 de agosto de 2020, trouxe maior segurança ao gestor público para atuar na situação de calamidade pública já decretada e reconhecida em nosso país, por meio do Decreto Legislativo nº 6/2020.

Muitas vezes, combater a urgência com a presteza necessária a minimizar os impactos e prejuízos que dela decorrem exige a análise de ponderação entre princípios ínsitos à atuação do gestor, como, por exemplo, o de legalidade em face do de eficiência etc.

O cenário de emergência em saúde pública que o Brasil está vivenciando, por si só, leva à conclusão de excepcionalidade de eventuais medidas a serem adotadas, sobretudo, para a implementação de políticas públicas específicas e adequadas para o atendimento do interesse público local.

Não raras as vezes, o gestor público se depara com a total ausência de instrumentos jurídicos legalmente estabelecidos para o enfrentamento de situações excepcionais, como a ora vivenciada, o que nos leva a concluir haver total pertinência dos procedimentos trazidos pela novel legislação extraordinária.

Obviamente, não é dado ao gestor público se distanciar do objetivo previsto na legislação que trouxe mecanismos para tratar da emergência, de forma a realizar contratações sem pertinência ou com extensões a objetos por ela não amparados, sob pena de responder pela ilegalidade e os prejuízos dela decorrentes.

Por fim, é certo que os órgãos de controle deverão, na análise dos atos praticados durante o período de emergência e calamidade pública, levar em consideração todos os obstáculos e dificuldades reais e concretas enfrentadas pelos gestores públicos para o enfrentamento das situações locais de emergência, tal como preconiza o art. 22 do Decreto-Lei nº 4.657/1942 – Lei de Introdução às Normas de Direito Brasileiro, com suas alterações posteriores.

Referências

BRASIL. *Constituição da República Federativa do Brasil de 1988*. Disponível em: http://www.planalto.gov.br/ccivil_03/constituicao/constituicao.htm. Acesso em: 15 mar. 2020.

BRASIL. *Lei nº 8.666, de 21 de junho de 1993*. Disponível em: http://www.planalto.gov.br/ccivil_03/leis/l8666cons.htm. Acesso em: 15 mar. 2020.

BRASIL. *Lei nº 12.527, de 18 de novembro de 2011*. Disponível em: http://www.planalto.gov.br/ccivil_03/_Ato2011-2014/2011/Lei/L12527. Acesso em: 15 mar. 2020.

BRASIL. *Lei nº 13.979, de 06 de fevereiro de 2020*. Disponível em: http://www.planalto.gov.br/ccivil_03/_Ato2019-2022/2020/Lei/L13979.htm. Acesso em: 15 mar. 2020.

BRASIL. *Medida Provisória nº 926, de 20 de março de 2020*. Disponível em: http://www.planalto.gov.br/ccivil_03/_Ato2019-2022/2020/Mpv/mpv926.htm. Acesso em: 23 mar. 2020.

BRASIL. *Lei nº 14.035, de 11 de agosto de 2020*. Disponível em: http://www.planalto.gov.br/ccivil_03/_ato2019-022/2020/lei/L14035.htm#art1. Acesso em: 26 ago. 2020.

BRASIL. Advocacia-Geral da União. *Orientações Normativas*. Disponível em: http://www.agu.gov.br/orientacao. Acesso em: 16 mar. 2020.

BRASIL. Tribunal de Contas da União. *Jurisprudência*. Disponível em: http://portal.tcu.gov.br/jurisprudencia/home/home.htm. Acesso em 16 mar. 2020.

FURTADO, Lucas Rocha. *Curso de licitações e contratos administrativos*. 6. ed. rev. atual. e ampl. – Belo Horizonte: Fórum, 2015. p. 137.

JUSTEN FILHO, Marçal. *Comentários à Lei de Licitações e Contratos Administrativos*. 16. ed. São Paulo: Revista dos Tribunais, 2014.

MENDES, Gerado Renato. *Zênite Fácil*. Disponível em: http://www.zenitefacil.com.br. Categoria Anotações, Lei nº 8.666/93, nota ao art. 24. Acesso em: 16 mar. 2020.

Informação bibliográfica deste texto, conforme a NBR 6023:2018 da Associação Brasileira de Normas Técnicas (ABNT):

LIMA, Edcarlos Alves. Aquisição de bens e insumos e contratação de serviços para o enfrentamento da emergência gerada pela pandemia do novo coronavírus. *In*: FLORIANO, Eduardo de Souza; CUNHA, Bruno Santos; TAVARES, Gustavo Machado (coord.). *Direito Municipal em Debate*. Belo Horizonte: Fórum, 2021. p. 61-82. v. 5. ISBN 978-65-5518-158-6.

CALAMIDADE PÚBLICA:
PONTO DE INFLEXÃO
NO DIREITO PÚBLICO BRASILEIRO

GIULIANO CAMPOS PEREIRA

Introdução

O artigo em tela tem por desiderato analisar o atual evento fático de calamidade pública, decorrente da pandemia do novo coronavírus (Covid-19), a partir da sua abordagem técnico-jurídica e suas consequências teóricas e práticas no Direito Público brasileiro, centrado nas normas e entendimentos jurisprudenciais recentes.

Ocorre que, como é cediço, o mundo está vivenciando a assustadora crise decorrente da pandemia, decretada oficialmente pela OMS, da Covid-19, que atinge todo o mundo e está a abalar severamente também o Brasil, que se encontra em estado de Calamidade Pública, pelo Decreto Legislativo nº 06, de 20 de março de 2020, e, consequentemente, os Estados e Municípios brasileiros.

Circunstância que tem demandado ações quase que instantâneas e enérgicas do Estado brasileiro, conquanto estas devem acatamento ao sistema de normas jurídicas de ordenação de relacionamento institucional entre entes políticos e suas respectivas administrações públicas e destas com os administrados, que é o Direito Público, em sua acepção contemporânea.

Em sequência tais medidas estatais de enfrentamento a esta adversa situação são regradas pela atuação técnico-jurídica da Advocacia Pública, que oferta posicionamentos, aos gestores públicos, aferrados ao ordenamento jurídico, pautados na independência funcional e liberdade de convicção jurídica de seus membros.

Nesse sentido, torna-se importante o estudo dos efeitos jurídicos do momento de calamidade nacional na determinação de padrões de atuação do Direito Público e principalmente em seus sub-ramos, como o Direito Constitucional, Administrativo, Tributário-Financeiro e Processual Civil.

Por fim, cabe evidenciar que o presente texto se mostra necessário no sentido de propor debate atual sobre instituto que não é de todo incipiente, mas que ainda promove dúvidas e divergências sobre seus principais efeitos, antigos e contemporâneos, na Administração Pública e no relacionamento desta com o cidadão, agente propulsor das melhorias públicas.

1   Calamidade pública

A calamidade pública tem assento normativo, inicialmente, na Medida Provisória nº 494/2010, convertida na Lei nº 12.340/2010 e regulamentada pelo Decreto nº 7.257/2010, e posteriormente alterada pela Lei nº 12.608/2012; estabelecendo a Política Nacional de Proteção e Defesa Civil, com definições técnicas sobre a ocorrência de desastres e seus efeitos no cotidiano nacional.

Consoante dicção do art. 2º do decreto mencionado, entende-se calamidade pública por uma "situação anormal, provocada por desastres, causando danos e prejuízos que impliquem o comprometimento substancial da capacidade de resposta do poder público do ente atingido"; e desastre é "o resultado de eventos adversos, naturais ou provocados pelo homem sobre um ecossistema vulnerável, causando danos humanos, materiais ou ambientais e consequentes prejuízos econômicos e sociais".

Logo, são situações que geram anormalidade de ordem político-administrativa, ocasionadas por eventos naturais ou não de consequências deletérias, que causam conjuntura de ineficácia dos atos de enfrentamento destes, por parte do Poder Público competente, e que autorizam a necessidade de atitudes mais veementes para a superação desse quadro.

Tal circunstância de defesa civil aproxima-se do direito em sua adequação ao conceito de força maior, que segundo Maria Helena Diniz é "fato jurídico natural extraordinário, sem intervenção da vontade humana que produz efeitos jurídicos no ordenamento pátrio";[1] não

---

[1]   DINIZ, Maria Helena. *curso de direito civil brasileiro:* teoria geral do direito civil. 28. ed. São Paulo: Saraiva, 2011, p. 410.

estando imune a esses efeitos os sub-ramos do direito público em análise, tendo em vista a prevalência do interesse público nestes.

Cabível comentar que, pela atual situação de crise pandêmica, o estado de calamidade pública fora ampliado em demasia. Antes era um instituto diminuto em nossa Constituição Federal, com efeitos relegados ao cerne das normas de direito financeiro, entretanto, hodiernamente, é anseio de diversas outras áreas do direito público, visando à regulação extraordinária das mesmas, como: competência constitucional, incidência tributária, responsabilidade de agentes público, suspensão processual, entre outras.

2 Direito público

A divisão entre direito público e privado é uma das antigas e fundamentais para a compreensão do fenômeno jurídico, embora ressalte-se discussões sobre a superação dessa dualidade, bem como sobre a área de sintonia entre estes, com esteio na função de tutelar a *res pública* ou interesses particulares, conforme pontifica Paulo Dourado de Gusmão:

> Os juristas, desde os romanos, têm tentado dar as razões dessa distinção. O critério mais antigo, que vem desde os romanos, é o do interesse: é direito público o que trata de relações e situações jurídicas em que o interesse público predomina, enquanto direito privado aqueles em que sobressai o interesse privado.[2]

Na sua função de observância aos interesses da coletividade, o direito público dialoga com os princípios e regras que pautam o comportamento extroverso ou não da Administração Pública, tendo em vista a função precípua desta de instrumentalizar o Estado na busca pela concreção do interesse público primário.[3]

É do Direito Público, por meio de seus sub-ramos, como o Direito Constitucional, Administrativo, Penal, Tributário, Financeiro e Processual, que emerge o palco de atuação do comportamento estatal, na forma do seu regime jurídico administrativo.

---

[2] GUSMÃO, Paulo Dourado de Gusmão. *Introdução ao estudo do direito*. 42. ed. Rio de Janeiro: Forense, 2010, p. 146.

[3] NOHARA, Irene Patrícia. *Fundamentos de direito público*. 1. ed. São Paulo: Atlas, 2016, p. 8.

Regime jurídico que norteia as decisões administrativas, em seu âmbito próprio, ou mesmo em questionamentos judiciais, tomando por instrumentos necessários a prática diária dos ensinamentos de cada uma dessas matérias, fomentando, assim, pontos de tangência entre sub-ramos do direito, que diariamente se interpenetram nas atividades públicas.[4]

3   Direito constitucional

O direito constitucional é direito público fundamental que dá funcionalidade e essência aos diversos elementos fundantes do Estado, desde a sua organização, base principiológica e observância aos direitos fundamentais, como pontifica Luís Roberto Barroso, "procura ordenar elementos e saberes diversos, relacionados a aspectos normativos do poder político e dos direitos fundamentais".[5]

No direito constitucional, a calamidade pública, seus pressupostos e consequências demonstram-se, com maior destaque, apesar da pouca visibilidade no texto constitucional, no tema de repartição de competência (entre os artigos 21 e 24) e nos estados de defesa (artigo 136) e de sítio (art. 137 e seguintes).

A repartição constitucional de competências localiza-se dentro do título da organização do Estado e, a partir disso, estabelece critérios de aferição de legitimação de atos do poder público, com arrimo nas funções típicas de poder, em matéria legislativa ou administrativa.

Os artigos 21 e 23 enumeram competência não legislativa, material ou de execução, posto a regulação de ações entre os entes políticos e, respectivamente, apresentam hipóteses em que esta é exclusiva da União, marcada pela indelegabilidade do seu exercício, ou comum a todos os entes, por meio de cooperação destes, por meio de Lei Complementar, por exemplo, a nº 140/2011.

Já nos artigos 22 e 24 estabeleceu-se a competência legislativa ou de cariz normativo, critério de elaboração de leis, no primeiro, esta é privativa da União, permitindo os Estados regular questões pontuais através de lei complementar; no segundo, trata-se de competência

---

[4]   FILHO, José dos Santos Carvalho. *Manual de direito administrativo*. 32. ed. São Paulo: Atlas, 2018, p. 64.

[5]   BARROSO, Luís Roberto. *Curso de direito constitucional contemporâneo*: os conceitos fundamentais e a construção do novo modelo. 7. ed. São Paulo: Saraiva, 2018, p. 45.

concorrente entre União, com normas gerais, e Estados e Distrito Federal, com normas suplementares ou mesmo gerais, caso aquela seja omissa, com possibilidade de suspensão de eficácia destas por sobrevir norma geral da União.

Aos Municípios há ainda tanto a opção de legislar sobre interesse local, que é aquela não distinta dos demais entes, mas peculiar a sua própria existência; bem como de suplementar a legislação federal e estadual, seguindo as suas particularidades políticas, previsões do art. 30, incisos I e II.

No presente caso, destaca-se o cotejo entre a competência material ou de execução de ações do art. 21, inciso XVIII, da Constituição Federal que cabe à União exclusivamente "planejar e promover a defesa permanente contra as calamidades públicas, especialmente as secas e as inundações" e a competência entre todos os demais entes políticos de "cuidar da saúde e assistência pública, da proteção e garantia das pessoas portadoras de deficiência", exposta no artigo 23, inciso II, da Constituição.

Surgindo conflito aparente entre normas constitucionais após edição das Medidas Provisórias nºs 926 e 927/2020, que alteraram a Lei nº 13.979/2020, no sentido de centralizar as ações de política sanitária de enfrentamento à pandemia na União, prejudicando a cooperação dos demais entes em determinar regras de isolamento, locomoção e serviços essenciais; porém, após propositura da Ação Direta de Inconstitucionalidade (ADI) nº 6341, foi concedida medida cautelar, referendada de forma unânime posteriormente em plenário,[6] com entendimento de que medidas sanitárias do governo federal não afastam as providências dos demais entes, conforme trecho:

> O que nela se contém – repita-se à exaustão – não afasta a competência concorrente, em termos de saúde, dos Estados e Municípios. Surge acolhível o que pretendido, sob o ângulo acautelador, no item a.2 da peça inicial, assentando-se, no campo, há de ser reconhecido, simplesmente formal, que a disciplina decorrente da Medida Provisória nº 926/2020, no que imprimiu nova redação ao artigo 3º da Lei federal nº 9.868/1999, não afasta a tomada de providências normativas e administrativas pelos Estados, Distrito Federal e Municípios. (ADI nº 6341 MC/DF, Rel. Min. Marco Aurélio, STF, 1ª turma, julgamento: 24-03-2020.)

---

6 DANTAS, Paulo Roberto de Figueiredo. *Direito processual constitucional*. 6. ed. São Paulo: Atlas, 2015, p. 236-237.

Os ministros aderiram à proposta de que, com base na predominância do interesse local, sobre a necessidade de que os artigos da Lei nº 13.979/2020 sejam interpretados conforme a Constituição, a fim de deixar claro que a União pode legislar sobre o tema, mas que o exercício dessa competência deve sempre resguardar a autonomia dos demais entes. No seu entendimento, a possibilidade do chefe do Executivo Federal definir por decreto a essencialidade dos serviços públicos, sem observância da autonomia dos entes locais, afrontaria o princípio da separação dos poderes.

O atual estágio de calamidade pública também se insere no sistema constitucional de resolução de crises, sendo este um complexo de postulados constitucionais, que, se baseando em situação de anormalidade e urgência, tem por intuito o mais rápido restabelecimento do Estado Constitucional de Direito, trata-se de um verdadeiro estado de exceção. Tal sistema divide-se entre os Estado de Defesa (artigo 136) e Estado de Sítio (artigo 137 e seguintes), ambos com assento expresso na Constituição.

O Estado de Defesa é uma medida excepcional, menos gravosa que o Estado de Sítio, decretado pelo Presidente da República, ouvidos os Conselhos da República e de Defesa Nacional, e com posterior aprovação do Congresso Nacional. Seu objetivo é o restabelecimento da ordem pública e da paz social, abaladas por iminente instabilidade institucional ou por calamidades de grandes proporções, em localidades restritas e determinadas. É uma medida de competência exclusiva da União, diferentemente do estado único e exclusivo de calamidade, que pode ser decretado por qualquer ente federativo, mas, como visto, pode ser pressuposto constitucional daquele.

O Estado de Sítio, também de competência exclusiva do Presidente da República, ouvidos os conselhos citados acima, mas com autorização prévia do Congresso, por sua vez, é aquele decretado em situações que geram grave comoção nacional, insuficiência do estado de defesa ou conflito armado envolvendo países estrangeiros.

O Estado de Defesa pode durar por, no máximo trinta dias, sendo prorrogável apenas por mais trinta. Se a situação de anormalidade permanecer após os sessenta dias, deve-se decretar o Estado de Sítio. Já este terá duração de trinta dias, podendo ser prorrogado por mais trinta, quantas vezes forem necessárias, em casos de comoção grave de repercussão nacional ou ocorrência de fatos que comprovem a ineficácia de medida tomada durante o estado de defesa; em casos de declaração de estado de guerra ou resposta a agressão armada estrangeira, o Estado de Sítio durará enquanto estas perdurarem.

Entretanto, com a decretação dessas medidas não há isenção estatal, devendo seus executores serem responsabilizados pelos atos ilícitos que praticarem durante sua vigência, com a sua respectiva execução, é cabível controle político concomitante e posterior das suas medidas restritivas de direitos fundamentais como: de reunião, sigilo de correspondência, liberdade de imprensa, etc., bem como controle de legalidade por parte do Poder Judiciário.[7]

Entretanto, a par de existência dos seus requisitos ensejadores, deve-se tomar muito cuidado com sua utilização em tempos de saudável desenvolvimento democrático brasileiro, tendo em vista seus efeitos nefastos nos direitos mais caros à sociedade, conforme demonstrado acima; logo, embora destaque-se a imprevisibilidade do ineditismo da atual crise pandêmica, tem-se mostrado suficiente a decretação exclusiva do estado de calamidade pública.

4   Direito administrativo

O direito administrativo, entendido como conjunto teórico de normas jurídicas que tutelam os órgãos, agentes e funções do Estado na atividade de gerir os interesses públicos da administração, embora não seja codificado, talvez seja a matéria que mais tem sofrido com os efeitos da declaração de calamidade pública, na forma do regramento excepcional da Lei nº 13.979, de 6 de fevereiro de 2020, (norma geral de enfrentamento à Covid-19), pela sua normatização extensa e por seus instrumentos de estabilização pública.

De início, entre seus institutos, cabe mencionar a contratação por tempo determinado, que é maneira legal e diversa de admissão de agentes pela administração pública, convivendo harmoniosamente com o provimento em cargos efetivos, por meio de concurso público, e a nomeação para cargos em comissão; desde que presente o excepcional interesse público, consoante assento constitucional:

> Art. 37. A administração pública direta e indireta de qualquer dos Poderes da União, dos Estados, do Distrito Federal e dos Municípios obedecerá aos princípios de legalidade, impessoalidade, moralidade, publicidade e eficiência e, também, ao seguinte:

---

[7]   MORAES, Alexandre de. *Direito constitucional*. 36. ed. São Paulo: Atlas, 2020, p. 874.

(...)

II – a investidura em cargo ou emprego público depende de aprovação prévia em concurso público de provas ou de provas e títulos, de acordo com a natureza e a complexidade do cargo ou emprego, na forma prevista em lei, ressalvadas as nomeações para cargo em comissão declarado em lei de livre nomeação e exoneração;

(...)

IX – a lei estabelecerá os casos de contratação por tempo determinado para atender a necessidade temporária de excepcional interesse público;

Dessa forma, a Constituição Federal optou por uma norma de eficácia limitada, tendo em vista que cabe a lei ordinária esmiuçar os casos específicos para a contratação temporária; o regramento federal é feito pela Lei nº 8.745/1993, seguido por Estados, Distrito Federal e Municípios.[8]

No caso de municípios omissos, deve-se aplicar por analogia a disciplina da lei do respectivo estado ou a própria lei federal, com possibilidade de dispensa de processo simplificado de contratação, pela situação de calamidade pública, no combate ao surto epidêmico, tendo em vista o semblante de urgência à conjuntura administrativa dos entes políticos, consoante o art. 3º, §1º, da lei federal citada:

Art. 3º O recrutamento do pessoal a ser contratado nos termos do disposto nesta Lei será feito por meio de processo seletivo simplificado, na forma estabelecida em edital, e prescindirá de concurso público.

§1º Prescindirá de processo seletivo a contratação para atender às necessidades decorrentes de:

I – calamidade pública;

Desta feita, existe permissivo legal e comprovação legislativa do atual momento brasileiro, que autoriza a contratação temporária ou até mesmo por requisição administrativa, desde que observados os requisitos legais e funções autorizadas para tanto, numa melhor adequação do serviço público às contingências do atual estado de saúde pública. Nesse sentido foi a previsão da Lei nº 13.979/2020,[9] sem

---

[8] SCATOLINO, Gustavo; TRINDADE, João. *Manual de direito administrativo*. 4. ed. Salvador: Juspodivm, 2016, p. 419.

[9] "Art. 3º. Para enfrentamento da emergência de saúde pública de importância internacional decorrente do coronavírus, as autoridades poderão adotar, no âmbito de suas competências, dentre outras, as seguintes medidas:

prejuízos à guarida das normas jurídicas constitucionais dispensadas à Administração Pública.

Outro instituto de viés administrativo influenciado pela emissão de decreto com supedâneo na crise pandêmica é a licitação, que também autoriza a possibilidade de contratação direta baseada no momento atípico de saúde pública, conforme a Lei nº 8.666/1993 estipula em seu art. 24, inciso IV:

> Art. 24 É dispensável a licitação:
>
> (...)
>
> IV – nos casos de emergência ou de calamidade pública, quando caracterizada urgência de atendimento de situação que possa ocasionar prejuízo ou comprometer a segurança de pessoas, obras, serviços, equipamentos e outros bens, públicos ou particulares, e somente para os bens necessários ao atendimento da situação emergencial ou calamitosa e para as parcelas de obras e serviços que possam ser concluídas no prazo máximo de 180 (cento e oitenta) dias consecutivos e ininterruptos, contados da ocorrência da emergência ou calamidade, vedada a prorrogação dos respectivos contratos.

É sempre imperioso aquilatar a necessidade da realização do trâmite do processo licitatório e suas respectivas formalidades, sendo que o mesmo é procedimento obrigatório à Administração Pública para efetuar suas contratações, consoante preceitua o art. 37, inciso XXI, da Constituição Federal, ressalvados os casos em que a Administração pode ou deve deixar de realizar licitação, tornando-se dispensada, dispensável ou inexigível,[10] consoante tal inciso:

> Art. 37. A administração pública direta e indireta de qualquer dos Poderes da União, dos Estados, do Distrito Federal e dos Municípios obedecerá aos princípios de legalidade, impessoalidade, moralidade, publicidade e eficiência e, também, ao seguinte:
>
> (...)
>
> XXI – ressalvados os casos especificados na legislação, as obras, serviços, compras e alienações serão contratados mediante processo

---

(...)

VII – requisição de bens e serviços de pessoas naturais e jurídicas, hipótese em que será garantido o pagamento posterior de indenização justa;

[10] DI PIETRO, Maria Sylvia Zanella. *Direito administrativo*. 29. ed. Rio de Janeiro: Forense, 2016, p. 433.

de licitação pública que assegure igualdade de condições a todos os concorrentes, com cláusulas que estabeleçam obrigações de pagamento, mantidas as condições efetivas da proposta, nos termos da lei, o qual somente permitirá as exigências de qualificação técnica e econômica indispensáveis à garantia do cumprimento das obrigações.

Entretanto, sempre é cabível aferição da presente exceção, uma vez que a decretação do estado de calamidade pública não repele de imediato a obrigação de licitar que recai sobre o poder público. Faz-se, então, imprescindível avaliar, no caso concreto, se de fato estão presentes os requisitos que ensejam a dispensa de processo licitatório, no caso: urgência no atendimento da situação calamitosa objeto do contrato; conexão entre esta e a fundamentação de dispensa contratual; possibilidade de conclusão do objeto contratual em até 180 (centro e oitenta dias) e vedação de prorrogação desses contratos. Essas imposições legais visam restringir a dispensa de licitação apenas àquilo que realmente for da necessidade inarredável, já que a Constituição Federal prevê que a regra é a realização de licitação.

Com intuito de harmonização sistemática, a Lei nº 13.979/2020, trouxe em seu artigo 4º, previsão específica de nova hipótese de dispensa licitatória, para aquisição de bens, serviços e insumos destinados ao enfrentamento da atual calamidade de saúde pública; presumindo-se a situação sanitária atípica, a necessidade de sua contenção, a existência de risco físico ou patrimonial e a limitação de contratação do objeto em questão.

Tais imposições legais são fundamentais para a higidez do procedimento licitatório, uma vez que já estão sendo verificadas irregularidades e crimes praticados por vícios na celebração de contratos administrativos emergenciais com base nessa forma de dispensa de licitação. Portanto, tendo como pano de fundo o atual contexto de pandemia pelo qual passa o Estado e a sociedade, é fundamental que o poder público, que venha a firmar relações com licitantes, avalie se, no seu caso concreto, é patente o enquadramento legal para que sejam firmados contratos com base em respectiva dispensa; embora novo entendimento acerca da responsabilização dos gestores, visto à frente.

Em continuação, a Lei nº 13.979/2020 trouxe regramento específico ao processo administrativo, que na concepção de José dos Santos Carvalho Filho trata-se de "instrumento que formaliza a sequência ordenada de atos e de atividades do Estado e dos particulares a fim de ser produzida uma vontade final da Administração",[11] na forma dos artigos a seguir.

> Art. 6º-C Não correrão os prazos processuais em desfavor dos acusados e entes privados processados em processos administrativos enquanto perdurar o estado de calamidade de que trata o Decreto Legislativo nº 6, de 2020.
>
> Parágrafo único. Fica suspenso o transcurso dos prazos prescricionais para aplicação de sanções administrativas previstas na Lei nº 8.112, de 1990, na Lei nº 9.873, de 1999, na Lei nº 12.846, de 2013, e nas demais normas aplicáveis a empregados públicos.
>
> Art. 6º-D Fica suspenso o transcurso dos prazos prescricionais para aplicação de sanções administrativas previstas na Lei nº 8.666, de 1993, na Lei nº 10.520, de 17 de julho de 2002, e na Lei nº 12.462, de 4 de agosto de 2011.

No primeiro artigo houve prescrição genérica, de cunho nacional, de suspensão de prazos processuais (ex. oferecimento de defesa escrita do processo disciplinar), que correm contra os acusados em geral, como servidores e demais pessoas sujeitas à disciplina administrativa, por exemplo, concessionários ou permissionários de serviço público; norma que se estende ao demais entes políticos quando da instrução e julgamento de tais procedimentos.

Seu respectivo parágrafo único trouxe a suspensão dos prazos prescricionais para o exercício da pretensão de aplicar sanções, sejam elas direcionadas a servidor público (Lei nº 8.112/1990), particulares (Lei nº 9.873/1999) ou especificamente pessoas jurídicas (Lei nº 12.846/2013).

Por fim, há suspensão de prazos prescricionais no interesse sancionador no procedimento licitatório: nas leis de licitações e contratos (Lei nº 8.666/1993), do pregão (Lei nº 10.520/2002) e do regime diferenciado de contratações públicas (Lei nº 12.462/2011).

Dúvidas podem surgir quanto à segurança jurídica desses artigos e seus efeitos no âmago do processo administrativo e nas decisões tomadas com base neste, já que aquele tem por finalidade a prolação de ato administrativo. Todavia, a Lei nº 9.784/1999, que rege o processo administrativo federal, mas é comumente utilizada de forma subsidiária ou supletiva pelos demais entes políticos, autoriza em seu artigo 67 que "salvo motivo de força maior devidamente comprovado, os prazos processuais não se suspendem".

---

[11] FILHO, José dos Santos Carvalho, *op. cit.*, p. 1.101.

Há no caso, autorização legal para tanto e preenchimento do requisito de motivo de força maior, transvestido em calamidade pública, conforme demonstrado alhures, tendo em vista que o processo administrativo tem consequência dual, primeiro atesta segurança jurídica à administração pública na feitura de seus atos, bem como estabelece garantia do devido processo legal pelo contraditório aos interessados.

Por fim, o atual momento de saúde pública trouxe ainda exceção legal à previsão do princípio republicano de responsabilização dos agentes públicos, tendo em vista ser este regra de balizamento das condutas administrativas destes, uma vez que o seu semblante de interação com o interesse público sempre se sobrepõe e determina comportamento probo de seus servidores.

Nesse leque de responsabilidades (civil, penal e administrativa) que pautam as condutas do serviço público, destaca-se a por atos de improbidade administrativa, com previsão material e processual na Lei nº 8.429/1992, que estipula atos juridicamente ímprobos e seu respectivo processo administrativo e judicial para imposição de penalidades político-administrativas, importância a seguir relatada:

> Não obstante a dificuldade na conceituação da improbidade administrativa, o termo pode ser compreendido como o ato ilícito, praticado por agente público ou terceiro, geralmente de forma dolosa, contra as entidades públicas e privadas, gestoras de recursos públicos, capaz de acarretar enriquecimento ilícito, lesão ao erário ou violação aos princípios que regem a Administração Pública.[12]

Entretanto a Medida Provisória nº 966, de 13 de maio de 2020, trouxe disposição sobre a responsabilização de agentes públicos por ação e omissão em atos relacionados com a pandemia da Covid-19, trazendo verdadeira exceção normativa à responsabilidade por atos de improbidade administrativa em atos relativos a condutas praticadas durante este momento atípico, conforme seu art. 1º:

> Art. 1º Os agentes públicos somente poderão ser responsabilizados nas esferas civil e administrativa se agirem ou se omitirem com dolo ou erro grosseiro pela prática de atos relacionados, direta ou indiretamente, com as medidas de:

---

[12] NEVES, Daniel Amorim Assumpção. *Manual de improbidade administrativa*: direito material e processual. 6. ed. Rio de Janeiro: Forense, 2018, p. 28.

I – enfrentamento da emergência de saúde pública decorrente da pandemia da covid-19; e

II – combate aos efeitos econômicos e sociais decorrentes da pandemia da covid-19.

Dessa forma, embora esteja sobre o crivo de sua conversão, o atual entendimento é o de que atos praticados por gestores públicos no enfrentamento da pandemia somente devem sofrer reprimenda da lei de improbidade quando agirem ou se omitirem com dolo ou erro grosseiro, em contradição com esta, uma vez que há atos ímprobos punidos por simples culpa, como nos casos de lesão ao erário; em clara sintonia com a Lei nº 13.655/2018, que acrescentou normas de acepção de gestão pública na lei de introdução as normas do direito brasileiro, conforme seu artigo 28.

> Art. 28. O agente público responderá pessoalmente por suas decisões ou opiniões técnicas em caso de dolo ou erro grosseiro.

De imediato surgiram diversas dúvidas e discussões acerca dessa excepcionalidade, em que contrasta a duradoura tradição da efetiva responsabilização dos agentes públicos e a contemporânea necessidade de agir destes em um cenário fático totalmente inédito, em que condutas dramáticas e imediatas são perpetradas sem a devida percepção dos seus resultados práticos.

Todavia, logo em sequência, após ser questionado em diversas ADIs, o STF definiu pela concessão de medida cautelar parcial mantendo o teor da medida provisória, apenas dando interpretação conforme a Constituição, desta forma:

> Na sequência, por maioria, deferiu parcialmente a cautelar para: a) conferir interpretação conforme à Constituição ao art. 2º da MP 966/2020, no sentido de estabelecer que, na caracterização de erro grosseiro, deve-se levar em consideração a observância, pelas autoridades: (i) de standards, normas e critérios científicos e técnicos, tal como estabelecidos por organizações e entidades internacional e nacionalmente conhecidas; bem como (ii) dos princípios constitucionais da precaução e da prevenção; e b) conferir, ainda, interpretação conforme à Constituição ao art. 1º da MP 966/2020, para explicitar que, para os fins de tal dispositivo, a autoridade à qual compete a decisão deve exigir que a opinião técnica trate expressamente: (i) das normas e critérios científicos e técnicos aplicáveis à matéria, tal como estabelecidos por organizações e entidades reconhecidas nacional e internacionalmente;

(ii) da observância dos princípios constitucionais da precaução e da prevenção. (ADI nº 6421 MC/DF, Rel. Min. Roberto Barroso, STF, 1ª turma, julgamento: 21-05-2020)

Com isso, assentou-se que a expressão "erro grosseiro" deve ter roupagem constitucional, inferindo-se que este se evidencia quando o ato administrativo for ultimado sem recorrer aos padrões normativos do direito, como os princípios da precaução e da prevenção e de critérios técnicos das autoridades de saúde, ou por intermédio de condutas científicas negacionistas, além de vedação total a possibilidade da prática de crimes; houve, com isso, atitude de zelo pelo microssistema de exigência de responsividade dos agentes públicos, livrando a mencionada MP da pecha de irrazoada excludente de ilicitude civil e administrativa.

5   Direito tributário e financeiro

O direito tributário e financeiro, com mais razões este último, são os primeiros afetados por situação de calamidade pública, tendo em vista as razões econômicas que subjugam a atuação estatal. Logo, o Estado, implementador de políticas públicas que demandam aporte do seu erário, sente prejuízos na sua arrecadação, principalmente, pela necessária paralisação da atividade econômica, que atualmente fomenta a atividade de tributação.

Logo, os sub-ramos aqui comentados dialogam na atividade estatal conjunta de recepção de tributos e a implementação destes nas suas respectivas receitas e despesas, formando o núcleo da função político-econômica de existência do Estado e viabilização de direitos que demandam atuação deste, como se demonstra:

O direito financeiro, por sua vez, guarda relação estreita com o direito tributário. E isso principalmente em razão da funcionalização da tributação, a exigir a análise da finalidade quando da instituição das contribuições e empréstimos compulsórios, bem como da efetiva destinação do seu produto, como critério de validação constitucional de tais tributos.[13]

---

[13]   PAULSEN, Leandro. *Curso de direito tributário completo*. 8. ed. São Paulo: Saraiva, 2017, p. 29-30.

No âmbito do direito tributário exsurge da calamidade pública circunstancial, a competência constitucional especial da União, por meio reserva de lei complementar, de instituir o Empréstimo Compulsório, figura tributária necessária para atender despesas extraordinárias ou para investimento público.

Com assento constitucional, no artigo 148, a par de antigas discussões quanto a sua fisionomia, tem caráter de tributo, embora bastante peculiar, com vinculação finalística de sua receita, necessidade de restituição e requisitos específicos para sua criação, consoante o artigo citado anteriormente:

> Art. 148. A União, mediante lei complementar, poderá instituir empréstimos compulsórios:
>
> I – para atender a despesas extraordinárias, decorrentes de calamidade pública, de guerra externa ou sua iminência;
>
> II – no caso de investimento público de caráter urgente e de relevante interesse nacional, observado o disposto no art. 150, III, "b".
>
> Parágrafo único. A aplicação dos recursos provenientes de empréstimo compulsório será vinculada à despesa que fundamentou sua instituição.

Na comunhão com os objetivos da presente análise, destaca-se a possibilidade de instituir o mesmo, baseando-se em hipótese de calamidade pública, como desenvolvido outrora, devendo esta apresentar situações emergenciais e eminentemente extraordinárias, sob pena de vulgarização da presente autorização constitucional, se não observados seus requisitos legais,[14] sendo causa que excepciona as duas regras de anterioridade tributária – anual e nonagesimal.

Entretanto seu fato gerador não é a calamidade pura e simples, mas sim a previsão legal para tanto. Esta é apenas o contexto fático que autoriza o exercício da competência especial, devendo haver prazo estabelecido do empréstimo e sua respectiva devolução, conforme previsão do parágrafo único do artigo 15 do Código Tributário Nacional,[15] daí sua nomenclatura histórica de empréstimo e seu aspecto de temporalidade de recurso ao Estado.

---

[14] SABBAG, Eduardo. *Manual de direito tributário*. 9. ed. São Paulo: Saraiva, 2017, p. 501.

[15] "Art. 15. Somente a União, nos seguintes casos excepcionais, pode:
(...)
Parágrafo único. A lei fixará obrigatoriamente o prazo do empréstimo e as condições de seu resgate, observando, no que for aplicável, o disposto nesta Lei."

Outra particularidade comum também às contribuições especiais é a necessária vinculação da sua respectiva receita com as despesas oriundas da situação de calamidade pré-existente e obrigatória para a instituição tributária em questão, tendo em vista que é ilógico haver situação que autoriza tal instituto e a sua respectiva renda não ser revestida às necessidades desta, vedando-se, com isso, o desvio das razões políticas no seu adequado exercício administrativo.[16]

Porém, embora presente a opção pela mencionada exação, talvez nesse momento a sua instituição provocaria efeitos nefastos no cotidiano do contribuinte, pois além de ter sua renda mensal diminuída, ainda teria que contribuir sobremaneira para o Estado, por meio de tributo inédito, por uma conjuntura sanitária que causa prejuízos a todos, ente político ou sociedade.

No cerne do cariz financeiro do Estado, a hipótese jurídica da calamidade destaca-se com maior enfoque, primeiramente, na decretação da mesma, que se dá apenas pelo ente que sua atuação política seja insuficiente em face da situação de anormalidade, com reconhecimento posterior pelos entes que auxiliarem aqueles, que têm como instrumentos similares o estado de defesa e o estado de sítio, vistos acima.

Além de atitudes necessárias e atípicas bastante genéricas, como parcelamento de dívidas, atraso na execução de gastos obrigatórios e antecipação de recebimento de receitas, a crise decorrente de calamidade financeira tem por efeito principal a flexibilização de algumas regras orçamentárias contidas na Lei de Responsabilidade Fiscal (Lei Complementar nº 101/2000), como, por exemplo, a de cumprir prazos de controle de despesas de pessoal e de limites de endividamento, atingir as metas fiscais, bem como utilizar o mecanismo da limitação de empenho, entre outras, como previsão do seu artigo 65:

> Art. 65. Na ocorrência de calamidade pública reconhecida pelo Congresso Nacional, no caso da União, ou pelas Assembléias Legislativas, na hipótese dos Estados e Municípios, enquanto perdurar a situação:
>
> I – serão suspensas a contagem dos prazos e as disposições estabelecidas nos arts. 23 , 31 e 70;
>
> II – serão dispensados o atingimento dos resultados fiscais e a limitação de empenho prevista no art. 9º.

---

[16] SABBAG, Eduardo, *op. cit.*, p. 499-500.

Entretanto, como se destaca na cabeça do artigo, para que a situação atípica seja legítima no âmbito dos Municípios, é necessário que haja reconhecimento pela Assembleia Legislativa Estadual e respectiva aprovação do decreto de calamidade do Executivo municipal, não sendo suficiente apenas por parte de sua Câmara de Vereadores.

Também nessa matéria há a exceção de abertura de créditos extraordinários, baseados em despesas imprevisíveis e prementes, como no caso de calamidade pública, devidamente declarada e reconhecida pelo Poder Legislativo, com intuito de proporcionar ajustes ao orçamento vigente, adequando-o ao panorama econômico-social do país, por isso seu semblante de crédito adicional.[17]

Tal instituto prescinde do princípio da legalidade estrita, podendo ser aberto com decreto do Poder Executivo ou mesmo por Medida Provisória, após análise de comissão mista do orçamento, conforme artigo 167, §3º, da Constituição Federal:

> §3º A abertura de crédito extraordinário somente será admitida para atender a despesas imprevisíveis e urgentes, como as decorrentes de guerra, comoção interna ou calamidade pública, observado o disposto no art. 62.

Todavia, há celeuma doutrinária e jurisprudencial acerca de qual instrumento sustenta-se como adequado aos Estados e Municípios. Logo, a partir de entendimento sistemático da Constituição, esta não veda a disciplina das MPs no âmbito estadual e municipal, desde que sigam as regras de urgência e relevância do plano federal, sendo esta norma de princípio extensivo, com lastro na autonomia dos entes e da predominância de interesses.

6 Direito processual civil

Os entes políticos, como pessoas jurídicas de direito público, no exercício pleno dos seus direitos, têm capacidade processual, tendo legitimidade para ser sujeito em processo civil, presentados ativa ou passivamente em juízo pela advocacia pública e seus respectivos procuradores, que fazem repercutir, judicialmente, os interesses da

---

[17] LEITE, Harrison. *Manual de direito financeiro*. 5. ed. Salvador: Juspodivm, 2016, p. 116-117.

administração pública, construindo aspectos processuais próprios, consoante doutrina:

> Tratando-se da **Fazenda Pública**, sua representação é feita, via de regra, por procuradores judiciais, que são titulares de cargos públicos privativos de advogados regularmente inscritos na OAB, detendo, portanto, capacidade postulatória. Como a representação decorre da lei, é prescindível a juntada de procuração, de forma que os procuradores representam a Fazenda Pública sem necessidade de haver procuração; a representação decorre do vínculo legal mantido entre a Administração Pública e o procurador.[18]

Não sendo distintos os efeitos circunstanciais pandêmicos nessa disciplina, que deve, antes de tudo, seguir com retidão os valores constitucionais, a primeira observação que se faz necessária é a de que o atual Código de Processo Civil (Lei nº 13.101/2015), em sua exposição de motivos, carta de intenções de legisladores e juristas, preza pela incessante busca de seus cinco objetivos centrais.

No presente tópico, é imprescindível fazer referência ao objetivo número dois: "criar condições para que o juiz possa proferir decisão de forma mais rente à realidade fática subjacente à causa", uma vez que as atuais demandas das Fazendas públicas em juízo são singulares, vislumbrando os prejuízos, principalmente de ordem financeira, que é vítima o erário público.

É desse objetivo que se espraia dois significantes fenômenos processuais da atualidade: a suspensão massiva do curso de processos judiciais e o ajuizamento de ações que têm por intuito discutir como causa de pedir o nosso atual estado de crise pandêmica.

Em relação ao primeiro fato, a suspensão processual, com efeito de obstar o prazo em curso para posteriormente retomá-lo, tem previsão no atual Código de Processo Civil, tendo por base situação de força maior (artigo 313, inciso VI), entendida como gênero, que é espécie a calamidade pública, que considera-se justa causa, ou seja, evento alheio à vontade da parte e que a impediu da prática do ato (artigo 223, §1º).

Tal possibilidade tem como destinatários especificamente os juízes, para o exercício da função jurisdicional dentro da sua competência, com subsídio no poder-dever do magistrado de adequar o trâmite processual com as particularidades da causa, com claro apego

---

[18] CUNHA, Leonardo Carneiro da. *A fazenda pública em juízo*. 17. ed. Rio de Janeiro: Forense, 2020, p. 6.

ao objetivo citado acima, já que uma tutela compatível com os seus imperativos fáticos é resultado último da função jurisdicional, conforme artigo 139, inciso VI, do CPC:

> Art. 139. O juiz dirigirá o processo conforme as disposições deste Código, incumbindo-lhe:
>
> VI – dilatar os prazos processuais e alterar a ordem de produção dos meios de prova, adequando-os às necessidades do conflito de modo a conferir maior efetividade à tutela do direito;

Entretanto, o próprio Conselho Nacional de Justiça (CNJ), em sua atuação administrativa, financeira e funcional em relação ao Poder Judiciário, por conta do inédito estado de calamidade nacional, trouxe resguardo à função jurisdicional e à segurança de atuação aos sujeitos processuais; tendo em vista que por meio de atos administrativos tem feito adequações no trâmite processual, como a Portaria nº 79/2020, que prorrogou os prazos das diretrizes para a atuação do Poder Judiciário durante a pandemia, passando as Resoluções nºs 313, 314 e 318/2020 a vigorarem até meados de junho.

As normativas estenderam a suspensão dos prazos de processos físicos até esta data última, sendo que os prazos dos processos virtuais já foram retomados no início do mês de maio. Porém, com a devida atenção, nos Estados que sejam decretadas medidas restritivas à circulação de pessoas com fim sanitário, os prazos de processos físicos ou virtuais continuam sendo automaticamente suspensos, conforme Resolução nº 318, de 07 de maio de 2020:

> Art. 2º. Em caso de imposição de medidas sanitárias restritivas à livre locomoção de pessoas (lockdown) por parte da autoridade estadual competente, ficam automaticamente suspensos os prazos processuais nos feitos que tramitem em meios eletrônico e físico, pelo tempo que perdurarem as restrições, no âmbito da respectiva unidade federativa (Estados e Distrito Federal).

Nesse momento vigora regramento de transição para retomada da atividade judiciária, por intermédio da Resolução nº 322, de 1º de junho de 2020, do CNJ, baseada em adequado critério de escalonamento gradual e sistemático de suas atividades, com observância das regras de prevenção; prevendo o retorno pleno das funções do Poder Judiciário em fases, a partir do dia 15 de junho último.

Segundamente, cabe analisar a multiplicidade de ações judiciais que têm como base a pandemia da Covid-19, gerando pedidos de suspensão de contratos de parcelamentos, principalmente, dos Estados e Municípios em relação a dividas com a União e seus demais órgãos e entidades, ações estas embasadas em decisões do Supremo Tribunal Federal, como a concessão de medida cautelar em Ação Cível Originária (ACO) nº 3.363, em que o Estado de São Paulo requereu em pedido liminar que a União se abstenha da cobrança e de seus efeitos, em decorrência de não pagamento de contrato de refinanciamento de dívida que celebrou com esta, conforme trecho a seguir:

> A alegação do Estado de São Paulo de que está impossibilitado de cumprir a obrigação com a União em virtude do *"atual momento extraordinário e imprevisível relacionado à pandemia do Covid-19 e todas as circunstâncias nele envolvidas"* é, absolutamente, plausível; estando, portanto, presente na hipótese, a necessidade de fiel observância ao *princípio da razoabilidade*, uma vez que, observadas as necessárias proporcionalidade, justiça e adequação da medida pleiteada e a atual situação de pandemia do Covid-19, que demonstra a imperatividade de destinação de recursos públicos para atenuar os graves riscos à saúde em geral, acarretando a necessidade de sua concessão, pois a atuação do Poder Público somente será legítima, se presentes a racionalidade, a prudência, a proporção e, principalmente, nesse momento, a real e efetiva proteção ao direito fundamental da saúde. A medida pleiteada comprova ser patente a necessidade de efetividade de medidas concretas para proteção da saúde pública e da vida dos brasileiros que vivem em São Paulo, com a destinação prioritária do orçamento público. (ACO nº 6341 MC/SP, Rel. Min. Alexandre de Moraes, STF, 1ª turma, julgamento: 22-03-2020)

Consignando, ainda, a necessidade de comprovar que os valores respectivos das dívidas vigentes estão sendo integralmente aplicados pelos entes beneficiários de tais medidas, nas secretarias de saúde, para o custeio das ações de prevenção, contenção e combate à pandemia.

Contudo, a Lei Complementar nº 173/2020, de 27 de maio de 2020, que trata do Programa Federativo de Enfrentamento à Covid-19, estabeleceu medidas de auxílio financeiro da União para com Estados, Distrito Federal e Municípios, e determinou regra de exclusão dos entes que, em até dez dias contados da publicação desta, não tenham renunciado ao direito sobre o qual se fundamenta a ação, ajuizadas após o dia 20 de março de 2020, com esteio na calamidade pública da Covid-19, consoante seu §7º do artigo 5º:

§7º Será excluído da transferência de que tratam os incisos I e II do caput o Estado, Distrito Federal ou Município que tenha ajuizado ação contra a União após 20 de março de 2020 tendo como causa de pedir, direta ou indiretamente, a pandemia da Covid-19, exceto se renunciar ao direito sobre o qual se funda em até 10 (dez) dias, contados da data da publicação desta Lei Complementar.

Observe que não se trata de simples desistência da ação, que provoca resolução sem julgamento mérito (artigo 485, inciso VIII, do CPC), mas sim renúncia à pretensão formulada na ação (artigo 487, inciso III, "c", do CPC)[19] que provoca julgamento de mérito, com posterior trânsito em julgado, embora tenham a mesma disciplina processual quanto ao pagamento de despesas processuais e honorários advocatícios.

Apesar de questionamentos políticos, que excedem os objetivos deste trabalho, quanto às razões do parágrafo *supra* e de dúvidas quanto ao regime das liminares em tutela provisória deferidas anteriormente a 20 de março, o que a União pretendeu foi ter pra si o comando executivo desse auxílio emergencial, tentando, blindá-lo da interferência do controle judicial, embora a inafastabilidade do Poder Judiciário seja a regra, se com sucesso ou não, somente no transcorrer dos próximos meses é que será possível aclarar a presente disposição legal, sem prejuízo de questionamentos judiciais.

Considerações finais

São notórios o ineditismo e a imprevisibilidade da nossa atual conjuntura de saúde pública e seus efeitos teóricos e práticos no Direito Público, trazendo à tona a necessidade imperiosa de o Estado brasileiro e suas respectivas administrações públicas, como instituição catalisadora do interesse público e da operacionalização deste na sociedade, transformarem os aspectos sociais, políticos e econômicos em difusores da nossa ordem constitucional.

Dessa forma, o Estado deve, permanentemente, se readequar às necessidades do cotidiano do cidadão, sendo guarida aos infortúnios deste, torna-se necessário redesenhar o pacto federativo brasileiro e propor perene diálogo na administração pública, tendo em vista,

---

[19] NEVES, Daniel Amorim Assumpção. *Manual de direito processual civil*. 8. ed. Salvador: Juspodivm, 2016, p. 756-757.

principalmente, a política pública de saúde, que por meio de seu sistema único tem prestado relevante serviço no enfrentamento à Covid-19, bem como o papel normativo e executor das medidas sanitárias, exauridas pelos Municípios.

O pacto federativo é o sistema de repartição de competências e arrecadação de receitas que rege a descentralização da forma do estado brasileiro e sua harmonia entre os entes políticos; a necessidade de redefinição deste acentuou-se com a atual grave crise de calamidade pública, tendo em vista as dificuldades orçamentárias e de gestão dos Estados e Municípios, que necessitaram de um plano de emergência desenvolvido pelo governo federal, como exposto anteriormente.

Logo, o fundamental, conforme Proposta de Emenda Constitucional em trâmite no Congresso Nacional, é buscar dar mais autonomia financeira para Estados e Municípios, com esse intuito é que a PEC, em debate congressional, busca, de modo geral, descentralizar os recursos públicos e desvincular receitas de determinadas despesas. Privilegiando, com isso, o interesse local, mais caro aos Municípios, efetivando a realização de direitos fundamentais na órbita de poder mais próxima ao cidadão/contribuinte.

Da mesma forma, cabe destacar o diálogo habitual, claro e resolutivo entre administrações públicas dos entes políticos e entre estas e o administrado, como fator dileto de consensualidade e enfrentamento lógico a presente crise pandêmica, uma vez que somente com a participação da sociedade na produção de atos administrativos é que torna a atividade administrativa correta e mais rente aos preceitos constitucionais.

Por último, a adequação das medidas estatais de enfrentamento à pandemia citadas acima e os fenômenos político-administrativos mencionados há pouco, devem ser cotejados pela atuação técnico-jurídica da Advocacia Pública, que por seus entendimentos, ao reflexo do ordenamento jurídico, com prevalência aos apelos constitucionais, representa fator de mudança nos destinos da coisa pública.

Referências

BARROSO, Luís Roberto. *Curso de direito constitucional contemporâneo*: os conceitos fundamentais e a construção do novo modelo. 7. ed. São Paulo: Saraiva, 2018.

CUNHA, Leonardo Carneiro da. *A Fazenda Pública em juízo*. 17. ed. Rio de Janeiro: Forense, 2020.

DANTAS, Paulo Roberto de Figueiredo. *Direito processual constitucional*. 6. ed. São Paulo: Atlas, 2015.

DINIZ, Maria Helena. *Curso de direito civil brasileiro:* teoria geral do direito civil. 28. ed. São Paulo: Saraiva, 2011.

DI PIETRO, Maria Sylvia Zanella. *Direito administrativo*. 29. ed. Rio de Janeiro: Forense, 2016.

FILHO, José dos Santos Carvalho. *Manual de direito administrativo*. 32. ed. São Paulo: Atlas, 2018.

GUSMÃO, Paulo Dourado de Gusmão. *Introdução ao estudo do direito*. 42. ed. Rio de Janeiro: Forense, 2010.

LEITE, Harrison. *Manual de direito financeiro*. 5. ed. Salvador: Juspodivm, 2016.

MORAES, Alexandre de. *Direito constitucional*. 36. ed. São Paulo: Atlas, 2020.

NEVES, Daniel Amorim Assumpção. *Manual de improbidade administrativa*: direito material e processual. 6.ª ed. Rio de Janeiro: Forense, 2018.

NEVES, Daniel Amorim Assumpção. *Manual de direito processual civil*. 8. ed. Salvador: Juspodivm, 2016.

NOHARA, Irene Patrícia. *Fundamentos de direito público*. 1. ed. São Paulo: Atlas, 2016.

PAULSEN, Leandro. *Curso de direito tributário completo*. 8. ed. São Paulo: Saraiva, 2017.

SABBAG, Eduardo. *Manual de direito tributário*. 9. ed. São Paulo: Saraiva, 2017.

SCATOLINO, Gustavo; TRINDADE, João. *Manual de direito administrativo*. 4. ed. Salvador: Juspodivm, 2016.

Informação bibliográfica deste texto, conforme a NBR 6023:2018 da Associação Brasileira de Normas Técnicas (ABNT):

PEREIRA, Giuliano Campos. Calamidade pública: ponto de inflexão no direito público brasileiro. *In*: FLORIANO, Eduardo de Souza; CUNHA, Bruno Santos; TAVARES, Gustavo Machado (coord.). *Direito Municipal em Debate*. Belo Horizonte: Fórum, 2021. p. 83-105. v. 5. ISBN 978-65-5518-158-6.

O PAPEL DA ADVOCACIA PÚBLICA NA JURISDIÇÃO ADMINISTRATIVA MUNICIPAL: INCURSÕES HISTÓRICO-JURÍDICAS PARA COMPREENSÃO DAS DINÂMICAS DE PODER NA ADMINISTRAÇÃO MUNICIPAL BRASILEIRA

IGOR SILVA DE MENEZES

Introdução

O presente estudo tem como objeto de investigação o desenho institucional da advocacia pública municipal, no intuito de contribuir com o desenvolvimento de uma concepção teórica e prática para institucionalização dessa procuratura constitucional, integrando as notas introdutórias de um projeto investigativo mais ambicioso, que contemple o papel da advocacia pública municipal na justiça administrativa brasileira, dando especial enfoque à jurisdição estabelecida dentro e pela administração pública dos Municípios brasileiros.

O precípuo ponto de partida deste trabalho é a hipótese de que, superado o déficit institucional da Advocacia Pública Municipal, restarão superadas as principais esquizofrenias do processo administrativo brasileiro nos municípios, especialmente a desconfiança dos interessados em litígios administrativos, as ações judiciais repetitivas e caracterizadas pela artificialidade dos conflitos e a falta de deferência do Judiciário nas decisões administrativas.

A proposta da primeira seção é desenvolver uma reflexão introdutória acerca do desenho institucional da advocacia pública municipal, no intuito de contribuir com a instituição que pode vir a ocupar lugar privilegiado na adequação jurídica de políticas públicas, tanto pela atuação no controle interno da Administração, quanto no fomento de soluções jurídicas para atender às opções políticas do governante eleito, em prestígio à manutenção da função administrativa dentro do quadro da juridicidade.

Ainda na seção inaugural, se ventila, também, a plausibilidade de a indigência da advocacia pública na jurisdição administrativa ter sido uma das principais causas dos entraves ao reconhecimento dos direitos dos cidadãos e demais atores sociais pela Administração Pública, o que é possível inferir de, ao menos, um dado concreto: a Administração Pública (de todos os graus federativos) figura como maior litigante das cortes judiciais do país.

Na sequência, busca-se resgatar as interações sociopolíticas a partir de uma perspectiva histórico-cultural que têm definido a atuação da organização burocrática do setor público brasileiro, com reflexos diretos no modelo de recrutamento e na organicidade das procuradorias municipais.

Isso porque uma pesquisa estritamente jurídica teria dificuldade de perscrutar as razões pelas quais a Constituição Federal de 1988 está em vigor há 31 anos, todavia, os dados empíricos colhidos no 1º Diagnóstico de Advocacia Pública Municipal no Brasil revelaram que 65,6%5 dos municípios brasileiros não dispõem sequer de 01 (um) advogado público efetivo.

Ante a necessidade de compreensão mais abrangente da formação da burocracia estatal brasileira, especialmente na relação do estamento político com os agentes e instituições que atuam na jurisdição administrativa, essa etapa do estudo buscou colher a contribuição de Neves, enquanto historiador do Direito que pesquisa a jurisdição administrativa.

Um recorte histórico da jurisdição administrativa no Brasil Império, especialmente dos entraves impostos ao Conselho de Estado para concussão da sua atividade de jurisdição administrativa, inspirou a hipótese de que, assim como o estamento político esvaziou aquele órgão de jurisdição administrativa lastreado na dubiedade da constituição imperial, o mesmo *modus operandi* parece ser praticado para aposição de resistência à institucionalização da advocacia pública municipal mesmo sob a égide da Constituição Federal de 1988.

Nessa etapa, também se se descreveu a análise de sociólogos e historiadores, como Sérgio Buarque de Holanda, Raymundo Faoro, Max Weber, Bresser-Pereira e outros, acerca da formação burocrática brasileira, marcadamente caracteriza pelo patrimonialismo, a fim de ter pistas para a compreensão do fenômeno mais específico que redunda no déficit de institucionalidade da advocacia pública municipal.

Na terceira seção, buscou-se desenvolver a hipótese colhida nas leituras empreendidas na seção anterior, pretendendo demonstrar o emprego de dois artifícios retóricos empregados pelo estamento político e pelos demais grupos de interesse que se opõem à institucionalização da advocacia de Estado em âmbito municipal.

O primeiro, derivado do que se pode chamar de minimalismo constitucional, com o qual o legislador constitui a Advocacia Pública, a revelar significativo desequilíbrio com as demais carreiras jurídicas de estado (Judiciário, MP, Defensoria), o que tem sido causa de seguidos retrocessos na conformação institucional de toda a Advocacia Pública, especialmente a municipal, que chega a ter sonegada a pré-ordenação constitucional da sua existência.

Dessa carência de conformação institucional mínima para o cumprimento da sua missão constitucional até a negativa do dever de instituição das procuradorias municipais, o segundo artifício retórico empregado identificado e descrito nesse estudo se vale de uma [in] existente subjetividade ilimitada do legislador local, que ainda tem recebido chancela de tribunais brasileiros, apesar de honrosas exceções, como a do Tribunal de Justiça do Estado do Rio de Janeiro, em que, à exceção da chefia do órgão, a privatividade de exercício das atribuições de advocacia pública por servidores efetivo é pacífica há mais de uma década.

O método desenvolvido nesse estudo é o qualitativo. O objetivo é analítico. Quanto ao procedimento de coleta de dados, empreendeu-se pesquisa em bibliografia especializada, de legislação e de jurisprudência.

1 Advocacia pública e a jurisdição administrativa municipal: da vocação dos Procuradores Municipais para solução de conflitos na jurisdição administrativa extrajudicial

O artigo compreende uma das etapas do projeto de pesquisa que tem como objeto de investigação a Justiça Administrativa municipal, dando especial enfoque à jurisdição estabelecida dentro da Administração Pública. O pano de fundo em que se desenvolve este artigo é o do projeto de pesquisa que tem temática "o papel da advocacia pública na justiça administrativa brasileira: um estudo sobre as potencialidades democráticas da (re)significação da advocacia pública enquanto função essencial à justiça".

Embora a promulgação da Constituição Federal de 1988 tenha mais de 30 anos, os desafios para o reconhecimento dos direitos fundamentais dos cidadãos frente à Administração Pública ainda estão presentes. Dos direitos mais rudimentares como o de acesso à informação, aos mais complexos como alguns casos de direito à saúde, as dificuldades ainda são muitas.[1] Se a sofisticação dos órgãos de controle da esfera federal somadas à maior profissionalização dos recursos humanos da União não foram suficientes para atender aos ideais democráticos da Constituição, a situação da jurisdição administrativa em âmbito municipal é ainda mais crítica. As ilegalidades recorrentes em âmbito federal se avolumam exponencialmente nos municípios, fatos que identificamos em algumas das nossas pesquisas, a exemplo de Menezes (2016 b).

A pretensão de se propor um estudo transdisciplinar acerca do desenho institucional da Advocacia Pública Municipal parte da hipótese de trabalho de que há potencial represado dessa função pública em resposta às contingências da jurisdição administrativa realizada na Administração Pública Municipal. Os desdobramentos possíveis dessa hipótese de trabalho são amplos e diversificados e merecem maiores atenções acadêmicas.

Nesse sentido, uma das premissas que dão direção à pesquisa é a de que o enfrentamento das questões de justiça administrativa deve, estratégica e prioritariamente, partir de dentro da própria administração de onde, afinal, nascem os litígios administrativos. A posição do Advogado Público nesse contexto é privilegiada, visto que a proximidade e a interação do jurista com a legislação local, com a cultura administrativa e com o cotidiano da administração, além da detenção de memória institucional, tem o potencial de fomentar decisões mais céleres e até mais ajustadas a solucionar litígios administrativos, sobretudo (mas não somente) os mais cotidianos, de baixa e média complexidade.

---

[1] Exemplo disso é a seguinte constatação de Vânilda Moaraes (2012, p. 20): "O Setor Público Federal lidera em questões de litigância, com um total de 38,5%, seguido do Setor Público Estadual, percentual de 7,8%, e Municipal, 5,2%, perfazendo, os entes da Administração Pública, um total de 51,5%. Significa dizer que União, Estados, Municípios, suas autarquias e fundação, num total aproximado de 20 entes, três pessoas jurídicas de direito público e 15 pessoas jurídicas da administração indireta alcançam um maior número de demandas que os demais 80 maiores litigantes do país, incluído, nestes, todo o setor bancário e de telefonia."

Além disso, essa mesma proximidade pode auxiliar na dimensionalização mais instantânea das causas de litígios, o que facilita a adoção de iniciativas de intersubjetividade das decisões administrativas, como a edição de súmulas vinculantes,[2] o que, ademais, ajuda a evitar decisões contraditórias da administração, e também altera a percepção do interessado acerca do potencial efetivo de reconhecimento de direitos pela Administração.

Demais disso, ferramentas jurídico-processuais como medidas cautelares, audiências especiais e consensuais como conciliação e arbitragem são, igualmente, plenamente desenvolvidas por Advogados Públicos na jurisdição administrativa extrajudicial, o que reforça a necessidade de desenvolvimento de pesquisas na área.

A estratégia parece interessante porque estudos revelam que os investimentos cada vez mais vultosos no Judiciário não têm dado conta de aumentar a efetividade da jurisdição, mas também pela adesão teórica dessa pesquisa à premissa de que à função administrativa compete a promoção aos direitos fundamentais e de legalidade na mesma intensidade da cometida à função judiciária. Ou seja, o exercício da autotutela é um direito/dever que garante à administração uma forma de reconhecimento de direitos em processos administrativos de sua competência.

Tenciona-se, nesse diapasão, alcançar mecanismos de aumento de juridicidade dos litígios que se desenvolvem dentro da Administração Pública Municipal, aumentando a observância dos direitos dos litigantes, esperando que culmine no incremento da confiança do cidadão nas decisões administrativas. Resultará da qualidade dessas decisões, supõe-se, a deferência do Judiciário em relação às decisões produzidas nos processos administrativos. O desestímulo à judicialização, nesse caso, seria um resultado natural. Seria esse o caminho?

Ricardo Perlingeiro (2016), no estudo intitulado *Contemporary challenges in Latin American Administrative Justice*, pontuou bem objetivamente as principais questões que tangenciam os percalços da Justiça Administrativa na tradição latino-americana – na qual o Brasil está inserido e com a qual guarda semelhantes problemas –, a exemplo de:

(i) carência de preparo técnico dos servidores que processam e decidem os litígios administrativos (carência de conhecimentos técnicos);

---

[2] Essa ideia restou consagrada na legislação nacional, mais especificamente no art. 30 do DL nº 4.657/42 (LINDB)

(ii) o déficit de independência na própria estrutura da Administração Pública para julgamento dos litígios administrativos, gerando um excessivo número de ações judiciais contra a Administração Pública, caracterizadas por ações repetitivas e pela artificialidade dos conflitos.

Espécime da prática de incorporação de ideias fora do lugar[3] é o devido processo legal no âmbito administrativo baseado no modelo americano importado nas últimas décadas. Para Perlingeiro (2016, p. 52), a carência de um tribunal administrativo especializado e independente torna ineficaz essa previsão constitucional, visto que, na realidade, os processos administrativos brasileiros são inquisitoriais. No entanto, reconhece a impossibilidade de, depois de quase dois séculos, começar a discutir um sistema dualista para especialização da jurisdição administrativa brasileira, pela qual indicou soluções que essa pesquisa sugere irem ao encontro da vocação constitucional da Advocacia Pública.

O autor propõe, então, a criação de estruturas administrativas quase-judiciais, similares às dos sistemas de direito consuetudinários de "autoridades administrativas", munidas de independência e imparcialidade[4] e de formação jurídica suficiente para levar em consideração as convenções de direitos humanos e as decisões constitucionais, além de reduzir gradualmente os poderes de fiscalização dos tribunais baseadas no fortalecimento das "autoridades administrativas".

Sobre a primeira proposta de Perlingeiro acerca da criação de uma estrutura administrativa com instituições similares aos órgãos quase-judiciais ou tribunais administrativos com independência e imparcialidade, compostos por servidores com conhecimentos jurídicos suficientes para levar em conta as decisões sobre a Constituição e as convenções de Direitos Humanos, cogita-se que essa possibilidade estrutural já está presente na Advocacia Pública,[5] principalmente pelos

---

[3] No sentido da expressão cunhada por Roberto Schwarz

[4] Em sentido análogo, os idealizadores do Código Modelo de Processos Administrativos – Judicial e Extrajudicial – Para Ibero-América já enunciaram:
"O princípio da legalidade, com esse grau de sofisticação, reclama um quadro de agentes públicos dotados de independência efetiva e com qualificação correspondente capazes de assegurar a credibilidade e a efetividade das suas decisões. Em consequência, intenciona-se irradiar para toda a Administração a bem sucedida experiência das agências reguladoras ou dos colegiados recursais administrativos, passíveis de comparação com as denominadas autoridades administrativas independentes francesas ou os tribunais administrativos norte-americanos." (GRINOVER *et al.*, 2013, p. 2)

[5] Contemporânea ao ingresso do articulista no doutorado, Deiser Mara Rezende Cardoso (2017) ingressava no mestrado do programa com a mesma premissa, que ela denominou

arranjos institucionais possíveis que os teóricos que refletem sobre ela têm conferido a essa função essencial à justiça.

No que concerne às propostas de redução gradual dos poderes de fiscalização dos tribunais baseada no fortalecimento das "autoridades administrativas" que, de resto, culminam na judicialização excessiva e um desequilíbrio no pêndulo da separação de poderes, cogitamos serem as funções de controle interno e de consultoria da Advocacia Pública características que respondem às soluções propostas pelo articulista.

É que ressignificar a atividade de controle interno da Administração Pública pela Advocacia Pública pode ter o condão de diminuir a litigiosidade da Justiça Administrativa exercida pelo Poder Judiciário. Embora não seja unânime a nomenclatura dessa atividade, alguns preferindo controle interno, outros de controle de legalidade, outros até controle de juridicidade, fato é que, também nessa atividade, a Advocacia Pública[6] pode não estar cumprindo plenamente a sua vocação constitucional, o que também deu causa à investigação realizada neste artigo, a fim de apurar as possíveis causas desse déficit institucional.

Ademais, algumas indagações da pesquisa demandavam respostas que uma abordagem estritamente jurídica dificilmente contemplaria. Por exemplo: a falta de independência[7] da Advocacia Pública é impedimento para a realização do seu compromisso constitucional? Por conseguinte, essa seria a causa da sua possível irrelevância do seu papel na jurisdição administrativa brasileira? Há um potencial represado/subutilizado da Advocacia Pública enquanto Função Essencial à Justiça na promoção/realização do valor justiça dentro da própria Administração? Em havendo subutilização da Advocacia Pública enquanto órgão independente para promoção do interesse público primário dentro da Administração, quais os entraves para a plena realização do seu perfil e objetivo constitucional? Qual o efeito da atuação

---

como *vocação da advocacia pública como autoridade para solucionar conflitos no âmbito da jurisdição administrativa*, focando na experiência da AGU.

[6] A esse respeito, MATTOS (2016, p. 47) observa:
"A conferência de uma nova formulação à advocacia pública encontra-se inserida nessa diretriz, pois uma advocacia pública autônoma e independente pode e deve realizar importante papel na contenção de abusos da administração, na coibição de práticas ilegais, na prevenção de litígios e na busca de soluções imediatas às pretensões que se encontram legitimamente amparadas pelo ordenamento jurídico".

[7] Segundo Di Pietro (2016, p. 5), a independência é um fator tão relevante à Advocacia Pública, inerente à função do órgão, que: *ou ele é independente ou não precisa existir*. No mesmo sentido, sentencia Binenbojm "ninguém consegue exercer a Advocacia Pública responsavelmente negociando de joelhos com o governo" (2012, p. 5).

prévia da Advocacia Pública nas demandas repetitivas? Qual o papel da Advocacia Pública na autocomposição de conflitos e arbitragem na Administração Pública?

Este artigo, portanto, resulta da etapa da pesquisa que põe sob o crivo de investigação analítica uma possível subutilização (ou esvaziamento) consciente e proposital da Advocacia Pública com reflexos na jurisdição administrativa, mas também a necessidade de os membros da advocacia pública reconhecerem a sua influente missão constitucional e se engajarem mais proativamente no processo de fortalecimento da jurisdição administrativa extrajudicial, visto ser assente que o compromisso do Advogado Público é com o Estado de Direito, não apenas com o Governo de turno.

Sendo certo que conhecimentos jurídicos isolados não têm dado respostas satisfatórias ao déficit de identidade institucional da Advocacia Pública, sobretudo se comparada às demais procuraturas constitucionais, buscou-se, na seção seguinte, leituras de autores de história, política e sociológica para apurar a premissa de uma ineficácia proposital da atuação da Advocacia Pública no Estado brasileiro que, afinal, pode ter expressiva influência nos diagnósticos sobre a jurisdição administrativa nacional.

2 Possíveis contributos da historiografia para compreensão do déficit de institucionalidade da advocacia pública municipal

Explicar o que se passa na Administração Pública dos entes da federação brasileira apenas com ferramentas jurídicas não seria tarefa das mais fáceis. É possível cogitar que sequer bem compreendê-la seria possível. Eis a razão das incursões transdisciplinares propostas nesta seção.

A situação da advocacia pública municipal não está alheia à dificuldade de compreensão do fenômeno que caracteriza a burocracia estatal brasileira. Exemplo disso é que, decorridos 31 (trinta e um) anos de vigência da Constituição Federal de 1988, o recente resultado do julgamento do Recurso Extraordinário nº 663.696 Minas Gerais, pelo Supremo Tribunal Federal, ilustra bem essa afirmação.

Para essa etapa do estudo, basta o registro de que, no recurso extraordinário julgado com repercussão geral, em síntese, restou consagrada a índole constitucional das procuradorias municipais,[8] reconhecendo o *status* de função essencial à Justiça,[9] aplicando-se-lhes, portanto, a regra do teto prevista na parte final do art. 37, XI, da Constituição Federal.

O recurso extraordinário que redundou nessa decisão foi interposto em 2011, e o julgamento de mérito se deu na sessão plenária de 28 de fevereiro de 2019, quase uma década depois.

Todavia, em maio de 2019, foi publicada a decisão do ARE nº 1202618 MS, cujo relator foi o Ministro Marco Aurélio,[10] que nesse processo negou obrigatoriedade de os Municípios criarem órgãos de Advocacia Pública,[11] por carência de previsão expressa no texto constitucional. Situação idêntica[12] ocorreu com o Ministro Luiz Fux, também

---

[8] Tudo o que se discute sobre a questão tem como pano de fundo o argumento de que a Constituição da República não trouxe expressa disposição acerca da Advocacia Pública municipal.

[9] Sabe-se que a Constituição Federal, no capítulo IV, da organização dos poderes, logo após organizar todo o poder judiciário no capítulo III, organiza as ditas "funções essenciais à Justiça" no capítulo IV, que, na seção II, dispõe acerca da Advocacia Pública (artigos 131 e 132).

[10] Interessante notar que, quando do julgamento do RE nº 663.696 MG, o Ministro Marco Aurélio estava convicto do oposto, veja-se:
"Presidente, vou adiantar o entendimento, se Vossa Excelência permitir, e o farei, em primeiro lugar, assentando que os Procuradores municipais não precisam aguardar reforma de fundo da Constituição Federal e a criação do Poder Judiciário nos Municípios.
[...]
No passado, os Municípios eram, em última análise, medidas geográficas dos Estados. Com a Constituição Federal de 1988, ganharam diapasão maior. Se formos ao artigo 1º desse documento, veremos que, ao lado dos Estados e do Distrito Federal, formam a República.
Há mais, Presidente. Tem-se Municípios, no Brasil, que são verdadeiros Estados. São Municípios que possuem envergadura maior. Cito, exemplificando, sem demérito para qualquer outro Município, o de São Paulo, o Rio de Janeiro, Minas Gerais, Bahia, Rio Grande do Sul – e poderia citar outros.
O Procurador, quer o estadual, quer o municipal, defende interesse público – e defende interesse público da mesma envergadura, atuando no campo administrativo e também no contencioso. Não cabe assentar fator de discriminação para dizer-se que, no caso, há de haver tratamento diferenciado, conforme se trate de Procurador estadual ou Procurador municipal."

[11] Consigne-se que essa decisão monocrática foi publicada em 16 de maio de 2019. Ou seja, foi julgada e publicada depois do julgamento do RE nº 663.696 MG, que teve o acórdão do plenário publicado apenas em 22 de agosto de 2019.
O apego descritivo em relação às datas, pode-se presumir, se deu na esperança de que tenha ocorrido um *gap* no que concerne à gestão da informação dos precedentes do Supremo, visto que o RE nº 663.696 MG foi julgando com repercussão geral, e a tese fixada reconheceu que o art. 37, XI da CF trata, igualmente, os procuradores municipais enquanto membros da advocacia pública.

[12] Nos autos do ARE nº 1.156.016 SP, negando a obrigação de o Município organizar a advocacia pública municipal, o Ministro Fux sentenciou:

em maio de 2019, contrariando o RE nº 663.696 MG do qual, diga-se de passagem, foi relator.

Sendo assim, o que ressaiu do julgamento monocrático do recurso extraordinário ARE nº 1202618 MS, aparentemente, é incompatível com o teor da tese de repercussão geral aprovada pelo plenário do Supremo no recurso extraordinário RE nº 663.696 MG.

Isso porque, a tese da repercussão geral no RE nº 663.696 MG reconheceu a incidência do artigo 37, XI, da Constituição Federal sobre os Procuradores Municipais, sem prejuízo de atestar-lhes o mesmo *status* das demais funções essenciais à justiça. No entanto, os julgados no ARE nº 1202618 MS e ARE nº 1.156.016 SP redundaram em negar, tanto a incidência do capítulo da Constituição reservado às funções essenciais à justiça, quanto do artigo 37, II, CF, que obriga o recrutamento de pessoal mediante concurso público.

A claudicância do Supremo não é único dado de relevo aqui. É igualmente importante notar que esses recursos extraordinários foram resultados de ações judiciais deflagradas pelo Ministério Público dos respectivos estados tentando compelir prefeitos a instituírem Procuradorias, em obediência à pré-ordenação constitucional.

A resistência oposta pelo estamento político dá indícios de que há interesses muito mais profundos, e talvez indizíveis,[13] do que o mero apego a uma ou outra filigrana jurídica acerca da economia léxica da Constituição da República, ou uma suposta autonomia político-administrativa municipal que outorgue poderes de revogação do art. 37, II, da Constituição Federal.

Eis a síntese de um clássico exemplo de como a perspectiva do Direito não dá conta dos fenômenos administrativos na federação

---

"Demais disso, o acórdão recorrido não divergiu da jurisprudência desta Corte no sentido de que a Constituição Federal dispõe expressamente sobre as hipóteses em que o legislador municipal deve observância obrigatória aos ditames da Constituição Estadual, como fez nos incisos VI, IX e X do artigo 29 da Constituição de 1988. Portanto, não estando a organização da advocacia pública inserida nessas hipóteses não cabe à Carta Estadual restringir o poder de auto-organização dos Municípios de modo a agravar os parâmetros limitadores previstos na Lei Maior."

[13] Há de se ter coragem para afirmar que os Municípios são o último *bunker* do empreguismo das carreiras jurídicas que por séculos caracterizou Administração Pública brasileira. Afinal, aonde se empregariam os bacharéis em direito? Os filhos e parentes de autoridades judiciais com as quais um vínculo dessa natureza seria essencial para o político carreirista? O filho daquele amigo Promotor de Justiça? A esposa daquele fiscal da receita? E a filha recém-formada do Desembargador? Exatamente: é prerrogativa da autoridade política local dispor desses cargos como traço característico da administração cordial. No final, é disso que se trata a celeuma.

brasileira. Isto é, não se trata apenas do Direito. Da interpretação e da aplicação de normas jurídicas. A discussão meramente jurídica parece estar bem na superfície da questão. Senão, vejamos.

No caso brevemente mencionado, o órgão de cúpula do Poder Judiciário, três décadas depois da vigência da Constituição, compelido a dizer o óbvio sobre a organização político-administrativa municipal e se valendo do instituto da repercussão geral[14] para uniformizar a jurisprudência do país, se mostra vacilante em decisões de órgãos fracionários meses depois e, além de contraditar o precedente da Corte, afirma fazê-lo lastreado na jurisprudência prevalecente.

No percurso do mapeamento das principais causas de déficit institucional da advocacia pública municipal é que se propõe, nesta seção, investigar a eventual influência de um modelo secular de organização burocrática institucional da administração pública que pode estar percutindo no modelo de organização estatal no plano municipal, propondo uma reflexão crítica a esses entraves ante a crescente expectativa da sociedade de que a administração municipal produza soluções efetivas nos litígios sob sua jurisdição.

A tensão entre o poder do governante e um julgamento minimamente imparcial na jurisdição administrativa brasileira não é exatamente uma novidade pós-moderna no Brasil, por assim dizer. Uma pequena incursão em alguns trechos da análise de Neves sobre a jurisdição administrativa brasileira, mais especificamente quando descreve o período do Brasil Império, pode ilustrar o modo de agir dos estamentos político e burocrático brasileiro, com interessantes similitudes com o que se passa séculos depois no país.

Não se trata aqui, ocioso dizer, de uma análise histórica da questão, mas apenas e tão somente de um recorte ilustrativo de um contexto datado, mas que, ao cabo, podem servir para auxiliar na compreensão da particular resistência do estamento político às estruturas burocráticas que foram ganhando forma na história do Brasil.

O contexto histórico ora pinçado se situa no período que a historiografia denomina de Brasil Império, em um breve espaço de tempo em

---

[14] O instituto da repercussão geral preconizado no artigo 102, §3º da CRFB, acrescido pela Emenda Constitucional nº 45/04, foi colocado como condição de admissão de recursos extraordinários que aportam no STF. Tem como finalidades precípuas: (i) delimitar a competência do STF, no julgamento de recursos extraordinários, às questões constitucionais com relevância social, política, econômica ou jurídica, que transcendam os interesses subjetivos da causa e (ii) uniformizar a interpretação constitucional prescindindo da análise da Corte sobre múltiplos casos idênticos sobre a mesma questão constitucional.

que, no Brasil, a jurisdição administrativa era dual. Desde essa época, o poder político dominante se esforçava para influenciar os julgamentos administrativos. As palavras de Neves assim resumem:

> Dessa forma, o poder público esforçava-se em manter o controle dos julgamentos em matéria de seu interesse e fazia constar essa instância nos documento cujo andamento dele dependiam, o que pode ser verificado na permissão para transferir suas companhias no Brasil para interesses Britânicos em 1862, se ficasse expresso no contrato para o Rio de Janeiro Gás Company que a Seção do Império era a segunda e última instância para apelos. Como a maioria das apelações era de companhias ou empresas comerciais e contrato, nas décadas de 60/70, apresentava-se um desenvolvido sistema de jurisprudência, principalmente pelo *pool* de construção de estradas de ferro. (NEVES, 2008)

Anotar alguns breves comentários acerca das formas de interferência sobre o Conselho de Estado enquanto órgão de jurisdição administrativa se presta a perceber que a forma de recrutamento do jurista que atua no processo administrativo e as eventuais garantias institucionais constituem características que figuram nos registros historiográficos como ponto nodal de influência nas dinâmicas de poder, especialmente na seara dos processos administrativos e de controle do Poder Executivo, em que, afinal, reside a maior expressão de poder do estamento político.

Pelo curto período da história em que o Brasil teve um organismo desenvolvido apenas para julgamento de processos administrativos, é igualmente oportuno notar o quão atuais são as práticas e a mecânica do esvaziamento do Conselho de Estado,[15] com substituição momentânea de conselheiros e medidas afins, para garantia da supremacia de uma função estatal em detrimento do interesse público.

A mecânica de esvaziamento do Conselho de Estado praticado no império parecer persistir até os dias atuais e poderia ter servido de inspiração à passagem de Weber (1964, p. 784) quando observou que

---

[15] Exemplificativa a descrição de Neves: "O Poder Moderador, por imperativo constitucional, contava com as indicações do Conselho de Estado, órgão de consulta que deveria ser reunido em audiência prévia, funcionando como uma garantia, razão de sua reconstituição. Embora, naquela lei, os poderes foram inferiorizados com a audiência facultativa pelo imperador, continuavam vitalícios os conselheiros, podendo ser dispensados por tempo indeterminado e possibilitando, ainda, conselheiros extraordinários, com direito de voto, por designação ou em substituição. Como observou alguns comentadores, sem o conselho o Poder Moderador passou a ser um verdadeiro poder de exceção, sobrepunha-se ao Poder Judicial e não mais atuando em suas órbitas (NEVES, 2008).

"o domínio exercido pelas normas racionais se substitui pela justiça do príncipe e seus funcionários. Tudo se baseia então em considerações pessoais. Os próprios privilégios outorgados pelo soberano são provisórios.".

Esse olhar para a experiência histórica nacional pode levar a intuir que o minimalismo ou a dubiedade do texto normativo-constitucional relacionado às instituições republicanas em âmbito Municipal pode não ter sido um acaso. Por incrível que possa parecer à primeira vista, a situação contemporânea da jurisdição administrativa extrajudicial dos Municípios já foi, de modo similar, experimentada no âmbito federativo nacional, veja-se:

> Na dúbia possibilidade interpretativa, a estrutura hierárquica do poder Judiciário na Carta Política imperial ficou mais próxima da experiência colonial do que das aspirações externadas pela constituinte dissolvida, garantindo um rígido controle na estrutura e atuação jurisdicional. Conquanto a constituição não indicasse um sistema *duo* de jurisdição, levou-se a cabo a atribuição da justiça administrativa ao Conselho de Estado,[16] que funcionou como a Corte Suprema de Apelação. (NEVES, 2008)

Como se verifica, na situação do Poder Judiciário no período imperial descrita por Neves, sobretudo pela dubiedade do texto constitucional, resultou em um "rígido controle na estrutura e atuação jurisdicional". É recomendável não se apressar para atribuir tal influência ao déficit republicano do contexto em que se passou o enfraquecimento do Poder Judiciário antes de uma reflexão sobre Brasil republicano atual.

Uma compreensão mais objetiva do que seja patrimonialismo parte das ciências sociais e designa um tipo de organização política em que não faz distinção entre o patrimônio público e o privado, e que as relações entre governantes e governados se baseiam em um poder formalmente arbitrário, assentado na sua autoridade pessoal.

Ao denominado modelo patrimonialista de gestão se contrapõe o modelo burocrático, segundo Bresser-Pereira (2001), adotado no Brasil a partir da República. A compreensão do funcionamento desse estado patrimonial deve auxiliar o entendimento das dinâmicas de poder na organização político-administrativa brasileira.

---

[16] Regulamento 124, de 5 de fevereiro de 1842, dá regimento provisório à Lei nº 234, de 23 de novembro de 1841, que reinstituiu o Conselho de Estado.

A visão apresentada por Bresser-Pereira no artigo "Do Estado Patrimonial ao Gerencial" oferece útil descrição panorâmica do Estado brasileiro, nos planos político, administrativo e social. É interessante observar que autores de matrizes diversas de visão de mundo concordam na percepção acerca da confusão entre o público e privado na administração patrimonial brasileira. Nessa esteira, o autor elenca características do estado patrimonial:

> São todos burocratas porque sua renda deriva essencialmente do Estado; são patrimonialistas porque os critérios de suas escolhas não são racional-legais, e porque constroem um complexo sistema de agregados e clientes em torno de si, sustentado pelo Estado, confundindo o patrimônio privado com o estatal. (BRESSER-PEREIRA, 2001, p. 6)

Mais adiante, ainda descortinando o perfil caracterizador do patrimonialismo estatal brasileiro, o autor constata que a administração pública brasileira era tida como um empregador das elites e de grupos de influência, que se caracterizava pela seleção de mão de obra por critérios pessoais, absolutamente despreocupada com a capacidade do pessoal recrutado e a eficiência do trabalho desenvolvido. Assim, prossegue:

> E no meio dela temos uma camada de funcionários públicos, donos antes de sinecuras do que de funções, dada a função do Estado patrimonial de lhes garantir emprego e sobrevivência.
>
> (...)
>
> Antes deles, os testemunhos de Tobias Barreto, Sylvio Romero e Joaquim Nabuco, entre outros, caminham sempre no mesmo sentido. O emprego público, embora não garantisse plena estabilidade, dada a prática das "derrubadas" quando mudavam ministérios de um partido para o outro, era o único emprego possível para uma ampla classe média desempregada. Dela se recrutava a elite política.
>
> Pode-se, imaginar, que os critérios administrativos eram pessoais, e a preocupação com a eficiência da máquina estatal, nula. José Murilo de Carvalho salienta que a "classe média desempregada", a que se referiam Tobias Barreto e Sylvio Romero, formada principalmente de profissionais liberais, em particular bacharéis, e dominantemente mestiços, tinha como vocação o funcionalismo. Não era "a vocação de todos", como exagerou Nabuco, mas era das minorias urbanas, especialmente de seus elementos mais educados e agressivos. (BRESSER-PEREIRA, 2001, p. 7).

Na perspectiva da historiografia cultural, Sérgio Buarque de Holanda (1995, p. 147-148) apresenta sua concepção sociológica do "homem social", caracterizando-o como avesso à impessoalidade própria das relações estatais, com excesso de afeto próprio das relações familiares, resultando na dificuldade de separar o espaço público do privado. Sobre essa dificuldade cultural do "homem social" na separação entre o público e o privado, o autor sintetiza:

> Não era fácil aos detentores das posições públicas de responsabilidade, formados por tal ambiente, compreenderem a distinção fundamental entre os domínios do privado e do publico. Assim, eles se caracterizam justamente pelo que separa o funcionário "patrimonial" do puro burocrata conforme a definição de Max Weber. Para o funcionário "patrimonial", a própria gestão politica apresenta-se como assunto de seu interesse particular; as funções, os empregos e os benefícios que deles aufere relacionam-se a direitos pessoais do funcionário e não a interesses objetivos, como sucede no verdadeiro Estado burocrático, em que prevalecem a especialização das funções e o esforço para se assegurarem garantias jurídicas aos cidadãos.

Reconhecido por Bresser-Pereira como primeiro escritor a empregar a expressão patrimonialismo como modelo de gestão estatal do Brasil, Holanda (1995, p. 146), ao descrever qual a razão da perpetuação dessa característica secular, demonstra que além da afetuosidade familiar, que degrada a impessoalidade da coisa pública, prepondera no modelo pessoal de recrutamento de pessoal:

> A escolha dos homens que irão exercer funções públicas faz-se de acordo com a confiança pessoal que mereçam os candidatos, e muito menos de acordo com as suas capacidades próprias. Falta a tudo a ordenação impessoal que caracteriza a vida no Estado burocrático. O funcionalismo patrimonial pode, com a progressiva divisão das funções e com a racionalização, adquirir traços burocráticos. Mas em sua essência ele e tanto mais diferente do burocrático, quanto mais caracterizados estejam os dois tipos.
>
> No Brasil, pode dizer-se que só excepcionalmente tivemos um sistema administrativo e um corpo de funcionários puramente dedicados a interesses objetivos e fundados nesses interesses.

Ainda com intuito de demonstrar, no plano de uma análise histórico cultural, a persistência do modelo de gestão patrimonial no Brasil, Raimundo Faoro, em *Os Donos do Poder*, reconhece que nem o modelo marxista, tampouco o liberal explicam adequadamente o contexto histórico-cultural do patrimonialismo brasileiro. Em suas palavras:

> a realidade histórica brasileira demonstrou a persistência secular da estrutura patrimonial, resistindo galhardamente, inviolavelmente, à repetição, em fase progressiva, da experiência capitalista. Adotou do capitalismo a técnica, as máquinas, as empresas, sem aceitar-lhe a alma ansiosa de transmigrar. (1975, p. 734)

Mais adiante, atestando uma premissa da qual esse estudo compartilha, Faoro opera um salto secular na análise histórica e conclui: "de D. João I a Getúlio Vargas, numa viagem de seis séculos, uma estrutura político-social resistiu a todas as transformações".

Há, portanto, um significativo consenso na historiografia sobre a formação administrativa do Estado brasileiro de que o funcionamento da distribuição do poder tipicamente patrimonialista é uma das principais características da gestão pública brasileira, notadamente no que concerne às práticas criativas para contornar normas, procedimentos e todo tipo de iniciativa de profissionalização técnica e impessoal da burocracia estatal.

Esse dado é fundamental para qualquer pesquisa que se debruce sobre a advocacia pública municipal, principalmente para análise de dois aspectos que assumimos como causa última da indigência fática e legislativa da advocacia pública municipal brasileira: o patrimonialismo[17] como traço característico da Administração Pública brasileira e a concepção praticada na ampla maioria dos municípios brasileiros de uma subjetividade ilimitada da liberdade de conformação conferida aos poderes políticos municipais.

---

[17] A preocupação em evitar suscetibilidade às influências do poder político à Advocacia Pública Municipal enquanto carreira de estado fica evidente na seguinte passagem do RE nº 663.696:

"O constituinte inseriu a Advocacia da União e as Procuradorias dos Estados dentro do Capítulo IV do Título IV do texto, que trata das Funções Essenciais à Justiça. Fê-lo por entender que, ao lado das carreiras do Ministério Público e da Defensoria Pública, também à Advocacia Pública está destinado o mister de exercer a defesa combativa do interesse público, que se consubstancia na concretização do Estado Democrático de Direito preconizado pela Constituição.

Cada qual dentro de suas atribuições – defesa da sociedade, dos necessitados ou dos entes federados – não olvidou o constituinte em atribuir segurança e independência a esses profissionais, *a fim de que não se subordinem ao alvedrio dos ditames dos distintos Governos eleitos a cada exercício do voto popular*" (BRASIL, 2019c, p. 44).

3 Do minimalismo constitucional e da subjetividade ilimitada do legislador local: dois artifícios retóricos contrários à institucionalização da advocacia pública municipal

Nesta seção dedicam-se algumas linhas para propor uma reflexão sobre os artifícios retóricos comumente utilizados como pano de fundo para frustrar institucionalização da advocacia pública municipal.

O *insight* se nos ocorreu na leitura da obra Neves, especialmente no episódio em que constata como a dubiedade da Constituição do Imperito se prestou a esvaziar a autonomia (e por que não dizer institucionalidade?) do órgão responsável pela jurisdição administrativa da época, o Conselho de Estado, objeto da reflexão desenvolvida na seção anterior.

Como se verá adiante, fenômeno similar ocorre de um modo geral com a advocacia pública brasileira, e de um modo muito particular – e significativamente mais gravoso – com a advocacia pública municipal. Explica-se:

Diversamente do que ocorreu com outras carreiras jurídicas de estado, a exemplo dos membros do Poder Judiciário, e mais particularmente com outras funções essenciais à justiça, como o Ministério Público e a Defensoria Pública, enquanto carreiras que tiveram no texto constitucional a expressa previsão de garantias institucionais e pessoais dos seus membros, pressupostos esses compatíveis com as tarefas que a constituição se lhes outorgou.

Tal não ocorreu com a Advocacia Pública que, pela economia do texto constitucional em relação às garantias institucionais e pessoais dos seus membros, fica sujeita diuturnamente a avanços e retrocessos sazonais. A situação das procuradorias municipais é ainda mais grave, uma vez que o silêncio léxico da Constituição da República tem sido utilizado como fundamento para negativa das suas garantias institucionais mais elementares, e o que é mais acintoso: fundamento da negativa da própria existência da Advocacia Pública em âmbito municipal.

Eis a importância de se descortinar esse primeiro traço da cultura patrimonialista que caracteriza a burocracia brasileira neste estudo. Nesse sentido, a aposição de resistência a uma administração pública racional-legal ou a uma burocracia estatal profissional, isto é, formada por servidores preparados tecnicamente, recrutados por mecanismo impessoais e que, dependendo da função que exercem, disponham de garantias institucionais[18] a torná-los menos suscetíveis ao poder político de turno, não é novidade no cenário nacional.

Mas não só isso. A análise empreendida na seção antecedente deu ensejo à hipótese de que a economia léxica do texto constitucional deu espaço para que, depois de três décadas da vigência da Constituição Federal, ainda se debata o elementar acerca da formação da burocracia estatal. É o que se passa quando se cogita que a autonomia municipal confere poderes tais ao poder político local a ponto de derrogar a organicidade constitucionalmente preordenada.

Como esclarece Saddy (2016), é fundamental reconhecer que, entre as subjetividades ou autonomias públicas, a do legislador conta com a mais ampla margem de subjetividade, que o autor qualifica como política ou fortíssima. A margem de liberdade do legislador para o exercício da subjetividade legiferante recebe a denominação de *liberdade de configuração*[19] (ou liberdade de conformação).

Para Saddy, tamanha subjetividade reconhecida ao legislador decorre de sua posição constitucional e de sua legitimidade democrática, malgrado tal virtude não se afigure como ilimitada.

É dizer, além do limite genérico da interdição da arbitrariedade dos poderes públicos, o legislador encontra como limites à sua subjetividade o respeito aos conteúdos básicos dos direitos, consonância com normas constitucionais formais e materiais etc. E arremata: "A fonte habilitadora de subjetividade que poderá ou não estabelecer critérios que guiem a conduta do aplicador" (2016, p. 145).

Reconhecendo-se que o chefe do executivo municipal é a autoridade a quem compete a iniciativa das leis da Advocacia Pública local,[20]

---

[18] Interessante notar que este foi, de longe, o fato mais suscitado na parte qualitativa do Diagnóstico, em que se realizou depoimento de Procuradores Municipais, em que 40,33% dos Procuradores assinalaram como questão prioritária a "estruturação constitucional da carreira de procurador municipal, no âmbito municipal e nacional" (MENDONÇA, 2018, p. 83)

[19] André Saddy comenta sobre a utilização da expressão "discricionariedade legislativa" para dar nome à liberdade de configuração normativo do legislador (2016, p. 30)

[20] Embora existam procuradorias no âmbito legislativo e na administração indireta, adiro à tese de um modelo de Advocacia-Geral Municipal, transversal aos poderes, que reúna toda a missão constitucional afeta à advocacia pública em um único órgão, a Procuradoria-Geral do Município, que deve ser estruturada a ponto de atender toda a administração direta e indireta, assim como os poderes locais (Executivo e Legislativo). No mesmo sentido, Marcos Juruena Vilella Souto:
"Sob a ótica de que a multiplicidade de controles aprimora a Democracia e favorece o cumprimento do princípio da cortesia pela facilitação da defesa dos interesses dos administrados, não se afigura como problemática a existência de Procuradorias nos Poderes Legislativo, Judiciário bem como junto aos Tribunais de Contas. Afinal, os Procuradores

há de se ter no horizonte os limites[21] e as condições mínimas[22] da liberdade de conformação de que dispõe, visto que tanto pela cultura patrimonialista, que caracteriza a administração pública brasileira, quanto pelo fato de que algumas das atribuições afetas à Advocacia Pública (a exemplo do controle de juridicidade), esta é, via de regra, eminentemente antipática[23] ao olhos do estamento político.

A soma desses fatores resulta em um ambiente ideal para o exercício de arbitrariedades, o que desconfigura o papel constitucional do princípio da autonomia municipal e que tem frustrado, com êxito substancial,[24] a institucionalização da advocacia pública municipal. Figurativamente, é como se existisse uma entidade com esse fim denominada Frente Patrimonialista Nacional dos Municípios.

Sendo assim, considerando que a baixa institucionalidade dos Municípios pode derivar do próprio texto constitucional, que foi generoso ao alçar os Municípios à condição de ente federado, garantindo-lhe uma série de competências e prerrogativas enquanto ente federativo, ao mesmo tempo em que fora muito econômico ao não delinear expressamente ao menos uma instituição básica e *essencial* para consecução das competências dos Municípios gestadas pela Constituição Federal de 1988.

---

dos Estados e dos Municípios não são Procuradores do Poder Executivo, tendo previsão constitucional no Capítulo dedicado às funções essenciais à Justiça, no Título da Organização dos Poderes e não no Capítulo dedicado à Administração Pública" (2004, p. 10)

[21] Interessante limite à liberdade de conformação do legislador se encontra nos autos da Representação de Inconstitucionalidade nº 0018340-26.2019.8.19.0000, em que a Procuradoria-Geral do Estado do Rio de Janeiro, defendendo a inconstitucionalidade material de lei que contraria a Lei Orgânica da Procuradoria, concebendo esta como *longa manus* da Constituição, assentou:
"Há, no ponto, inconstitucionalidade material, em razão de a lei ordinária ter destoado da previsão de Lei Complementar, cuja natureza jurídica é a de norma voltada a regulamentar a própria Constituição, atuando como sua *longa manus*. Embora não haja hierarquia entre tais espécies legislativas, a lei ordinária não pode transbordar os limites impostos pela Lei Complementar, como se passa em relação ao mencionado artigo 12 da lei questionada neste processo" (BRASIL, 2019c).

[22] O Chefe do Executivo Municipal pode não legislar sobre a Advocacia Pública Municipal? Em caso negativo, é possível extrair da sistemática constitucional parâmetros mínimos a balizar a margem subjetividade do Legislador?

[23] Há diversos fatores que evidenciam a resistência do estamento político à institucionalização da Advocacia Pública Municipal. Exemplo curioso desse fato não se limita à média remuneratória de comissionados ser superior à de efetivos, mas vai além: em ambientes em que há efeitos as condições de trabalho costumam ser piores. Segundo a pesquisa: "é possível inferir dos resultados que as procuradorias onde não há procurador efetivo são dotadas de melhores índices de infraestrutura" (MENDONÇA *et al.*, 2008, p. 69)

[24] Dados do 1º Diagnóstico da Advocacia Pública Municipal dão conta de que apenas 34,4% dos municípios contam com, pelo menos, um procurador ocupante de cargo efetivo (MENDONÇA *et al.*, 2018)

É dessa circunstância que de conclui, provisoriamente, que a economia léxica da Constituição em vigor, à semelhança do ilustrado acerca da Constituição Imperial, redundou na deficitária autonomia da jurisdição administrativa exercida pela advocacia pública municipal. Com efeito, uma das hipóteses ventiladas neste artigo é a de que a economia do desenho institucional mínimo em âmbito municipal parece causar efeitos análogos na jurisdição administrativa municipal extrajudicial, garantindo ampla influência do estamento político na jurisdição administrativa realizada pela administração pública nos Municípios, relegando-se ao Poder Judiciário a inócua e tarefa de revisor integral de atos e processos administrativos, dos mais elementares aos atos e processos com objetos mais complexos.

Aqui se pontua uma esquizofrenia institucional, vez que, muito embora a Constituição Federal de 1988 tenha outorgado competências diversas aos Municípios, reconhecendo-se-lhes, por exemplo, autonomia política, administrativa, financeira e organizacional, o mesmo não se passou textualmente com o desenho institucional mínimo para novel esfera federativa.

A sucinta descrição de De Oliveira e Das Neves Bolonha acerca do minimalismo institucional com o qual o legislador constitucional de 1988 optou por tratar os Municípios pode dar mais clareza à questão:

> Pela leitura da Constituição Federal de 1988, percebe-se que os Municípios foram desenhados pelo Constituinte sem Poder Judiciário, sem Ministério Público e sem Advocacia Pública. Os Municípios também não possuem instituições policiais e Defensoria Pública. Não há previsão de órgão interno controlador das contas públicas, embora o Constituinte tenha previsto um rol importante de tributos e encargos municipais. De fato, a única instituição prevista para os Municípios é a Guarda Municipal, conforme dicção do artigo 144, §8º, da CRFB. Não se deve olvidar que desde 1988 ficou proibida a criação de novos Tribunais de Contas locais, ressalvada a manutenção daqueles já existentes. Assim, nos Municípios as instituições constitucionais típicas são apenas o Poder Executivo e o Poder Legislativo, ambas impregnadas de intensas características políticas. (DE OLIVEIRA; DAS NEVES BOLONHA, 2019, p. 228)

Desse silêncio léxico, De Oliveira e Das Neves Bolonha (2019) concluíram, em síntese, que a baixa dimensão institucional dos municípios brasileiros decorreria, para além da consabida (i) concentração de recursos financeiros na União,[25] (ii) na carência de instituições próprias de âmbito municipal, reproduzindo-se, apenas, as de representação política (Poder Executivo e Poder Legislativo); (iii) déficit de concursos públicos para atividades-fim; (iv) dificultação das atividades de controle externo pela quase inexistência de órgãos de controle interno.

Parâmetros mínimos revelam-se necessários, especialmente porque, na quadra atual, a carência dessas balizas tem negado eficácia à organicidade da própria Constituição Federal. Nesse sentido, o Ministro Luiz Fux[26] assentou: "Em vista disso, sendo tais atividades identificadas pela Constituição como funções essenciais à Justiça, é imperativo que todas as disposições pertinentes à Advocacia Pública sejam aplicadas às procuradorias municipais, sob pena de se incorrer em grave violação à organicidade da Carta Maior".

Uma das trilhas que podem pavimentar a solução do déficit institucional dos Municípios, a começar pela carreira de estado apta a dar esteio à conformação legal de toda a máquina administrativa, além de reunir as competências para resguardar a juridicidade da jurisdição administrativa municipal, pode ser a necessária formação de balizas mínimas a inspirar o exercício legítimo da liberdade de conformação do legislador Municipal em relação à única procuratura constitucional indispensável à estrutura institucional dos municípios: a advocacia pública.

Conclusões

O presente estudo buscou desenvolver uma reflexão acerca do desenho institucional da advocacia pública municipal, no intuito de, a partir dos diagnósticos das razões do déficit dessa institucionalidade, propor futuras soluções para desenvolvimento da institucionalização das procuradorias municipais a partir da assimilação do seu *status* constitucional de função essencial à justiça, como um dos produtos de

---

[25] Acerca desse tema, em entrevista sobre a sua dissertação em Direito Tributário, a advogada Raquel Alves sublinha a centralização fiscal pela União e o comportamento predatório do governo federal, que prioriza a arrecadação de contribuições (tributos não compartilhados com os demais entes federados) em detrimento de impostos federais (tributos sobre os quais incide a repartição de receitas), assinalando, inclusive, a repercussão tipicamente patrimonialista da barganha política em busca de repasses voluntários que são levados a efeito mediante critérios subjetivos (TEIXEIRA, 2017).

[26] Voto do relator no RE nº 663.696-MS (BRASIL, 2019c, p. 17).

um projeto investigativo mais amplo, que contemple a ressignificação do papel da advocacia pública municipal na justiça administrativa brasileira.

Na primeira seção, esteve sob escrutínio o papel da advocacia pública na jurisdição administrativa municipal, demonstrando uma possível vocação dos procuradores municipais enquanto autoridade administrativa com preparo técnico jurídico e independência funcional para dar subsídios ao incremento da juridicidade dos processos administrativos em que Administração Pública decide litígios administrativos.

Duas premissas iniciais foram assentadas para a construção do raciocínio. A primeira, superando a distorcida noção de que é missão única do Judiciário a resolução de litígios, no sentido de que o enfrentamento das questões de justiça administrativa deve partir de dentro da própria administração, de onde, afinal, nascem os litígios administrativos. A segunda é correlata: à função administrativa compete a promoção dos direitos e da legalidade na mesma intensidade da cometida à função judiciária. Noutras palavras, a Administração pode e deve reconhecer direitos em processos administrativos sob sua jurisdição.

Do reconhecimento de direitos dos litigantes é razoável esperar o aumento da confiança do interessado nas decisões administrativas. Por si, este já seria um dado de relevo para diminuição de conflitos que aportam no Judiciário. Mas outro efeito igualmente se desdobra, porque o aumento da qualidade das decisões administrativas redunda em uma deferência do Judiciário frente às bem fundamentadas decisões administrativas.

Segundo Perlingeiro, a falta de preparo técnico e o déficit de independência das autoridades administrativas que julgam litígios administrativos são as maiores causas de ações judiciais repetitivas e caracterizadas pela artificialidade dos conflitos, razão pela qual Perlingeiro propôs a criação de tribunais administrativos munidos de independência e formação jurídica.

Concluir que a Advocacia Pública atende precisamente ao perfil da proposta de Perlingeiro para o enfrentamento das esquizofrenias do processo administrativo brasileiro foi quase instantâneo.

Para cumprimento de tão significativos propósitos na jurisdição administrativa municipal, no entanto, pontuou-se dois aspectos que precisam receber especial atenção. O primeiro de que há esvaziamento consciente e proposital da Advocacia Pública, o que obviamente reflete nas propostas desenvolvidas ao longo da seção como soluções para a jurisdição administrativa extrajudicial.

O segundo fato igualmente relevante diz respeito à necessidade de os membros da advocacia pública reconhecerem a sua vocação constitucional e participarem mais ativamente no processo de fortalecimento da jurisdição administrativa extrajudicial, tendo no horizonte o papel da Advocacia de Estado.

Mais adiante, a segunda seção buscou contribuições de autores de outras áreas do saber, como história e sociologia, para tentar compreender a burocracia estatal brasileira, reconhecendo que o Direito não daria conta de tamanho empreendimento.

Iniciou por descrever sucintamente a contraditória posição do Supremo Tribunal Federal acerca da Advocacia Pública Municipal, que meses depois de reconhecer em tese de repercussão geral a índole constitucional das procuradorias municipais e o respectivo *status* de função essencial à justiça, recua e decide ao menos em duas oportunidades que a instituição de procuradorias municipais não é obrigatória.

Esse fato é introduzido para ilustrar que a compreensão do fenômeno que caracteriza a burocracia brasileira há séculos não é tarefa exclusiva das ciências jurídicas. Tampouco prioritária dessa área do conhecimento. De modo que a contribuição de sociólogos, economistas e historiadores se mostra salutar, senão para definir respostas, ao menos para ventilar uma hipótese, de que resulta a afirmação de que o patrimonialismo que caracteriza a administração pública brasileira ainda exerce grande influência na [des]conformação das instituições.

Foi também nessa etapa da reflexão que a leitura de Neves sobre o modo de esvaziamento do Conselho do Estado no Brasil Império, o que se deu lastreado na dubiedade do texto da constituição imperial, que levou o articulista a inferir que fenômeno similar ocorre com a Advocacia Pública, menos como causa do déficit de institucionalidade, do que como artifício retórico.

Na seção seguinte, para além de retomar o silêncio léxico da Constituição Federal como artifício retórico para narrativa que nega pré-conformação constitucional e, no limite, nega a existência das procuradorias municipais. Cuidou-se de descortinar a autonomia político-administrativa do Município, sendo concebida, no universo das representações, como uma subjetividade pública de caráter ilimitado, a ponto de negar a incidência dos *preceitos de observância obrigatória* aos Municípios, de modo que apenas a União e os Estados, por exemplo, estariam sujeitos ao imperativo de recrutamento de pessoal por concurso público.

Foi nessa etapa, ademais, que a reflexão delimitou uma questão metodológica central acerca da conformação identitária das procuradorias municipais que costuma ser comumente ignorada por quem se encarrega dessa hercúlea tarefa. Frisou-se a necessidade de se definir a natureza e o alcance da liberdade de configuração ou conformação do legislador municipal e se há e quais seriam as balizas mínimas para construção de uma identidade institucional da Advocacia Pública compatível com a sua vocação e missão constitucional.

De tudo o que se discutiu até aqui, nada parece ter infirmado a hipótese de que a superação do déficit institucional da Advocacia Pública Municipal culminará na superação das principais esquizofrenias do processo administrativo brasileiro nos municípios, especialmente a desconfiança dos interessados em litígios administrativos, as ações judiciais repetitivas caracterizadas pela artificialidade dos conflitos e a falta de deferência do Judiciário nas decisões administrativas.

O intuito do estudo foi descortinar o potencial represado das procuradorias municipais e que o desenvolvimento desse potencial pode vir a se tornar respostas às principais soluções propostas pelos pesquisadores que se debruçam sobre a Justiça Administrativa como plataforma de conhecimento, que prosseguirá sujeita à análise crítica.

Em suma, a proposta desse estudo em discutir questões que antecedem e dão fundamento a um estudo analítico acerca do papel da advocacia pública municipal na justiça administrativa brasileira tem, entre os seus desafios, examinar crítica e preponderantemente procedimentos, práticas e condutas administrativas em âmbito municipal, a fim de tornar mais efetivos a cidadania, o pacto democrático, os direitos humanos e fortalecer o Estado de Direito.

Acredita-se que tamanho desafio só atingirá resultado com o debate acadêmico qualificado. Nesse sentido, espera-se sujeitar as premissas e hipóteses desenvolvidas ao longo deste trabalho ao debate acadêmico para falseamento dessas questões que o autor considerou relevantes para a compreensão da burocracia estatal municipal brasileira.

Referências

BRASIL. Constituição (1988). *Constituição da República Federativa do Brasil de 1988*. Disponível em: http://www.planalto.gov.br/ccivil_03/constituicao/constituicao.htm. Acesso em: 29 ago. 2019.

BRASIL. Supremo Tribunal Federal. *Agravo Interno no Recurso Extraordinário n. 1202618*. Recorrente: Ministério Público do Estado de Mato Grosso do Sul. Recorrido: MUNICÍPIO DE SIDROLANDIA. Relator: Ministro Marco Aurélio. Portal STF: Brasília, 2019. Disponível em: http://www.stf.jus.br/portal/jurisprudencia/listarJurisprudencia.asp?s1=%28%281202618%2ENUME%2E+OU+1202618%2EDMS%2E%29%29+NAO+S%2EPRES%2E&base=baseMonocraticas&url=http://tinyurl.com/yxcjkrk3. Acesso em: 28 ago. 2019.

BRASIL. Supremo Tribunal Federal. *Recurso Extraordinário n. 663.696/MG*. Recorrente: Associação dos Procuradores Municipais de Belo Horizonte – APROMBH. Recorrido: Município de Belo Horizonte. Relator: Ministro Luiz Fux. Portal STF: Brasília, 2019. Disponível em: http://portal.stf.jus.br/processos/downloadPeca.asp?id=15340883792&ext=.pdf. Acesso em: 26 ago. 2019.

BRESSER-PEREIRA, Luiz Carlos. Burocracia pública e classes dirigentes no Brasil. *Revista de Sociologia e Política*, Curitiba, n. 28, p. 9-30, jun. 2007. Disponível em: http://dx.doi.org/10.1590/S0104-44782007000100003. Acesso em: 20 jun. 2019.

BRESSER-PEREIRA, Luiz Carlos. Capitalismo dos técnicos e burocracia. *Revista Brasileira de Ciências Sociais*, São Paulo, v. 20, n. 59, p. 133-171, 2005. Disponível em: http://www.scielo.br/pdf/rbcsoc/v20n59/a09v2059.pdf. Acesso em: 30 jun. 2019.

BRESSER-PEREIRA, Luiz Carlos. Do Estado Patrimonial ao Gerencial. In: SACHS, Ignacy; WILHEIM, Jorge; PINHEIRO, Paulo Sergio (org.). *Brasil*: um século de transformações. São Paulo: Cia. das Letras, 2001. p. 222-259..

CARDOSO, Deiser Mara Rezende. A ADVOCACIA PÚBLICA: instituição essencial à justiça com autoridade para solucionar conflitos no âmbito da jurisdição administrativa. *Revista CEJ, Brasília*, Ano XXI, n. 71, p. 19-26, jan./abr., 2017.

CARDOSO, Deiser Mara Rezende. Advocacia-Geral da União 25 anos: uma instituição essencial à segurança e à solução das relações jurídicas controvertidas de interesse público. *Publicações da Escola da AGU*, v. 10, n. 03, 2018.

CARDOSO, Deiser Mara Rezende. *Advocacia-Geral da União e a sua atuação no âmbito da justiça administrativa*. Curitiba: Juruá, 2018.

DE OLIVEIRA, Daniel Mitidieri Fernandes; DAS NEVES BOLONHA, Carlos Alberto Pereira. A Contribuição da Advocacia Pública Local para a Superação da Baixa Dimensão Institucional dos Municípios Brasileiros. *In*: BOLONHA, Carlos; LIZIERO, Leonam; SEPULVEDA, Antonio (org.). *Federalismo*: desafios contemporâneos [recurso eletrônico]. Porto Alegre: Editora Fi, 2019.

DUARTE, Thiago Sanches; SANTOS, Gustavo Seabra. A Advocacia Pública Municipal no quadro constitucional das funções essenciais ao Estado e à Justiça: indispensabilidade de instituição, privatividade de exercício por membros da carreira e concretização da determinação constitucional pelos Municípios. *In*: REIS, Vanessa Velasco H. B. (coord.). *Administração Pública*: uma reflexão sobre desafios contemporâneos. Rio de Janeiro: Multifoco, 2017.

FAORO, Raymundo. *Os donos do poder*. 2. ed. Porto Alegre/São Paulo: Editora Globo/Editora da Universidade de São Paulo, 1975.

FERREIRA, Marcelo Dias. Carreiras típicas do Estado: profissionalização do serviço público e formação do núcleo estratégico. Disponível em: https://ambitojuridico.com.br/cadernos/direito-administrativo/carreiras-tipicas-do-estado-profissionalizacao-do-servico-publico-e-formacao-do-nucleo-estrategico/

GRINOVER, Ada Pellegrini; PERLINGEIRO, Ricardo; MEDAUAR, Odete. O código modelo de processos administrativos-judicial e extrajudicial-para ibero-América. *Revista de Processo*, v. 221, p. 177, 2013.

HIROSE, Regina Tamami (coord.). *Carreiras típicas de Estado*: desafios e avanços na prevenção e no combate à corrupção. Belo Horizonte: Fórum, 2019.

MACIEL, Jone Fagner Rafael. *A representação judicial de agentes públicos pela advocacia de estado no quadro de sua conformação constitucional*. Dissertação de Mestrado. Natal, 2016.

MADUREIRA, Cláudio. *Advocacia pública*. 2. ed. Belo Horizonte: Fórum, 2016.

MATTOS, Rodrigo Gerent. A advocacia pública na divisão tripartite dos poderes: função Essencial à Justiça autônoma que não integra a estrutura organizacional de nenhum dos Poderes clássicos. *Revista constituição e garantia de direitos*, 2016. Disponível em: https://periodicos.ufrn.br/constituicaoegarantiadedireitos/article/download/10341/7313/. Acesso em: 20 ago. 2019.

MENEZES, Igor Silva de. *O sistema meritocrático do concurso público: um estudo propositivo na administração pública brasileira*. Curitiba: CRV, 2016.

MENEZES, Igor Silva de. O patrimonialismo característico da Administração Pública brasileira e a gestão da informação e do conhecimento do setor público: memória institucional, prodigalidade de treinamento e cúpula organizacional "politizada". *Revista de Direito Brasileiro*, São Paulo, SP, v. 13, n. 6, p. 4 – 18, jan./abr. 2016. Disponível em: www.rdb.org.br/ojs/index.php/rdb/article/download/277/246. Acesso em: 29 ago. 2019.

MENEZES, Igor Silva de. O direito fundamental à informação: uma leitura das diretrizes da Lei do Acesso à Informação à luz da GIC, da ciência da informação e da arquivística. In: REIS, Vanessa Velasco H. B., ASENSI, Felipe (org.). *Administração pública: uma reflexão sobre desafios contemporâneos*. Rio de Janeiro: Multifoco, 2017.

MENEZES, Igor Silva de. Servidor público efetivo. Licença prêmio. ausência de penalidade: licença prêmio como direito: dever de fundamentação das decisões administrativas: devido processo legal: consultoria jurídica: motivação do ato administrativo: teoria dos motivos determinantes: anulação de decisão. *In*: ASENSI, Felipe; REIS, Vanessa Velasco H. B., REIS, Vitor Penno (org.). *Procuradorias municipais*: pareceres estratégicos. Rio de Janeiro: Ágora 21, 2018.

MENEZES, Igor Silva de. O direito fundamental à informação: ideias preambulares acerca do seu papel como paradigma hermenêutico na jurisdição administrativa extrajudicial. *In*: FLORIANO, Eduardo de Souza (coord.) *Direito municipal em debate* v. 4. Belo Horizonte: Fórum, 2019.

MENEZES, Igor Silva de. Parecer 002/2017. Consulta acerca de Recomendação do MP/RJ: alegada violação à laicidade: monumento à bíblia: recomendação de retirada: alegada responsabilização por improbidade: considerações sobre "crime de hermenêutica": distinção entre laicidade e laicismo estatal: da juridicidade de monumentos religiosos: pela rejeição integral da "recomendação" do MP. *In*: FLORIANO, Eduardo de Souza (coord.). *Direito municipal em debate*. v. 4. Belo Horizonte: Fórum, 2019.

MENDONÇA, Clarice Corrêa de; PORTO, Nathália França Figueiredo; VIEIRA, Raphael Diógenes Serafim. *1º Diagnóstico da Advocacia Pública Municipal no Brasil*. Belo Horizonte: Fórum; Herkenhoff & Prates, 2018.

MOURA, Cristovam Pontos de. Advocacia de Estado no Brasil no período Colonial e no Império: matriz das procuraturas constitucionais. *Revista Jurídica da Procuradoria Geral do Estado do Paraná*, Curitiba, n. 3, p. 11-48, 2012. Disponível em:http://www.pge.pr.gov.br/arquivos/File/Revista_PGE_2012/Artigo_1_Advocacia_de_Estado_no_Brasil.pdf

MOURA, Cristovam Pontos de. Autonomia e independência da advocacia de estado constitucional no Brasil como garantia do Estado Democrático de Direito. Teresina: Jus Navigandi, 2019. Disponível em: https://jus.com.br/artigos/71787/autonomia-e-independencia-da-advocacia-de-estado-constitucional-no-brasil-como-garantia-do-estado-democratico-de-direito

MOREIRA NETO, Diogo de Figueiredo. As funções essenciais à justiça e as procuraturas constitucionais. *Revista de informação legislativa*, v. 29, n. 116, p. 79-102, 1992.

MOREIRA NETO, Diogo de Figueiredo. Funções essenciais à justiça e contra-poderes. Brasília: *Revista da AGU*, 2011. Disponível em: https://webcache.googleusercontent.com/search?q=cache:YzkniudZOqYJ:https://seer.agu.gov.br/index.php/AGU/article/download/1908/1575+&cd=2&hl=pt-BR&ct=clnk&gl=br.

MOURÃO, Carlos Figueiredo. A advocacia pública como instituição de controle interno da Administração. *In*: GUEDES, Jefferson Carús; MOESSA, Luciane (coord.). *Advocacia de Estado*: questões institucionais para a construção de um estado de justiça: estudos em homenagem a Diogo de Figueiredo Moreira Neto e José Dias Toffoli. Belo Horizonte: Fórum, 2009.

MOURÃO, Carlos Figueiredo; Regina Tamami Hirose (coord.) *Advocacia pública contemporânea*: desafios da defesa do Estado. Belo Horizonte: Fórum, 2019.

NERY, Cristiane da Costa. A constitucionalização da carreira do procurador municipal: função essencial e típica de Estado. *Revista Interesse Público*. Belo Horizonte: v. 12, n. 60, mar./abr., 2010.

NEVES, Edson Alvisi. *Magistrados e negociantes na Corte do Império do Brasil*: o Tribunal do Comércio. Rio de Janeiro: Jurídica do Rio de Janeiro/FAPERJ, 2008.

OLIVEIRA, Cláudio Brandão de. *Manual de direito administrativo*. 3. ed. Rio de Janeiro: Impetus, 2006.

PAIM, Antônio *et al*. *O patrimonialismo brasileiro em foco*. Vide Editorial, 2015.

PERLINGEIRO, Ricardo. *Código de jurisdição administrativa: o modelo alemão*. Rio de Janeiro: Renovar, 2009.

PERLINGEIRO, Ricardo. Princípios e regras gerais da jurisdição administrativa na legislação brasileira-2008 (Principles and General Rules of Administrative Jurisdiction in Brazilian Law-2008). *Revista da EMARF, Rio de Janeiro*, v. 23, n. 1, p. 325-379, 2015.

PERLINGEIRO, Ricardo. *Justiça administrativa no Brasil*: uma jurisdição administrativa judicial, extrajudicial ou híbrida? México: Dc, 2014.

PERLINGEIRO, Ricardo. Contemporary Challenges in Latin American Administrative Justice. *BRICS Law Journal*, v. 3, n. 2, p. 21-56, 2016.

SADDY, André. *Apreciatividade e discricionariedade administrativa*. Rio de Janeiro: Lumen Juris, 2011.

SADDY, André. Subjetividade ou autonomia pública legislativa, jurisprudencial e executiva: uma introdução a diferentes formas de liberdade de atuação. *BDA – Boletim de Direito Administrativo*, São Paulo, NDJ, ano 31, n. 6, p. 663-674, jun. 2015.

SADDY, André. *Limites à tomada de decisão e controle judicial da Administração Pública*. Rio de Janeiro: Lumen Juris, 2016.

SADDY, André. Responsabilidade por parecer jurídico: foco no procurador, assessor ou consultor jurídico em procedimentos licitatórios. *Revista de Informação Legislativa*: RIL, Brasília, DF, v. 56, n. 221, p. 131-149, jan./mar. 2019. Disponível em: http://www12.senado. leg.br/ril/edicoes/56/221/ril_v56_n221_p131. Acesso em: 17 ago. 2019.

SOUTO, Marcos Juruena Villela. O papel da Advocacia Pública no controle da legalidade da administração. *In: Revista Interesse Público*. Belo Horizonte: Fórum, v. 6, n. 28, nov. 2004. Disponível em: http://www.mundojuridico.adv.br/sis_artigos/artigos.asp?codigo=165. Acesso em: 17 ago. 2019.

TEIXEIRA, Matheus. Imposto x contribuição "Centralização da arrecadação fiscal pela União agrava a crise econômica e política". *Revista eletrônica Consultor Jurídico – CONJUR*, 2017. Disponível em: http://www.conjur.com.br/2017-set-23/entrevista-raquel-alves-tributarista-assessora-luiz-fux?utm_source=dlvr.it&utm_medium=facebook. Acesso em: 27 ago. 2019.

VIEIRA, Raphael Diógenes Serafim. Procurador municipal deve ser regra, escritório a exceção. Disponível em: https://www.jota.info/artigos/procurador-municipal-deve-serregra-escritorio-a-excecao-28062017. Acesso em: 19 jan. 2019.

TEIXEIRA, Matheus. O exercício das funções da Advocacia Pública como atividade exclusiva dos advogados públicos efetivos: uma releitura da Proposta de Súmula Vinculante nº 18 do STF à luz dos dados publicados no 1º Diagnóstico de Advocacia Pública Municipal no Brasil (2018). *Interesse Público – IP*, Belo Horizonte, ano 21, n. 114, p. 167-204, mar./abr. 2019.

WEBER, Max. *Economia e sociedade*. Trad. Espanhola. 2. ed. México, Fondo de Cultura Econômica, 1964.

Informação bibliográfica deste texto, conforme a NBR 6023:2018 da Associação Brasileira de Normas Técnicas (ABNT):

MENEZES, Igor Silva de. O papel da Advocacia Pública na jurisdição administrativa municipal: incursões histórico-jurídicas para compreensão das dinâmicas de poder na administração municipal brasileira. *In*: FLORIANO, Eduardo de Souza; CUNHA, Bruno Santos; TAVARES, Gustavo Machado (coord.). *Direito Municipal em Debate*. Belo Horizonte: Fórum, 2021. p. 107-134. v. 5. ISBN 978-65-5518-158-6.

ESTATUTO JURÍDICO-CONSTITUCIONAL DA ADVOCACIA DE ESTADO E O CONTROLE DA ADMINISTRAÇÃO PÚBLICA

RENATA HELLWIG FERREIRA

1 Introdução

A Advocacia Pública é uma das carreiras de Estado elencada no texto constitucional, em seus artigos 131 e 132,[1] como função essencial à Justiça, assim como o Ministério Público, a Defensoria Pública e a Advocacia Privada. Tal previsão foi introduzida com ineditismo no ordenamento jurídico brasileiro, a partir da Constituição Federal de 1988.

Isso porque as atividades inerentes à Advocacia de Estado eram exercidas pelo Ministério Público, que nas Constituições anteriores era vinculado ao Poder Executivo e promovia a defesa governamental.[2]

---

[1] "Art. 131. A Advocacia-Geral da União é a instituição que, diretamente ou através de órgão vinculado, representa a União, judicial e extrajudicialmente, cabendo-lhe, nos termos da lei complementar que dispuser sobre sua organização e funcionamento, as atividades de consultoria e assessoramento jurídico do Poder Executivo.

§1º A Advocacia-Geral da União tem por chefe o Advogado-Geral da União, de livre nomeação pelo Presidente da República dentre cidadãos maiores de trinta e cinco anos, de notável saber jurídico e reputação ilibada.

§2º O ingresso nas classes iniciais das carreiras da instituição de que trata este artigo far-se-á mediante concurso público de provas e títulos.

§3º Na execução da dívida ativa de natureza tributária, a representação da União cabe à Procuradoria-Geral da Fazenda Nacional, observado o disposto em lei.

Art. 132. Os Procuradores dos Estados e do Distrito Federal, organizados em carreira, na qual o ingresso dependerá de concurso público de provas e títulos, com a participação da Ordem dos Advogados do Brasil em todas as suas fases, exercerão a representação judicial e a consultoria jurídica das respectivas unidades federadas.

Parágrafo único. Aos procuradores referidos neste artigo é assegurada estabilidade após três anos de efetivo exercício, mediante avaliação de desempenho perante os órgãos próprios, após relatório circunstanciado das corregedorias."

[2] BARBUGIANI, p. 57

Entretanto, hodiernamente afigura-se indubitável a diferenciação entre tais carreiras estatais que "têm papel-chave em qualquer estratégia de redesenho exitoso da sindicabilidade administrativa".[3] Moreira Neto[4] afirma que advocacia pública inclui, em sentido amplo, o Ministério Público – que tem por função a defesa da ordem jurídica, do regime democrático e dos interesses sociais e individuais indisponíveis – e a Defensoria Pública – cuja criação objetivou a defesa dos hipossuficientes – e, em sentido estrito, as Procuradorias e Advocacias, no âmbito dos entes federados, cuja função institucional é, *prima facie*, representar as Entidades Públicas.[5]

Ocorre que se denota fundamental perceber que é papel dos advogados públicos *stricto sensu* além da defesa do interesse público secundário, qual seja, dos entes públicos, também a defesa do interesse público primário, isto é, da sociedade, que na verdade é o escopo da advocacia pública, já que a defesa do Estado não é um fim, e sim um meio para satisfazer a sociedade.

Nessa senda, aos advogados públicos incumbe, em suma, a representação judicial e a consultoria jurídica dos entes públicos, em todas as esferas federativas, tendo a missão de realizar o controle de juridicidade dos atos administrativos, sendo que, para tanto, devem possuir regime funcional próprio e prerrogativas indispensáveis ao exercício do seu mister.

Ademais, em que pese a autonomia administrativa dos entes federativos, o que compreende adotar o regime funcional dos seus servidores públicos, depreende-se imprescindível o atendimento do princípio da simetria constitucional, tratando-se de forma igualitária os advogados públicos em todas as esferas federativas, a fim de garantir uma eficaz defesa e promoção do interesse público da União, Estados, Distrito Federal e Municípios, o controle de juridicidade da atividade administrativa, bem como do interesse da sociedade na consecução de políticas públicas governamentais.

---

[3] FREITAS, p. 115

[4] MOREIRA NETTO, 1993

[5] No decorrer do presente artigo será tratada a advocacia pública em seu sentido estrito, à qual se aplica o estatuto jurídico-constitucional ora abordado.

2 Advogados de Estado e as prerrogativas da advocacia

A advocacia em sentido estrito – cuja classificação foi construída doutrinariamente, além do tratamento dado pela Constituição Federal de 1988 – divide-se em pública e privada. A advocacia privada é exercida em defesa das pessoas naturais e jurídicas privadas, embora no exercício de sua função preste serviço público e exerça função social.[6] Por sua vez, a advocacia pública é exercida em defesa dos entes federados – União, Estados, Distrito Federal e Municípios, bem como das entidades da administração indireta a eles vinculadas.

O conceito de advogado abarca, sem dúvida, os advogados públicos e privados e, em razão disso, A OAB é a Ordem de todos os advogados,[7] tanto que a Súmula nº 10 do Conselho Federal da OAB expressa que "Os advogados públicos têm os direitos e prerrogativas insertos no estatuto da OAB", os quais não podem ser afastados em razão do vínculo estatutário do advogado com a Administração Pública, sob pena de violação de função de caráter público e social essencial à administração da justiça.

Nesse mesmo sentido, sabe-se que a Advocacia submete-se às normas institucionais da Ordem dos Advogados do Brasil, o que se verifica pelo disposto no Estatuto da Advocacia e da OAB:

> Art. 3º. O exercício da atividade de advocacia no território brasileiro e a denominação de advogado são privativos dos inscritos na Ordem dos Advogados do Brasil (OAB). §1º Exercem atividade de advocacia, sujeitando-se ao regime desta lei, além do regime próprio a que se subordinem, os integrantes da Advocacia-Geral da União, da Procuradoria da Fazenda Nacional, da Defensoria Pública e das Procuradorias e Consultorias Jurídicas dos Estados, do Distrito Federal, dos Municípios e das respectivas entidades de administração indireta e fundacional.

Ademais, impende ressaltar-se a decisão exarada pelo Superior Tribunal de Justiça,[8] que membros da Defensoria Pública não precisam cumprir regras do Estatuto da Advocacia e da Ordem dos Advogados

---

[6] Art. 2º, §1º, da Lei nº 8.906/94 (Estatuto da Advocacia e da Ordem dos Advogados do Brasil).

[7] BARBUGIANI, p. 89

[8] Recurso em Habeas Corpus nº 61.848 – PA (2015/0175233-4), Relator Min. Felix Fischer, Julgado em 17.08.2016.

do Brasil, o que, se por um lado, afasta da Defensoria Pública os deveres institucionais, por outro lado, afasta também as prerrogativas relativas à advocacia.

Entretanto, assevera-se que os advogados públicos sujeitam-se ao regime do estatuto da advocacia e da ordem dos advogados do Brasil, aos deveres e prerrogativas inerentes à advocacia, aos quais não se afastam pela existência de vínculo institucional com a Administração Pública.

Por óbvio que tal vínculo apresenta peculiaridades aos advogados públicos em relação aos advogados privados, a exemplo da outorga de procuração para a representação judicial em juízo, a qual é indispensável na defesa de particular[9] e desnecessária na defesa de entidades públicas, cuja delegação de poderes decorre da lei, em virtude da posse em cargo público.[10] No entanto, cumpre-se observar as prerrogativas inerentes aos advogados que se aplicam a toda a advocacia.

2.1 Percepção dos honorários de sucumbência

O Estatuto da Advocacia e da Ordem dos Advogados do Brasil (Lei nº 8.906/94) dispõe, em seu artigo 23,[11] acerca do direito autônomo do Advogado à percepção direta dos honorários incluídos na condenação, seja por arbitramento ou sucumbência.

Nessa senda, o Código de Processo Civil brasileiro (Lei nº 13.105/ 2015) regulou a matéria, dispondo expressamente sobre o alcance de tal direito aos advogados públicos, nos termos que seguem:

> Art. 85. A sentença condenará o vencido a pagar honorários ao advogado do vencedor.
>
> (...)
>
> §14. Os honorários constituem direito do advogado e têm natureza alimentar, com os mesmos privilégios dos créditos oriundos da legislação do trabalho, sendo vedada a compensação em caso de sucumbência parcial.

---

[9] "Art. 104. O advogado não será admitido a postular em juízo sem procuração, salvo para evitar preclusão, decadência ou prescrição, ou para praticar ato considerado urgente."

[10] BARBUGIANI, p. 141

[11] "Art. 23. Os honorários incluídos na condenação, por arbitramento ou sucumbência, pertencem ao advogado, tendo este direito autônomo para executar a sentença nesta parte, podendo requerer que o precatório, quando necessário, seja expedido em seu favor."

§15. O advogado pode requerer que o pagamento dos honorários que lhe caibam seja efetuado em favor da sociedade de advogados que integra na qualidade de sócio, aplicando-se à hipótese o disposto no §14.

(...)

§19. Os advogados públicos perceberão honorários de sucumbência, nos termos da lei.

Mister ressaltar-se que não há vedação legal ou constitucional sustentável à percepção da verba honorária a quaisquer advogados públicos, pelo que há legitimação para o recebimento imediato da rubrica, sendo que no âmbito federal tal matéria já foi regulamentada, bem como em diversos Estados e Municípios brasileiros.

2.1.1 Limitações às leis locais (estaduais e municipais) face à lei federal

A legislação federal dispõe expressamente sobre o direito dos advogados – públicos e privados – à percepção dos honorários de sucumbência. Assim, no caso dos advogados de Estado, a edição de leis locais não tem o condão de suprimir ou reduzir tal direito, pelo que deve somente prever a forma de sua destinação, na esteira do que preveem os artigos 30, incisos I e II,[12] e 25[13] da Constituição Federal.

Isso porque os honorários sucumbenciais estão dispostos na lei processual brasileira, tratando-se de regra de processo, ou seja, de competência legislativa exclusiva da União.[14] Nesse contexto, compete aos entes federados aos quais estão vinculados os advogados públicos tratar acerca da percepção de eventuais verbas administrativas a eles destinadas.

Entretanto, não compete aos Estados, Distrito Federal e Municípios regulamentar questões processuais, sob pena de ingerência na

---

[12] "Art. 30. Compete aos Municípios:
I – legislar sobre assuntos de interesse local;
II – suplementar a legislação federal e a estadual no que couber;"

[13] "Art. 25. Os Estados organizam-se e regem-se pelas Constituições e leis que adotarem, observados os princípios desta Constituição."

[14] "Art. 22. Compete privativamente à União legislar sobre:
I – direito civil, comercial, penal, processual, eleitoral, agrário, marítimo, aeronáutico, espacial e do trabalho;"

esfera de competência legislativa de outro ente federativo, consoante clara delimitação pela Constituição Federal que outorgou à União a atribuição para legislar sobre direito processual. Aos Estados, ao Distrito Federal e aos Municípios cabe, concorrentemente com a União, legislar sobre procedimentos em matéria processual (inc. XI do art. 24 da CRFB/88) e aos Municípios cabe legislar sobre assuntos de interesse local e suplementar legislação federal e estadual no que couber.

Em razão disso, embora o advogado público mantenha um vínculo institucional com seu ente, tal relação jurídica de direito público não afasta o direito do advogado à percepção dos honorários de sucumbência – relação jurídica estabelecida no âmbito do processo judicial, cuja verba é devida em causa na qual seu constituinte seja vencedor (art. 85, §19, do CPC).

Nesse sentido, a condenação da parte litigante com o Poder Público ao pagamento de verba honorária não dá azo a obrigação da Administração com o Advogado Público, e sim, de natureza processual da parte perdedora para com o advogado (ou melhor, os advogados membros de órgão de advocacia pública), que, no exercício de seu mister, garantiu o êxito na demanda.

Por isso é que as leis editadas pelos entes subnacionais podem disciplinar a forma de pagamento dos honorários aos Advogados Públicos, porém não têm o condão de ser fonte normativa de proibição de pagamento de tal verba honorária, garantida por lei federal, a quem compete tal regulamentação.

Isso ocorre, pois o âmbito de cada poder normativo está estabelecido na Constituição Federal, não podendo, nem a União, pretender infirmar a prerrogativa dos entes subnacionais de conformar o estatuto jurídico dos servidores estaduais ou municipais quanto à percepção de eventuais verbas remuneratórias, não se admitindo, por outro lado, que a entidade estadual ou municipal, por qualquer veículo normativo, pretenda estabelecer regras processuais.

Nessa senda, a disciplina da verba honorária sucumbencial decorre do poder legislativo no âmbito da regulação do exercício das profissões – o que faz o Estatuto da Advocacia – e de direito processual – por meio do Código de Processo Civil. Essa competência é privativa da União. Aos Estados-Membros e aos Municípios é defeso, pela literalidade da norma constitucional, normatizar, seja no texto constitucional, legal ou infralegal, matéria de direito processual, salvo a única exceção constitucionalmente admitida, qual seja, a delegação de competência por lei complementar nacional, editada na forma do parágrafo único do art. 22 da Carta Cidadã,[15] a qual não existe.

Verifica-se, assim, que viola a Constituição da República a edição de ato normativo ou a interpretação de ato porventura existente que contrarie os conceitos previstos nas normas que regulem o exercício de profissão ou o direito processual, pelo que qualquer diploma legal editado por ente subnacional incorreria em manifesta inconstitucionalidade se pretendesse proibir a percepção de honorários processuais por qualquer advogado.

Assim, denota-se que o novo CPC não pretendeu nova lei formal para confirmar o preceito do supracitado §19 do art. 85, nem, por óbvio, espera a edição de ato normativo de outro ente federativo que dê concretude processual à positivação dos honorários como verba do Advogado Público, pois carece ao ente federado competência privativa ou concorrente para reger a matéria de direito processual ou de prerrogativa de profissão já regulamentada pelo ente central, sendo a exigência do novel Código a implementação do preceito legal nos termos do ordenamento jurídico, mormente do Estatuto da Advocacia e da não proibição constitucional.

Eis a razão de ser do princípio da juridicidade. Não é a lei exclusivamente que cria o direito. Em tendo a previsão nuclear sobre a titularidade da verba honorária restado estabelecida no novo CPC, desnecessário que outra espécie normativa repita o mandamento. Basta, portanto, que, na forma lícita, a percepção dos honorários conferida aos membros das carreiras seja disciplinada pela lei editada no âmbito dos entes federados.

2.1.2 A natureza de verba privada dos honorários sucumbenciais

O direito dos advogados – sejam públicos ou privados – à percepção dos honorários de sucumbência está previsto no ordenamento jurídico brasileiro, no âmbito processual – Código de Processo Civil – e no estatuto da advocacia, ao qual se submetem todos os advogados, inclusive, aqueles com vínculo institucional com a Administração Pública.

---

[15] "Parágrafo único. Lei complementar poderá autorizar os Estados a legislar sobre questões específicas das matérias relacionadas neste artigo."

Mostra-se necessário observar que a Constituição Federal limita a algumas carreiras a remuneração exclusivamente por subsídio, e veda o acréscimo de qualquer gratificação, adicional, abono, prêmio, verba de representação ou outra espécie remuneratória.[16]

Entretanto, denota-se que os honorários de sucumbência não podem ser alcançados por tal regra, uma vez que alheia à relação estatutária existente entre o advogado público e a Administração, à qual se vincula.

Assim, podem as constituições estaduais e leis orgânicas municipais proibir a percepção de verbas relacionadas exclusivamente ao vínculo existente entre o advogado público e a Administração.

Entretanto, embora o advogado público mantenha um vínculo institucional com seu constituinte, tal relação jurídica de direito público não afasta o direito do advogado à percepção dos honorários de sucumbência – relação jurídica estabelecida entre os atores do processo, cuja lei federal atribui, agora expressamente, ao advogado público a titularidade dos honorários advocatícios arbitrados em causa na qual seu constituinte seja vencedor (art. 85, §19, do CPC). Dessa forma, compete ao Município tomar todas as providências necessárias para garantir a efetivação desses valores com o escopo de não violar a legislação federal. Isso porque a regra dos honorários sucumbenciais é processual e, portanto, sua edição é de competência exclusiva da União (art. 22, inciso I, da Constituição Federal). Lei local pode disciplinar a forma de pagamento dos honorários aos Advogados Públicos, não ser fonte normativa de proibição de pagamento de tal verba honorária, garantida por lei federal, a quem compete tal regulamentação.

Os honorários não podem ser enquadrados como verba pública pela própria natureza de seu pagamento, qual seja, a relação processual entre o particular vencido e o advogado público da entidade vencedora, sendo o ente público mera fonte arrecadadora da verba para repasse, pelo que se denota a ilegalidade de disposição que pactue destinação diversa ao previsto.

Os honorários de sucumbência não são receitas públicas e não integram os subsídios, são de titularidade dos advogados públicos e não podem ser suprimidos por lei. As leis editadas a fim de regulamentar a matéria no âmbito dos entes federativos jamais poderão reduzir ou suprimir tal direito.

---

[16] Art. 39, §4º, da Constituição Federal.

Vale ressaltar que a Lei nº 4.320/1964, que institui normas gerais de direito financeiro, estabelece que as receitas da fazenda pública são classificadas em correntes e de capital e, em nenhuma delas se enquadraria as verbas oriundas de honorários de sucumbência, o que afasta o caráter público da verba honorária. Ademais, os honorários advocatícios sucumbenciais são fixados, no caso concreto, pelo juiz, na forma da lei. A responsabilidade pelo pagamento dos honorários é da parte vencida em uma demanda judicial. Assim, a natureza dos valores decorrente da condenação judicial é de verba privada, e não pode compor as verbas públicas previstas no orçamento dos entes públicos.

Ademais, tal constatação vai ao encontro do Enunciado nº 8 da Comissão Nacional da Advocacia Pública do Conselho Federal da OAB, que assim dispõe: "Os honorários constituem direito autônomo do advogado, seja ele público ou privado. A apropriação dos valores pagos a título de honorários sucumbenciais como se fosse verba pública pelos Entes Federados configura apropriação indevida".

O Advogado Público, nos casos de êxito em sua atividade processual, terá duas fontes creditícias, uma pública e outra privada. A origem pública decorrerá da remuneração por subsídio e será suportada pelo erário. E ela valeria ainda que não houvesse êxito ou mesmo processo judicial. Como despesa pública, será fixada em lei e decorrente dos serviços prestados, no foro ou não, à Administração.

Já a outra tem origem na causa vencida por sua constituinte, a Administração Pública, e tem como devedora a parte contrária, e não o ente público patrocinado pelo causídico credor. Por isso que, dada a autonomia processual, o débito do sucumbente tem como fonte a relação jurídico-processual e como titular o Advogado do Poder Público.

Essa existência de dois vetores creditícios é uma das decorrências lógicas do duplo regime jurídico a que se sujeitam os Advogados Públicos. Têm eles a vinculação às normas atinentes à advocacia, quer pública, quer privada, e às normas administrativas disciplinadoras das prerrogativas e responsabilidades do cargo público.

2.2 Exercício pleno da advocacia

Trata-se de tema ainda controvertido no ordenamento jurídico brasileiro a dedicação exclusiva do procurador de Estado, em detrimento do exercício concomitante da advocacia privada.

Impende ressaltar-se que a única vedação legítima e constitucional prevista no Estatuto da OAB (Lei nº 8.906, de 1994), em seu art. 30, I, ou seja, somente é proibido o exercício profissional da advocacia frente ao ente público que remunera o procurador.

Isso porque a Constituição Federal determina em seu artigo 5º, XIII, que "é livre o exercício de qualquer trabalho, ofício ou profissão, atendidas as qualificações profissionais que a lei estabelecer", concebendo-se tal direito como fundamental. Ademais, no que tange à competência legislativa quanto ao exercício profissional, dispõe o texto constitucional, em seu artigo 22, XVI, que compete privativamente à União legislar sobre "condições para o exercício de profissões", o que faz o Estatuto da OAB.

Ademais, o Estatuto da Advocacia dispõe expressamente sobre os advogados públicos que estão impedidos de exercer a advocacia fora das atribuições institucionais, quais sejam, os procuradores-gerais, advogados-gerais, defensores-gerais e dirigentes de órgãos jurídicos da Administração Pública direta, indireta e fundacional, que são exclusivamente legitimados para o exercício da advocacia vinculada à função que exerçam, durante o período da investidura,[17] ressaltando-se que, em relação aos defensores-gerais, há outras regras que os afastam da aplicação do estatuto da OAB, o que não ocorre com os membros da Advocacia Pública.

Denota-se, assim, irrazoável qualquer limitação ao Procurador de Estado em exercer a advocacia dita privada, observando-se as limitações legais, eis que impede advogados de exercerem plenamente a advocacia, mesmo sendo vinculados ao estatuto da profissão, seus deveres e prerrogativas.

Consabido que a limitação a direitos fundamentais deve ocorrer sopesando-se outros direitos de mesmo patamar e, nessa senda, a vedação existente no Estatuto da OAB é eficiente, atende à moralidade pública, e quaisquer outras limitações aparentam-se desproporcionais e sem razoabilidade.

Depreende-se óbvio que compete à Administração Pública o controle, por meio de órgãos internos da própria Procuradoria, inclusive, da atuação dos Procuradores Públicos fora das atribuições institucionais, coibindo-se a ilegalidade.

Além disso, em que pese a competência administrativa de cada ente federativo para dispor acerca de seus servidores, denota-se

---

[17] Art. 29 da Lei nº 8.906/1994

indispensável a observância ao princípio da simetria no que toca a tal carreira de Estado, referente às suas prerrogativas, mormente permitindo o controle interno de legalidade, da administração, o que não se coaduna com discricionariedades dos gestores.

2.3 Inviolabilidade do instrumental de trabalho do advogado

O Estatuto da OAB garante ao advogado, em seu artigo 7º, inciso II, a inviolabilidade de seu escritório ou local de trabalho, bem como de seus instrumentos de trabalho, de sua correspondência escrita, eletrônica, telefônica e telemática, desde que relativas ao exercício da advocacia.

Ademais, verifica-se que tal direito é relativo, sendo mitigado em caso de fortes indícios de autoria da prática de crime, devendo eventual busca e apreensão ser cumprida na presença de representante da OAB.[18]

Ressalte-se que o instrumental da advocacia pública possui peculiaridades em relação à advocacia de particulares, eis que aquele não é o titular do espaço físico – repartição pública – e dos instrumentos que utiliza para o exercício de suas funções, pois se trata de bens públicos.

Ademais, o ente representado pelo Advogado Público não tem, em tese, documentos ou informações a esconder,[19] ante a transparência que deve existir na atuação estatal, cuja determinação está, inclusive, insculpida no art. 37, §3º, inciso II, da Constituição Federal[20] e, consoante refere a doutrina:

> O Advogado Público deve atuar como um instrumento viabilizador das políticas públicas de Estado, aproximando a legalidade da legitimidade

---

[18] "§6º Presentes indícios de autoria e materialidade da prática de crime por parte de advogado, a autoridade judiciária competente poderá decretar a quebra da inviolabilidade de que trata o inciso II do caput deste artigo, em decisão motivada, expedindo mandado de busca e apreensão, específico e pormenorizado, a ser cumprido na presença de representante da OAB, sendo, em qualquer hipótese, vedada a utilização dos documentos, das mídias e dos objetos pertencentes a clientes do advogado averiguado, bem como dos demais instrumentos de trabalho que contenham informações sobre clientes."

[19] BARBUGIANI, p. 95

[20] "§3º A lei disciplinará as formas de participação do usuário na administração pública direta e indireta, regulando especialmente:
(...)
II – o acesso dos usuários a registros administrativos e a informações sobre atos de governo, observado o disposto no art. 5º, X e XXXIII"

ao interpretar a norma jurídica no meio judicial e administrativo de maneira mais razoável e proporcional para a consecução do bem comum[21]

Entretanto, tal dever de transparência inerente à Administração Pública, entende-se que o local e o instrumental de trabalho do advogado público são intangíveis, ressalvadas as exceções dispostas no Estatuto da Advocacia. Nesse sentido:

> a inviolabilidade assegurada ao advogado ergue-se como uma poderosa garantia em prol do cidadão de modo a permitir que o profissional legalmente incumbido de falar por si não se acovarde e nem possa sofrer qualquer tipo de represália que lhe retire a liberdade profissional. É, pois, à cidadania que, em última análise, interessa a proteção que se confere ao advogado. A *libertas conviciandi* serve antes à causa defendida e, nessa medida, à justiça, do que propriamente ao advogado.[22]

Depreende-se, assim, a importância da prerrogativa da inviolabilidade do instrumental de trabalho do advogado público, mormente ante a função pública e social que exerce, o que vai ao encontro do interesse público, sendo oponível, inclusive, ao gestor público, se necessário para garantir os interesses dos cidadãos e de toda a sociedade.

3 Prerrogativas da advocacia pública como carreira de Estado

A Advocacia de Estado exerce função essencial à Justiça, e no seu mister é indispensável que seus membros tenham garantias para o exercício de suas funções, ante o compromisso precípuo com o direito fundamental à boa administração pública de todos os agentes públicos, abarcando os políticos[23] e sendo a advocacia pública responsável pelo controle de juridicidade administrativa, para o que deve observar precipuamente na sua atuação o interesse público, pelo que se denota indubitável a sua independência e autonomia simetricamente garantidas no âmbito dos entes federados.

---

[21] BARBUGIANI, Luiz Henrique Sormani. A advocacia pública e o bem comum. *Cadernos Jurídicos da OAB/Paraná*, n. 49, mar. 2014.

[22] TORON, p. 24.

[23] FREITAS, p. 114

Nesse sentido, em que pese não conste do texto constitucional a descrição da carreira de Procurador Municipal, o Supremo Tribunal Federal reconheceu os Procuradores Municipais como integrantes da advocacia pública, em sede de Repercussão Geral no Recurso Extraordinário nº 663.696 (Tema 510), cuja questão submetida ao julgamento foi a possibilidade, ou não, de se considerar como teto remuneratório dos procuradores municipais o subsídio dos desembargadores do Tribunal de Justiça, o que foi rechaçado, firmando-se a tese de que:

> A expressão Procuradores contida na parte final do inciso XI do art. 37 da Constituição da República, compreende os Procuradores Municipais, uma vez que estes se inserem nas funções essenciais à justiça, estando, portanto, submetidos ao teto de noventa inteiros e vinte e cinco centésimos por cento do subsídio mensal, em espécie, dos Ministros do Supremo Tribunal Federal.

Tal decisão denota, extreme de dúvida, que todas as prerrogativas a que se sujeitam os advogados públicos da União e dos Estados alcançam os Procuradores Municipais.

3.1 Independência funcional dos advogados de Estado

Os advogados de Estado estão vinculados à Administração Pública da União, Estados, Distrito Federal e Municípios – ante o princípio constitucional da simetria – em regime estatutário, eis que devem ser aprovados em concurso público de provas e de títulos para o exercício das funções. Nessa senda, dispõe a Súmula nº 1 do Conselho Federal da OAB:

> O exercício das funções de advocacia pública na União, nos Estados, nos Municípios e no Distrito Federal constitui atividade exclusiva dos advogados públicos efetivos a teor dos artigos 131 e 132 da Constituição Federal de 1988.

Entretanto, em que pese tal vinculação institucional, o regime estatutário geral dos servidores públicos deve ser aplicável somente no que toca às questões administrativas, eis que a natureza da atividade exige que se garanta a independência técnico-funcional e a liberdade – limitada pelo interesse público – no exercício da representação judicial e da consultoria jurídica aos órgãos da administração.

Nessa senda, defende a doutrina:

As peculiaridades da função, sua natureza, responsabilidade, complexidade situa o cargo de Procurador dentre as carreiras típicas de Estado, pertencente ao chamado núcleo estratégico por possuir atribuições indelegáveis e especializadas, que se traduzem no controle interno da legalidade dos atos e defesa administrativo-judicial e que o torna imprescindível aos entes públicos na Federação e à própria sociedade.[24]

Assim, consabido que as funções exercidas pelas carreiras de Estado têm natureza indelegável. Em razão disso, a Proposta de Emenda Constitucional nº 125/2015 busca que o Advogado-Geral da União, qual seja o Chefe da Advocacia Pública Federal, seja escolhido dentre membros da carreira.

Tal possibilidade permite, em que pese a discricionariedade da nomeação, ser realizada pelo Presidente da República, que toda a atividade de assessoria, consultoria e controle da administração pública seja realizada por advogados públicos de carreira, os quais não possuem vínculo político, e sim institucional com a Administração Pública, o que se denota indispensável ao interesse público.

3.1.1 (In)existência de vínculo hierárquico entre advogados de Estado e Administração Pública

Uma questão recorrente quando se trata da advocacia pública é o limite de liberdade na sua atuação, eis que se trata de carreira de Estado, mas existe uma vinculação institucional ao ente público, o que se coaduna com o vínculo hierárquico, o qual conforme lição doutrinária:

Só existe relativamente às funções administrativas (...) decorre uma série de prerrogativas para a administração: a de rever os atos dos subordinados, a de delegar e avocar atribuições, a de punir; para o subordinado surge o dever de obediência.[25]

---

[24] CARVALHO, Ana Luísa Soares; NERY, Cristiane da Costa. A carreira do procurador do município no contexto da federação brasileira, publicado em 2008, edição de junho do jornal da Associação Nacional dos Procuradores Municipais/ANPM.

[25] DI PIETRO, p. 71

Há que se compreender que o vínculo jurídico do advogado público com a Administração Pública tem caráter peculiar, em relação aos demais servidores públicos *stricto sensu*, quais sejam, aqueles que ocupam cargos públicos – o lugar que deverá ser ocupado pelo servidor na Administração Pública –,[26] criados por lei, com denominação, funções e remuneração próprias, a fim de que se permita o efetivo controle interno de juridicidade administrativa e a defesa do interesse público secundário (Fazenda Pública), mas também, indiretamente, o interesse público primário (da sociedade).

Em razão disso, não é aplicável integralmente o regime hierárquico ao Procurador Público.[27] Isso porque, no exercício de suas funções, a autonomia funcional e a liberdade técnica devem ser respeitadas, a fim evitar que se aja conforme os interesses dos gestores quando contrários ao interesse público, que deve prevalecer. Ademais, impende referir-se que a atuação dos advogados públicos deve estar conforme à lei e ao ordenamento jurídico, que, ao cabo, consubstanciam-se em limitadores da sua atuação, mormente tendo em vista a indisponibilidade do interesse público, qual seja, um dos vetores do regime jurídico-administrativo.[28]

Nesse ínterim, a jurisprudência pátria já se debruçou acerca da aplicabilidade do regime hierárquico à Advocacia Pública, mormente no que tange ao cumprimento da jornada de trabalho internamente, isto é, na repartição pública onde o Procurador estiver lotado, bem como à necessidade de registro de ponto, tendo a advocacia pública uma aplicação relativa do regime hierárquico, de forma a respeitar a independência funcional e liberdade de consciência do procurador público.[29]

Diante disso, verifica-se que tal controle ofende as Prerrogativas dos Advogados Públicos, ante a natureza eminentemente intelectual da função que exige dedicação, inclusive, em carga horária superior e em horários diversos aos da administração.

Ademais, é inafastável a incumbência dos advogados públicos de controlarem a atividade do gestor, sob a ótica da legalidade e da juridicidade e "não (deve) haver hierarquia entre o controle exercido sobre a Administração Indireta".[30]

---

[26] MOREIRA NETTO, p. 327
[27] DI PIETRO, p. 93.
[28] MAFFINI, p. 34
[29] BARBUGIANI, p. 21
[30] SOUTO, 2004.

Com base em tal entendimento, o Conselho Federal da OAB aprovou a Súmula nº 9 refirmando a impossibilidade de controle de horário dos advogados públicos, dispondo que "O controle de ponto é incompatível com as atividades do Advogado Público, cuja atividade intelectual exige flexibilidade de horário".

Nessa mesma senda, tem-se vislumbrado a possibilidade de teletrabalho aos advogados públicos. Trata-se exercer as funções externamente à repartição pública, o que propicia a otimização da atividade jurídica, visando a maior celeridade, podendo aumentar a carga de trabalho, eis que não há deslocamento ao órgão público. Já há exemplos da utilização de tal medida em procuradorias no Brasil, o que deve ser regulado e controlado pelo órgão da advocacia pública.

3.2 (Ir)responsabilização dos advogados públicos

É de grande importância a análise da (ir)responsabilização dos advogados públicos por suas manifestações. Nesse sentido, dispõe o art. 32 do Estatuto da OAB que "O advogado é responsável pelos atos que, no exercício profissional, praticar com dolo ou culpa".

Hodiernamente, entende-se que há uma gradação quanto à responsabilidade que depende de qual vertente ele atua (judicial, consultoria e assessoramento, representação extrajudicial), sendo que a independência técnica varia de acordo da atuação.

Na consultoria há maior liberdade. Isso porque há opinião, emissão de tese jurídica. Não deveria ir contra as suas convicções. Há controle interno da legalidade. Assessoramento, aconselhamento jurídico, voltadas para implementar políticas públicas, para fazer com que a atividade estatal preste determinado serviço público, realize determinado programa legalmente instituído e adotado pelo administrador legitimamente eleito.

No contencioso, o entendimento majoritário é de que, se há decisão administrativa tomada (ato administrativo ou outra manifestação administrativa de vontade), o advogado público tem sua independência técnica e funcional mitigada, existe, mas é menos aparente, os vetores de apreciação jurídica são menores. Às vezes, há parecer do advogado público precedente que embasou a decisão. O advogado público tem liberdade, mas para atuar em caminho contrário do administrador, deverá motivar de maneira contundente e sólida.

● Administrador público está sujeito a dois grandes princípios: princípio da legalidade e princípio da supremacia do interesse público e, em tese, não há margem de discricionariedade para o administrador ante esses dois princípios.

Entretanto, a responsabilização por emissão de pareceres não são questões pacificadas, nos Tribunais de Contas, na doutrina, no STF.

Ressalte-se que o papel do Advogado Público é viabilizar a atividade estatal. No espectro da legalidade, há possibilidades de escolhas do gestor. Há influência da ideologia para a adoção de determinada política pública, e não cabe ao advogado público intervir na escolha, somente deve controlar a legalidade, a fim de viabilizá-la.

A atividade consultiva é anterior à decisão administrativa. Deve apontar sugestões para tomar a decisão com maior segurança jurídica. Há espectro de liberdade do advogado público no que toca aos seus argumentos técnicos no ponto.

Na atuação em fase extrajudicial, pré-processual, a independência funcional é mais clara, mais visível, na medida em que ocorrer antes ou depois de eventual questionamento ao ato administrativo.

No que tange à responsabilidade: o entendimento do STF sobre a matéria vai ao encontro da atuação do advogado público com a especificidade do trabalho que ele está exercendo (contencioso, consultivo em linhas gerais). Tangibilidade é relativa, não tem caráter absoluto. Art. 32 do Estatuto da OAB (dolo o culpa). Advogado público pode atuar com independência técnica e se admite responsabilização na sua atuação se atua sem desídia. Deve ser analisado o caso concreto. A garantia constitucional da não responsabilização é relativa, assim como na advocacia privada.

O Supremo Tribunal Federal (STF)[31] reconheceu o caráter opinativo dos pareceres dos advogados públicos. Diferencia pareceres não obrigatórios, obrigatórios e vinculantes. A obrigatoriedade ou não da emissão/requisição do parecer seria decisiva na fixação da natureza jurídica da responsabilidade do advogado público parecerista.

Nessa senda, falou sobre 3 (três) responsabilidades distintas: Consulta facultativa: a autoridade não se vincula ao parecer proferido, então o poder de decisão não se altera pela manifestação do advogado público, gestor pediu porque quis, não está vinculado; Consulta obrigatória: a autoridade administrativa se vincula tal como a consultoria jurídica opinou, seja favorável ou contrariamente. Se praticar de forma

---

[31] Mandado de Segurança nº 24.548-1/DF119 e MS 24.631-6/DF120

diversa da apresentada, o gestor precisa submeter a outro parecer; Parecer vinculante: lei obriga o administrador a decidir de acordo com parecer vinculante. Administrador pode decidir não fazer, mas não fazer contrariamente ao parecer.

Atividade do advogado público é de meio, não de resultado. Assim sendo, a advocacia de Estado somente deverá ser responsabilizada em caso de dolo ou erro grosseiro.

3.3 Independência financeira e orçamentária

Uma autonomia deve compreender não só a gestão orçamentária, mas, ainda, a definição de que o procurador-geral deve ser escolhido dentre membros da carreira, por meio de lista tríplice, assegurado mandato fixo, e os subsídios dos procuradores não devem ser inferiores aos dos demais ocupantes de cargos aos quais são atribuídas funções essenciais à Justiça, já que não existe hierarquia entre tais funções.[32]

Em razão disso, a Proposta de Emenda Constitucional n° 82/2007 que garante a autonomia funcional e prerrogativas, administrativa e orçamentária, à Advocacia Pública, o que se aplica à União, Estados, Municípios e Distrito Federal.

Tal autonomia garante a auto-organização dos órgãos da advocacia pública, tal como ocorre com os demais Poderes – Judiciário e Legislativo – e funções essenciais à justiça – Ministério Público e Defensoria Pública.

Com isso, garantir-se-á maior eficácia ao controle de juridicidade administrativa da Administração Pública, eis que perceberão a verba duodécima disposta na Constituição Federal.[33]

4 Advocacia de Estado e o controle da Administração Pública

A atuação da Administração Pública tem por escopo primordialmente a realização do interesse público. Para tanto, é indispensável certo

---

[32] SOUTO, 2004.

[33] "Art. 168. Os recursos correspondentes às dotações orçamentárias, compreendidos os créditos suplementares e especiais, destinados aos órgãos dos Poderes Legislativo e Judiciário, do Ministério Público e da Defensoria Pública, ser-lhes-ão entregues até o dia 20 de cada mês, em duodécimos, na forma da lei complementar a que se refere o art. 165, §9°"

grau de liberdade ao gestor público, ante a legitimidade democrática que lhe é conferida pelo cidadão, titular do poder estatal.[34]

Ocorre que a atividade administrativa – os atos, contratos, bem como a condução das políticas públicas – é limitada pelo próprio ordenamento jurídico, pelo que os atos do gestor necessitam de controle, os quais são exercidos de inúmeras formas, seja judicial – limitado à legalidade –, seja externo do Poder Legislativo, auxiliado pelo Tribunal de Contas, nos casos e limites previstos pela Constituição Federal, ou ainda, o controle administrativo interno, efetuado pela própria administração.

No que tange ao controle interno administrativo, está fundamentado na autotutela administrativa, pelo que preleciona a Súmula nº 473 do Supremo Tribunal Federal que "A administração pode anular seus próprios atos, quando eivados de vícios que os tornam ilegais, porque deles não se originam direitos ou revogá-los, por motivo de conveniência ou oportunidade, respeitados os direitos adquiridos, e ressalvada, em todos os casos, a apreciação judicial".

Tal apreciação deve ser realizada com a análise da advocacia pública, a fim de garantir o controle efetivo da legalidade ou do mérito administrativo, a fim de revogar ou anular o ato sujeito a controle.

Ademais, o controle prévio de juridicidade administrativa deve ser realizado pela Advocacia de Estado. Nessa senda, o ordenamento como um sistema jurídico é o que se denomina princípio da juridicidade administrativa,[35] que supera o positivismo legalista e vincula a administração ao direito, baseado em princípios e regras, substituindo-se a reserva legal por uma reserva constitucional, em que pese a juridicidade não exclua a legalidade administrativa, e sim a englobe.

O controle preventivo da atividade administrativa que observa o ordenamento jurídico deve considerar, ainda, o princípio da realidade,[36] do qual se extrai a necessidade de o órgão de controle se colocar no lugar do gestor, entender as dificuldades praticadas no momento da decisão, além da limitação do orçamento, bem como as consequências

---

[34] Todo o poder emana do povo, que o exerce por meio de representantes eleitos ou diretamente, nos termos desta Constituição (art. 1º, parágrafo, único, da CF).

[35] Adolf Merkl, 1935 *apud* BINENBOJM, Gustavo. *Uma teoria do direito administrativo*. Rio de Janeiro: Renovar, 2006, p. 147.

[36] "Art. 22. Na interpretação de normas sobre gestão pública, serão considerados os obstáculos e as dificuldades reais do gestor e as exigências das políticas públicas a seu cargo, sem prejuízo dos direitos dos administrados."

de eventual invalidação dos atos administrativos,[37] consoante dispõe a Lei de Introdução às Normas de Direito Brasileiro (Redação dada pela Lei nº 12.376/2010), em sua alteração pela Lei nº 13.655/2018 que trata sobre segurança jurídica e eficiência na criação e aplicação do direito público.

Essa nova ótica acerca do controle da gestão pública imprescinde de uma atuação eficiente da advocacia pública, inclusive buscando a consensualidade com os órgãos de controle, notadamente, o Tribunal de Contas no auxílio ao Poder Legislativo.

Isso porque os advogados públicos participam da atuação administrativa manifestando-se quanto à regularidade formal dos procedimentos, à averiguação da lisura e à idoneidade dos atos administrativos,[38] emanam parecer quanto às contratações públicas, tendo, inclusive, papel fundamental no combate à corrupção, eis que deve, por exemplo, pronunciar-se quanto à pertinência das sanções impostas à pessoa jurídica nos processos administrativos conexos, conforme disposto na Lei nº 12.846/2013 (Lei Anticorrupção).

Ademais, indubitável é a atuação proativa da advocacia de Estado na realização de políticas públicas. Isso porque tem como função promover a comunicação entre a "política" e o "direito", visando à compatibilização das políticas públicas definidas por agentes públicos eleitos dentro dos limites e possibilidades do ordenamento jurídico,[39] sendo imprescindível a participação do Advogado Público na formulação, implementação e controle das políticas públicas, ante sua atuação no controle de juridicidade administrativa.

Entretanto, a efetividade da atuação da advocacia pública no controle da Administração Pública somente poderá ocorrer com a garantia de todas as prerrogativas inerentes a tal carreira e aos advogados, com o órgão de advocacia de Estado fortalecido e independente, a fim

---

[37] "Art. 20. Nas esferas administrativa, controladora e judicial, não se decidirá com base em valores jurídicos abstratos sem que sejam consideradas as consequências práticas da decisão. Parágrafo único. A motivação demonstrará a necessidade e a adequação da medida imposta ou da invalidação de ato, contrato, ajuste, processo ou norma administrativa, inclusive em face das possíveis alternativas. Art. 21. A decisão que, nas esferas administrativa, controladora ou judicial, decretar a invalidação de ato, contrato, ajuste, processo ou norma administrativa deverá indicar de modo expresso suas consequências jurídicas e administrativas."

[38] BARBUGIANI, p. 56

[39] Cf. BINENBOJM, Gustavo. A Advocacia Pública e o Estado Democrático de Direito. *Juris Tantum*. Suplemento integrante da *ADVOCEF em Revista*, Ano X, nº 103, set. 2011. Disponível em: http://www.advocef.org.br/_arquivos/2128_1372_ed%20103_juris.pdf.

de que os advogados possam agir com autonomia, em todas as esferas federativas e não estejam sujeitos aos abusos do gestor público, inclusive no aspecto econômico, já que se trata de função indispensável à justiça.

5   Considerações finais

Dessa forma, denota-se que o estatuto jurídico-constitucional da advocacia de Estado visa à garantia das prerrogativas da advocacia pública, as quais são indispensáveis ao controle da Administração Pública. Tais prerrogativas existem, primeiramente, por se tratar de carreira de Estado que exerce função essencial à Justiça, sendo-lhes garantida a independência Funcional dos Advogados de Estado, com mitigação do Vínculo hierárquico entre Advogados de Estado e Administração Pública, o qual é meramente administrativo. Além disso, deve-se garantir que os advogados públicos somente sejam responsabilizados pelos seus atos quando incorrer em dolo ou em caso de erro grosseiro, no exercício da sua função. Ademais, mister se denota a autonomia financeira e orçamentária da advocacia pública no âmbito de todas as esferas federativas, a fim de possibilitar a atuação com autonomia dos advogados públicos.

Outrossim, devem ser garantidas as prerrogativas relativas à advocacia, eis que tanto no mister público quanto privado são regidas pelo Estatuto da Advocacia e da Ordem dos Advogados do Brasil, pelo que se denota indispensável a percepção dos honorários sucumbenciais, bem como o exercício pleno da advocacia, ou seja, fora das atribuições funcionais, o que retira do gestor público a possibilidade de se utilizar do Poder Econômico para retirar direitos dos advogados de Estado, a fim de tentar reduzir-lhe a liberdade.

Assim, as prerrogativas analisadas, as quais devem ser observadas com simetria na União, Estados, Municípios e Distrito Federal, são indispensáveis ao controle da Administração Pública, seja no que tange à juridicidade administrativa, ao combate à corrupção e à implementação de políticas públicas, seja no diálogo com os órgãos constitucionais de controle da Administração Pública, o que deve ser fomentado em um Estado Democrático de Direito.

Referências

BRASIL. *Constituição Federal*. Disponível em: http://www.planalto.gov.br/ccivil_03/constituicao/constituicao.htm Acesso em: 04 fev. 2020

BRASIL. *Lei 8.906/1994*. Disponível em: www.planalto.gov.br/ccivil_03/Leis/L8906. Acesso em: 04 fev. 2020

BRASIL. *Lei 13.105/15*. Disponível em: www.planalto.gov.br/ccivil_03/_ato2015-2018/2015/lei/l13105. Acesso em: 04 fev. 2020.

BRASIL. *Lei 12.846*. Disponível em: www.planalto.gov.br/ccivil_03/_ato2011-2014/2013/lei/l12846. Acesso em: 20 fev. 2020.

BRASIL. *Decreto-lei nº 4.657/42*. Disponível em: http://www.planalto.gov.br/ccivil_03/decreto-lei/del4657compilado.htm. Acesso em: 13 fev. 2020.

BARBUGIANI, Luiz Henrique Sormani. A advocacia pública e o bem comum. *Cadernos Jurídicos da OAB/Paraná*, n. 49, mar. 2014.

BARBUGIANI, Luiz Henrique Sormani. (org.). *Prerrogativas da advocacia pública*. Belo Horizonte: Fórum, 2016.

BINENBOJM, Gustavo. *Uma teoria do direito administrativo*. Rio de Janeiro: Renovar, 2006

BINENBOJM, Gustavo. A advocacia pública e o Estado Democrático de Direito. *Juris Tantum*. Suplemento integrante da *ADVOCEF em Revista*, Ano X, n. 103, set. 2011. http://www.advocef.org.br/_arquivos/2128_1372_ed%20103_juris.pdf.

CARVALHO, Ana Luísa Soares; NERY, Cristiane da Costa. A carreira do procurador do município no contexto da federação brasileira. *Jornal da Associação Nacional dos Procuradores Municipais/ANPM*, jun. 2008.

DI PIETRO, Maria Sylvia Zanella. *Direito Administrativo*. 17. ed. São Paulo: Atlas.

FREITAS, Juarez. *Discricionariedade administrativa e o direito fundamental à boa administração pública*. 2. ed. São Paulo: Malheiros, 2009.

MAFFINI, Rafael Da Cás. *Elementos do Direito Administrativo*. Porto Alegre: Livraria do Advogado Editora, 2016.

NETO, Diogo de Figueiredo Moreira. A responsabilidade do advogado de Estado. Disponível em: <http://www.pge.rj.gov.br/revista63>.

NETO, Diogo de Figueiredo Moreira. *Curso de Direito Administrativo*. Rio de Janeiro: Forense, 2009.

SOUTO, Marcos Juruena Villela. O papel da advocacia pública no controle da legalidade da Administração. Palestra apresentada no Congresso Brasileiro de Direito Administrativo, promovido pelo IBDA, em Salvador, BA, em 17.9.2004, Disponível em: www.egov.ufsc.br/portal/sites/default/files/anexos/19859- 19860-1-PB.pdf;

TORON, Alberto Zacharias; SZAFIR, Alexandra Lebelson. *Prerrogativas profissionais do advogado*. 3 ed. Brasília: OAB Ed., 2006

Informação bibliográfica deste texto, conforme a NBR 6023:2018 da Associação Brasileira de Normas Técnicas (ABNT):

FERREIRA, Renata Hellwig. Estatuto jurídico-constitucional da advocacia de Estado e o controle da Administração Pública. *In*: FLORIANO, Eduardo de Souza; CUNHA, Bruno Santos; TAVARES, Gustavo Machado (coord.). *Direito Municipal em Debate*. Belo Horizonte: Fórum, 2021. p. 135-157. v. 5. ISBN 978-65-5518-158-6.

TRANSFERÊNCIA DE RECURSOS DO MUNICÍPIO DE MARICÁ PARA O ESTADO DO RIO DE JANEIRO, NO ÂMBITO DAS POLÍTICAS PÚBLICAS DE SAÚDE DE COMBATE À COVID-19 E DESNECESSIDADE DE SUBMISSÃO PRÉVIA AOS ÓRGÃOS DELIBERATIVOS DO SISTEMA ÚNICO DE SAÚDE (SUS)

DANIEL DE SOUZA VELLAME

Interessado: Gabinete do Prefeito.

EMENTA: Direito Administrativo e Financeiro. Transferência de Recursos Municipais para Estado da Federação. Possibilidade. Necessidade de Ser Formatada pelos Instrumentos Jurídicos de Comunhão de Escopos. Necessário Atendimento das Normas e das Regras Técnicas e Financeiras. Situação de Emergência Médica Local e Calamidade Pública Regional. Submissão aos Órgãos Deliberativos do SUS. Desnecessidade. Exceção Legal.

Relatório

O Prefeito apresentou pedido de consulta solicitando parecer sobre a possibilidade de ser realizada transferência de recursos municipais para o Fundo Estadual de Saúde, com vistas a aplicar tais verbas em políticas públicas de saúde aptas a gerar benefícios diretos ou indiretos ao Município, no combate à pandemia da Covid-19.

Além disso, questionou acerca da necessidade de obter autorização prévia dos órgãos deliberativos do Sistema Único de Saúde

(SUS) para realizar essa nova ação de saúde, em conjunto com outros entes subnacionais, objetivando reduzir a propagação da Covid-19 em âmbito local e regional.
Eis o relatório.

Fundamentação

Inicialmente, é importante destacar que a questão colocada em exame versa sobre o Federalismo de Cooperação, o qual possui assento constitucional na regra do art. 241.[1]

Por essa norma, os Entes Federativos estão autorizados a realizar a gestão associada de serviços públicos, entre os quais se inclui o serviço público de saúde, através da transferência total ou parcial de encargos, serviços, pessoal e bens essenciais à continuidade dos serviços transferidos.

Na hipótese, diante de sua privilegiada situação fiscal, o Município de Maricá pretende transferir recursos para que o Estado do Rio de Janeiro faça a sua gestão e aplicação em políticas regionais de saúde, o que resultaria na obtenção de benefícios indiretos ao Município.

Mais especificamente, o Estado aplicaria esses recursos na construção e gestão de um hospital de campanha no Município de São Gonçalo, evitando-se o colapso dos hospitais que atendem a região. Tudo para conter a propagação da Covid-19.

Importa frisar que os fundos que sustentam o Sistema Único de Saúde (SUS) são regulados pela Lei Complementar nº 141 de 2012 (LC nº 141) e foram idealizados através de uma ótica descendente, no tocante à temática da transferência de recursos.

Todo o sistema foi desenhado para viabilizar a transferência de recursos da União Federal aos Estados, Distrito Federal e Municípios, assim como dos Estados aos Municípios, haja vista a maior capacidade de arrecadação desses Entes em relação aos Municípios, conforme se extrai do art. 198, §3º, inc. II, da Constituição Federal[2] (CRFB).

---

[1] CRFB. "Art. 241. A União, os Estados, o Distrito Federal e os Municípios disciplinarão por meio de lei os consórcios públicos e os convênios de cooperação entre os entes federados, autorizando a gestão associada de serviços públicos, bem como a transferência total ou parcial de encargos, serviços, pessoal e bens essenciais à continuidade dos serviços transferidos".

[2] CRFB. "Art. 198. As ações e serviços públicos de saúde integram uma rede regionalizada e hierarquizada e constituem um sistema único, organizado de acordo com as seguintes

Tanto é assim que na definição das competências relativas à concretização dos serviços de saúde, aos Municípios coube a atribuição de prestar os serviços de saúde de menor complexidade, na forma do art. 18 da Lei nº 8.080 de 1990[3] (L nº 8.080). Embora o art. 25 da Lei Complementar nº 101 de 2000[4] (LC nº 101 ou LRF) preveja a possibilidade de ser realizada transferência voluntária entre Entes da Federação, sem estabelecer um critério de ascendência ou descendência, o que possibilitaria a transferência de recursos de um Município a um Estado a título de cooperação, auxílio ou assistência financeira, fato é que essa norma geral de direito financeiro tem aplicação restringida pelas normas especiais previstas na LC nº 141, a qual regula as movimentações de recursos no âmbito do SUS e, por tal razão, possui natureza especial frente à regra geral.

Em outras palavras: embora seja possível a transferência voluntária de recursos de um Município para um determinado Estado, sem a previsão de qualquer contrapartida, essa possibilidade encontra restrição quando estamos diante de movimentação de recursos no âmbito do SUS, em razão da sensibilidade do tema. Aqui a norma geral cede espaço à norma especial, seguindo o princípio jurídico de hermenêutica que estabelece que a lei especial derroga a lei geral.

---

diretrizes: §3º Lei complementar, que será reavaliada pelo menos a cada cinco anos, estabelecerá: II – os critérios de rateio dos recursos da União vinculados à saúde destinados aos Estados, ao Distrito Federal e aos Municípios, e dos Estados destinados a seus respectivos Municípios, objetivando a progressiva redução das disparidades regionais";

[3] Lei nº 8.080. "Art. 18. À direção municipal do Sistema de Saúde (SUS) compete: I – planejar, organizar, controlar e avaliar as ações e os serviços de saúde e gerir e executar os serviços públicos de saúde; II – participar do planejamento, programação e organização da rede regionalizada e hierarquizada do Sistema Único de Saúde (SUS), em articulação com sua direção estadual; III – participar da execução, controle e avaliação das ações referentes às condições e aos ambientes de trabalho; IV – executar serviços: a) de vigilância epidemiológica; b) vigilância sanitária; c) de alimentação e nutrição; d) de saneamento básico; e e) de saúde do trabalhador; V – dar execução, no âmbito municipal, à política de insumos e equipamentos para a saúde; VI – colaborar na fiscalização das agressões ao meio ambiente que tenham repercussão sobre a saúde humana e atuar, junto aos órgãos municipais, estaduais e federais competentes, para controlá-las; VII – formar consórcios administrativos intermunicipais; VIII – gerir laboratórios públicos de saúde e hemocentros; IX – colaborar com a União e os Estados na execução da vigilância sanitária de portos, aeroportos e fronteiras; X – observado o disposto no art. 26 desta Lei, celebrar contratos e convênios com entidades prestadoras de serviços privados de saúde, bem como controlar e avaliar sua execução; XI – controlar e fiscalizar os procedimentos dos serviços privados de saúde; XII – normatizar complementarmente as ações e serviços públicos de saúde no seu âmbito de atuação".

[4] LC nº 101. "Art. 25. Para efeito desta Lei Complementar, entende-se por transferência voluntária a entrega de recursos correntes ou de capital a outro ente da Federação, a título de cooperação, auxílio ou assistência financeira, que não decorra de determinação constitucional, legal ou os destinados ao Sistema Único de Saúde".

A norma especial de direito financeiro reguladora da aplicação e movimentação de recursos orçamentários no âmbito do SUS (LC nº 141) não prevê a possibilidade de ser realizada uma transferência voluntária do Município de Maricá para o Estado do Rio de Janeiro, dissociada de qualquer contrapartida de comunhão de escopos.

Com efeito, a possibilidade de transferência de recursos do Município de Maricá para o Estado do Rio de Janeiro encontra previsão no art. 21 da LC nº 141,[5] cuja norma estabelece uma série de requisitos e finalidades.

São eles: (i) necessidade de formalizar um consórcio ou outra forma jurídica de cooperativismo (convênio, por exemplo); (ii) vinculação do recurso à execução conjunta de ações e serviços de saúde, em cumprimento da diretriz de regionalização e hierarquização; (iii) possibilidade de movimentação mútua de recursos dos Fundos de Saúde; (iv) administração dos recursos na modalidade gerencial pactuada, na forma do parágrafo único do art. 21 da LC nº 141.[6]

Além disso, importa dizer que a parte final do artigo 25 da LRF veda, expressamente, que os recursos distribuídos entre os Entes Federativos, no âmbito do SUS, sejam enquadrados como transferências voluntárias.

Há, contudo, uma exceção, que não se aplica aos Municípios, diga-se por oportuno, a qual está calcada no art. 18, parágrafo único, da LC nº 141,[7] na linha do entendimento firmado pelo Tribunal de Contas da União, no Acórdão nº 2.647/2017.

---

[5] LC nº 141. "Art. 21. Os Estados e os Municípios que estabelecerem consórcios ou outras formas legais de cooperativismo, para a execução conjunta de ações e serviços de saúde e cumprimento da diretriz constitucional de regionalização e hierarquização da rede de serviços, poderão remanejar entre si parcelas dos recursos dos Fundos de Saúde derivadas tanto de receitas próprias como de transferências obrigatórias, que serão administradas segundo modalidade gerencial pactuada pelos entes envolvidos".

[6] LC nº 141. "Art. 21 (...). Parágrafo único. A modalidade gerencial referida no caput deverá estar em consonância com os preceitos do Direito Administrativo Público, com os princípios inscritos na Lei nº 8.080, de 19 de setembro de 1990, na Lei nº 8.142, de 28 de dezembro de 1990, e na Lei nº 11.107, de 6 de abril de 2005, e com as normas do SUS pactuadas na comissão intergestores tripartite e aprovadas pelo Conselho Nacional de Saúde".

[7] "Art. 18. Os recursos do Fundo Nacional de Saúde, destinados a despesas com as ações e serviços públicos de saúde, de custeio e capital, a serem executados pelos Estados, pelo Distrito Federal ou pelos Municípios serão transferidos diretamente aos respectivos fundos de saúde, de forma regular e automática, dispensada a celebração de convênio ou outros instrumentos jurídicos. Parágrafo único. Em situações específicas, os recursos federais poderão ser transferidos aos Fundos de Saúde por meio de transferência voluntária realizada entre a União e os demais entes da Federação, adotados quaisquer dos meios formais previstos no *inciso VI do art. 71 da Constituição Federal*, observadas as normas de financiamento".

Essa hipótese de transferência voluntária está legalmente autorizada para viabilizar a movimentação de recursos da União Federal aos Fundos dos Estados ou Municípios, em situações excepcionais, e em exceção à regra do *caput* do art. 18 da LC nº 141, que estabelece a movimentação de recursos fundo a fundo. Logo, trata-se de situação singular que não possui aplicabilidade aos municípios.

Nessa esteira, tem-se que a movimentação de recursos do Fundo Municipal de Saúde para o Fundo Estadual de Saúde não pode ser realizada como ferramenta de *"ajuda, contribuições, doações e donativos"* (art. 32, inc. III, da Lei nº 8.080[8]).

Pelo teor da LC nº 141, não há previsão legal no sentido de autorizar que o Município de Maricá realize doação de recursos destinados à prestação do serviço de saúde, através de transferência voluntária, para o Estado do Rio de Janeiro. Aliás, além da ausência de lei autorizativa, essa medida também encontra obstáculo na própria lógica decentralizada e descendente de financiamento do SUS.

Nessa linha intelectiva, mormente sob a perspectiva do art. 21 da LC nº 141, é imperioso que o Município de Maricá frua de algum benefício no âmbito do serviço de saúde prestado aos seus munícipes, decorrente da transferência de recursos, o qual deve ser estabelecido no bojo do instrumento jurídico de cooperação, sob pena de frustrar o comando constitucional previsto no art. 30, inc. VII, da CRFB.[9]

---

[8] Lei nº 8.080. "Art. 32. São considerados de outras fontes os recursos provenientes de: I – (Vetado) II – Serviços que possam ser prestados sem prejuízo da assistência à saúde; III – ajuda, contribuições, doações e donativos; IV – alienações patrimoniais e rendimentos de capital; V – taxas, multas, emolumentos e preços públicos arrecadados no âmbito do Sistema Único de Saúde (SUS); e VI – rendas eventuais, inclusive comerciais e industriais. §1º Ao Sistema Único de Saúde (SUS) caberá metade da receita de que trata o inciso I deste artigo, apurada mensalmente, a qual será destinada à recuperação de viciados. §2º As receitas geradas no âmbito do Sistema Único de Saúde (SUS) serão creditadas diretamente em contas especiais, movimentadas pela sua direção, na esfera de poder onde forem arrecadadas. §3º As ações de saneamento que venham a ser executadas supletivamente pelo Sistema Único de Saúde (SUS), serão financiadas por recursos tarifários específicos e outros da União, Estados, Distrito Federal, Municípios e, em particular, do Sistema Financeiro da Habitação (SFH). §4º (Vetado). §5º As atividades de pesquisa e desenvolvimento científico e tecnológico em saúde serão co-financiadas pelo Sistema Único de Saúde (SUS), pelas universidades e pelo orçamento fiscal, além de recursos de instituições de fomento e financiamento ou de origem externa e receita própria das instituições executoras. §6º (Vetado)".

[9] "Art. 30. Compete aos Municípios: VII – prestar, com a cooperação técnica e financeira da União e do Estado, serviços de atendimento à saúde da população;"

Em reforço, urge dizer que o art. 7º, inc. XI da Lei nº 8.080[10] estabelece a necessidade de serem seguidas as diretrizes constitucionais para o desenvolvimento dos serviços de saúde, através da conjugação de recursos financeiros entre os Estados e Municípios.

Daí se extrai a impossibilidade de o Município de Maricá subvencionar o serviço de saúde prestado pelo Estado do Rio de Janeiro, quando não gere uma contrapartida específica ao serviço de saúde de competência municipal, notadamente quando esse ainda não garante o pleno atendimento integral de atividades preventivas e serviços assistenciais, a toda sua população.

A lógica do mecanismo de cooperação está calcada na comunhão de esforços entre os entes subnacionais (Estado e Município) para concretizar de forma harmônica e coordenada os serviços de saúde inseridos no âmbito de suas competências, dentro dos limites territoriais de determinado município. Busca-se evitar a sobreposição de equipamentos e serviços de saúde, forte no princípio da eficiência.

Portanto, a possibilidade de transferência de recursos do Fundo Municipal de Saúde ao Fundo Estadual de Saúde está limitada à hipótese prevista no art. 21 da LC nº 141, não havendo autorização legal para a realização de transferência voluntária.

Assim, seja qual for a modalidade de comunhão de escopos adotada para realizar em conjunto o serviço de saúde, importa realçar a necessidade de o Município cumprir a exigência legal de aplicação mínima de 15% (quinze por cento) da arrecadação dos impostos a que se refere o art. 156 e dos recursos de que tratam o art. 158 e a alínea "b" do inciso I do *caput* e o §3º do art. 159, todos da Constituição Federal, no serviço de saúde (art. 7º, LC nº 141[11]).

De outro lado, embora seja vedada a transferência de recursos do Fundo de Saúde não previstas no Plano de Saúde Municipal (art. 36 da L. 141), destaco que essa regra é excepcionada pelo seu §2º, quando

---

[10] Lei nº 8.080. "Art. 7º As ações e serviços públicos de saúde e os serviços privados contratados ou conveniados que integram o Sistema Único de Saúde (SUS), são desenvolvidos de acordo com as diretrizes previstas no art. 198 da Constituição Federal, obedecendo ainda aos seguintes princípios: XI – conjugação dos recursos financeiros, tecnológicos, materiais e humanos da União, dos Estados, do Distrito Federal e dos Municípios na prestação de serviços de assistência à saúde da população;"

[11] LC nº 141. "Art. 7º Os Municípios e o Distrito Federal aplicarão anualmente em ações e serviços públicos de saúde, no mínimo, 15% (quinze por cento) da arrecadação dos impostos a que se refere o art. 156 e dos recursos de que tratam o art. 158 e a alínea "b" do inciso I do caput e o §3º do art. 159, todos da Constituição Federal".

caracterizada situação emergencial ou de calamidade pública, na área da saúde, como é o caso da pandemia da Covid-19[12].

Também por força da situação emergencial, a aprovação da medida regional de saúde dispensa a aprovação prévia das Comissões Intergestoras do SUS.

As Comissões Intergestoras Bipartite (CIB) e Tripartite (CIT), criadas pela Lei nº 12.466/2011, que incluiu o art. 14-A na Lei nº 8.080/90,[13] possuem competência para deliberar sobre os aspectos operacionais, financeiros e administrativos da gestão compartilhada do SUS, definindo a política dos planos de saúde aprovados pelos Conselhos Municipais; e para definir diretrizes acerca da organização do SUS e das regiões de saúde.

O Conselho de Saúde, por sua vez, foi criado pela Lei nº 8.142/90,[14] com o escopo de viabilizar a participação popular na formalização do

---

[12] "Art. 36. O processo de planejamento e orçamento do Sistema Único de Saúde (SUS) será ascendente, do nível local até o federal, ouvidos seus órgãos deliberativos, compatibilizando-se as necessidades da política de saúde com a disponibilidade de recursos em planos de saúde dos Municípios, dos Estados, do Distrito Federal e da União. §1º Os planos de saúde serão a base das atividades e programações de cada nível de direção do Sistema Único de Saúde (SUS), e seu financiamento será previsto na respectiva proposta orçamentária. §2º É vedada a transferência de recursos para o financiamento de ações não previstas nos planos de saúde, exceto em situações emergenciais ou de calamidade pública, na área de saúde."

[13] "Art. 14-A. As Comissões Intergestores Bipartite e Tripartite são reconhecidas como foros de negociação e pactuação entre gestores, quanto aos aspectos operacionais do Sistema Único de Saúde (SUS). Parágrafo único. A atuação das Comissões Intergestores Bipartite e Tripartite terá por objetivo: I – decidir sobre os aspectos operacionais, financeiros e administrativos da gestão compartilhada do SUS, em conformidade com a definição da política consubstanciada em planos de saúde, aprovados pelos conselhos de saúde; II – definir diretrizes, de âmbito nacional, regional e intermunicipal, a respeito da organização das redes de ações e serviços de saúde, principalmente no tocante à sua governança institucional e à integração das ações e serviços dos entes federados; III – fixar diretrizes sobre as regiões de saúde, distrito sanitário, integração de territórios, referência e contrarreferência e demais aspectos vinculados à integração das ações e serviços de saúde entre os entes federados."

[14] "Art. 1º O Sistema Único de Saúde (SUS), de que trata a Lei nº 8.080, de 19 de setembro de 1990, contará, em cada esfera de governo, sem prejuízo das funções do Poder Legislativo, com as seguintes instâncias colegiadas: I – a Conferência de Saúde; e II – o Conselho de Saúde. §1º A Conferência de Saúde reunir-se-á a cada quatro anos com a representação dos vários segmentos sociais, para avaliar a situação de saúde e propor as diretrizes para a formulação da política de saúde nos níveis correspondentes, convocada pelo Poder Executivo ou, extraordinariamente, por esta ou pelo Conselho de Saúde. §2º O Conselho de Saúde, em caráter permanente e deliberativo, órgão colegiado composto por representantes do governo, prestadores de serviço, profissionais de saúde e usuários, atua na formulação de estratégias e no controle da execução da política de saúde na instância correspondente, inclusive nos aspectos econômicos e financeiros, cujas decisões serão homologadas pelo chefe do poder legalmente constituído em cada esfera do governo."

plano municipal de saúde, o qual deve ser objeto de homologação do Chefe do Poder Executivo da respectiva esfera de governo.

Isso demonstra que os órgãos deliberativos acima mencionados possuem a finalidade institucional de contribuir na elaboração e execução dos planos municipais, que orientarão o planejamento regional e, por conseguinte, o federal, com o escopo de conferir harmonia à rede hierarquizada e regional do serviço público de saúde, nos termos do art. 198 da CRFB.[15]

Essa assertiva encontra respaldo no já citado art. 36 da Lei nº 8.080/90, que define o processo de planejamento e orçamento do SUS, orientado de forma ascendente, do nível local até o federal, ouvidos seus órgãos deliberativos, compatibilizando-se as necessidades da política de saúde com a disponibilidade de recursos em planos de saúde dos Municípios, dos Estados, do Distrito Federal e da União Federal.

Em regra, os recursos aplicados no âmbito da política de saúde devem seguir as diretrizes e programações fixadas nos planos municipais, cuja engrenagem deve se encaixar na rede de saúde nacional, garantindo a adequada prestação integral do serviço de saúde.

Contudo, podem surgir intercorrências excepcionais, imprevisíveis e de consequências incalculáveis, cujas ações de saúde, por óbvio, não foram antevistas nos planos de saúde dos Entes Federativos.

Esse é o caso da pandemia do corona vírus (Covid-19), declarada pela Organização Mundial de Saúde, a qual vem exigindo de todos os entes federativos medidas de urgência para a ampliação dos equipamentos de saúde, aquisição de insumos e contratação de pessoal, necessários para atender a população num cenário de alta contaminação, que não respeita limites territoriais ou fronteiras.

Justamente para viabilizar as ações de saúde em situações emergenciais ou de calamidade pública, na área de saúde, não previstas no plano municipal de saúde, é que o art. 36, §2º, da Lei nº 8.080/90[16] prevê

---

[15] "Art. 198. As ações e serviços públicos de saúde integram uma rede regionalizada e hierarquizada e constituem um sistema único, organizado de acordo com as seguintes diretrizes: I – descentralização, com direção única em cada esfera de governo; II – atendimento integral, com prioridade para as atividades preventivas, sem prejuízo dos serviços assistenciais; III – participação da comunidade."

[16] "Art. 36. O processo de planejamento e orçamento do Sistema Único de Saúde (SUS) será ascendente, do nível local até o federal, ouvidos seus órgãos deliberativos, compatibilizando-se as necessidades da política de saúde com a disponibilidade de recursos em planos de saúde dos Municípios, dos Estados, do Distrito Federal e da União. §1º Os planos de saúde serão a base das atividades e programações de cada nível de direção do Sistema Único de Saúde (SUS), e seu financiamento será previsto na respectiva

autorização expressa excepcionando a regra geral de planejamento prévio.

Daí porque, se as ações emergenciais de saúde podem ser realizadas ainda que não previstas nos planos de saúde, essa premissa tem como consectário lógico a desnecessidade de se obter a chancela prévia dos órgãos deliberativos do SUS para a sua concretização, haja vista que a atuação desses órgãos objetiva a elaboração e a execução do plano de saúde.

Corroborando essa assertiva, urge realçar que o detalhamento das competências da CIT[17] e da CIB,[18] previstas nos seus regimentos

---

proposta orçamentária. §2º É vedada a transferência de recursos para o financiamento de ações não previstas nos planos de saúde, exceto em situações emergenciais ou de calamidade pública, na área de saúde."

[17] CIT. Resolução nº 1, de 11 de maio de 2016. "Art. 3º Compete à CIT: I – pactuar aspectos operacionais, financeiros e administrativos da gestão compartilhada do SUS, de acordo com a definição da política de saúde dos entes federativos consubstanciada nos seus planos de saúde, aprovados pelos respectivos Conselhos de Saúde; II – pactuar diretrizes gerais sobre região de saúde, integração de limites geográficos, referência e contra referência e demais aspectos vinculados à integração das ações e serviços de saúde entre os entes federativos; III – pactuar diretrizes de âmbito nacional, estadual, regional e interestadual a respeito da organização das redes de atenção à saúde, principalmente no tocante à gestão institucional e à integração das ações e serviços dos entes federativos; IV – pactuar responsabilidades dos entes federativos na rede de atenção à saúde, de acordo com o seu porte demográfico e seu desenvolvimento econômico-financeiro, estabelecendo as responsabilidades individuais e as solidárias; V – pactuar referências das regiões intraestaduais e interestaduais de atenção à saúde para o atendimento da integralidade da assistência; VI – promover o fortalecimento dos processos de regionalização e pactuação mediante o intercâmbio de informações com as Comissões Intergestores Bipartite (CIB); VII – pactuar sobre normas gerais e fluxos para elaboração e assinatura do contrato organizativo da ação pública da saúde (COAP); VIII – promover e apoiar processos de qualificação permanente das Comissões Intergestores Bipartite (CIB) e Comissões Intergestores Regionais (CIR) de Saúde; IX – dispor sobre diretrizes gerais referentes à Relação Nacional de Ações e Serviços de Saúde (RENASES) e à Relação Nacional de Medicamentos Essenciais (RENAME); X – definir os critérios gerais sobre o planejamento integrado das ações e serviços de saúde da região de saúde, bem como as questões referentes às regiões situadas em fronteiras, respeitadas as normas que regem as relações internacionais; e XI – decidir sobre casos específicos, controvérsias e omissões relativas às suas competências, em grau de recurso em única instância, sobre matérias controversas oriundas da CIB e da CIR. Parágrafo Único. Matérias controversas oriundas da CIR devem primeiramente ser discutidas no âmbito da CIB com vistas à sua resolução, devendo ser encaminhadas pela CIB à CIT somente no caso de persistência do conflito".

[18] Deliberação CIB-RR nº 4.648 de 10 de Agosto de 2017. "Art. 5º – Compete à Comissão Intergestores Bipartite: 1. Cumprir e fazer executar as deliberações das políticas técnicas e administrativas orientada pela Comissão Intergestores Tripartite; 2. Decidir sobre assuntos de natureza técnica administrativa que tenham sido propostas pela Comissão Intergestores Tripartite; 3. Dar parecer sobre assuntos de natureza técnica administrativa que tenham sido definidos pelas esferas federal e estadual; 4. Coordenar, supervisionar e avaliar a execução de atividades e serviços necessários e imprescindíveis à consecução do processo de descentralização, de acordo com legislação em vigor; 5. Solicitar às autoridades competentes, quando houver necessidade, o desenvolvimento de atividades

internos, compreende questões já definidas nos planos de saúde aprovados ou diretrizes para a sua elaboração.

Logo, a deliberação sobre ações emergenciais de saúde não previstas nos planos municipais não se sujeitam à deliberação prévia desses órgãos deliberativos, exatamente pela excepcionalidade da questão e pela necessidade de serem adotadas medidas ágeis e dinâmicas pelos gestores públicos, à luz do princípio da eficiência (art. 37 da CRFB).

Outrossim, a dignidade da pessoa humana, como vetor de interpretação do complexo normativo aqui indicado, impõe que os gestores públicos realizem as ações de saúde necessárias para salvar vidas, evitando que entraves burocráticos não previstos para situações excepcionais impeçam o atingimento da finalidade primordial do serviço público de saúde.

Havendo autorização legal para serem adotadas ações de saúde não previstas nos planos de saúde, diante de situação emergencial, a manifestação dos órgãos deliberativos pode ser realizada *ad referendum*, concretizando um controle diferido dessas ações, o que, num juízo de proporcionalidade, evidencia a concordância prática do direito à saúde e à necessidade de controle das ações destinadas para concretizar tal direito.

Nada obstante a autorização excepcional para a transferência de recursos não previstos no Plano de Saúde Municipal, não se deve perder de vista a necessidade de serem adimplidas as formalidades legais e constitucionais para se operar esse remanejamento.

---

especiais; 6. Analisar e avaliar proposta do município manifestando interesse em assumir as responsabilidades de gestão propostos pela direção nacional do SUS; 7. Acompanhar a entrega dos Relatórios de Gestão a serem apresentados anualmente pelos Municípios e pela Secretaria de Estado de Saúde; 8. Analisar e avaliar a capacidade técnica e materiais de serviços em conjunto e sob a coordenação da Secretaria de Estado de Saúde; 9. Analisar e avaliar propostas dos municípios manifestando interesse em gerenciar as unidades ambulatoriais e hospitalares públicas federais e estaduais ainda não incorporados em sua gestão; 10. Acompanhar junto à SES a remessa mensal de dados, para manutenção e atualização dos bancos de dados estaduais e federais, ou qualquer outro que venha ser criado; 11. Analisar e avaliar sob a coordenação da SES, a Programação física e orçamentária dos tetos financeiros; 12. Aprovar programação referente aos programas especiais; 13. Analisar e avaliar toda e qualquer proposta de investimento a ser alocada no Estado, no âmbito do SUS; 14. Analisar e avaliar todas as demandas a ela encaminhadas; 15. Pactuar os assuntos de natureza técnica que tenham sido propostas pelas Comissões Intergestores Regionais-CIR; 16. Avaliar e analisar os casos de divergência das CIR. 17. Pactuar as deliberações interregionais; 18. Elaborar e pactuar o Plano Estadual de Educação Permanente em Saúde; 19. Homologar os Planos Regionais de Educação Permanente em Saúde; 20. Pactuar os critérios para a distribuição, alocação e o fluxo dos recursos financeiros no âmbito estadual para a Política de Educação Permanente em Saúde; 21. Cumprir e fazer cumprir o presente Regimento Interno".

Com efeito, os remanejamentos de alguma dotação orçamentária para o Fundo Municipal de Saúde, e desse para outra dotação em concretização de obrigações fixadas em possível convênio, dependem de autorização legislativa, na forma do art. 167, inc. VI, da CRFB,[19] a qual é reforçada pelo art. 62, da LRF.[20]

O art. 62 da LRF, por sua vez, é categórico ao exigir que a previsão para o custeio de despesas de outros Entes Federativos esteja veiculada não só na Lei Orçamentária Anual, como também na Lei de Diretrizes Orçamentárias.

É dizer: a Lei de Diretrizes Orçamentárias deve conter previsão autorizando repasse de verbas de custeio do Município para outros Entes Federativos; sendo que a Lei Orçamentária Anual deverá reservar determinada quantia para a medida de comunhão de escopos.

Caso as obrigações a serem eventualmente assumidas não tenham previsão orçamentária – o que é factível diante da imprevisibilidade do cenário posto –, a calamidade pública decorrente da propagação da Covid-19 viabiliza a abertura de crédito extraordinário, via Decreto Municipal, com a indicação dos recursos correspondentes, nos termos do art. 167, inciso II e V, §3º da CRFB.[21]

Embora a previsão constitucional autorize a abertura do crédito extraordinário via medida provisória, vale dizer que não há previsão desse instrumento na Lei Orgânica do Município de Maricá, de modo que o Decreto Executivo constitui a via alternativa, conforme preceitua a doutrina de Harrison Leite.[22]

---

[19] CRFB. "Art. 167. São vedados: VI – a transposição, o remanejamento ou a transferência de recursos de uma categoria de programação para outra ou de um órgão para outro, sem prévia autorização legislativa;"

[20] "Art. 62. Os Municípios só contribuirão para o custeio de despesas de competência de outros entes da Federação se houver: I – autorização na lei de diretrizes orçamentárias e na lei orçamentária anual; II – convênio, acordo, ajuste ou congênere, conforme sua legislação."

[21] CRFB. "Art. 167. São vedados: II – a realização de despesas ou a assunção de obrigações diretas que excedam os créditos orçamentários ou adicionais; V – a abertura de crédito suplementar ou especial sem prévia autorização legislativa e sem indicação dos recursos correspondentes. §3º A abertura de crédito extraordinário somente será admitida para atender a despesas imprevisíveis e urgentes, como as decorrentes de guerra, comoção interna ou calamidade pública, observado o disposto no art. 62".

[22] LEITE, Harrison. *Manual de direito financeiro*. 4. ed. Bahia: Juspodivm, 2015, p. 91.

Conclusão

Ante o exposto, entendo que; (i) a possibilidade de transferência de recursos do Fundo Municipal de Saúde ao Fundo Estadual de Saúde está limitada à hipótese prevista no art. 21 da LC nº 141, ou seja, através de consórcios ou outras formas legais de cooperativismo, para a execução conjunta de ações e serviços de saúde e cumprimento da diretriz constitucional de regionalização e hierarquização da rede de serviços; (ii) uma vez reconhecida situação emergencial em saúde ou situação de calamidade pública, é possível a aplicação de recursos em ações de saúde não previstas no plano municipal de saúde, sem que seja necessária chancela prévia dos órgãos deliberativos do SUS; (iii) é necessário o cumprimento dos requisitos financeiros e orçamentários indicados acima, especialmente os artigos 167, inc. VI, da CRFB e 62 da LRF.

Maricá, 24 de março de 2020.

Informação bibliográfica deste texto, conforme a NBR 6023:2018 da Associação Brasileira de Normas Técnicas (ABNT):

VELLAME, Daniel de Souza. Transferência de recursos do município de Maricá para o estado do Rio de Janeiro, no âmbito das políticas públicas de saúde de combate à Covid-19 e desnecessidade de submissão prévia aos órgãos deliberativos do Sistema Único de Saúde (SUS). *In*: FLORIANO, Eduardo de Souza; CUNHA, Bruno Santos; TAVARES, Gustavo Machado (coord.). *Direito Municipal em Debate*. Belo Horizonte: Fórum, 2021. p. 159-170. v. 5. ISBN 978-65-5518-158-6.

PARECER Nº 421/2020:
PROJETO DE LEI SOBRE
CONTRATOS ADMINISTRATIVOS

SÉRGIO VERÍSSIMO DE OLIVEIRA FILHO

JOÃO LUIZ MARTINS ESTEVES

Consulente: SMG
Consulta Jurídica: 19.005.063364/2020-31

> EMENTA: Direito Constitucional e Administrativo. Minuta de projeto de lei. Autorização para manter a integralidade dos contratos administrativos, termos de parceria e de compromisso e seus pagamentos.

I   Consulta

A Secretaria Municipal de Governo solicita desta Procuradoria "análise e parecer quanto a minuta de projeto de lei que dispõe sobre autorização de medidas excepcionais no âmbito dos contratos administrativos de prestação de serviços e termos de Parcerias, de Fomento e Compromisso com instituições filantrópicas, culturais e organizações civis, em face da situação de emergência e estado de calamidade pública decorrentes do coronavírus, no âmbito do Município de Londrina" (SEI 19.022.059689/2020-19).

II   Análise

1.

A consulta foi distribuída concomitantemente à Gerência de Assuntos Legislativos e Normativos – GALN, que emitiu o Parecer

Jurídico nº 419/2020 (3794647), segundo o qual, "vencidas as ressalvas, observa-se que, no aspecto estritamente formal, o projeto de lei trata de tema que, do ponto de vista genérico, se encontra no âmbito da competência legislativa municipal (art. 30, CF/88 c/c art. 5º, I, LOM), sendo que a sua elaboração por parte do Executivo Municipal exaure qualquer discussão sobre vícios formais quanto à iniciativa". As ressalvas referem-se a sugestões da alteração na redação do texto da minuta.

Por parte desta Gerência de Licitações e Contratos, portanto, a análise abordará a questão de fundo.

2.

O projeto de lei em questão "Dispõe sobre autorização de medidas excepcionais no âmbito dos contratos administrativos de prestação de serviços e termos de Parcerias, de Fomento e Compromisso com instituições filantrópicas, culturais e organizações da civis, em face da situação de emergência e estado de calamidade pública decorrentes do coronavírus, no âmbito do Município de Londrina" (3742806 e 3786012).

Sobre o tema (continuidade dos contratos administrativos e as responsabilidades com os trabalhadores das contratadas), em consulta formulada pela Secretaria Municipal de Educação (SEI 19.022.050528/2020-51), esta Procuradoria emitiu o Parecer Jurídico nº 327/2020 (3666748), do qual extrai-se o seguinte trecho:

> Antes de mais nada, **é preciso registrar a excepcionalidade do cenário atual**, em que as medidas necessárias para a prevenção e o combate ao COVID-19 afetam a atuação de agentes públicos e privados em um contexto social e econômico macro. Embora uma pandemia como essa seja uma experiência inusitada, o direito, no decorrer de sua longuíssima evolução histórica, desenvolveu, como resposta para crises e períodos conturbados, institutos para regular problemas dessa natureza. Esses institutos tratam do problema da alteração superveniente das circunstâncias contratuais e seus efeitos sobre a relação contratual, como forma de suavizar a dureza do princípio tradicional pacta sunt servanda ("os contratos devem ser cumpridos").
>
> No Brasil, coube a Lei nº 13.979/2020 delimitar a diretrizes para o período, dispondo "sobre as medidas para enfrentamento da emergência de saúde pública de importância internacional decorrente do coronavírus responsável pelo surto de 2019.", sendo acompanhada das alterações mediante Medidas Provisórias nºs 926/20, 927/20 e 928/20, e ainda do Decreto nº 10.282/2020, que a regulamentou.
>
> Da leitura conjugada dos dispositivos, extrai-se que as medidas ali delineadas devem ser adotadas, no âmbito das respectivas competências, pela União, Estados, Distrito Federal e Municípios, que visam, precipuamente, a proteção da coletividade. (...)

(...)

Verifica-se, pois, que não há como determinar uma resolução única para as contratações em andamento, a fim de impor apenas uma solução jurídica, o que deverá ser feito pela Administração Pública em cada contrato especificamente, observados as dificuldades inerentes a situação emergencial vivenciada no país, o que será levado em consideração quando do exame da lisura dos procedimentos adotados, em homenagem a nova regra disposta na LINDB, art. 22, caput e §1º:

Art. 22. Na interpretação de normas sobre gestão pública, serão considerados os obstáculos e as dificuldades reais do gestor e as exigências das políticas públicas a seu cargo, sem prejuízo dos direitos dos administrados.

§1º Em decisão sobre regularidade de conduta ou validade de ato, contrato, ajuste, processo ou norma administrativa, serão consideradas as circunstâncias práticas que houverem imposto, limitado ou condicionado a ação do agente. (g.n.)

Neste sentido, pode-se afirmar que qualquer ação do Município de Londrina no sentido de suspender ou findar os contratos em andamento na área educacional do município, perpassaria pela análise do edital convocatório, dos contratos, de possíveis cláusulas que previssem hipóteses de suspensão dos contratos, para então, dentro das particularidades do caso concreto, avaliar a melhor alternativa decisória da gestão. Nesse panorama, cabe relembrar que o Governo Federal publicou as seguintes recomendações a serem adotadas pelos órgãos e entidades integrantes da Administração Pública federal, as quais podem ser consideradas, a título referencial:

(...)

Diante desse cenário, é necessário deixar de lado instrumentos unilaterais e rígidos previstos na legislação para privilegiar a negociação com os fornecedores, pautada na composição de capacidades e interesses, tentando priorizar a manutenção dos vínculos empregatícios. Somente desse modo, acredita-se, será possível lidar com a situação sem perder de vista a cautela que o momento exige.

Como se vê, não obstante os contratos administrativos estejam sob a égide das Leis nºs 8.666/93 e 13.303/2016, é preciso considerar que se trata de normas criadas para situações ordinárias e corriqueiras – segundo as quais a suspensão parcial ou total da execução do contrato não autoriza a continuidade do pagamento da remuneração integral pactuada, podendo haver remuneração apenas aos serviços não suspensos e efetivamente prestados, sob pena de dano ao erário e responsabilização do agente público – que não se coadunam com a pública e notória situação excepcional de calamidade pública mundial decorrente da pandemia do Coronavírus, a exigir o estabelecimento de regras também excepcionais, capazes de oferecer soluções céleres aos conflitos que se apresentam.

Sobre o tema, recomendo a leitura do documento (3797264), denominado "A visão do TCU sobre os contratos de terceirização afetados pelo Covid-19: entrevista exclusiva com o Ministro Benjamin Zymler", do qual extraio o seguinte trecho:

> Todos querem saber: pode e deve manter os pagamentos dos contratos de terceirização, mesmo sem a prestação de serviço, para manter a economia? O que o Tribunal de Contas da União pensa disto? Como deve ser feita a suspensão? Como normatizá-la? O que TCU ensina? Afinal, quais são as orientações do TCU?
>
> Entrevistamos o Ministro Benjamin Zymler sobre o assunto. Veja a entrevista completa:
>
> 1) Nesta época de isolamento devido à pandemia causada pelo Covid-19, muitos órgãos públicos estão "fechados", com os servidores trabalhando em home office, por exemplo. **Portanto, muitos serviços terceirizados também foram dispensados. O que fazer com esses contratos? Ainda *é* possível suspender e manter o pagamento, pensando na economia e para evitar o desemprego?**
>
> Ministro Benjamin Zymler – Com relação aos contratos de serviços terceirizados, a interrupção total ou parcial do funcionamento do órgão contratante pode ocasionar, dentre outras medidas que abordarei mais adiante, a necessidade de suspensão parcial ou total da execução do contrato, possibilidade que se encontra prevista no art. 78, inciso XIV, da Lei 8.666/1993, abaixo reproduzido para melhor entendimento:
>
> "Art. 78. Constituem motivo para rescisão do contrato: [...] XIV – a suspensão de sua execução, por ordem escrita da Administração, por prazo superior a 120 (cento e vinte) dias, salvo em caso de calamidade pública, grave perturbação da ordem interna ou guerra, ou ainda por repetidas suspensões que totalizem o mesmo prazo, independentemente do pagamento obrigatório de indenizações pelas sucessivas e contratualmente imprevistas desmobilizações e mobilizações e outras previstas, assegurado ao contratado, nesses casos, o direito de optar pela suspensão do cumprimento das obrigações assumidas até que seja normalizada a situação;"
>
> Inicialmente, *é* **importante frisar que não houve a instituição de um regime jurídico novo e excepcional para disciplinar os contratos administrativos em andamento. Assim, continuam plenamente aplicáveis as regras previstas na Lei 8.666/1993 e na Lei 13.303/2016, conforme**

o caso. Em particular, a Lei 13.979/2020 trouxe tão somente algumas regras pontuais sobre os prazos e os aditamentos contratuais nos ajustes celebrados com amparo nesta Lei. Tais disposições são válidas somente nas contratações extraordinárias para enfrentamento da doença.

Em situações ordinárias e corriqueiras, de acordo com a legislação federal atualmente em vigor, a suspensão da execução do contrato não autorizaria a continuidade do pagamento da remuneração integral pactuada. Em caso de suspensão parcial, os pagamentos seriam limitados ao valor correspondente aos serviços não suspensos. Já na suspensão total, nenhuma remuneração seria devida ao contratado, salvo as indenizações pelas desmobilizações e mobilizações dos profissionais terceirizados.

Num cenário de normalidade, não se pode olvidar que *é* vedada a continuidade dos pagamentos a empresa sem a correspondente prestação dos serviços contratados, apenas sob o argumento de preservação da relação empregatícia havida entre a empresa e o terceirizado. A manutenção dos pagamentos no caso de suspensão do contrato implicaria dano ao erário, por haver liquidação de despesas sem a efetiva contraprestação.

Seria igualmente lesiva aos cofres públicos a continuidade do contrato administrativo, mantendo equipes ociosas de funcionários terceirizados, sem que exista a necessidade efetiva do serviço contratado pela Administração. Constatada a desnecessidade do objeto avençado, a equipe de gestão contratual está obrigada a adotar medidas visando a suspensão do contrato, sua rescisão ou alterações contratuais, conforme as especificidades da situação.

Entretanto, <u>em face da magnitude da repercussão social e econômica da pandemia em curso, alguma flexibilização pode ocorrer. Seria interessante que as regras fossem extraídas de lei específica</u>, mas, na sua ausência, um novo relacionamento contratante/contratado se impõe com o intuito de buscar um equacionamento da situação, principalmente enquanto as medidas governamentais tendentes a mitigar os problemas acima não produzam efeitos. <u>Em síntese, alguma flexibilidade por parte do Poder Público pode ser esperada e desejada, no que se refere a gestão contratual, sem perder de vista a ideia de comutatividade das relações contratuais.</u>

A garantia do emprego e da renda dos terceirizados não é o objetivo primordial do contrato administrativo. Dito de outra forma, o contrato administrativo não tem como objetivo primário constituir-se em mecanismo de política social do Estado. Nesse sentido, ressalto que outras medidas legislativas já foram adotadas pelo Governo objetivando a manutenção dos empregos ou a complementação de renda do trabalhador afetado por redução de jornada ou suspensão do contrato de trabalho, em particular a edição das Medidas Provisórias 927/2020 e 936/2020.

A empresa contratada pode avaliar e adotar os mecanismos previstos nas aludidas medidas provisórias, que permitem, dentre outras providências, a antecipação de férias individuais, o uso do banco de horas, a suspensão do contrato de trabalho ou a redução da jornada dos trabalhadores terceirizados. A administração não pode impor ao contratado a adoção de qualquer medida de índole trabalhista, o que seria um ato de ingerência indevido nas questões interna corporis da empresa contratada, porém, nada impede que a administração sente com o prestador de serviços e negocie as bases desses contratos, propondo a antecipação de férias, por exemplo.

Ressalto que o entendimento ora exposto é baseado na legislação federal então em vigor, porque tiraria o foco na ideia de contratação econômica e eficiente, bem como representaria quebra das regras jurídicas tradicionais que impõem comutatividade nas relações contratuais. **A tese de que os contratos administrativos não devem ser usados primariamente para a consecução de políticas sociais cede diante de novas leis implementando tais medidas.** Cito como exemplo desse tipo de legislação as disposições hoje existentes que criam quotas de trabalhadores egressos do sistema prisional na mão de obra empregada nos contratos(disposição incluída na Lei 8.666/1993 pela Lei 13.500/2017) ou a reserva de cargos prevista em lei para pessoa com deficiência ou para reabilitado da Previdência Social (art. 66-A da Lei 8.666/1993).

Nesse sentido, **temos visto algumas leis produzidas pelos entes federativos permitindo a continuidade dos pagamentos para a empresa contratada que teve a suspensão da execução do contrato determinada pela Administração. Como exemplo, cito a Lei nº 17.335, de 27.3.2020, editada pelo Município de São Paulo, e Lei Estadual nº 20.170, de 07 de abril de 2020, publicada pelo Estado do Paraná.**

Em síntese, **devem ser respeitadas e aplicadas nos entes federativos que adotam por meio de lei regras transitórias que impõem o pagamento das verbas contratuais mesmo sem a implementação da contraprestação devida por parte da empresa. A superveniência de lei federal com disposição semelhante teria o mesmo efeito. Na inexistência de lei, deve-se manter a uniformidade interpretativa preexistente, sem embargo de reconhecer que a Lei de Introdução** *às* **Normas do Direito Brasileiro (LINDB) e a doutrina jurídica exigem que a regra de aplicação do direito deve sempre sopesar as circunstâncias fáticas vivenciadas pelo gestor e as consequências futuras prognosticadas a partir da ação administrativa. Situações extraordinárias exigem medidas e soluções diferenciadas.**

Dentre as consequências práticas do que foi decidido, os gestores públicos devem analisar a efetiva disponibilidade orçamentária e financeira para a implementação das medidas, visto que os entes federativos estão sofrendo significativos impactos em sua arrecadação de tributos.

No caso de haver permissivo em lei para a continuidade dos pagamentos aos contratos com execução suspensas, a equipe de fiscalização contratual e os órgãos de controle devem estar cientes dos riscos de desvios que esse tipo de legislação transitória, pois a empresa contratada além de receber o valor avençado com a contraprestação dos serviços pode ao mesmo tempo adotar em relação aos seus trabalhadores as medidas previstas nas Medidas Provisórias 927/2020 e 936/2020. Dessa forma, o governo, em diferentes esferas, estaria suportando em duplicidade o ônus da manutenção do emprego dos terceirizados, com evidente enriquecimento ilícito da empresa intermediadora de mão de obra.

Ainda que o órgão contratante exerça uma rígida fiscalização trabalhista dos empregados terceirizados, algumas práticas são difíceis de serem detectadas se a empresa realizar algum tipo de ajuste espúrio com os seus trabalhadores. Ainda deve existir a necessária adequação dos pagamentos devidos, pois algumas rubricas não estão sendo pagas aos trabalhadores, tais como o vale transporte.

Finalmente, gostaria de fazer uma necessária diferenciação entre os contratos administrativos estrito senso, já abordados na exposição acima dos contratos administrativos de concessão de serviços públicos.

No caso dos contratos de concessão, em razão do princípio da continuidade do serviço público, que ganha especial relevância durante o período de pandemia, entendo ser possível a adoção de algumas medidas excepcionais, que devem ser expressamente previstas em lei, a exemplo do que foi procedido pela Lei nº 17.335, de 27.3.2020, editada pelo Município de São Paulo.

A situação dos contratos de concessão de serviços públicos deve ser destacada porque alguns deles – o de serviços aeroportuários, por exemplo, – deverão merecer medidas excepcionalíssimas dotadas pelo poder público. A queda de demanda atual é dramática e não existe perspectiva imediata de se licitar novas concessões, tampouco parece factível relicitar as antigas concessões com sucesso. A ideia seria realmente o estado, durante o período de crise, subvencionar os concessionários para que estes possam suportar a operação e manutenção das atividades.

Faço também uma menção ao caráter excepcional dos contratos administrativos de bens, serviços e obras cujo objeto esteja relacionado com o enfrentamento da pandemia. Em relação a estes, podem ser admitidas soluções heterodoxas não expressamente previstas em lei (a exemplo do pagamento antecipado). Tudo para atender a finalidade última da atuação administrativa na hipótese, que é a preservação da vida humana."

Além de leis semelhantes estarem em vigor no âmbito do Município de São Paulo e do Estado do Paraná (Lei nº 20.170/2020), conforme exposto, vale registrar que tramita no Senado Federal o Projeto de Lei nº 2.139/2020, cuja ementa "dispõe sobre o Regime Jurídico Emergencial e Transitório das relações jurídicas contratuais da Administração Pública, no período da emergência de saúde pública de importância internacional decorrente do coronavírus (Covid-19)".

No caso da Lei paranaense, vale destacar a previsão do seu art. 1º:

> Art. 1º Autoriza a Administração Pública Direta e Indireta do Estado do Paraná, durante emergência nacional ocasionada pelo coronavírus, responsável pelo surto da COVID-19, a manter a integralidade dos contratos administrativos, inclusive quanto à periodicidade de pagamentos às empresas, cujos serviços tenham sido afetados com a diminuição ou paralisação das atividades contratadas, por força de medida pública de combate à doença e de seus impactos no sistema público de saúde, como medida que objetiva a estabilidade do equilíbrio econômico-financeiro inicial do contrato, bem como a preservação dos direitos sociais do trabalho.
>
> Parágrafo único. **A autorização prevista nesta Lei é aplicável ao Poder Legislativo, incluído o Tribunal de Contas, Poder Judiciário, Defensoria Pública e Ministério Público, que poderão decidir pela continuidade do pagamento aos contratados.**

O Tribunal de Justiça do Paraná, por meio do Decreto Judiciário nº 161/2020 – DM, em seu artigo 17 prevê o seguinte:

> Art. 17. Autoriza-se a redução dos serviços terceirizados, sem prejuízo do pagamento integral dos contratos, observados, no que couber, os critérios do art. 11 deste Decreto Judiciário.
>
> Parágrafo único. Competirá ao Departamento de Gestão de Serviços Terceirizados dimensionar a redução que será implementada nos serviços terceirizados.

Já o Tribunal de Contas do Paraná emitiu a seguinte orientação (InfoTCE-PR: Coronavírus/Perguntas Frequentes – Licitações e Contratos):

> Confira respostas para perguntas frequentes sobre LICITAÇÕES E CONTRATOS, durante o período de prevenção e combate à pandemia do Coronavírus (Covid-19). Novas atualizações podem ser realizadas a qualquer momento.
>
> (...)
>
> **Quais os impactos sobre os contratos de terceirização de mão de obra em vigor? Devo mantê-los inalterados ou não?**

R: **O questionamento se refere a ponto controverso que não encontra suporte em jurisprudência ou na legislação aplicável, haja vista que jamais havia ocorrido no país e no mundo um estágio de calamidade pública que resultou na suspensão completa da prestação de serviços,** ressalvados os considerados essenciais. **Nesse sentido, <u>caberá ao Município aferir circunstancialmente quais os reflexos de sua decisão em termos financeiros e sociais</u>.**

Por um lado, em termos financeiros, sabe-se que o momento é de cautela para a administração pública, que ao mesmo tempo em que perde receitas em valores relevantes passa a suportar um aumento expressivo nas demandas sociais, especialmente na área de saúde.

Por outro lado, nossa Constituição Federal estipula a dignidade da pessoa humana como princípio fundamental da República, o qual deve ser aferido dentro de um contexto de solidariedade neste momento em que o aumento do desemprego não auxiliará na resolução do problema em um aspecto mais amplo.

O advento da Medida Provisória nº. 936/2020, com o chamado "Programa emergencial de manutenção do emprego e da renda", trouxe alternativas que possibilitam a administração pública conciliar os dois objetivos acima descritos, mediante soluções, que podem ser adotadas pela empresa contratada, como redução da jornada de trabalho e, proporcionalmente, do salário ou suspensão temporária do contrato de trabalho com o pagamento de um benefício emergencial pela União aos funcionários para que não percam sua renda.

Ademais, há que se ponderar que a situação não pode servir como escusa para benefício desproporcional de uma das partes. Por exemplo, se a administração pública decidir motivadamente pela manutenção regular dos pagamentos, não poderá a contratada/parceira demitir o empregado ou dar licença não remunerada e, de má-fé, seguir recebendo normalmente os valores correspondentes. Outro aspecto a ser avaliado se refere ao auxílio transporte e outros benefícios que, mesmo na hipótese de manutenção dos pagamentos pela administração pública, não serão repassados aos empregados, de modo que deverão ser glosados.

Nesse contexto, **as orientações do Tribunal de Contas do Estado do Paraná vão no sentido de que a administração pública pondere a respeito das considerações acima no sentido de buscar soluções que, simultaneamente, preservem a saúde financeira da entidade e a dignidade dos trabalhadores que dependem de seu trabalho para a subsistência.**

Recomenda-se ainda a leitura do <u>Parecer nº. 00310/2020/CONJUR-MEC/CGU/AGU</u>, da Advocacia-Geral de União.

Conforme consta no parecer acima mencionado, **não há como ser feita análise jurídica geral sobre a presença dos pressupostos para a recomposição da equação econômico-financeira do contrato**

administrativo, o que deverá ser feito pela Administração em cada contrato específico.

Assim, no momento oportuno o controle externo avaliará as despesas de acordo com o contexto fático e a motivação externada pela administração pública para a opção que tiver dado ao caso concreto, o que será feito ponderando-se "circunstâncias práticas que houverem imposto, limitado ou condicionado a ação do agente" (art. 22, §1º da LINDB) e a motivação do ato (art. 20, p. único da LINDB e 50 da Lei Federal nº. 9.784/1999).

De forma exemplificativa, a Lei Estadual nº. 20.170, de 7 de Abril de 2020, autorizou a administração pública direta e indireta do Estado do Paraná, bem como os demais Poderes do Estado que, se assim optarem, mantenham os pagamentos às empresas cujos serviços tenham sido afetados com a diminuição ou paralisação das atividades contratadas em decorrência do surto da COVID-19.

Assim, a iniciativa do Executivo Municipal vem em boa hora, dada a magnitude da repercussão social e econômica decorrente da pandemia do Coronavírus, a exigir certa flexibilização temporária de determinadas regras em vigor.

3.

Por fim, no que tange à minuta do Projeto de Lei (<u>3786012</u>), sugiro as seguintes adequações (os trechos em negrito e sublinhado demonstram as inclusões; os trechos tachados representam exclusões):

Art. 1º Fica a Administração Pública Municipal **Direta e Indireta** autorizada a promover medidas excepcionais no âmbito dos contratos administrativos de prestação de serviços contínuos e **de** Termos de Parcerias, de Fomento e de Compromisso **firmados** com instituições filantrópicas, culturais e organizações da **sociedade** civil **com base na Lei *nº* 13.019/2014, atualmente em vigor,** visando à sua manutenção, de forma a possibilitar o pronto restabelecimento quando a situação de emergência e o estado de calamidade pública decorrentes do coronavírus findarem.

Parágrafo único. Para os fins desta Lei, consideram-se serviços contínuos com alocação de mão de obra não eventual aqueles que constituem necessidade permanente do órgão ou entidade contratante, que se repetem sistemática ou periodicamente, ligados ou não à sua atividade fim, ainda que sua execução seja realizada de forma intermitente ou por diferentes trabalhadores e que a contratada se utilize de mão de obra não eventual para a prestação do serviço.

Art. 2º **Excepcionalmente, durante o período de emergência ocasionada pela pandemia do Coronavírus, como medida que objetiva a estabilidade do equilíbrio econômico-financeiro inicial dos ajustes**

mencionados no art. 1º, bem como a preservação dos direitos sociais do trabalho, ~~Como medida excepcional~~, a Administração Pública Municipal fica autorizada ~~proceder ajuste contratual, nos termos da da Lei Federal nº 8.666, de 21 de junho de 1993,~~ para **a** manter o pagamento **e/ou repasse integral** ~~mensal contrato naqueles ajustes~~ **dos contratos e demais ajustes** para os quais for indicada a suspensão total ou parcial **da execução** dos serviços **ou do objeto do ajuste**, deduzidas as despesas diretas e indiretas, custos fixos e variáveis, que efetivamente deixem de incorrer, garantindo o pagamento das despesas devidamente comprovadas com pessoal e encargos dos trabalhadores que deixem de prestar os serviços em razão da emergência e calamidade pública e outras despesas apropriadas à prestação de serviços.

§1º ~~As suspensões e/ou reduções temporárias, vinculadas ao período de pandemia, que trata este artigo não configuram alteração de objeto contratual, dispensando-se a celebração de termo de aditamento para tais fins.~~ **As alterações dos contratos e demais ajustes, sobretudo as necessárias _à_ manutenção do seu equilíbrio econômico-financeiro, deverão ser formalizadas mediante termo aditivo, cuja minuta pode ser aprovada mediante parecer referencial do _órgão_ de assessoria jurídica competente.**

§2º Os trabalhadores das contratadas **e das instituições filantrópicas, culturais e organizações da sociedade civil** que eventualmente deixem de prestar os serviços na unidade **ou atuar na execução dos projetos** deverão permanecer à disposição da Administração Pública Municipal e estar preparados para prontamente retornar às unidades para retomada dos serviços.

~~§3º A não apresentação do posto de serviço decorrente de ausências dos trabalhadores terceirizados decorrentes do cumprimento desta Lei serão consideradas faltas justificadas, nos termos do art. 3º, §3º da Lei Federal nº 13.979, de 6 de fevereiro de 2020, quando devidamente comprovados.~~

§4º A manutenção do pagamento **ou repasse** mensal **dos ajustes previstos** ~~do contrato prevista~~ no caput deste artigo, quando aplicável pela Administração, ficará condicionada **_à_** comprovação, **pelas contratadas,** da manutenção **dos vínculos de trabalho do pessoal que realiza os serviços na Administração Pública contratante** ~~das quantidades dos postos, contratados inicialmente, afetos à prestação do serviço no período em que perdurar a medida excepcional,~~ **bem como dos pagamentos salariais a eles devidos, em até 15 (quinze) dias após a liquidação de cada fatura ou repasse.**

~~Art. 3º Fica a Administração Pública Municipal autorizada a promover medidas excepcionais no âmbito das parcerias formalizadas com Organizações da Sociedade Civil para atendimento da Educação Infantil e Escolas Especiais, bem como para a execução de serviços socioassistenciais, visando à sua manutenção, de forma a possibilitar~~

o pronto restabelecimento quando a situação de emergência e o estado de calamidade pública decorrentes do coronavírus findarem. – (Já abrangido pelos Arts. 1º e 2º)

Art. 4º Como medida excepcional, a Administração Pública Municipal fica autorizada proceder ajuste aos Termos de Parceria, de Colaboração ou Fomento, nos termos da da Lei Federal nº 13.019/2014, para manter o pagamento mensal do Termo naqueles ajustes para os quais for indicada a suspensão total ou parcial dos serviços, deduzidas as despesas diretas e indiretas, custos fixos e variáveis, que efetivamente deixem de incorrer, garantindo o pagamento das despesas devidamente comprovadas com pessoal e encargos dos trabalhadores que deixem de prestar os serviços em razão da emergência e calamidade pública e outras despesas apropriadas à prestação de serviços. (Já abrangido pelos Arts. 1º e 2º)

§1º As suspensões e/ou reduções temporárias, vinculadas ao período de pandemia, que trata este artigo não configuram alteração de objeto das parcerias, dispensando-se a celebração de termo aditivo para tais fins.

§2º Os trabalhadores, das Organizações da Sociedade Civil parceiras, que eventualmente deixem de prestar os serviços na unidade deverão permanecer à disposição da Administração Pública Municipal e estar preparados para prontamente retornar às unidades para retomada dos serviços. (Já abrangido pelos Arts. 1º e 2º)

Art. 5º Fica a Administração Pública Municipal autorizada a promover medidas excepcionais no âmbito das parcerias formalizadas com Organizações da Sociedade Civil para atendimento da política cultural da cidade de ....., bem como para a execução de serviços culturais, visando à sua manutenção, de forma a possibilitar o pronto restabelecimento quando a situação de emergência e o estado de calamidade pública decorrentes do coronavírus findarem. (Já abrangido pelos Arts. 1º e 2º)

Art. 6º Como medida excepcional, a Administração Pública Municipal fica autorizada proceder ajuste aos Termos de Fomento e Termo de Compromisso Cultural, nos termos da da Lei Federal nº 13019/2014, para os quais for indicada a suspensão total ou parcial dos serviços, mantendo o pagamento mensal dos projetos aprovados. (Já abrangido pelos Arts. 1º e 2º)

§1º As suspensões e/ou reduções temporárias, vinculadas ao período de pandemia, que trata este artigo não configuram alteração de objeto das parcerias, dispensando-se a celebração de termo aditivo para tais fins.

§2º **A execução dos projetos culturais** As Atividades Culturais, objetos da parceria, quando possível, **poderá** poderão ser disponibilizadas através da rede mundial de computadores no site Londrina Cultura ou outros canais acessíveis ao público Londrinense.

Art. 7º. Esta Lei entrará em vigor na data de sua publicação, **com efeitos retroativos a 17 de março de 2020**, podendo retroagir os efeitos em períodos em aberto de pagamento, que estejam vinculados à situação de emergência e o estado de calamidade pública decorrentes do coronavírus e vigorará enquanto perdurar **a Emergência em Saúde Pública de Importância Internacional** esta situação.

III   Conclusão

Posto isso, observadas as condições acima, esta Procuradoria manifesta o entendimento de que a minuta do projeto de lei reveste-se de legalidade.

O presente parecer está sujeito a ratificação superior, sem a qual é considerado mera minuta.

Londrina, datado e assinado eletronicamente.

Informação bibliográfica deste texto, conforme a NBR 6023:2018 da Associação Brasileira de Normas Técnicas (ABNT):

OLIVEIRA FILHO, Sérgio Veríssimo de; ESTEVES, João Luiz Martins. Parecer nº 421/2020: projeto de lei sobre contratos administrativos. *In*: FLORIANO, Eduardo de Souza; CUNHA, Bruno Santos; TAVARES, Gustavo Machado (coord.). *Direito Municipal em Debate*. Belo Horizonte: Fórum, 2021. p. 171-183. v. 5. ISBN 978-65-5518-158-6.

PARECER NORMATIVO Nº 01/2020, DE 13 DE ABRIL DE 2020: NECESSIDADE DE MANUTENÇÃO DAS ATIVIDADES ESSENCIAIS EXERCIDAS PELOS SERVIDORES PÚBLICOS PERTENCENTES AO GRUPO DE RISCO DURANTE A PANDEMIA CAUSADA PELO CORONAVÍRUS (COVID-19)

ADELMAR AZEVEDO RÉGIS

GUSTAVO BEDÊ AGUIAR

THAÍS FERREIRA VITURINO BOUERES

EMENTA: Direito Constitucional. Direito Administrativo. Servidores públicos pertencentes ao grupo de risco. Pandemia Covid-19. Estado de calamidade pública. Necessidade de manutenção das atividades essenciais.

1 Relatório

Em síntese, trata-se de necessidade de emissão de Parecer Normativo, com o escopo de delimitar a atuação dos profissionais que pertencem ao grupo de risco de maior probabilidade de desenvolvimento dos sintomas mais graves decorrentes da infecção pelo coronavírus (Covid-19), e que se encontram exercendo atividades classificadas como essenciais ao enfretamento à infecção humana pelo Sars-CoV-2 no atual estado de calamidade pública.

Eis o relatório.

2 Análise jurídica

2.1 Quanto à competência para emissão de parecer normativo

Preliminarmente, cabe tecer breves comentários sobre a competência da Procuradoria-Geral do Município de João Pessoa para elaborar pareceres de caráter normativo.

Sob esse aspecto, faz-se mister a citação a Lei Complementar Municipal nº 61/2010 (Semanário de nº 1604 – 22 a 28 de outubro de 2017):

> Art. 7º A Procuradoria Geral do Município tem como titular o Procurador Geral do Município, nomeado livremente pelo Prefeito Municipal, dentre advogados com notório saber jurídico e reputação ilibada, sendo-lhe assegurada remuneração igual à de Secretário do Município, cabendo-lhe:
>
> (...)
>
> XXVIII – promover a uniformidade do entendimento das leis aplicáveis à administração municipal, prevendo e dirimindo conflitos de interpretação entre os seus órgãos, *podendo emitir súmulas administrativas e pareceres normativos que terão natureza vinculante perante os órgãos e entidades da administração municipal;* (Grifamos)

Pela leitura do dispositivo supramencionado, infere-se que a Procuradoria-Geral do Município de João Pessoa possui a prerrogativa de emitir pareceres de caráter normativo "que terão natureza vinculante perante os órgãos e entidades da administração municipal", quando identificar a necessidade de uniformização de entendimento das leis, aqui em sentido amplo, "prevendo e dirimindo conflitos de interpretação entre seus órgãos".

Destarte, a existência de múltiplos órgãos que atuam em atividades erigidas como essenciais e a divergência quanto à atuação dos servidores pertencentes ao citado grupo de risco subsome-se à hipótese de emissão de parecer normativo.

2.2 Quanto aos decretos emitidos no combate à pandemia de Covid-19

Em 11.03.2020, a Organização Mundial de Saúde (OMS) elevou o estado da contaminação à "pandemia de Covid-19, doença causada pelo novo coronavírus (Sars-COv-2)".

A mudança de classificação não se deve à gravidade da doença, e sim à disseminação geográfica rápida que o Covid-19 tem apresentado. "A OMS tem tratado da disseminação [do Covid-19] em uma escala de tempo muito curta, e estamos muito preocupados com os níveis alarmantes de contaminação e, também, de falta de ação [dos governos]", afirmou Adhanom no painel que trata das atualizações diárias sobre a doença. (https://www.unasus.gov.br/noticia/organizacao-mundial-de-saude-declara-pandemia-de-coronavirus)

Essa mudança de ótica da Organização Mundial de Saúde alterou, por conseguinte, o posicionamento de diversos gestores públicos que, embasados em orientações da própria OMS e em estudos científicos, adotaram medidas que resultaram em um enfrentamento direto do surto pandêmico de Covid-19.

No Município de João Pessoa, a situação não foi diversa. O Chefe do Poder Executivo Municipal proclamou diversos decretos, objetivando a melhor, e mais segura, forma de atuar no combate à situação crítica presenciada, cumprindo, assim, determinação da Lei Orgânica do Município:

Artigo 60 – Compete ao Prefeito, entre outras atribuições:

(...)

V – editar medidas provisórias, *expedir decretos*, portarias e outros atos administrativos; (Grifamos)

Artigo 210 – A saúde é direito de todos e dever do Poder Público, assegurada *mediante políticas sociais e econômicas que visem à eliminação do risco de doenças e outros agravos e ao acesso universal e igualitário às ações e serviços para a sua promoção e recuperação.* (Grifamos)

Artigo 212 – *As ações de saúde são de relevância pública, cabendo ao Município sua normalização e controle, devendo sua execução ser feita preferencialmente através de serviços públicos* e, completamente, através de serviços de terceiros. (Grifamos)

Inicialmente, foi emitido o *Decreto Municipal nº 9.456/2020*, datado de 15.03.2020, no qual, de forma sucinta, pode-se observar as primeiras medidas de combate à Covid-19, destacando-se a determinação para cancelamento ou adiamento de eventos que, porventura, viessem a reunir 250 (duzentas e cinquenta) pessoas em espaços abertos e 100 (cem) pessoas em ambientes fechados.

Em 17.03.2020, foi divulgado o *Decreto Municipal nº 9.460/2020*, que, além de alterar o Decreto anterior, declarou o *Estado de Emergência* no Município de João Pessoa, bem como: permissão para aquisição de bens e serviços destinados ao enfrentamento da emergência, por meio de dispensa de licitação; recomendação, à iniciativa privada, para suspensão de funcionamento de cinemas, teatros e afins, assim como o fechamento de academias de ginástica; e suspensão das aulas municipais até 18.04.2020.

Em 19.03.2020, foi emitido o *Decreto Municipal nº 9.461/2020*, que adotou outras medidas no enfrentamento à pandemia decorrente do novo coronavírus, onde se determinou: o fechamento de *shopping centers*, academias, cinemas e teatros, assim como a suspensão de atendimento no local por restaurantes por 15 (quinze) dias, iniciando-se em 23.03.2020.

Novas medidas decorrentes do enfrentamento da pandemia provocada pelo novo coronavírus foram emitidas em 20.03.2020, através do *Decreto Municipal nº 9.462/2020*, que determinava, a partir de 23.03.2020, pelo prazo de 15 (quinze) dias, o fechamento de casas de *show*, boates, casas de festas, feiras, exposições, congressos, seminários, clubes de serviço e lazer, clínicas de estética e salões de beleza, bares, restaurantes e lanchonetes, permitindo a estes 03 (três) últimos a continuação de suas atividades por meio de *delivery* ou *drive-thru*. Paralelamente, limitou-se os horários de funcionamento das empresas de transporte coletivo urbano para 05:30h às 08:30h e 17:00h às 20:00h, bem como se suspendeu parcialmente as atividades de transporte coletivo urbano.

Em 22.03.2020, o Executivo Municipal, através do *Decreto nº 9.463/2020*, determinou a requisição administrativa de dois imóveis, com o escopo de instalar hospitais habilitados ao enfrentamento da Covid-19.

Também em 22.03.2020, o *Decreto Municipal nº 9.464/2020* definiu medidas a serem adotadas por *call centers* e afins, no intuito de potencializar o enfrentamento à pandemia de Covid-19.

Novamente em 22.03.2020, o *Decreto Municipal nº 9.465/2020* definiu novas regras licitatórias, tornando "dispensável a licitação para aquisição de bens, serviços, inclusive de engenharia, e insumos destinados ao enfrentamento da emergência de saúde pública de importância internacional decorrente do coronavírus".

Por sua vez, em 30.03.2020, surge o *Decreto Municipal nº 9.467/2020*, que estabeleceu novas medidas temporárias no enfrentamento do novo coronavírus, estabelecendo, nos equipamentos públicos e privados, a proibição de velórios em casos de comprovação declarada de óbito provocado por Covid-19.

Também em 30.03.2020, foi emitido o *Decreto Municipal nº 9.468/2020*, que permitiu aos "órgãos e entidades da administração pública municipal direta, autárquica e fundacional a autorização para receber doações de bens móveis, valores e de serviços, sem ônus ou encargos, de pessoas físicas ou jurídicas de direito privado", conforme as disposições desse Decreto, possuindo como propósito auxiliar no combate à pandemia do coronavírus (Covid-19)".

Em 02.04.2020, com o *Decreto Municipal nº 9.469/2020*, foi prorrogado o prazo de "vigência de medidas temporárias ao enfrentamento da emergência de saúde pública de importância internacional, decorrente do novo coronavírus, vetor da Covid-19", pelo prazo de 15 (quinze) dias, contados a partir do dia 06.04.2010.

Por fim, em 06.04.2020, foi emitido o *Decreto Municipal nº 9.740/2020*, que determinou o *"Estado de Calamidade Pública* no Município de João Pessoa, para enfrentamento da pandemia decorrente do coronavírus". Este estado de calamidade pública no Município de João Pessoa foi reconhecido pela Assembleia Legislativa da Paraíba, através do *Decreto Legislativo nº 257, de 08 de abril de 2020.*

Sublinhe-se que a declaração do estado de calamidade pública foi respaldada e referendada por posicionamentos análogos adotados em outras esferas Executivas, destacando-se:

- Mensagem nº 93 do Presidente da República, de 18.03.2020, encaminhada ao Congresso Nacional, solicitando o reconhecimento de calamidade pública nacional em decorrência da pandemia do Covid-19;
- O reconhecimento de calamidade pública pela Câmara dos Deputados em 18.03.2020 e pelo Senado Federal em 20.03.2020, para fins dos art. 65 da Lei Complementar nº 101/2020;
- Decreto Estadual nº 40.128/2020, de 17.03.2020, determinando situação emergencial do Estado da Paraíba, com adoção de medidas de enfrentamento à Covid-19;
- Decreto Estadual nº 40.134, de 20.03.2020, declarando estado de calamidade pública no território estadual, "aplicando-se também aos entes municipais, conforme dispõe o art. 65 da LRF"; e
- Reconhecimento, pela Assembleia Legislativa do Estado da Paraíba, em 23.03.2020, do estado de calamidade pública no território estadual, aplicando-se também aos entes municipais, conforme disposição do art. 65 da LRF.

Ainda, importante registrar que o Supremo Tribunal Federal, em decisão monocrática proferida pelo Ministro Marco Aurélio na ADI nº 6341, definiu que as providências adotadas pelo Governo Federal "não afastam atos a serem praticados por Estado, o Distrito Federal e Município considerada a competência concorrente na forma do artigo 23, inciso II, da Lei Maior."

Feita essa rápida retrospectiva sobre os atos administrativos provocados pelo Chefe do Poder Executivo Municipal, necessário se faz um estudo pormenorizado sobre o Decreto Municipal nº 9.460/2020, e suas respectivas alterações, especialmente no que tange à sua aplicabilidade perante o servidor público municipal que pertence ao grupo de risco de maior probabilidade de desenvolvimento dos sintomas mais graves decorrentes da infecção pelo coronavírus (Covid-19), como se observará no tópico seguinte.

2.3 Quanto ao alcance das medidas adotadas no combate à pandemia de Covid-19, perante o quadro de servidores do município

Como já mencionado, o Decreto Municipal nº 9.460/2020 alterou a redação adotada no Decreto Municipal nº 9.456/2020, instituindo, além do estado de emergência no Município de João Pessoa, a adoção de medidas administrativas aos Órgãos Municipais.

Nesse ínterim, no Capítulo III, que trata das medidas administrativas aos órgãos Municipais, destacam-se:

Art. 14. Os titulares dos órgãos da Administração Direta, Autarquias e Fundação, continentes de unidades de atendimento ao público, *resguardada a manutenção integral dos serviços essenciais, deverão avaliar a possibilidade de suspensão, redução ou alteração dos serviços, implementação de novas condições e restrições temporárias na prestação e acesso,* bem como outras medidas, considerando a natureza do serviço e no intuito de reduzir, no período de emergência, o fluxo e aglomeração de pessoas nos locais de atendimento, em especial das pessoas inseridas, segundo as autoridades de saúde e sanitária, no grupo de risco de maior probabilidade de desenvolvimento dos sintomas mais graves decorrentes da infecção pelo coronavírus (Covid-19). (Grifamos)

Art. 17. Os titulares dos órgãos da Administração Direta, Autarquias e Fundação, continentes de unidades de atendimento ao público, *resguardada a manutenção integral dos serviços essenciais, deverão reorganizar a jornada de trabalho dos servidores, permitindo que os servidores trabalhem em regime de dias alternados.*

Parágrafo Único – Por decisão do titular do órgão da Administração Direta, Autarquias e Fundação, *O DISPOSTO NESTE ARTIGO NÃO SERÁ APLICADO AOS SERVIDORES LOTADOS EM UNIDADES QUE PRESTEM SERVIÇOS ESSENCIAIS, ESPECIALMENTE OS NECES-SÁRIOS PARA O COMBATE DA PANDEMIA.* (Grifamos)

Art. 18. Os titulares dos órgãos da Administração Direta, Autarquias e Fundação devem submeter ao regime de teletrabalho:

(...)

III – pelo período de emergência:

a) as servidoras gestantes e lactantes;

b) os servidores maiores de 60 (sessenta) anos;

c) os servidores expostos a qualquer doença ou outra condição de risco de desenvolvimento de sintomas mais graves decorrentes da infecção pelo coronavírus (Covid-19), nos termos definidos pelas autoridades de saúde e sanitária.

(...)

§2º Por decisão do titular do órgão da Administração Direta, Autarquias e Fundação, *O DISPOSTO NESTE ARTIGO NÃO SERÁ APLICADO AOS SERVIDORES LOTADOS EM UNIDADES QUE PRESTEM SERVIÇOS ESSENCIAIS, ESPECIALMENTE OS NECESSÁRIOS PARA O COMBATE DA PANDEMIA.* (Grifamos)

Art. 22. *Sem prejuízo das medidas já elencadas*, todas as unidades da Administração Direta, Autarquias e Fundação deverão adotar as seguintes providências:

(...)

IV – evitar escalar, pelo período de emergência, servidores gestantes, lactantes, maiores de 60 (sessenta) anos, expostos a qualquer doença ou outra condição de risco de desenvolvimento de sintomas mais graves decorrentes da infecção pelo coronavírus (Covid-19), em postos de atendimento direto, com grande fluxo ou aglomeração de pessoas, caso não lhes seja aplicável o regime de teletrabalho, realocando-os para realização de serviços internos;

(...)

VII – suspender ou adiar, em especial em relação às pessoas inseridas no grupo de risco de evolução para os sintomas graves decorrentes da infecção pelo coronavírus (Covid-19), o comparecimento presencial para perícias, exames, recadastramentos, provas de vida ou quaisquer outras providências administrativas; (Grifamos)

Art. 23. *Fica suspenso o gozo de férias dos profissionais da Secretaria Municipal de Saúde, da Secretaria de Segurança Urbana e Cidadania, Coordenadoria*

Municipal de Proteção e Defesa Civil de João Pessoa (Compdec/JP) e dos Secretários Municipais e superintendentes das autarquias e fundação, até 15 de maio de 2020. (Grifamos)

Das normas acima reproduzidas, dessume-se que as medidas administrativas de suspensão, redução e alteração dos serviços, assim como a de implementação de novas condições e restrições temporárias na prestação e acesso se estendem, indubitavelmente, a todos os servidores públicos municipais, *excetuando-se aqueles servidores lotados em unidades que prestem serviços essenciais, especialmente os necessários para o combate à pandemia de Covid-19.*

Acrescenta-se que a vigência das medidas adotadas dependerá da avaliação da situação epidemiológica do Município, como prevê o Decreto Municipal nº 9.460/2020:

> Art. 25. As medidas previstas neste Decreto poderão ser reavaliadas a qualquer momento, de acordo com a situação epidemiológica do município.

Ademais, faz-se necessário um rápido comentário para que se possa destacar a distinção entre a situação de emergência e o estado de calamidade pública:

> O estado de emergência se caracteriza pela iminência de danos à saúde e aos serviços públicos. Já o estado de calamidade pública é decretado quando essas situações se instalam. Cabe ao prefeito avaliar a situação e decretar emergência ou calamidade, casos em que há possibilidade de obtenção de recursos federais e estaduais facilitada. Fonte: Agência Senado. (https://www12.senado.leg.br/noticias/especiais/especial-cidadania/defesa-civil/situacao-de-emergencia-e-estado-de-calamidade-publica)

Assim, considerando o agravamento da situação de emergência para estado de calamidade pública no Município de João Pessoa, caracterizou-se que os danos à saúde e aos serviços públicos já se encontram instalados em âmbito Municipal, o que denota uma ampliação da crise provocada pela pandemia de Covid-19.

Portanto, observando-se o Decreto Municipal nº 9.469/2020 – que prorroga as medidas temporárias ao enfrentamento da pandemia de Covid-19 – e o Decreto Municipal nº 9.470/2020 – que agravou a situação de emergência para o estado de calamidade pública para todos os fins de direito no Município de João Pessoa – *conclui-se que as medidas administrativas adotadas para os órgãos municipais, através do Decreto Municipal nº 9.460/2020 ainda possuem eficácia por período indeterminado.*

2.4 Quanto aos serviços essenciais e ao conflito jurídico-interpretativo das normas a serem adotadas por servidores públicos em meio à Covid-19

Torna-se essencial destacar que a motivação deste parecer normativo consiste na necessidade de disciplinamento interpretativo sobre as determinações legais impostas aos servidores públicos em meio ao surto pandêmico de Covid-19 na esfera municipal.

Isso porque a Junta Médica Oficial Municipal processou solicitações de servidores que alegam enquadrar-se no grupo de risco de maior probabilidade de contaminação com o coronavírus, pleiteando afastamento de suas atividades laborais tidas como serviços essenciais.

Assim, imprescindível se faz uma análise pormenorizada de quais seriam os serviços considerados essenciais nesse período da pandemia de Covid-19, bem como analisar o disciplinamento jurídico sobre as normas estabelecidas a servidores públicos, especialmente os que podem vir a integrar um grupo de risco ao coronavírus.

2.4.1 Quanto à classificação dos serviços essenciais perante o surto de Covid-19

A Lei Federal nº 7.783/1989, entre outras atribuições, define as atividades essenciais, veja-se:

> Art. 10 São considerados serviços ou atividades essenciais:
>
> I – tratamento e abastecimento de água; produção e distribuição de energia elétrica, gás e combustíveis;
>
> II – assistência médica e hospitalar;
>
> III – distribuição e comercialização de medicamentos e alimentos;
>
> IV – funerários;
>
> V – transporte coletivo;
>
> VI – captação e tratamento de esgoto e lixo;
>
> VII – telecomunicações;

VIII – guarda, uso e controle de substâncias radioativas, equipamentos e materiais nucleares;

IX – processamento de dados ligados a serviços essenciais;

X – controle de tráfego aéreo e navegação aérea; *(Redação dada pela Lei nº 13.903, de 2019)*

XI compensação bancária.

XII – atividades médico-periciais relacionadas com o regime geral de previdência social e a assistência social; *(Incluído pela Lei nº 13.846, de 2019)*

XIII – atividades médico-periciais relacionadas com a caracterização do impedimento físico, mental, intelectual ou sensorial da pessoa com deficiência, por meio da integração de equipes multiprofissionais e interdisciplinares, para fins de reconhecimento de direitos previstos em lei, em especial na *Lei nº 13.146, de 6 de julho de 2015 (Estatuto da Pessoa com Deficiência);* e (Incluído pela Lei nº 13.846, de 2019)

XIV – outras prestações médico-periciais da carreira de Perito Médico Federal indispensáveis ao atendimento das necessidades inadiáveis da comunidade. (Incluído pela Lei nº 13.846, de 2019)

XV – atividades portuárias. (Incluído pela Medida Provisória nº 945, de 2020).

Contudo, devido ao surto pandêmico de Covid-19, em 06.02.2020, foi publicada a Lei Federal nº 13.979/2020, que "dispõe sobre as medidas para enfrentamento da emergência de saúde pública de importância internacional decorrente do coronavírus responsável pelo surto de 2019", com destaque:

Art. 3º *Para enfrentamento da emergência de saúde pública de importância internacional decorrente do coronavírus, as autoridades poderão adotar, no âmbito de suas competências, dentre outras, as seguintes medidas:* (Redação dada pela Medida Provisória nº 926, de 2020)

I – *isolamento;*

II – *quarentena;*

(...)

§7º As medidas previstas neste artigo poderão ser adotadas:

I – pelo Ministério da Saúde;

II – pelos gestores locais de saúde, desde que autorizados pelo Ministério da Saúde, nas hipóteses dos incisos I, II, V, VI e VIII do caput deste artigo; ou

(...)

§8º *As medidas previstas neste artigo, quando adotadas, deverão resguardar o exercício e o funcionamento de serviços públicos e atividades essenciais.* (Incluído pela Medida Provisória nº 926, de 2020)

§9º *O Presidente da República disporá, mediante decreto, sobre os serviços públicos e atividades essenciais a que se referem o §8º.* (Incluído pela Medida Provisória nº 926, de 2020)

§10. As medidas a que se referem os incisos I, II e VI do caput, quando afetarem a execução de serviços públicos e atividades essenciais, inclusive as reguladas, concedidas ou autorizadas, somente poderão ser adotadas em ato específico e desde que em articulação prévia com o órgão regulador ou o Poder concedente ou autorizador. (Incluído pela Medida Provisória nº 926, de 2020)

§11. É vedada a restrição à circulação de trabalhadores que possa afetar o funcionamento de serviços públicos e atividades essenciais, definidas nos termos do disposto no §9º, e cargas de qualquer espécie que possam acarretar desabastecimento de gêneros necessários à população. (Incluído pela Medida Provisória nº 926, de 2020) (Grifamos)

Dessa forma, tendo por escopo esmiuçar e aumentar o detalhamento sobre as atividades consideradas essenciais, em 20.03.2020, foi publicado o Decreto Federal nº 10.282/2020, que revela em seu texto:

Objeto

Art. 1º Este Decreto regulamenta a Lei nº 13.979, de 6 de fevereiro de 2020, para definir os serviços públicos e as atividades essenciais.

Âmbito de aplicação

Art. 2º Este Decreto aplica-se às pessoas jurídicas de direito público interno, federal, estadual, distrital e *municipal*, e aos entes privados e às pessoas naturais.

Serviços públicos e atividades essenciais

Art. 3º As medidas previstas na Lei nº 13.979, de 2020, *deverão resguardar o exercício e o funcionamento dos serviços públicos e atividades essenciais a que se refere o §1º.*

§1º *São serviços públicos e atividades essenciais aqueles indispensáveis ao atendimento das necessidades inadiáveis da comunidade, assim considerados aqueles que, se não atendidos, colocam em perigo a sobrevivência, a saúde ou a segurança da população, tais como:*

I – ASSISTÊNCIA À SAÚDE, INCLUÍDOS OS SERVIÇOS MÉDICOS E HOSPITALARES;

II – ASSISTÊNCIA SOCIAL E ATENDIMENTO À POPULAÇÃO EM ESTADO DE VULNERABILIDADE;

III – ATIVIDADES DE SEGURANÇA PÚBLICA E PRIVADA, INCLUÍDAS A VIGILÂNCIA, A GUARDA E A CUSTÓDIA DE PRESOS;

IV – ATIVIDADES DE DEFESA NACIONAL E DE DEFESA CIVIL; •

V – transporte intermunicipal, interestadual e internacional de passageiros e o transporte de passageiros por táxi ou aplicativo;

VI – telecomunicações e internet;

VII – SERVIÇO DE CALL CENTER;

VIII – captação, tratamento e distribuição de água;

IX – CAPTAÇÃO E TRATAMENTO DE ESGOTO E LIXO;

X – geração, transmissão e distribuição de energia elétrica, incluído o fornecimento de suprimentos para o funcionamento e a manutenção das centrais geradoras e dos sistemas de transmissão e distribuição de energia, além de produção, transporte e distribuição de gás natural; (Redação dada pelo Decreto nº 10.292, de 2020)

XI – iluminação pública;

XII – produção, distribuição, comercialização e entrega, realizadas presencialmente ou por meio do comércio eletrônico, de produtos de saúde, higiene, alimentos e bebidas;

XIII – SERVIÇOS FUNERÁRIOS;

XIV – guarda, uso e controle de substâncias radioativas, de equipamentos e de materiais nucleares;

XV – VIGILÂNCIA E CERTIFICAÇÕES SANITÁRIAS E FITOSSANI-TÁRIAS;

XVI – PREVENÇÃO, CONTROLE E ERRADICAÇÃO DE PRAGAS DOS VEGETAIS E DE DOENÇA DOS ANIMAIS;

XVII – INSPEÇÃO DE ALIMENTOS, PRODUTOS E DERIVADOS DE ORIGEM ANIMAL E VEGETAL;

XVIII – vigilância agropecuária internacional;

XIX – CONTROLE DE TRÁFEGO AÉREO, AQUÁTICO OU TERRESTRE;

XX – serviços de pagamento, de crédito e de saque e aporte prestados pelas instituições supervisionadas pelo Banco Central do Brasil; (Redação dada pelo Decreto nº 10.292, de 2020)

XXI – serviços postais;

XXII – transporte e entrega de cargas em geral;

XXIII – SERVIÇO RELACIONADOS À TECNOLOGIA DA INFORMAÇÃO E DE PROCESSAMENTO DE DADOS (DATA CENTER) PARA SUPOR-TE DE OUTRAS ATIVIDADES PREVISTAS NESTE DECRETO;

XXIV – FISCALIZAÇÃO TRIBUTÁRIA E ADUANEIRA;

XXV – produção e distribuição de numerário à população e manutenção da infraestrutura tecnológica do Sistema Financeiro Nacional e do

Sistema de Pagamentos Brasileiro; (Redação dada pelo Decreto nº 10.292, de 2020)

XXVI – FISCALIZAÇÃO AMBIENTAL;

XXVII – produção de petróleo e produção, distribuição e comercialização de combustíveis, gás liquefeito de petróleo e demais derivados de petróleo; (Redação dada pelo Decreto nº 10.292, de 2020)

XXVIII – monitoramento de construções e barragens que possam acarretar risco à segurança;

XXIX – levantamento e análise de dados geológicos com vistas à garantia da segurança coletiva, notadamente por meio de alerta de riscos naturais e de cheias e inundações;

XXX – mercado de capitais e seguros;

XXXI – cuidados com animais em cativeiro;

XXXII – ATIVIDADE DE ASSESSORAMENTO EM RESPOSTA ÀS DEMANDAS QUE CONTINUEM EM ANDAMENTO E ÀS URGENTES;

XXXIII – atividades médico-periciais relacionadas com a seguridade social, compreendidas no art. 194 da Constituição; (Redação dada pelo Decreto nº 10.292, de 2020)

XXXIV – atividades médico-periciais relacionadas com a caracterização do impedimento físico, mental, intelectual ou sensorial da pessoa com deficiência, por meio da integração de equipes multiprofissionais e interdisciplinares, para fins de reconhecimento de direitos previstos em lei, em especial na Lei nº 13.146, de 6 de julho de 2015 – Estatuto da Pessoa com Deficiência; (Redação dada pelo Decreto nº 10.292, de 2020)

XXXV – OUTRAS PRESTAÇÕES MÉDICO-PERICIAIS DA CARREIRA DE PERITO MÉDICO FEDERAL INDISPENSÁVEIS AO ATENDIMENTO DAS NECESSIDADES INADIÁVEIS DA COMUNIDADE; (REDAÇÃO DADA PELO DECRETO Nº 10.292, DE 2020)

XXXVI – fiscalização do trabalho; (Incluído pelo Decreto nº 10.292, de 2020)

XXXVII – atividades de pesquisa, científicas, laboratoriais ou similares relacionadas com a pandemia de que trata este Decreto; (Incluído pelo Decreto nº 10.292, de 2020)

XXXVIII – ATIVIDADES DE REPRESENTAÇÃO JUDICIAL E EXTRAJU-DICIAL, ASSESSORIA E CONSULTORIA JURÍDICAS EXERCIDAS PELAS ADVOCACIAS PÚBLICAS, RELACIONADAS À PRESTAÇÃO REGULAR E TEMPESTIVA DOS SERVIÇOS PÚBLICOS; (INCLUÍDO PELO DECRETO Nº 10.292, DE 2020)

XXXIX – atividades religiosas de qualquer natureza, obedecidas as determinações do Ministério da Saúde; e (Incluído pelo Decreto nº 10.292, de 2020)

XL – unidades lotéricas. (Incluído pelo Decreto nº 10.292, de 2020)

§2º TAMBÉM SÃO CONSIDERADAS ESSENCIAIS AS ATIVIDADES ACESSÓRIAS, DE SUPORTE E A DISPONIBILIZAÇÃO DOS INSUMOS NECESSÁRIOS A CADEIA PRODUTIVA RELATIVAS AO EXERCÍCIO E AO FUNCIONAMENTO DOS SERVIÇOS PÚBLICOS E DAS ATIVIDADES ESSENCIAIS.

§3º É vedada a restrição à circulação de trabalhadores que possa afetar o funcionamento de serviços públicos e atividades essenciais, e de cargas de qualquer espécie que possam acarretar desabastecimento de gêneros necessários à população.

§4º Para fins do cumprimento ao disposto neste Decreto, os órgãos públicos e privados disponibilizarão equipes devidamente preparadas e dispostas à execução, ao monitoramento e à fiscalização dos serviços públicos e das atividades essenciais.

§5º Os órgãos públicos manterão mecanismos que viabilizem a tomada de decisões, inclusive colegiadas, e estabelecerão canais permanentes de interlocução com as entidades públicas e privadas federais, estaduais, distritais e municipais.

§6º As limitações de serviços públicos e de atividades essenciais, inclusive as reguladas, concedidas ou autorizadas somente poderão ser adotadas em ato específico e desde que em articulação prévia do com o órgão regulador ou do Poder concedente ou autorizador.

§7º Na execução dos serviços públicos e das atividades essenciais de que trata este artigo devem ser adotadas todas as cautelas para redução da transmissibilidade da covid –19.

§8º Para fins de restrição do transporte intermunicipal a que se refere o inciso V do caput, o órgão de vigilância sanitária ou equivalente nos Estados e no Distrito Federal deverá elaborar a recomendação técnica e fundamentada de que trata o inciso VI do caput do art. 3º da Lei nº 13.979, de 2020. (Incluído pelo Decreto nº 10.292, de 2020) (Grifamos)

Nota-se que, devido ao surto pandêmico de Covid-19, o rol de serviços e atividades considerados essenciais para a Administração Pública foi bastante dilatado, abrangendo situações e categorias não contempladas à época da Lei Federal nº 7.783/1989.

Ademais, mostra-se cristalina a preocupação do legislador em proteger as atividades e serviços essenciais, com o escopo de resguardar e garantir a manutenção dos direitos e o bem-estar social da população, precavendo-se, indubitavelmente, para que a pandemia de Covid-19 não venha a afetar, de forma exacerbada, a sociedade como um todo.

2.4.2 Quanto ao conflito jurídico-interpretativo das normas a serem adotadas por servidores públicos em meio ao surto pandêmico de Covid-19

Conforme exposto, percebe-se que os legisladores, ao disciplinarem normas que objetivaram o confronto direto ao surto de Covid-19, preocuparam-se com a manutenção dos serviços essenciais a serem executados em favor da coletividade.

Contudo, como constatado em estudos científicos e orientações emitidas pela Organização Mundial de Saúde – OMS, certa parcela da sociedade está suscetível a sofrer os sintomas mais graves provocados pelo Sars-CoV-2, levando-a, inclusive, a óbito.

Sob esse prisma, convencionou-se, para as autoridades competentes, que aqueles indivíduos que estão mais propensos ao risco de óbito em decorrência das sequelas provocadas pelo Covid-19, estariam classificados como integrantes de "Grupo de Risco" e, portanto, deveriam ser observados e tratados em uma ótica diferenciada dos demais, com o escopo de resguardar a saúde e, consequentemente, a vida.

Dessa forma, cabe uma análise de quais são os indivíduos que podem ser caracterizados como "Grupo de Risco" definidos pelo Decreto Municipal nº 9.460/2020:

> *Art. 18. Os titulares dos órgãos da Administração Direta, Autarquias e Fundação devem submeter ao regime de teletrabalho:*
>
> *(...)*
>
> *III – pelo período de emergência:*
>
> *a) as servidoras gestantes e lactantes;*
>
> *b) os servidores maiores de 60 (sessenta) anos;*
>
> *c) os servidores expostos a qualquer doença ou outra condição de risco de desenvolvimento de sintomas mais graves decorrentes da infecção pelo coronavírus (Covid-19), nos termos definidos pelas autoridades de saúde e sanitária.*
>
> *§1º A execução do teletrabalho, nas hipóteses preconizadas nos incisos do "caput" deste artigo, sem prejuízo da observância das demais condições instituídas pelo titular do órgão da Administração Direta, Autarquias e Fundação, consistirá no desenvolvimento, durante o período submetido àquele regime, das tarefas habituais e rotineiras desenvolvidas pelo servidor, quando passíveis de serem realizadas de forma não presencial, ou de cumprimento de plano de trabalho ou tarefas específicas, de mensuração objetiva, compatíveis com as atribuições do cargo ocupado pelo servidor, de sua unidade de lotação e com o regime não presencial.*

§2º Por decisão do titular do órgão da Administração Direta, Autarquias e Fundação, *o disposto neste artigo não será aplicado aos servidores lotados em unidades que prestem serviços essenciais, especialmente os necessários para o combate da pandemia.* (Grifamos)

Verifica-se, conforme disciplinamento legal adotado para os servidores públicos lotados na Prefeitura Municipal de João Pessoa, que se considera "Grupo de Risco": **a)** as servidoras gestantes e lactantes; **b)** os servidores maiores de 60 (sessenta) anos; e **c)** os servidores expostos a qualquer doença ou outra condição de risco de desenvolvimento de sintomas mais graves decorrentes da infecção pelo coronavírus (Covid-19), nos termos definidos pelas autoridades de saúde e sanitária, vide Item 2.5.2.

Para esses 03 (três) grupos, caracterizados como de risco perante a pandemia de Covid-19, foi disponibilizado o *regime de teletrabalho*, podendo, assim, o servidor público municipal, ausentar-se presencialmente de sua jornada de trabalho, tendo que executar seu labor sob o regime de *home office*.

Contudo, ao observarmos o §2º do supracitado dispositivo legal, percebe-se, claramente, que essa prerrogativa encontra *limitações expressas*, pois o alcance da aplicação dessas medidas não atinge aqueles servidores públicos municipais que estejam lotados em unidades que prestem serviços essenciais, especialmente os necessários ao combate à pandemia de Covid-19.

Nessa ordem de ideias, resta evidente que o Secretário da Pasta, por decisão fundamentada, poderá recusar o regime de teletrabalho aos servidores lotados em unidades que prestem serviços essenciais, com esteio no princípio da continuidade dos serviços públicos.

Novamente, constata-se que o legislador se preocupou com a normalidade da prestação dos serviços públicos municipais ofertados à sociedade. Especificamente, reforçou medidas de combate e enfrentamento ao surto pandêmico de Covid-19, posto o vislumbre de que a insuficiência de servidores poderia desencadear problemas insanáveis, que, provavelmente, provocariam caos na saúde pública e a consequente derrota para a vida e sociedade pessoense, pois todas as medidas adotadas sucumbiriam nessa "guerra" contra o novo coronavírus.

Porém, é inegável que o conflito merece ser esclarecido, pois se, de um lado, existe a preocupação com a sociedade de forma ampla, em outro aspecto se percebe o direito individual à vida e o instinto de sobrevivência que cada ser humano detém.

É interessante destacar, sob uma ótica nacional, que o próprio comportamento humano é volúvel e personalista, adotando diversos posicionamentos, seja dentro de seu próprio nicho profissional, localização geográfica ou escalonamento social.

Pode-se citar como exemplos de comportamentos que priorizaram a saúde individual:

a) Sinmed solicita afastamento de médicos do Estado em grupo de risco do coronavírus (*https://agorarn.com.br/cidades/sinmed-solicita-afastamento-de-medicos-do-estado-em-grupo-de-risco-do-coronavirus/*)

b) Simepe entra com ação para proteger médicos do grupo de risco durante enfrentamento à Covid-19 (*https://www.diariodepernambuco.com.br/noticia/vidaurbana/2020/03/simepe-entra-com-acao-para-proteger-medicos-do-grupo-de-risco-durante.html*)

c) Sindmepa – Sindicato dos Médicos do Pará – Orientação aos médicos que fazem parte do grupo de risco do coronavírus: "Médicos com vínculos privados e, ou, temporários, no serviço público – devem entregar aos seus contratantes laudos e atestados que indiquem claramente o motivo do risco, *solicitando o afastamento remunerado por período inicial de 15 dias, podendo ser prorrogado em caso de agravamento da pandemia na cidade onde habita*". (Grifamos) (*https://sindmepa.org.br/2020/03/orientacao-aos-medicos-que-fazem-parte-do-grupo-de-risco-do-corona-virus/*)

Embora oficial, o posicionamento individualista dos sindicatos supramencionados provoca certa estranheza, sobretudo quando cotejado com o Código de Ética Médica confeccionado pelo Conselho Federal de Medicina – CRM:

Capítulo I

Princípios Fundamentais

I – A medicina é uma profissão a serviço da saúde do ser humano e da coletividade e será exercida sem discriminação de nenhuma natureza.

(...)

VII – O médico exercerá sua profissão com autonomia, não sendo obrigado a prestar serviços que contrariem os ditames de sua consciência ou a quem não deseje, excetuadas as situações de ausência de outro médico, em caso de urgência ou emergência, ou quando sua recusa possa trazer danos à saúde do paciente.

(...)

Capítulo III

Responsabilidade Profissional

É vedado ao médico:

(...)

Art. 7º *Deixar de atender em setores de urgência e emergência, quando for de sua obrigação fazê-lo, mesmo respaldado por decisão majoritária da categoria.* Art. 8º *Afastar-se de suas atividades profissionais, mesmo temporariamente, sem deixar outro médico encarregado do atendimento de seus pacientes internados ou em estado grave.* (Grifamos)

Em face oposta a essa questão, tem-se exemplos de comportamentos que priorizam a saúde coletiva:

a) Bombeiros da reserva voltam à ativa e reforçam corporação (http://auniao.pb.gov.br/noticias/caderno_paraiba/bombeiros-da-reserva-voltam-a-ativa-e-reforcam-corporacao)

b) GDF vai criar gratificação para reforçar Saúde com médicos aposentados (https://www.metropoles.com/distrito-federal/politica-df/gdf-quer-reforcar-saude-com-medicos-e-enfermeiros-aposentados)

c) Ministério da Saúde cadastra médicos veterinários e mais 13 categorias para combater coronavírus (https://g1.globo.com/bemestar/coronavirus/noticia/2020/04/02/ministerio-da-saude-convoca-veterinarios-dentistas-e-ate-profissionais-de-educacao-fisica-no-combate-ao-novo-coronavirus.ghtml)

d) coronavírus: Saúde vai convocar 5 mil médicos para reforçar atendimento (https://www.gov.br/pt-br/noticias/saude-e-vigilancia-sanitaria/2020/03/coronavirus-saude-vai-convocar-5-mil-medicos-para-reforcar-atendimento)

Percebe-se, também, a adoção de medidas conciliatórias entre os interesses coletivos e individuais:

a) coronavírus: Ministério da Saúde desiste de chamar profissionais de saúde aposentados (https://oglobo.globo.com/sociedade/coronavirus/coronavirus-ministerio-da-saude-desiste-de-chamar-profissionais-de-saude-aposentados-1-24311485)

b) Covid-19 – Servidores da Saúde incluídos no grupo de risco poderão optar pelo teletrabalho (https://saude.montesclaros.mg.gov.br/noticia/saude/covid-19-servidores-da-saude-incluidos-no-grupo-de-risco-poderao-optar-pelo-teletrabalho)

c) Médicos e enfermeiros em grupos de risco poderão ser afastados e substituídos (https://www.campograndenews.com.br/cidades/capital/medicos-e-enfermeiros-em-grupos-de-risco-poderao-ser-afastados-e-substituidos)

Após toda essa exposição sobre os posicionamentos adotados diante do surto epidemiológico que a sociedade contemporânea enfrenta, é impreterível a seguinte reflexão: Até onde as pessoas pertencentes ao "Grupo de Risco" poderiam ser expostas aos seus perigos, abdicando de cautelas pertinentes à sua condição, em favor da sociedade, da saúde pública e da erradicação dos malefícios decorrentes da pandemia provocada pelo novo coronavírus?

Essa questão vem permeando o mundo jurídico ultimamente, e os conflitos entre a vontade do servidor e as determinações legais já foram decididas na esfera judicial, porém, não de uma forma pacificada.

Colacionam-se abaixo as decisões que ponderaram com a devida cautela a necessidade de determinados profissionais estarem ativos e presentes durante este momento de crise provocado pelo surto de Covid-19, objetivando resguardar a proteção da coletividade.

a) 2ª Vara da Fazenda Pública da Comarca de Florianópolis indeferiu o pedido de tutela antecipada do Sindicato dos Policiais civis, Processo nº 5026945-26.2020.8.24.0023/SC:

Foi solicitado pelo Sindicato dos Policiais Civis de Santa Catarina (Sinpol) o afastamento compulsório dos servidores de grupo de risco, transferências de presos em delegacias e fornecimento de equipamento de proteção individual aos policiais civis.

Contudo, o Juiz Jefferson Zanini indeferiu o pedido de tutela antecipada do Sindicato. Trecho da decisão:

> Com efeito, é fato público e notório que a população mundial, por conta da pandemia causada pelo Covid-19, atravessa um difícil período não visto desde o encerramento da 2ª Guerra Mundial, em 1945. Não fosse o bastante, não exsurge viável determinar-se ao Estado de Santa Catarina que efetue o remanejamento de equipamentos e materiais de outros órgãos públicos para contemplar os policiais civis. Também é notório que a rápida propagação da doença atravancou o sistema de abastecimento de equipamentos e materiais de proteção à saúde, tanto que o Ministério da Saúde está recomendando a confecção de máscaras caseiras, porquanto "desde o início da pandemia provocada pelo coronavírus, uma corrida mundial em busca de máscaras de proteção fez com que elas sumissem das prateleiras".

b) Processo nº 0708071-18.2020.8.02.0001, Tribunal de Justiça do Estado de Alagoas, 17ª Vara Cível da Capital:

A partir de ação proposta pelo Sindicato dos Médicos de Alagoas (Sinmed), que tinha como objetivo a concessão de licença, sem prejuízo dos vencimentos, para tratamento de saúde dos médicos servidores públicos que se encontravam no grupo de risco relativo ao novo coronavírus (Covid-19), o Poder Judiciário do Estado de Alagoas negou a demanda, através da decisão do juiz Alberto Jorge Correia Lima, titular da 17ª Vara Cível da Capital.

Conforme observações expostas pelo magistrado, a possibilidade de concessão de afastamento para tratamento de saúde apenas seria cabível em caso de existência de enfermidade a que o servidor tenha sido acometido, de modo a inviabilizar sua atuação profissional.

> *Seria uma irresponsabilidade do Poder Judiciário, em momento penoso como o atual, invadir a esfera administrativa para obrigar o gestor a praticar atos de gestão pública genéricos*, passando a administrar um problema que demanda soluções ímpares, céleres e impactantes para saúde e vida da população alagoana", disse o juiz. (Grifamos) (https://www.lex.com.br/noticia_27994760_JUSTICA_NEGA_LICENCA_GENERICA_PARA_MEDICOS_SERVIDORES_PUBLICOS_QUE_ESTAO_NO_GRUPO_DE_RISCO_DO_CORONAVIRUS.aspx)

A solicitação do sindicato se fundamentou no pedido para que a licença fosse concedida por meio de declaração feita pelo próprio servidor ou através de atestado médico subscrito por médico habilitado, recomendando o afastamento e explicitando os motivos pelos quais se daria a licença.

Subsidiariamente, o Sindicato solicitou a realocação dos médicos do grupo de risco para áreas não expostas à contaminação pelo vírus, designando-os para funções administrativas ou para orientação não presencial dos usuários do sistema público de saúde.

Nesse ponto, o magistrado Alberto Jorge, afirmou que o Regime Jurídico Único dos Servidores Públicos do Estado de Alagoas mostra *que a licença para tratamento de saúde terá que ser requerida com embasamento em perícia médica, procedida por inspeção do médico do setor de assistência do órgão de pessoal até trinta dias e, se por prazo superior, por junta médica oficial.*

"Sua condição profissional não lhes permite subscrever laudos destinados a esse fim para benefício próprio. Portanto, não há qualquer sentido em se autorizar a licença para tratamento de saúde destes servidores com base em declarações subscritas por eles próprios. *Não se cogita mesmo, consoante a dicção legal acima destacada, a concessão de licença para tratamento de saúde baseada, tão somente, em atestado fornecido por outro médico. É indispensável a perícia nos termos da lei"*, disse. (Grifamos) (*https://www. lex.com.br/noticia_27994760_JUSTICA_NEGA_LICENCA_GENERICA_ PARA_MEDICOS_SERVIDORES_PUBLICOS_QUE_ESTAO_NO_ GRUPO_DE_RISCO_DO_CORONAVIRUS.aspx*)

Quanto ao pedido de "realocação", assim se posicionou o Douto Magistrado:

"Não é razoável sobrecarregar outros médicos, com menos de 60 anos, deixando-os em situação de stress. Existe uma multiplicidade de patologias que não são contagiosas e que carecem dos serviços médicos presenciais. Isso para não mencionar a experiência dos mais velhos. Em uma analogia, já saturada é verdade, mais para o caso oportuna: *em tempos de guerra não podemos perder a habilidade, inteligência e perícia dos comandantes, dos mais experientes e que ainda não se aposentaram"*, destacou. (Grifamos) (*https://www.lex.com. br/noticia_27994760_JUSTICA_NEGA_LICENCA_GENERICA_PARA_ MEDICOS_SERVIDORES_PUBLICOS_QUE_ESTAO_NO_GRUPO_DE_ RISCO_DO_CORONAVIRUS.aspx*)

Acrescenta-se que, para o magistrado, a opção pela medicina no serviço público é personalíssima e ninguém é obrigado a permanecer nos quadros da saúde se compreende que as atribuições do cargo estão acima de suas possibilidades.

O servidor público não é servidor de si mesmo e os seus direitos estão atrelados aos seus deveres perante a população que os paga. Cada profissão tem uma ética própria que, especialmente em certos momentos, determina imposições e exigências que superam em muito as de outras. Os servidores públicos médicos merecem tanto ou mais aplausos que os médicos privados, pelo dever legal, de regra, de enfrentar o perigo, pelas condições mais precárias dos serviços públicos de saúde, pela essência, enfim, do *juramento de todo e qualquer médico: 'consagrar a vida a serviço da humanidade'.* (Grifamos) (https://www.lex.com.br/ noticia_27994760_JUSTICA_NEGA_LICENCA_GENERICA_PARA_ MEDICOS_SERVIDORES_PUBLICOS_QUE_ESTAO_NO_GRUPO_ DE_RISCO_DO_CORONAVIRUS.aspx)

c) Coronavírus: TRT derruba liminar que previa afastamento de profissionais da saúde de grupo de risco:

A desembargadora Rilma Aparecida Hemetério, do Tribunal Regional do Trabalho da 2ª Região, derrubou nesta terça-feira (31) uma liminar da 58ª Vara do Trabalho de São Paulo, que determinou que o Hospital das Clínicas e o Instituto de Assistência Médica ao Servidor Público Estadual de São Paulo (Iamspe) afastassem funcionários dos grupos de risco para a Covid-19 e permitissem o trabalho de casa (home office).

A liminar, expedida nesta segunda-feira (30), acatava pedido feito por meio de uma ação coletiva ajuizada pelo Sindicato dos Trabalhadores Públicos da Saúde no Estado de São Paulo. A decisão atingia funcionários de todas as áreas de saúde, como médicos, enfermeiros e demais técnicos. A Procuradoria-Geral do Estado de São Paulo interpôs recurso, que foi recebido pela desembargadora Rilma. *Na decisão, ela declarou que "não pode o Poder Judiciário atuar na contramão da história, afastando a maior parte do quadro de profissionais da saúde das instituições demandadas – justamente os mais experientes e mais aptos, por conseguinte, para lidar com a pandemia".* De acordo com a desembargadora, os profissionais de saúde abarcados pela decisão "também são comprometidos com o juramento que fizeram ao abraçar o ofício de salvar vidas, socorrer e dar alívio aos enfermos, cabendo a eles próprios avaliarem se necessitam ou não de afastamento, de modo a não prejudicar ainda mais aqueles que estão sob os seus cuidados". (Grifamos)

(https://g1.globo.com/sp/sao-paulo/noticia/2020/03/31/coronavirus-trt-derruba-liminar-que-previa-afastamento-de-profissionais-da-saude-de-grupo-de-risco.ghtml)

d) TRT derruba liminar que autorizava HC a liberar servidor de grupo de risco para trabalho em casa:

Decisão anterior atingiria 70% dos funcionários e colocava em risco atendimento de vítimas de coronavírus, diz hospital.

O TRT (Tribunal Regional do Trabalho) da 2ª Região de São Paulo suspendeu nesta terça (31) a liminar que obrigava o Hospital das Clínicas e o Iamspe (Instituto de Assistência Médica ao Servidor Público Estadual de São Paulo) a permitirem que funcionários em grupos de risco para a Covid-19 trabalhassem de casa (home office).

Na decisão, a desembargadora Rilma Hemeterio diz que o Poder Judiciário não pode atuar na contramão da história, afastando a maior parte do quadro de profissionais da saúde dessas instituições, justamente os mais experientes e aptos para lidar com a pandemia. "Isso iria forçosamente desembocaria em resultado catastrófico."

A liminar tinha sido concedida pela 53ª Vara do Trabalho de São Paulo, em resposta a uma ação coletiva impetrada pelo SindSaúde (Sindicato dos Trabalhadores Públicos da Saúde no Estado de São Paulo).

Só no HC, a medida atingiria 70% dos 10.579 profissionais contratados por administração direta ou no regime CLT (Consolidação das Leis Trabalhistas). Entre eles estão médicos, enfermeiros e técnicos, entre outros, que têm mais de 60 anos ou doenças crônicas, como hipertensão e diabetes.

No recurso, o hospital alegou que todos os servidores de grupos de risco já tinham sido realocados para locais de baixo risco, como os setores administrativos. O HC afastou 125 funcionários por coronavírus.

O Iamspe também informa já afastou 437 servidores, sendo 345 que atuavam diretamente no Hospital do Servidor Público Estadual e que apresentam doenças como diabetes e hipertensão, entre outras.

(http://www.granadeiro.adv.br/clipping/2020/04/01/trt-derruba-liminar-que-autorizava-hc-a-liberar-servidor-de-grupo-de-risco-para-trabalho-em-casa)

e) Processo nº 0013592-19.2020.8.26.0000, Suspensão de Liminar proferida pela 12ª Vara da Fazenda Pública Comarca de São Paulo:

Segundo consta dos autos, o juízo determinou a adoção de várias medidas sanitárias e de controle para preservar a saúde dos servidores do Sistema Penitenciário e dos detentos, em face da pandemia causada pela Covid-19.

Argumenta o Estado de São Paulo que há nítida invasão de competência administrativa, pois é do Poder Executivo, por meio da Secretaria Estadual de Administração Penitenciária, a atribuição de executar a complexa política pública de organização das unidades prisionais no âmbito do Estado, o que já foi feito.

(...)

Nesse sentido, não tem lugar, a esta altura, detida ou profunda análise do mérito da ação em que proferida a decisão liminar, mas sim a apreciação dos aspectos relacionados à potencialidade lesiva do ato decisório em face dos interesses públicos assegurados em lei. *No caso, a decisão de primeiro grau deve ter sua eficácia suspensa porque, à luz das razões de ordem e segurança públicas, ostenta periculum in mora inverso de densidade manifestamente superior àquele que, aparentemente, animou o deferimento liminar da medida postulada.*

A decisão cuja eficácia pretende o Estado de São Paulo suspender determinou que o Poder Executivo tome providências capazes de suprir omissões e imprevisões do Plano de Contingência da Secretaria de Administração Penitenciária e de outros atos oficiais para enfrentamento da emergência de saúde pública no âmbito do sistema prisional, sob pena de multa diária de cem mil reais, além de outras sanções, para:

(...)

d) afastar do exercício funcional os servidores que apresentarem parecer médico circunstanciado para o afastamento, bem como as servidoras gestantes;

(...)

Está suficientemente configurada a lesão à ordem pública, assim entendida como ordem administrativa geral, equivalente à execução dos serviços públicos e ao devido exercício das funções da Administração pelas autoridades constituídas (cf., STA-AgRg 112, Rel. Min. Ellen Gracie, j. 27.02.08; Pet-AgRg-AgRg 1.890, Rel. Min. Marco Aurélio, red. ac. Min. Carlos Velloso, j. 01.08.02; SS-AgRg 846, Rel. Min. Sepúlveda Pertence, j. 29.05.96; e SS-AgRg 284, Rel. Min. Néri da Silveira, j. 11.03.91).

(...)

Por isso mesmo, decisão judicial não pode substituir o critério de conveniência e oportunidade da Administração, mormente em tempos de crise e calamidade, porque o Poder Judiciário não dispõe de elementos técnicos suficientes para a tomada de decisão equilibrada e harmônica.

(...)

III. Forçoso constatar que a decisão liminar proferida em ação civil pública tem nítido potencial de implicar risco à ordem administrativa, na medida em que ostenta caráter de irreversibilidade em tema de competência primordialmente atribuída ao Poder Executivo, *além de criar embaraços e dificuldades ao adequado exercício das funções típicas da Administração pelas autoridades legalmente constituídas, comprometendo a condução coordenada e sistematizada das ações necessárias à mitigação dos danos provocados pela Covid-19.* E não se pode afirmar que as medidas não foram ou não serão adotadas.

(...)

Em suma, sem que se caracterize mínima omissão, é certo que a coordenação das ações de combate ao estado de calamidade, até para que os resultados sejam efetivos, cabe ao Poder Executivo, que, com decisões e atos complexos, tem aplicado política pública voltada ao combate efetivo do mal que nos aflige. Não se tem dúvida de que o Estado está atento e certamente irá voltar seus olhos para a segurança de seus servidores e dos cidadãos recolhidos no sistema penitenciário.

Ademais, não tem sentido determinar medidas da alçada de outro poder do Estado com fundamento apenas na discordância unilateral acerca da forma de agir, até porque – no caso concreto de tamanha seriedade – devem prevalecer os critérios de conveniência e oportunidade típicos da Administração. E o comando deve ser único. *Assim, neste momento de enfrentamento de crise sanitária mundial, considerando todos os esforços que envidados hora a hora pelo Estado, decisões isoladas, têm o potencial de promover a desorganização administrativa, obstaculizando a evolução e o pronto combate à pandemia.* (Grifamos)

Pelo exposto, nota-se que o conflito interpretativo provocado pelos diplomas legais elaborados com o escopo de combater o surto pandêmico de coronavírus (Covid-19) atinge, especialmente, os servidores públicos que prestam atividades essenciais e se enquadram como pertencentes a "Grupo de Risco".

Assim, é imperioso que a Prefeitura Municipal de João Pessoa – PMJP adote medidas capazes de dirimir esses conflitos interpretativos, com o escopo de eliminar qualquer intermediação judicial e, consequentemente, conciliar os interesses individuais com os da sociedade pessoense.

2.5 Quanto aos encaminhamentos a serem adotados para dirimir os conflitos entre a necessidade da manutenção dos serviços essenciais e o direito à saúde dos servidores públicos pertencentes ao grupo de risco

Por todo o exposto, percebe-se que a Prefeitura Municipal de João Pessoa não pode ficar inerte a toda esta celeuma provocada pelos conflitos interpretativos decorrentes dos decretos municipais editados com escopo de combater a pandemia provocada pelo novo coronavírus, em especial as disposições destinadas aos servidores públicos municipais, principalmente, aqueles que desempenham atividade considerada essencial e podem ser enquadrados como de "Grupo de Risco" de Covid-19.

O Poder Executivo Municipal local tem a responsabilidade de editar normas voltadas ao enfrentamento da Covid-19, mas, também, de manter a segurança e o respeito aos direitos – individuais e coletivos – à saúde da sociedade pessoense, inclusive de seu próprio quadro de servidores públicos.

Torna-se imperioso que o Executivo Municipal adote medidas capazes de dirimir os conflitos inerentes às disposições dos "Decretos Pandêmicos" perante o seu quadro de servidores públicos que desempenham atividades essenciais e se enquadram em "Grupo de Risco" de Covid-19.

Cabe ressaltar que a PMJP, nos demais aspectos do enfrentamento da Covid-19, tem se mostrado bastante proativa, confeccionando atos normativos com a celeridade que a conjuntura pandêmica requer.

Dessa forma, a sociedade pessoense necessita – clama – mais uma vez, que a Administração Pública Municipal atue com presteza no sentido de antecipar a solução de conflitos interpretativos preexistentes nos "Decretos Pandêmicos" – inerentes a servidores públicos municipais que exercem atividades essenciais e se enquadram em "Grupo de Risco" de Covid-19 – que poderiam alcançar o intermédio da esfera judicial.

Agindo assim, acredita-se que a PMJP reduzirá consideravelmente as demandas judiciais pertinentes ao tema abordado neste parecer normativo, pois disciplinará de forma mais clara o assunto, procurando respeitar as individualidades, os direitos, e peculiaridades de cada servidor público municipal.

Portanto, apreciando o predisposto na Lei Complementar nº 61/2010, percebe-se como sendo de competência da Procuradoria-Geral do Município:

> Art. 2º. São funções institucionais da Procuradoria Geral do Município, dentre outras:
>
> (...)
>
> V – *assessorar o Poder Executivo* e os órgãos da Administração Direta e Indireta do Município em atribuições de natureza consultiva;
>
> (...)
>
> IX – *promover a unificação da jurisprudência administrativa do município;*
>
> (...)
>
> XX – *propor medidas de caráter jurídico* que visem proteger o patrimônio do município ou *aperfeiçoar as práticas administrativas.* (Grifamos)

Consequentemente, este parecer passará a tratar do aconselhamento de medidas que podem ser adotadas pela Gestão Pública Municipal, com o escopo de alcançar o equilíbrio entre os anseios coletivos e individuais dos servidores públicos municipais que desenvolvem atividades essenciais e se enquadram como de Grupo de "Risco" de Covid-19.

2.5.1 Quanto às atividades e serviços considerados essenciais

Cabe esclarecer que, quanto aos serviços e atividades essenciais desempenhados pelos servidores públicos municipais, os "Decretos Pandêmicos" não fazem a descrição pormenorizada de qual seria esse rol.

Dessa forma, verifica-se a necessidade de um maior esclarecimento e disciplinamento normativo sobre o tema, com o intuito de evitar quaisquer conflitos interpretativos sobre a questão.

Assim, para fins de delimitação, a Administração Pública Municipal deverá considerar serviços e/ou atividades essenciais aqueles elencados no art. 3º do Decreto Federal nº 10.282/2020, já abordado no item 2.4.1.

2.5.2 Quanto ao grupo de risco

Interpretativamente, denota-se que a ideia de que o "Grupo de Risco", admitido pela PMJP, está contido no art. 18, III, do Decreto Municipal nº 9.460/2020:

> Art. 18. Os titulares dos órgãos da Administração Direta, Autarquias e Fundação devem submeter ao regime de teletrabalho:
>
> (...)
>
> III – pelo período de emergência:
>
> *a) as servidoras gestantes e lactantes;*
>
> *b) os servidores maiores de 60 (sessenta) anos;*
>
> *c) os servidores expostos a qualquer doença ou outra condição de risco de desenvolvimento de sintomas mais graves decorrentes da infecção pelo coronavírus (Covid-19), nos termos definidos pelas autoridades de saúde e sanitária.*
>
> (...)
>
> §2º Por decisão do titular do órgão da Administração Direta, Autarquias e Fundação, *O DISPOSTO NESTE ARTIGO NÃO SERÁ APLICADO AOS SERVIDORES LOTADOS EM UNIDADES QUE PRESTEM SERVIÇOS ESSENCIAIS, ESPECIALMENTE OS NECESSÁRIOS PARA O COMBATE DA PANDEMIA*. (Grifamos)

Assim, pela preocupação do legislador em evitar o contato do servidor público com aglomerações de pessoas em seu ambiente de trabalho físico, propondo o regime de teletrabalho, *a Administração*

Pública deverá considerar como sendo integrante de "Grupo de Risco" de Covid-19: a) as servidoras gestantes e lactantes; b) os servidores maiores de 60 (sessenta) anos; e c) os servidores expostos a qualquer doença ou outra condição de risco de desenvolvimento de sintomas mais graves decorrentes da infecção pelo coronavírus (Covid-19), nos termos definidos pelas autoridades de saúde e sanitária.

2.5.3 Quanto à possibilidade de não aplicação do teletrabalho para o servidores do grupo de risco por decisão do titular do órgão e de realocação dos servidores públicos municipais, que desempenham atividades ou serviços essenciais e estejam presentes em "grupo de risco" da Covid-19

Como se pode constatar no corpo deste parecer normativo, esse é o cerne de toda a problemática arbitrada por diversos tribunais pelo Brasil, pois, citando o tópico 2.4.2, reforça-se:

> *Até onde as pessoas pertencentes ao "Grupos de Risco" frente aos sintomas do Covid-19, poderiam ser expostas aos seus perigos, abdicando de cautelas pertinentes à sua condição, em favor da sociedade, da saúde pública e da erradicação dos malefícios decorrentes da pandemia provocada pelo novo coronavírus?* (Grifamos)

É importante ressaltar que a vida consiste no mais importante direito abarcado pelo Código Civil Brasileiro e pela Constituição Federal.

A vida, em sentido *lato*, encontra várias definições na língua portuguesa:

> 1. Atividade interna substancial por meio da qual atua o ser onde ela existe; estado de atividade imanente dos seres organizados. 2. Duração das coisas; existência. 3. União da alma com o corpo. 4. Espaço de tempo compreendido entre o nascimento e a morte do ser humano. *5. Espaço de tempo em que se mantém a organização dos seres viventes.* 6. Animação em composições literárias ou artísticas. 7. Maneira de viver no tocante à fortuna ou desgraça de uma pessoa ou às comodidades ou incomodidades com que vive. 8. Estado da alma depois da morte. 9. Ocupação, emprego, profissão. 10. Alimentação, subsistência, sustento, passadio. 11. Condições para viver e durar; vitalidade. *12. Princípio de existência de força; condições de bem-estar, vigor, energia, progresso.* 13.

Expressão viva e animada, animação, entusiasmo. 14. Causa, origem. 15. Sustentáculo, apoio principal, fundamento, essência. 16. O que constitui a principal ocupação, o máximo prazer, a maior afeição de alguém. (Grifamos) (Dicionário on line Michaelis: http://michaelis. uol.com.br/moderno/portugues/index.php?lingua=portugues-portugues&palavra=vida)

A Constituição Federal de 1988, em seu artigo 5º, *caput*, define o direito à vida a todos os brasileiros e estrangeiros que aqui residem:

> Art. 5º. Todos são iguais perante a lei, sem distinção de qualquer natureza, garantindo-se aos brasileiros e aos estrangeiros residentes no País a inviolabilidade do direito à vida, à liberdade, à igualdade, à segurança e à propriedade.

Diversos são os autores que discorrem teses sobre a vida e os direitos dela decorrentes. Para Luciana Russo (*Direito Constitucional.* 2. ed. São Paulo: Saraiva, 2009, p. 91), o direito à vida é o bem mais relevante de todo ser humano.

Já Paulo Gustavo Gonet Branco (*Curso de Direito Constitucional.* 5. ed. São Paulo: Saraiva, 2010, p. 441.) diz que:

> A existência humana é o pressuposto elementar de todos os demais direitos e liberdades disposto na Constituição e que esses direitos têm nos marcos da vida de cada indivíduo os limites máximos de sua extensão concreta. O direito à vida é a premissa dos direitos proclamados pelo constituinte; *não faria sentido declarar qualquer outro se, antes, não fosse assegurado o próprio direito estar vivo para usufruí-lo.* O seu peso abstrato, inerente à sua capital relevância, é superior a todo outro interesse. (Grifamos)

Alexandre Moraes (*Direito Constitucional.* 13. ed. São Paulo: Atlas S.A., 2003, p. 63.) afirma:

> O direito à vida é o mais fundamental de todos os direitos, já que se constitui em pré-requisito à existência e exercício de todos os demais direitos.

Ideia também compartilhada por André Ramos Tavares (*Curso de Direito Constitucional.* 8. ed. São Paulo: Saraiva, 2010, p. 569.):

(...) é o mais básico de todos os direitos, no sentido de que surge como verdadeiro pré-requisito da existência dos demais direitos consagrados constitucionalmente. É, por isto, o direito humano mais sagrado.

Pode-se inferir, portanto, que a vida humana é o princípio mais importante existente em nossa Constituição, tornando-se um direito imprescindível ao cidadão.

Mas, e quando o direito à vida é equilibrado em uma balança, onde, em lados opostos, encontram-se os anseios individuais e coletivos? Qual a medida a ser adotada? Deveria haver a prevalência de um sobre o outro?

No entendimento desta Procuradoria-Geral do Município, a resposta a essas questões se encontra na Constituição Federal de 1988, que dispõe em seu artigo 5º, *caput*, sobre o princípio constitucional da igualdade, perante a lei, nos seguintes termos:

> Artigo 5º. Todos são iguais perante a lei, sem distinção de qualquer natureza, garantindo-se aos brasileiros e aos estrangeiros residentes no País a inviolabilidade do direito à vida, à liberdade, à igualdade, à segurança e à propriedade, nos termos seguintes.

Entende-se que o princípio da igualdade prevê a equidade de aptidões e de possibilidades virtuais dos cidadãos de gozar de tratamento isonômico pela lei. Esse princípio veda as diferenciações arbitrárias e absurdas, não justificáveis pelos valores da Constituição Federal, e tem por finalidade limitar a atuação do legislador, do intérprete ou autoridade pública e do particular.

Pelo princípio da igualdade, pode se pressupor que as pessoas colocadas em situações diferentes sejam tratadas de forma desigual:

> *Dar tratamento isonômico às partes significa tratar igualmente os iguais e desigualmente os desiguais, na exata medida de suas desigualdades.* (NERY JUNIOR, 1999, p. 42). (Grifamos)
>
> O raciocínio que orienta a compreensão do princípio da isonomia tem sentido objetivo: *aquinhoar igualmente os iguais e desigualmente as situações desiguais.* (BULOS, 2002, p. 79).

Faz-se mister citar José Afonso da Silva (1999, p. 221), que examina o preceito constitucional da igualdade como um direito fundamental sob o prisma da função jurisdicional:

A igualdade perante o Juiz decorre, pois, da igualdade perante a lei, como garantia constitucional indissoluvelmente ligada à democracia. *O princípio da igualdade jurisdicional ou perante o juiz apresenta-se, portanto, sob dois prismas: (1) como interdição ao juiz de fazer distinção entre situações iguais, ao aplicar a lei; (2) como interdição ao legislador de editar leis que possibilitem tratamento desigual a situações iguais ou tratamento igual a situações desiguais por parte da Justiça.* (Grifamos)

É possível concluir, portanto, que o princípio constitucional da igualdade se traduz em uma norma de eficácia plena, cuja exigência de indefectível cumprimento independe de qualquer norma regulamentadora, e assegura a todos, indistintamente, independentemente de raça, cor, sexo, classe social, situação econômica, orientação sexual, convicções políticas e religiosas, igual tratamento perante a lei, mas, também, e principalmente, igualdade material ou substancial.

Sob essa ótica, a Constituição Federal e a legislação podem fazer distinções e dar tratamento diferenciado de acordo com juízos e critérios valorativos, razoáveis e justificáveis, que visem conferir tratamento isonômico aos desiguais:

> *Assim, os tratamentos normativos diferenciados são compatíveis com a Constituição Federal quando verificada a existência de uma finalidade razoavelmente proporcional ao fim visado.* (MORAES, 1989, p. 58). (Grifamos)

Dessa maneira, embasando-se no princípio Constitucional da igualdade, tornar-se cristalino, no entendimento desta Procuradoria, que o direito à vida deve ser preservado acima de qualquer outra questão, seja pelo aspecto individual ou coletivo.

A questão ainda se agrava, ao se constatar que seriam afastados justamente os profissionais mais experientes, líderes de suas equipes e mais capacitados para enfrentar a pandemia. Com efeito, não há como eliminar-se o risco inerente ao próprio exercício dessas atividades, não apenas em decorrência da pandemia do coronavírus, mas também do que se verifica no dia a dia destes agentes públicos.

Não se pode ignorar o risco inerente à profissão. Aqueles que abraçam essas tão nobres profissões, responsáveis pela preservação da vida, o fazem por vocação, sabendo que, para salvar vidas, muitas vezes terão que expor as suas próprias.

Destarte, como não poderia deixar de ser, aos profissionais de algumas áreas as regras de afastamento não são aplicáveis, por demandarem funcionamento ininterrupto no atual contexto de calamidade e desde que haja decisão do titular do órgão, decisão esta que, como todo ato administrativo, deve ser *devidamente motivada*.

Acrescente-se que a implantação da prestação de jornada laboral mediante teletrabalho é *medida excepcional,* que não pode ser interpretada de forma ampliativa e estendida para áreas não referidas pela norma.

A incidência do art. 22 da LINDB faz com que as normas jurídicas aplicáveis ao caso devam ser interpretadas sempre se considerando que existe uma política pública para o enfrentamento da epidemia de coronavírus.

> Art. 22. Na interpretação de normas sobre gestão pública, serão considerados os obstáculos e as dificuldades reais do gestor e as exigências das políticas públicas a seu cargo, sem prejuízo dos direitos dos administrados.

Contudo, não se pode afastar a conjuntura atual que a sociedade contemporânea enfrenta em meio ao surto pandêmico de Covid-19, onde os serviços e atividades essenciais, desempenhados pelos servidores público, revestiram-se, inquestionavelmente, de maior premência nestes dias de crise.

Deve-se preservar o direito à vida do servidor público que se encontra em "Grupo de Risco" da Covid-19, mas também devem ser garantidas condições para que a sociedade mantenha inabalado o seu direito à vida, dispondo, por conseguinte, dos adequados amparo e suporte, que o Poder Executivo Municipal é obrigado a prestar.

Pode se exemplificar essa questão através do Estatuto da Criança e do Adolescente – ECA, que estabelece:

> Art. 7º *A criança e o adolescente têm direito a proteção à vida e à saúde, mediante a efetivação de políticas sociais públicas que permitam o nascimento e o desenvolvimento sadio e harmonioso, em condições dignas de existência.* (Grifamos)

A administração pública, pelo exemplo supracitado, é obrigada a resguardar o direito à saúde e à vida da criança e do adolescente, mas como poderá fazê-lo, caso tenha seu quadro médico fragilizado, devido ao grande número de desfalques, no ambiente de trabalho presencial, provocados pelo simples enquadramento dos servidores públicos municipais ao "Grupo de Risco" da Covid-19?

Assim é imperioso que a Administração Pública Municipal recorra aos ensinamentos de Nery Júnior (NERY JUNIOR, 1999, p. 42): *"Dar tratamento isonômico às partes significa tratar igualmente os iguais e desigualmente os desiguais, na exata medida de suas desigualdades".*

Destaca-se que a Prefeitura Municipal de João Pessoa tem mostrado agilidade, presteza e eficiência nas medidas de combate ao surto pandêmico de Covid-19, podendo citar-se:

- Decreto Municipal n.º 4.963/2020, que requisitou administrativamente, 02 (dois) hospitais destinados, exclusivamente, no tratamento de cidadãos acometidos de Covid-19; e
- A Parceria firmada entre a PMJP e a Fecomércio-PB, que possibilitou que profissionais da Saúde de João Pessoa, com familiares em "Grupo de Risco", possam se hospedar em hotel na Capital paraibana. https://www.jornaldaparaiba.com.br/vida_urbana/profissionais-da-saude-de-joao-pessoa-com familiares-em-grupo-de-risco-vao-poder-se-hospedar-em-hotel.html

Destarte, por tudo que foi exposto, esta Procuradoria-Geral do Município aconselha o Poder Executivo Municipal a continuar na defesa da vida humana de todos os cidadãos pessoenses, inclusive de seus servidores públicos que prestam serviços e/ou atividades essenciais, e que possam ser enquadrados no "Grupo de Risco" da Covid-19, amparando-se no princípio Constitucional da igualdade.

Como restou exposto anteriormente, consoante disposição do §2º do art. 18 do Decreto nº 9.460/2020, é plenamente possível que o teletrabalho não seja aplicado aos servidores pertencentes ao grupo de risco que sejam lotados em unidades que prestem serviços essenciais, especialmente os necessários para o combate da pandemia, desde que haja decisão motivada do titular do órgão da Administração Direta, Autárquica ou Fundacional.

Logo, caso não concedido o regime de teletrabalho, sugere-se que o Secretário da Pasta realoque os servidores enquadrados no "Grupo de Risco" para outra unidade que não componha a "linha de frente" no combate à pandemia, desde que seja mantido o funcionamento integral das atividades essenciais, em homenagem ao princípio da continuidade do serviço público, respeitando-se a disponibilidade e a necessidade que a Administração Pública apresentar.

Acredita-se que esse seja um posicionamento intermediário, capaz de conciliar interesses individuais e coletivos, possuindo características semelhantes a outros adotados por gestores municipais pelo Brasil, como se pode citar:

> *Médicos e enfermeiros em grupos de risco poderão ser afastados e substituídos*
>
> (...)
>
> As doenças e situações individuais precisam ser comprovadas documentalmente às chefias imediatas.
>
> Os afastados poderão, além do regime de home office, ser realocados para realização de serviços internos ou ganhar férias antecipadas.
>
> Caso não seja possível o remanejamento para nenhuma destas opções, o funcionário público deverá cumprir a carga horária faltante em outra oportunidade, para completar seu banco de horas. (Grifamos) (https://www.campograndenews.com.br/cidades/capital/medicos-e-enfermeiros-em-grupos-de-risco-poderao-ser-afastados-e-substituidos)
>
> Covid-19 – Servidores da Saúde incluídos no grupo de risco *poderão optar* pelo teletrabalho
>
> A Secretaria Municipal de Saúde, através da Portaria nº 07, de 3 de abril de 2020, estabelece que os seus servidores incluídos nos grupos de risco da Covid-19, como hipertensos e idosos, por exemplo, *podem optar pelo teletrabalho para evitar o contágio da doença.*
>
> (...)
>
> De forma excepcional, não será exigido o comparecimento físico do servidor para perícia médica para os integrantes do grupo de risco para o Covid-19, *ressalvado que entendimento contrário do médico do trabalho poderá, a depender do caso, requerer agendamento de perícia médica com hora marcada.* (Grifamos) (https://saude.montesclaros.mg.gov.br/noticia/saude/covid-19-servidores-da-saude-incluidos-no-grupo-de-risco-poderao-optar-pelo-teletrabalho)

Assim, adotando-se a medida proposta, acredita-se que os quadros de servidores públicos efetivos não sofrerão desfalques significativos, o que não inviabilizará a prestação dos serviços essenciais à sociedade, neste período de crise global.

Dentro de suas reais possibilidades, a Administração Pública, desta forma, estará dando prioridade a profissionais que não se enquadram no grupo de risco, que conseguem se recuperar mais rápido se infectados pelo vírus, e retornam ao labor com a imunidade plenamente estabelecida.

Ademais, ressalta-se que a PMJP publicou, em 07.04.2020, o *Edital de Processo Seletivo Simplificado nº 01/2020*, que possui por escopo "a contratação emergencial de profissionais das áreas de saúde e de apoio para prestação de serviços nas ações de enfrentamento da Infecção Humana pela Covid-19, na Secretaria de Saúde, pelo prazo de 90 (noventa) dias podendo ser prorrogado, se necessário, por igual período, ou até que se encerre o estado de emergência, o que decorrer primeiro".

Nota-se neste ato da Administração Pública Municipal que, além da busca por reforços na "luta" contra a Covid-19, a PMJP se preocupa com a manutenção da normalidade de sua Gestão, garantindo que seu quadro de servidores não seja desfalcado ao ponto de prejudicar as atividades essenciais prestadas à sociedade pessoense.

Portanto, sugere-se que os órgãos que desempenham atividades essenciais sejam orientados da seguinte forma:

1. Desde que haja decisão fundamentado do titular do órgão da Administração Direta, Autárquica e Fundacional, é possível negar o regime de teletrabalho aos servidores enquadrados no Grupo de Risco da Covid-19, se tal medida afetar o funcionamento regular das atividades públicas;

2. Caso não seja aplicado o regime de teletrabalho, os servidores poderão ser realocados para outra unidade presencial que não componha a linha de frente do combate ao coronavírus, desde que:

   I – Apresentem solicitação individual e formal para realocação de unidade de trabalho presencial ao Chefe imediato;

   II – Sejam avaliados pela Junta Médica Municipal;

   III – Obtenham parecer e/ou laudo favorável da Junta Médica Municipal, deferindo o pedido de realocação da unidade de trabalho presencial devido ao enquadramento ao Grupo de Risco da Covid-19;

   IV – Apresentem parecer e/ou laudo favorável da Junta Médica Municipal ao Chefe imediato;

3. As realocações serão efetivadas conforme a *conveniência, disponibilidade e necessidade* que a Administração Pública Municipal apresentar naquele período.

4. Em posse do parecer/laudo favorável da Junta Médica Municipal, deverá o Chefe imediato comunicar o deferimento do pedido para o respectivo Secretário da pasta do servidor requerente.

5. No prazo máximo de 02 (dois) dias e observando o interesse da Administração Municipal, o Secretário da Pasta deverá responder a solicitação de realocação do requerente.

6. Caso seja negada, o ato denegatório deverá ser justificado.

7. Caso a decisão seja favorável à realocação, o Secretário da Pasta deverá indicar, em sua fundamentação, a nova unidade presencial de labor do requerente.

8. Concedida a realocação, deve o requerente, após ciência da decisão, encaminhar-se ao novo local de labor presencial, dentro do prazo de 01 (um) dia útil.

2.5.4 Quanto à junta médica municipal

Como descrito no tópico anterior, a solicitação de realocação de unidade física de trabalho – pelo servidor público municipal que realiza serviços e/ou atividades essenciais e está enquadrado em "Grupo de Risco do coronavírus – deverá, obrigatoriamente, ser referendada por parecer/laudo emitido pela Junta Médica Municipal.

Dessa forma, para que o artigo proposto no tópico anterior alcance sua eficiência plena, torna-se imperioso o adequado funcionamento da Junta Médica Municipal.

Contudo, vislumbra-se um impeditivo constatado no Decreto Municipal nº 9.460/2020, citando-se:

> Art. 22. Sem prejuízo das medidas já elencadas, todas as unidades da Administração Direta, Autarquias e Fundação deverão adotar as seguintes providências:
>
> (...)
>
> VII – *suspender ou adiar, em especial em relação às pessoas inseridas no grupo de risco de evolução para os sintomas graves decorrentes da infecção pelo coronavírus (Covid-19), o comparecimento presencial para perícias, exames, recadastramentos, provas de vida ou quaisquer outras providências administrativas;* (Grifamos)

Pela leitura do dispositivo supracitado, verifica-se que a Junta Médica Municipal ficaria impedida de avaliar se o servidor público municipal que presta serviços ou atividades essenciais e que está enquadrado em "Grupo de Risco" da Covid-19. Portanto, ficaria inviabilizada, consequentemente, a realocação desse servidor público para outra unidade presencial de labor que não esteja na linha de frente do combate ao novo coronavírus.

Nesse cenário, observadas as cautelas médicas de estilo, propõe-se que a Junta Médica seja compelida a atender os servidores pertencentes ao "Grupo de Risco" que solicitarem a realocação disciplinada no tópico anterior.

2.5.5 Quanto à presença da gestante e da lactante em grupo de risco para Covid-19

Como já se descreveu neste parecer normativo, através de uma análise hermenêutica, pode-se enquadrar as gestantes e lactantes como integrantes de "Grupo de Risco" Ià Covid-19. Contudo, informações complementares merecem ser elencadas, de forma a aprofundar o tema e melhor embasar o posicionamento desta Procuradoria-Geral.

A presença de gestantes e lactantes em ambientes com maiores riscos de contaminação já foi debatida pelo Supremo Tribunal Federal – STF, em 29.05.2019, por meio da ADI nº 6.938.

O ministro relator discorreu, à época, que a proteção da mulher grávida ou lactante se caracteriza como um direito instrumental:

Tanto da mulher quando da criança. O afastamento das gestantes e lactantes tem como objetivo não só de salvaguardar direitos sociais da mulher, mas também, efetivar a integral proteção ao recém-nascido. (https://www.conjur.com.br/2019-mai-29/supremo-proibe-gravidas-trabalhar-local-insalubre)

Portanto, a partir da decisão do plenário da Suprema Corte, mais uma vez se vislumbra a necessidade de que ocorra a correta exposição dos textos contidos nos "Decretos Pandêmicos" municipais, adequando seu conteúdo pertinente às grávidas e lactantes aos ditames norteadores do STF.

Destarte, amparando-se nos já citados "Direito à Vida" e Princípio da Igualdade – apresentados e protegidos por nossa Constituição Federal – além do entendimento adotado pelo Supremo Tribunal Federal – STF, infere-se que a gestante, assim como a lactante, carece de tratamento diferenciado em meio à crise provocada pela pandemia de Covid-19.

Assim, apesar de – como já aconselhado neste parecer normativo – a gestante e a lactante integrarem "Grupo de Risco" de Covid-19 para a Administração Municipal, deve-se respeitar sua condição atual e ampliar, ainda mais, sua proteção.

Dessa forma, em relação à gestante e à lactante, em não lhes sendo concedido o trabalho em regime de home office, esta Procuradoria-Geral do Município recomenda que haja, a pedido da mulher ora protegida, a sua realocação em postos de trabalho que não estejam "na linha de frente" do combate ao coronavírus.

Em assim não sendo possível, recomenda-se, subsidiariamente, o deferimento de férias antecipadas.

Caso não seja possível o remanejamento para nenhuma destas opções, a funcionária pública deverá cumprir a carga horária faltante em outra oportunidade, para completar seu banco de horas.

3 Conclusão

Por todo o acima exposto, opina-se:

1. Que as medidas administrativas adotadas para os órgãos municipais, através do Decreto Municipal nº 9.460/2020, ainda possuem eficácia por período indeterminado;

2. Preliminarmente, para fins de delimitação, que a Administração Pública Municipal considere como serviços e/ou atividades essenciais aqueles elencados no art. 3º do Decreto Federal nº 10.282/2020, já abordado no item 2.4.1;

3. Ainda em sede preliminar, que a Administração Pública Municipal considere como sendo integrante de "Grupo de Risco" de Covid-19: a) as servidoras gestantes e lactantes; b) os servidores maiores de 60 (sessenta) anos; e c) os servidores expostos a qualquer doença ou outra condição de risco de desenvolvimento de sintomas mais graves decorrentes da infecção pelo coronavírus (Covid-19), nos termos definidos pelas autoridades de saúde e sanitária;

4. Aos servidores enquadrados no Grupo de Risco de Covid-19, poderá não ser concedido o regime de teletrabalho, desde que haja decisão fundamentada do titular do órgão da Administração Direta, Autárquica ou Fundacional;

5. Não concedido o regime de teletrabalho, sugere-se que o Secretário da Pasta realoque os servidores enquadrados no "Grupo de Risco" para outra unidade que não componha a "linha de frente" no combate à pandemia, desde que seja mantido o funcionamento integral das atividades essenciais. Para ser realocado, o servidor deverá apresentar solicitação individual e formal para realocação de unidade de trabalho presencial ao Chefe imediato e se submeter à avaliação da Junta Médica Municipal, munido de laudo médico ou outro documento que ateste sua condição pessoal. Após o exame, o servidor deverá apresentar o laudo emitido pela Junta Médica

ao Chefe Imediato da unidade de labor presencial destinado ao enfretamento direto da Covid-19, para que sejam adotadas as providências de estilo, conforme detalhado no item 2.5.3;

6. Observadas as cautelas médicas de estilo, que a Junta Médica seja compelida a atender os servidores pertencentes ao "Grupo de Risco" que solicitarem a realocação disciplinada no tópico 2.5.3;

7. Por fim, em relação à gestante e à lactante, em não lhes sendo possível a concessão do trabalho em regime de *home office*, esta Procuradoria-Geral do Município recomenda que haja, a pedido da mulher ora protegida, a sua realocação em postos de trabalho que não estejam "na linha de frente" do combate ao coronavírus. Em assim não sendo possível, recomenda-se, subsidiariamente, o deferimento de férias antecipadas. Caso não seja possível o remanejamento para nenhuma destas opções, a funcionária pública deverá cumprir a carga horária faltante em outra oportunidade, para completar seu banco de horas.

É o parecer, salvo melhor juízo.

João Pessoa-PB, 13 de abril de 2020.

Informação bibliográfica deste texto, conforme a NBR 6023:2018 da Associação Brasileira de Normas Técnicas (ABNT):

RÉGIS, Adelmar Azevedo; AGUIAR, Gustavo Bedê; BOUERES, Thaís Ferreira Viturino. Parecer Normativo nº 01/2020, de 13 de abril de 2020: necessidade de manutenção das atividades essenciais exercidas pelos servidores públicos pertencentes ao grupo de risco durante a pandemia causada pelo coronavírus (Covid-19). *In*: FLORIANO, Eduardo de Souza; CUNHA, Bruno Santos; TAVARES, Gustavo Machado (coord.). *Direito Municipal em Debate*. Belo Horizonte: Fórum, 2021. p. 185-223. v. 5. ISBN 978-65-5518-158-6.

AÇÃO CIVIL PÚBLICA DE IMPROBIDADE ADMINISTRATIVA (COM PEDIDO LIMINAR DE INDISPONIBILIDADE E SEQUESTRO DE BENS)

IGOR SILVA DE MENEZES

MATHEUS VINICIUS MENEGATTI DA COSTA

AO MM JUÍZO DE DIREITO DA VARA CÍVEL DA COMARCA DE MESQUITA/RJ

Processo nº
Requerente: MUNICÍPIO DE MESQUITA
Requeridos: Indivíduo Alfa(A); Indivíduo Beta(B); Indivíduo Zeta(C) e Indivíduo Ômega(D).
Natureza: Ação Civil Pública de Improbidade Administrativa (com pedido liminar de indisponibilidade e sequestro de bens)

O MUNICÍPIO DE MESQUITA, pessoa jurídica de direito público interno, inscrita no CNPJ/MF sob o nº 04.132.090/0001-25, com sede na Rua Arthur de Oliveira Vecchi, 120, Centro, Mesquita, RJ, CEP: 26.553-080, vem, respeitosamente, perante esse d. Juízo, por intermédio do Núcleo de Prevenção e Combate à Corrupção do Conselho Superior da Procuradoria Geral do Município de Mesquita, neste ato representado pelos Procuradores signatários (mandato *ex lege*), no uso de suas atribuições legais, nos termos do art. 87 da Lei Orgânica do Município de Mesquita, bem como do art.6º-B, §4º, I, "I" da Lei Orgânica da Procuradoria-Geral do Município de Mesquita, com supedâneo nas disposições contidas nas Leis nº. 8.429/92, ajuizar a presente

AÇÃO DE IMPROBIDADE ADMINISTRATIVA
(com pedido liminar de indisponibilidade e sequestro de bens)
em face dos ex-servidores abaixo qualificados:

(i) Indivíduo Alfa, brasileiro, solteiro, ex-servidor público, portador do documento de identidade profissional nº xxxxx, inscrito sob o CPF nº xxxx, com endereço eletrônico xxxx, residente e domiciliado na Rua xxxx, nº xxx, CEP xxx;

(ii) Indivíduo Beta, brasileiro, casado, ex-servidor público, portador do documento de identidade RG nº xxxx, inscrito sob o CPF nº xxx, com endereço eletrônico xxxx, residente e domiciliado na Rua xxxx, nº xxx, Bairro, xxx, CEP xxx;

(iii) Indivíduo Zeta, brasileiro, união estável, ex-servidor público, portador do documento de identidade RG nº xxxx, inscrito sob o CPF nº xxx, com endereço eletrônico xxxx, residente e domiciliado na Rua xxx, nº xxx, estado xx, CEP xxx;

(iv) Indivíduo Ômega, brasileiro, casado, ex-servidor público, portador do documento de identidade RG nº xxxx, inscrito sob o CPF nº xxxx, com endereço eletrônico xxxx, residente e domiciliado na xxx, nº xxx, Estado, CEP xxxx;

O fazendo pelas razões de fato e de direito que passa a expor:

I Dos fatos (da imputação dos atos de improbidade administrativa)

Trata a presente ação civil de improbidade administrativa deduzida pelo Município para fins de reparar o possível enriquecimento ilícito e o dano ao erário municipal causado pelos ora Requeridos, aos quais são imputadas condutas comissivas [e de concorrência/consentimento] para o recebimento de remuneração ausente a respectiva prestação de serviço, bem como pela acumulação de cargos públicos comissionados flagrantemente incompatíveis.

Conforme apurado por Comissão de Sindicância[1] nos autos do processo administrativo nº 11/14736/18 (cópia integral anexada), os Requeridos são responsáveis pelo recebimento de contraprestação financeira sem a prestação do serviço, configurando de enriquecimento ilícito, somada a acumulação ilícita de cargos públicos comissionados

---

[1] Composta pelos servidores efetivos nomeados pela portaria carreada à fl.30 do processo administrativo nº 11/14736/18.

por parcela do período em que o primeiro Requerido fora servidor comissionado do Município Mesquita.

Nos autos do mencionado processo administrativo, a Comissão Sindicante, composta por servidores municipais efetivos e estáveis, concluiu que o primeiro Requerido não compareceu ao serviço e não prestou serviço no período em que foi servidor de Mesquita, mas que recebeu integralmente a sua remuneração, com anuência e participação dos superiores hierárquicos, que encaminharam as respectivas fichas de frequência sem aposição de faltas.

Em razão disso, os demais Requeridos, ex-servidores (indivíduo A, indivíduo B, indivíduo C e indivíduo D) constam no polo passivo desta demanda, vez que as condutas do primeiro requerido não teriam êxito se, ausente a prestação de serviço, não houvesse os que encaminhassem as respectivas fichas de frequência à Secretaria de Administração.

Verifica-se do processo administrativo nº 11/14736/18, à fl. 06, que o ex-servidor (Indivíduo A), que figura nessa exordial como primeiro Demandado, foi nomeado para o cargo de Subsecretário Adjunto de Governo, simbologia SS, lotado na Secretaria Municipal de Governo, a partir de 11 de abril de 2014.

Exonerado do Subsecretário Adjunto de Governo em 30 de maio de 2015, foi imediatamente nomeado para o cargo de Subsecretário Municipal Adjunto de Governo e Planejamento, simbologia SS, lotado na Secretaria Municipal de Governo e Planejamento, até a data da sua exoneração, em 29 de março de 2016.

O ex-servidor (Indivíduo A), portanto, manteve vínculo comissionado de Subsecretário de Governo no Município de Mesquita pelo interregno de 11 de abril de 2014 a 29 de março de 2016, sempre com frequência integral declarada pelos responsáveis pela Secretaria de Governo, conforme fls. 75/103 do processo administrativo nº 11/14736/18.

Insta ressaltar que o processo administrativo nº 11/14736/18 foi deflagrado para apurar os fatos denunciados por meio da Ouvidoria--Geral do Município. Criada a Comissão de Sindicância por servidores efetivos do Município, a Comissão intimou a depor 10 (dez) servidores contemporâneos ao vínculo do Sr. (Indivíduo A) com o Município de Mesquita, todos lotados na mesma secretaria (Governo).

Dos 06 (seis) servidores efetivos e estáveis lotados na mesma Secretaria de Governo no período em que supostamente o ex-servidor (Indivíduo A) fora Subsecretário em Mesquita (fls. 110/117 – 135/136 do processo administrativo nº 11/14736/18), nenhum o conhecia, teria visto ou ouvido falar do Sr. (Indivíduo A), embora todos conhecessem o sr, (Indivíduo B), Secretário da pasta, e a ampla maioria se recordarem do Sr. (Indivíduo D), subsecretário da pasta.

Outros 04 (quatro) servidores comissionados da mesma Secretaria na época foram ouvidos, nenhum dos quais o conhecia, teria visto ou ouvido falar do Sr. (Indivíduo A), embora todos conhecessem o sr, (Indivíduo B), Secretário da Pasta, e a ampla maioria se recordarem do Sr. (Indivíduo D), subsecretário da mesma secretaria.

Possivelmente pelo fato de o primeiro Requerido ser pessoa politicamente exposta, diversos jornais noticiaram amplamente a suspeita de que tivesse sido "funcionário fantasma" em Mesquita e em outros Municípios do Estado do Rio de Janeiro (fl. 35 do processo administrativo nº 11/14736/18).

Talvez em função disso, a Comissão Sindicante tenha oficiado às administrações municipais de Teresópolis (fl. 69 e 143/151 do processo administrativo nº 11/14736/18) e Nova Iguaçu (fl. 70 e 138/142 do processo administrativo nº 11/14736/18), tendo apurado que o primeiro Requerido havia ocupado cargos inacumuláveis durante a quase totalidade do tempo em que fora servidor daqueles municípios, o que confirmou que esta não era uma prática nova ou isolada do ex-servidor (Indivíduo A).

Por meio do ofício nº 053/2019/SUBDAM, a comissão sindicante solicitou informações à Câmara Municipal do Rio de Janeiro, que informou, conforme se depreende das fls. 118/124 do processo administrativo nº 11/14736/18, que o primeiro Requerido fora servidor comissionado da Casa de Leis de 01 de novembro de 2015 a 01 de março de 2016.

Vale dizer, em todo o período que foi assessor de vereador na Câmara no Rio de Janeiro, o primeiro Requerido, Sr. (Indivíduo A), ocupava cargo de Subsecretário no Município de Mesquita.

Ocioso o registro de que tais cargos eram flagrantemente inacumuláveis, ao teor do que dispõe o art. 37, XVI e XVII da Constituição da República Federativa do Brasil. Nesse sentido, o aresto do TJMG assenta:

Apelação Cível Nº 1.0023.09.011742-7/001 – COMARCA DE Alvinópolis – 1º Apelante: MILTON AYRES DE FIGUEIREDO – 2º Apelante: JOSÉ GERALDO FIGUEIREDO, ANGELO FERNANDO MARTINO COTA e outro(a)(s) – Apelado(a)(s): MINISTÉRIO PÚBLICO DO ESTADO DE MINAS GERAIS, MUNICÍPIO ALVINÓPOLIS

EMENTA: APELAÇÃO CÍVEL – AÇÃO CIVIL PÚBLICA – LEGITIMIDADE ATIVA DO MINISTÉRIO PÚBLICO – RECONHECIMENTO – AÇÃO DE RESSARCIMENTO – ATO DE IMPROBIDADE

ADMINISTRATIVA – CUMULAÇÃO DE VENCIMENTOS DE CARGO PÚBLICO COM SUBSÍDIOS DE SECRETÁRIO MUNICIPAL – IMPOSSIBILIDADE – SERVIDOR CEDIDO COM ÔNUS PARA O ÓRGÃO DE ORIGEM – ENRIQUECIMENTO ILÍCITO E EFETIVO DANO AO ERÁRIO – COMPROVAÇÃO – RESTITUIÇAO DEVIDA – APLICAÇÃO DAS SANÇÕES PREVISTAS NO ART. 12 DA LEI 8.429/92 – SENTENÇA MANTIDA.

- Legitimado está o Ministério Público à propositura da Ação Civil Pública, instrumento constitucional colocado à disposição do órgão ministerial, para a tutela jurisdicional de quaisquer direitos ou interesses difusos, coletivos em sentido estrito ou individuais homogêneos.

- A configuração das hipóteses de improbidade administrativa previstas nos artigos 9º e 10 da Lei 8.429/1992 demandam a prova do enriquecimento ilícito, bem como da efetiva lesão ao erário decorrente de qualquer ação ou omissão, dolosa ou culposa.

- Constitui ato de improbidade administrativa a cumulação de remunerações advindas de cargo efetivo e de cargo comissionado (Secretário Municipal), tendo em vista que o servidor fora cedido pelo Estado de Minas Gerais ao Município de Alvinópolis, com ônus para o órgão de origem, nos termos do convênio n. 478/07 e da publicação no órgão oficial.

- O favorecimento de servidores e a incorporação indevida de verbas públicas nos respectivos patrimônios encerram enriquecimento ilícito e efetivo dano ao erário e, nessa medida, configura ato de improbidade administrativa.

- Em observância ao que dispõe o parágrafo único do art.12 da Lei 8.429/92, compete ao sentenciante, na fixação da pena, aplicar os princípios constitucionais implícitos da razoabilidade e proporcionalidade, tomando como parâmetro para a dosimetria a extensão do dano, a gravidade da conduta e intensidade do dolo.

- Sentença mantida.

O fato de o primeiro Requerido ser Bacharel em Direito desde o ano de 2000 evidencia, se não o dolo, a inescusável *culpa grave* em ocupar concomitantemente cargos públicos constitucionalmente inacumuláveis, como já tivera ocorrido entre os anos de 2011/12, nos Municípios de Teresópolis e Nova Iguaçu.

Às fls. 12/13 do processo administrativo nº 11/14736/18 consta, outrossim, a **declaração de acumulação** de cargos públicos subscrita pelo ex-servidor (Indivíduo A), documentos datados de 30 de abril de 2015, bem como a mesma declaração às fls. 20/22, datada de 18 de junho de 2015.

Nesses documentos públicos, o ex-servidor (Indivíduo A) declarou ao Município de Mesquita **não** acumular cargo ou emprego público. À época dessas declarações, todavia, o ex-servidor (Indivíduo A) ainda não ocupava cargo em comissão na Câmara Legislativo do Município Rio de Janeiro. Ao menos do que se pôde apurar nos autos do processo administrativo nº 11/14736/18, portanto, em relação a documento aos documentos de fl. 12 e fl. 20 do p.a., **não parece ter havido ato comissivo que se amoldaria à hipótese do art. 299 do Código Penal.**

O mesmo não se pode afirmar em relação a eventual declaração de acumulação de cargos públicos junto à Câmara Legislativa do Município Rio de Janeiro, bem como em relação à omissão junto ao Município de Mesquita, vez que, pelo período de 04 (quatro) meses em que acumulou os cargos públicos ilicitamente, o ex-servidor (Indivíduo A) omitiu da Administração de Mesquita o fato de que acumulava cargo público da Câmara Legislativa do Município do Rio de Janeiro.

Como se depreende das fichas financeiras carreadas às fls. 33/38 do processo administrativo 11/16538/18, o dano ao erário causado pela conduta dos Requeridos gerou um prejuízo ao erário estimado em **R$82.105,70 (oitenta e dois mil, cento e cinco reais e setenta centavos).**

●

II   Da opção processual do município no caso dos autos

As ações de defesa dos interesses transindividuais e que encerram proteção ao patrimônio público, notadamente por força do objeto mediato do pedido, admitem posturas processuais heterogêneas da Administração Pública, posturas essas que, de tão diversas, mesmo a sumarização transbordaria o propósito da presente manifestação.

Compulsando os autos do processo administrativo nº 11/16538/19, deflagrado para formação de convicção pelos signatários acerca de eventual justa causa para ajuizamento da presente ação de improbidade, verifica-se que, se levado a efeito um levantamento comparativo com todos os documentos acostados à presente, há reforçada plausibilidade das alegações e dos fatos imputados na seara administrativa aos Demandados (processo administrativo nº 11/14736/18), repercutindo diretamente enriquecimento ilícito e grave prejuízo ao erário municipal de Mesquita.

As investigações conduzidas pela Comissão Sindicante composta por servidores efetivos e estáveis do Município, bem como a Sindicância Preliminar de Apuração de Improbidade conduzida pelo Núcleo de

Prevenção e Combate à Corrupção da Procuradoria-Geral do Município apuraram que os Demandados: (i) recebeu – e os demais concorreram para o recebimento –remuneração ausente a respectiva prestação de serviço, (ii) o primeiro Requerido acumulou ilicitamente cargos públicos e em prejuízo ao Município de Mesquita. Portanto, sob qualquer ângulo, há abundantes evidências de que houve enriquecimento ilícito por parte do primeiro Requerido oportunizado pelos demais Requeridos.

Em relação ao Prefeito da época, não há nos autos elementos suficientes a caracterizar a responsabilidade pelas condutas ora imputadas aos Requeridos, visto que, em que pese autoridade figure como autoridade nomeante, impossível exigir que o Prefeito controle a presença de servidores públicos, exceto, talvez, os que atuam em seu Gabinete.

Se sem qualquer critério o Município tentasse responsabilizar o agente político em casos como esse, a ausência prova de dolo ou culpa pessoais ou envolvimento direto, o Município estaria inviabilizando a atividade política e desestimulando a ocupação de cargos políticos por pessoas honestas que, naturalmente, se importam em responder por improbidade administrativa.

III   Da individualização das condutas

(a) do recebimento de remuneração ausente a respectiva prestação de serviço

O recebimento de remuneração ausente a respectiva prestação de serviço, popularmente conhecida como "funcionário fantasma", traduz a ideia de que o servidor público receba uma vantagem pecuniária mesmo sem a efetiva contraprestação laboral, normalmente em prol de apoios político-partidários, ou clientelismo, apadrinhamentos e condutas afins, sempre com participação da Chefia do Órgão, em função da necessidade de atesto da presença do servidor por meio de documento comumente nomeado de ficha de frequência.

Em outras palavras, em situações como a desses autos, o servidor recebe sem prestar o serviço em razão de uma benesse política que o possibilitasse receber remuneração sem, tampouco, prestar o efetivo exercício das atribuições do cargo.

Em sendo constatado que o fato jurídico que deu causa ao recebimento de remuneração ausente a respectiva prestação de serviço mediante ludíbrio das normas que informam a Administração, notadamente em situações amplamente documentadas como nos autos do processo administrativo nº 11/14736/18, resta caracterizada a hipótese de *"recebimento de vantagens e gratificações indevidas como ato de improbidade administrativa"*, nos termos do art. 9ª da Lei nº 8.429/92.

> ADMINISTRATIVO. IMPROBIDADE ADMINISTRATIVA. CONTRATAÇÃO IRREGULAR DE PESSOA PARA DESEMPENHAR ATIVIDADE QUE, AO FINAL, NÃO FOI REALIZADA. RECEBIMENTO DE REMUNERAÇÃO SEM A REALIZAÇÃO DE TRABALHO. ATO DE IMPROBIDADE CARACTERIZADO. INEXISTÊNCIA DE VIOLAÇÃO DO ART. 535 DO CPC. AUSÊNCIA DE LITISCONSÓRCIO PASSIVO UNITÁRIO. NECESSIDADE DE RESSARCIMENTO AO ERÁRIO. SUSPENSÃO DOS DIREITOS POLÍTICOS POR 8 ANOS. AUSÊNCIA DE DESPROPORCIONALIDADE. 1. Recurso especial no qual se discute se caracteriza ato de improbidade do art. 9º da Lei n. 8.429/1992 a contratação pelo Presidente da Câmara de Vereadores de Atibaia de mulher, mãe de seu filho, para realizar trabalho que, ao final, não foi prestado. Discutem-se, ainda, a aplicação do art. 509 do CPC ao recurso especial, beneficiando-se o réu que não recorreu a tempo, e a proporcionalidade das sanções que lhes foram impostas. 2. Não viola o art. 535 do Código de Processo Civil o acórdão que adota fundamentação suficiente para decidir de modo integral a controvérsia. (...). (In: STJ; Processo: REsp 1367969/SP; Relator: Min. Humberto Martins; Órgão Julgador: Segunda Turma; Julgamento: 12/08/2014; Publicação: DJe, 19/08/2014)

(b) Da acumulação de cargos incompatíveis pela natureza e pela incompatibilidade de horários como ato de improbidade administrativa por lesão ao erário

Uma vez que o primeiro Demandado não pode alegar desconhecer a vedação de acumulação preconizada no art. 37, XVI da Constituição Federal que, quando a excetua, impõe como limitação a de 02 (dois) cargos públicos *com honorários compatíveis*, afastada está a sua boa-fé, notadamente ao ter-se no horizonte a sua formação jurídica.

A jurisprudência é uníssona a esse respeito, veja-se o que decidiu o TJRN:

Processo nº: 0000083-03.2010.8.20.0141

Ação: Ação Civil de Improbidade Administrativa

Autor Interessado(s): Ministério Público Estadual e Município de Janduís/RN

Réu(s): Antonio Cacio dos Santos e Salomão Gurgel Pinheiro

EMENTA: IMPROBIDADE ADMINISTRATIVA. CARGO PÚBLICO. SECRETÁRIO. NOMEAÇÃO. ACUMULAÇÃO COM O CARGO DE PROFESSOR. IMPOSSIBILIDADE. VENCIMENTOS. PERCEPÇÃO. ENRIQUECIMENTO ILÍCITO. DANO AO ERÁRIO. PROCEDÊNCIA DO PEDIDO. Pratica ato de improbidade administrativa previsto no art. 9º, inciso XI, da Lei nº 8.429/92 aquele que percebe vencimentos indevidamente, porquanto impossível a cumulação de cargo de Secretário Municipal com o de professor. É ímproba a conduta de quem, na qualidade de gestor municipal, concorre para o enriquecimento ilícito de outrem com o consequente prejuízo ao erário, haja vista a previsão do art. 10, inciso XII, da Lei de Improbidade Administrativa. Ação civil pública cuja pretensão se julga procedente.

Resta demonstrado, então, o efetivo prejuízo para a Administração Pública municipal, em vista da incompatibilidade pela natureza e de horários dos cargos comissionados que ocupou (que, também nesse aspecto, levam à conclusão de que os serviços não foram efetivamente prestados).

O art. 37, XVI e suas alíneas, bem como o inciso XVII, são de clareza meridiana ao estabelecer a impossibilidade de acumulação do cargos públicos, pelo que "o cargo de secretário municipal, de natureza eminentemente política, não é passível de acumulação com emprego ou cargo público efetivo ou comissionado. Mesmo se considerarmos que o cargo efetivo concomitantemente ocupado seja de professor, ainda assim, ficaria afastada a possibilidade em questão, haja vista a já mencionada natureza do cargo de Secretário Municipal, incompatível com o enquadramento como técnico ou científico" (TCE-PE, Proc. 1101453-2, Rel. Cons. Ruy Ricardo W. Harten Júnior. Julg. 30/03/2011)

Nesse caso, portanto, não resta dúvida quanto à aplicação da Lei de Improbidade Administrativa, em vista da carência de efetiva prestação de serviço, vez que o ardil do Demandante a fragilidade de fiscalização do Município de Mesquita oportunizou o recebimento de remuneração sem a respectiva contraprestação, bem como a acumulação ilícita de cargos públicos pelo período de 04 (quatro) meses.

Essa conduta ímproba causou prejuízo ao erário Município e demanda resposta juridicamente adequada. Nesse sentido:

APELAÇÃO CÍVEL. AÇÃO DE IMPROBIDADE ADMINISTRATIVA. PRELIMINAR REJEITADA. PRIMEIRO APELADO: INEXISTÊNCIA DE COMPROVAÇÃO DO ADIMPLEMENTO DA CARGA HORÁRIA. AUSÊNCIA DE PRESTAÇÃO DE SERVIÇO. RECEBIMENTO DE CONTRAPRESTAÇÃO FINANCEIRA. CONFIGURAÇÃO DE

ENRIQUECIMENTO ILÍCITO. SEGUNDO APELADO: CIÊNCIA DOS FATOS. OCULTAÇÃO DO ENRIQUECIMENTO ILÍCITO DO PRIMEIRO APELADO. CONDUTA DOLOSA. PROVOCAÇÃO DE DANO AO ERÁRIO PÚBLICO. RECURSO CONHECIDO E PROVIDO, À UNANIMIDADE. (In: TJ/PA; Processo: 201430034722; Acórdão: 133600; Órgão Julgador: 4ª Câmara Cível Isolada; Relator: Ricardo Ferreira Nunes; Julgamento: 19/05/2014; Publicação: 20/05/2014)

(c) Síntese da gravidade das condutas imputadas aos Requeridos

Com efeito, as fichas financeiras carreadas às fls. 33/38 do processo administrativo 11/16538/19, documentos que ora se faz juntar ao presente processo judicial, dão conta de que o Demandado, no interregno de 11/04/2015 a 29/03/2016, ludibriou a Administração e logrou a respectiva remuneração ausente a respectiva prestação de serviço, tendo causado o dano total aproximado de R$82.105,70 **(oitenta e dois mil, cento e cinco reais e setenta centavos)**, causando grande prejuízo ao erário municipal.

Os demais Requeridos, ex-servidores (Indivíduo B, C e D) estão a responder solidariamente pelas condutas do primeiro requerido, visto que não seria possível ausência de prestação de serviço e o respectivo recebimento de contraprestação financeira sem que as respectivas fichas de frequência integral fossem diuturna e falseadamente dirigidas à Secretaria de Administração.

Sendo assim, considerando que as abundantes evidências demonstram que o erário do Município de Mesquita foi gravemente prejudicado, em vista da inexistência de comprovação do adimplemento da carga horária, as abundantes evidências de ausência de prestação de serviço e o respectivo recebimento de contraprestação financeira configurando de enriquecimento ilícito, somada a acumulação ilícita de cargos públicos comissionados por parcela do período em que o primeiro Requerido fora servidor de Mesquita, revela-se processualmente conveniente que:

(i) O Município ingresse de imediato com a presente ação civil pública de improbidade administrativa, visto que o vasto conteúdo probatório coligidos à presente evidenciam aos Procuradores signatários a presença de *justa causa*;

(ii) Se dê destaque no processo à significativa soma recebida ilicitamente pelo Demandado, que chega ao aporte de, pelo menos, **R$ 82.105,70 (oitenta e dois mil, cento e cinco reais e setenta centavos)**.

(iii) O requerimento de providências acautelatórias para instrumentalizar a adoção de medida pronta e eficaz de segurança e prevenção para a realização dos interesses do Município de Mesquita.

IV Dos requisitos da medida liminar

Trazendo à presente a lição de Sérgio Seiji Shimura:

> de nada adianta a existência dos direitos se, quando vêm judicialmente reconhecidos, ou exigidos, não mais têm utilidade prática, seja porque se alterou a situação fática, seja porque a situação emergência já se transmudou, de dano temido a dano lamentado. (in *Arresto cautelar*, RT, 2. ed., 1997).

Eis aí estampado o fundamento da tutela cautelar: garantir o resultado útil de um determinado processo, estando presentes os requisitos do "fumus boni iuris" e do "periculum in mora".

O trecho do aresto a seguir sumariza o entendimento consolidados do superior tribunal de justiça sobre a indisponibilidade de bens na ação de improbidade administrativa, veja-se:

> (...) O entendimento conjugado de ambas as Turmas de Direito Público desta Corte é de que, a indisponibilidade de bens em ação de improbidade administrativa: a) é possível antes do recebimento da petição inicial; b) suficiente a demonstração, em tese, do dano ao Erário e/ou do enriquecimento ilícito do agente, caracterizador do fumus boni iuris; c) independe da comprovação de início de dilapidação patrimonial, tendo em vista que o periculum in mora está implícito no comando legal; d) pode recair sobre bens adquiridos anteriormente à conduta reputada ímproba; e e) deve recair sobre tantos bens quantos forem suficientes a assegurar as consequências financeiras da suposta improbidade, inclusive a multa civil. (...) Ademais, a indisponibilidade dos bens não é indicada somente para os casos de existirem sinais de dilapidação dos bens que seriam usados para pagamento de futura indenização, mas também nas hipóteses em que o julgador, a seu critério, avaliando as circunstâncias e os elementos constantes dos autos, afere receio a que os bens sejam desviados dificultando eventual ressarcimento. (...)" (In: STJ; Processo: AgRg no AREsp 20853/SP; Relator: Min. Benedito Gonçalves; Órgão Julgador: Primeira Turma; Julgamento: 21/06/2012; Publicação: DJe, 29/06/2012)

O "fumus boni iuris", no caso em apreço, decorre diretamente das evidências coligidas aos autos de prática, pelos Demandados, de atos que importaram o enriquecimento ilícito e dano ao erário Municipal, notadamente em vista da inexistência de comprovação do adimplemento da carga horária, as abundantes evidências de ausência de prestação de serviço e o respectivo recebimento de contraprestação financeira configurando de enriquecimento ilícito, somada a acumulação ilícita de cargos públicos comissionados por parcela do período em que o primeiro Requerido fora servidor de Mesquita.

A conduta dos Demandados revela-se violadora da boa-fé, da moralidade e da probidade pública, conforme amplamente documentado no processo administrativo nº 11/14736/18, o que ocasionou prejuízos ao Município de Mesquita.

O "periculum in mora" reside na necessidade de se garantir que o Município poderá vir a reaver os prejuízos aos quais foi submetido, mesmo ante a eventual insolvência do Demandado, para que não se torne impossível a reparação dos danos causados à Edilidade; preservando-se, além disso, a perspectiva de proteção aos direitos transindividuais, a promoção de políticas públicas e, principalmente, **o efeito pedagógico da condenação**.

A moderna jurisprudência dos Tribunais Superiores amparam a tutela ora vincada, veja-se:

STJ-225238) ADMINISTRATIVO. IMPROBIDADE ADMINISTRATIVA. INDISPONIBILIDADE DE BENS.

1. Há de ser aplicado o art. 7º da Lei nº 8.429, de 1992, quando em ação de improbidade administrativa há evidente caracterização de que os réus causaram prejuízos aos cofres públicos na ordem de R$ 26.518.133,51.

2. Necessidade imperiosa de indisponibilidade dos bens dos promovidos. Presença de fumaça do bom direito e do "periculum in mora".

3. Demonstração nos autos de que há necessidade da indisponibilidade dos bens. Demora do processo que poderá, caso procedente o pedido, dificultar o ressarcimento do prejuízo aos cofres públicos.

4. Recurso especial provido para o fim de que sejam tornados indisponíveis os bens dos réus até o valor de R$ 26.518.133,51. (Recurso Especial nº 958582/MG (2007/0130300-7), 1ª Turma do STJ, Rel. José Delgado. j. 06.03.2008, maioria, DJE 04.08.2008).

Por tudo isso, impõe-se a expedição de ordem liminar, nos termos do artigo 294 e seguintes, do Código de Processo Civil, e do artigo 16, §§1º e 2º, da Lei nº 8.429/92, uma vez que estão plenamente caracterizados os seus pressupostos jurídicos, como se demostrou. No sentido do que ora se requer, o TJRN decidiu:

CONSTITUCIONAL. ADMINISTRATIVO. PROCESSUAL CIVIL. AGRAVO DE INSTRUMENTO. JUÍZO DE ADMISSIBILIDADE POSITIVO. AÇÃO CIVIL PÚBLICA. NOMEAÇÃO DE EX-SECRE-TÁRIO MUNICIPAL DE EDUCAÇÃO QUE EXERCIA O CARGO DE PROFESSOR. **CUMULAÇÃO INDEVIDA**. VEDAÇÃO CONSTITUCIONAL. PREJUÍZO AO ERÁRIO. **LIMINAR DE INDISPONIBILIDADE DE BENS**. REQUISITOS DEMONSTRADOS. RECURSO CONHECIDO E IMPROVIDO. AI 2010.003871-8, Rel. Des. Vivaldo Pinheiro. 3ª Câmara Cível

Cumpre acrescer, ademais, que não existem dúvidas quanto ao perfeito enquadramento da situação dos autos nas hipóteses legais que ensejam a medida de arresto de bens dos Demandados, nos termos da Lei nº 8.429/92 e da legislação adjetiva civil, em razão da patente existência de risco de lesão que torne ineficaz o resultado útil de um provimento jurisdicional.

V   Do objeto do arresto

O objeto do arresto para garantia da eficácia da prestação jurisdicional são todos os bens móveis e imóveis que se encontrem porventura registrados em nome dos Demandados, no Estado do Rio de Janeiro e nos locais dos bens que forem identificados nas suas respectivas declarações prestadas à Receita Federal, inclusive os assim denominados "bens de família". Nesse sentido, o Colendo STJ já fixou:

ADMINISTRATIVO. AGRAVO REGIMENTAL EM RECURSO ESPECIAL. AÇÃO CIVIL PÚBLICA. IMPROBIDADE ADMINISTRATIVA. INDISPONIBILIDADE DE BENS. POSSIBILIDADE DE DECRETAÇÃO SOBRE BEM DE FAMÍLIA. PRECEDENTES. 1. A jurisprudência desta Corte já reconheceu a possibilidade de a decretação de **indisponibilidade de bens prevista na Lei de Improbidade Administrativa recair sobre bens de família.** Precedentes: REsp 1461882/PA, Rel. Min. Sergio Kukina, Primeira Turma, DJe 12/03/2015, REsp 1204794 / SP, Rel. Min. Eliana Calmon, Segunda Turma, DJe 24/05/2013. 2. Agravo regimental não provido. (In: STJ; Processo: AgRg no REsp 1483040/SC; Relator: Min. Benedito Gonçalves; Órgão Julgador: Primeira Turma; Julgamento: 01/09/2015)

É ainda objeto do arresto cautelar ora pretendido tudo o que se encontrar nas contas-correntes e investimentos em nome dos Demandados, cuja numeração, agência e valor poderão ser obtidos mediante a quebra judicial do sigilo bancário, com a expedição de ofício ao Banco Central do Brasil – BACEN, como se detalhará doravante.

VI Dos pedidos

Ante todo o exposto, o MUNICÍPIO DE MESQUITA, com espeque no art. 37, inciso XVI da Constituição da República Federativa do Brasil de 1988, combinado com art. 16 da Lei Federal nº 8.429/92, requer:

VI.1 Do pedido liminar (*inaudita altera pars* e *initio litis*)

1 – Ante as fortes evidências de enriquecimento ilícito e prejuízo ao erário, o MUNICÍPIO DE MESQUITA requer a concessão de liminar para fins de arresto e indisponibilidade dos bens dos Requeridos, nos seguintes termos:

a) a concessão de liminar *inaudita altera pars*,[2] para o sequestro e indisponibilidade do valor de **R\$82.105,70 (oitenta e dois mil, cento e cinco reais e setenta centavos)**, dos bens pertencentes aos Demandados (sr. (Indivíduos A, B, C e D), nos termos do art. 7º e 16 da Lei nº 8.429/92, mediante bloqueio, via BANCENJUD – bloqueio de ativos financeiros através do sistema BACENJUD – dos valores titularizados pelos Demandados em instituições financeiras, considerado o valor de parâmetro;

Caso não encontrado saldo suficiente em conta para garantia da tutela ora vindicada, requer seja determinada a expedição de ofícios:

a.1) à Corregedoria-Geral de Justiça do Estado do Rio de Janeiro, solicitando seja determinada a todas as serventias e cartórios que informem a existência de bens imóveis em nome dos Demandados;

---

[2] (...) É possível a determinação de indisponibilidade e seqüestro de bens, para fins de assegurar o ressarcimento ao Erário, **antes do recebimento da petição inicial da Ação de Improbidade.** (...) 'O fato de a Lei 8.429/1992 prever contraditório prévio ao recebimento da petição inicial (art. 17, §§7º e 8º) não restringe o cabimento de tais medidas, que têm amparo em seus arts. 7º e 16 e no poder geral de cautela do magistrado, passível de ser exercido mesmo inaudita altera pars (art. 804 do CPC). (...)' " (In: STJ; Processo: RESP 1113467-MT; Relator: Ministro Herman Benjamin; Órgão Julgador: Segunda Turma; Julgamento: 09/03/2010; Publicação: DJe, 27/04/2011)

a.2) à Secretaria de Receita Federal do Brasil, para que envie a esse douto juízo cópia completa do dossiê integrado do Demandado, em relação aos últimos 5 (cinco) anos, que deverão conter, entre outras, as seguintes informações: Extrato DW, cadastro CPF, Ação Fiscal, Cadin, CC5 Entradas, CC5 saídas, CNPJ, Coleta, Conta corrente PF, Compras DIPJ, D.A.I., DCPMF, Derc, Dimob, Dirf, DIRPF, DOI, ITR, Rendimentos DIPJ, Rendimentos recebidos PF, Siafi, Sinal, Sipade, Vendas DIPJ Terceiros.

a.3) com essa resposta, requer-se a expedição de ofício ao Banco Central do Brasil – BACEN, a fim de que encaminhe todos os dados disponíveis no Cadastro de Clientes do Sistema Financeiro Nacional (CCS), no formato Acess, devidamente tabulados, referente à Demandada, bem como a fim de eu notifique as instituições bancárias nas quais o Demandado efetuou movimentação financeira, para que forneçam a esse D. juízo os respectivos dados bancários, determinando-se, ainda, que, na medida do valor apontado como parâmetro para indisponibilidade de bens, não sejam resgatadas e transferidas sob qualquer forma quantias depositadas em contas correntes e as aplicações financeiras mantidas pelos réus, de modo a assegurar o ressarcimento;

a.4) à Junta Comercial do Estado do Rio de Janeiro para que informe a existência de ações, quotas, ou participações societárias de qualquer natureza em nome da Demandada, abstendo-se de registrar sua alienação;

a.5) ao DETRAN-RJ, para que não proceda a transferência da propriedade de veículos pertencentes á Demandada, indicando-se a esse juízo a relação dos referidos veículos;

VI.2 Dos pedidos principais

2 – A **tramitação prioritária da presente ação de improbidade**, em consonância com o item 1 (Combate à corrupção e à improbidade administrativa)[3] dos Macrodesafios do Poder Judiciário 2015/2020, estabelecidos pelo CNJ e que sido

---

[3] Dado disponível em: https://www.cnj.jus.br/wp-content/uploads/2015/05/7694a9118fdab dc1d16782c145bf4785.pdf.

ecoado nas estratégias anuais, normalmente, como meta 4 (Identificar e julgar determinado percentual de ações de improbidade administrativa e de ações penais relacionadas a crimes contra a Administração Pública – Foco: Julgamento de ações de improbidade administrativa e de crimes contra a Administração Pública)[4];

3 – a notificação dos requeridos para, querendo, no prazo legal, oferecerem manifestação por escrito, nos termos do artigo 17, §7º, da Lei nº 8.429/92;

4 – A intimação do órgão competente do Ministério Público do Estado do Rio de Janeiro, nos termos do que dispõe o artigo 17, §4º, da Lei nº 8.429/92;

5 – o recebimento da presente petição inicial, com a consequente citação dos Demandados para apresentarem contestação, sob pena de revelia e confissão, nos termos do artigo 17, §9º, da Lei nº 8.429/92;

Ante a prática dos atos de improbidade administrativa narrados, postula o MUNICÍPIO DE MESQUITA:

6 – a condenação dos Demandados, Sr. (Indivíduos A, B, C e D), **por perceber [concorrer para] vantagem econômica (remuneração) sem a prestação dos serviços,** constituindo ato de improbidade administrativa inserto no artigo 9º, *caput* e incisos I, XI e XII, bem como art. 10, *caput,* I e II, todos da Lei nº 8.429/1992, estando sujeitos às sanções previstas nos incisos I e II do art. 12 da Lei nº 8.429/92, impondo-lhes a perda dos bens e valores acrescidos ilicitamente ao patrimônio **(valores efetivamente recebidos a título de remuneração);** ressarcimento integral do dano **(despesas previdenciárias e tributárias arcadas pelo Município no período de nomeação nos cargos em comissão de subsecretário);** a perda da função pública, suspensão dos direitos políticos de oito a dez anos, pagamento de multa civil de até três vezes o valor do acréscimo patrimonial e proibição de contratar com o Poder Público ou receber benefícios ou incentivos fiscais ou creditícios, direta ou indiretamente, ainda que por intermédio de pessoa jurídica da qual seja sócia majoritária, pelo prazo de dez anos;

---

4   Dado disponível em: https://www.cnj.jus.br/wp-content/uploads/conteudo/arquivo/2019/05/13926ffe304159519caed2b504923ff5.pdf.

7 – a condenação do Demandado, Sr. (Indivíduo A), pelo recebimento de benefício administrativo sem a observância das formalidades legais (efetiva prestação do serviço e a acumulação flagrantemente ilícita de cargos públicos comissionados), constituindo ato de improbidade administrativa inserto no artigo 10, inciso VII, da Lei nº 8.429/1992, estando sujeito às sanções previstas no inciso II do art. 12 da Lei nº 8.429/92, impondo-lhe o ressarcimento integral do dano, perda dos bens ou valores acrescidos ilicitamente ao patrimônio, se concorrer esta circunstância, perda da função pública, suspensão dos direitos políticos de cinco a oito anos, pagamento de multa civil de até duas vezes o valor do dano e proibição de contratar com o Poder Público ou receber benefícios ou incentivos fiscais ou creditícios, direta ou indiretamente, ainda que por intermédio de pessoa jurídica da qual seja sócio majoritário, pelo prazo de cinco anos;

8 – a condenação do Demandado, Sr. (Indivíduo A), pela acumulação de cargo público em situação de flagrante incompatibilidade pela natureza e pelos honorários, ocultando tal fato dos respectivos entes públicos, constituindo ato de improbidade administrativa inserto no artigo 11, caput e inciso I, da Lei nº 8.429/1992, estando sujeito às sanções previstas no inciso III do art. 12 da Lei nº 8.429/92, impondo-lhe o ressarcimento integral do dano, se houver, perda da função pública, suspensão dos direitos políticos de três a cinco anos, pagamento de multa civil de até cem vezes o valor da remuneração percebida pelo agente e proibição de contratar com o Poder Público ou receber benefícios ou incentivos fiscais ou creditícios, direta ou indiretamente, ainda que por intermédio de pessoa jurídica da qual seja sócio majoritário, pelo prazo de três anos.

9 – ao final do processo, julgados procedentes os pedidos, requer-se a notificação do TRIBUNAL SUPERIOR ELEITORAL – TSE, para que determine aos Tribunais Regionais Eleitorais de todo o país, principalmente o TRE com jurisdição no Estado do Rio de Janeiro, domicílio dos Demandados, com vista a dar efetividade à suspensão dos direitos políticos;

10 – Comunicação ao Ministério da Fazenda para fazer constar do seu banco de dados a proibição dos Demandados receberem benefícios ou incentivos fiscais ou creditícios;

11 – a condenação dos Demandados ao pagamento de custas e honorários advocatícios em favor do Fundo de Honorários da Procuradoria-Geral do Município de Mesquita, nos termos, dentre outras, da Lei nº 8.906/94 e da Lei Adjetiva Civil;

Protesta pela juntada da cópia integral do processo administrativo nº 11/14735/18, bem como de eventuais novos documentos e outras provas que se fizerem necessárias para o deslinde do feito, a exemplo de oitiva de testemunhas.

Dá-se à causa o valor de **R$82.105,70 (oitenta e dois mil, cento e cinco reais e setenta centavos).**

Nesses termos, pede deferimento.

Mesquita, 28 de janeiro de 2020.

Informação bibliográfica deste texto, conforme a NBR 6023:2018 da Associação Brasileira de Normas Técnicas (ABNT):

MENEZES, Igor Silva de; COSTA, Matheus Vinicius Menegatti da. Ação civil pública de improbidade administrativa (com pedido liminar de indisponibilidade e sequestro de bens). In: FLORIANO, Eduardo de Souza; CUNHA, Bruno Santos; TAVARES, Gustavo Machado (coord.). *Direito Municipal em Debate*. Belo Horizonte: Fórum, 2021. p. 225-242. v. 5. ISBN 978-65-5518-158-6.

AÇÃO DIRETA DE INCONSTITUCIONALIDADE Nº 70082801408

RENATO RAMALHO

TRIBUNAL DE JUSTIÇA DO ESTADO DO RIO GRANDE DO SUL

ÓRGÃO ESPECIAL DO TRIBUNAL PLENO

EXCELENTÍSSIMO SENHOR RELATOR RUI PORTANOVA

Classe: Ação Direta de Inconstitucionalidade
Objeto: Lei Complementar Municipal nº 859, de 3 de setembro de 2019 e seus respectivos Anexos
Assunto: IPTU
Autor: Ordem dos Advogados do Brasil – Conselho Seccional do Rio Grande do Sul
Proc. nº: 70082801408 (CNJ nº 0252049-63.2019.8.21.7000)

EXCELENTÍSSIMO SENHOR RELATOR RUI PORTANOVA – INTEGRANTE DO ÓRGÃO ESPECIAL DO TRIBUNAL PLENO DO TRIBUNAL DE JUSTIÇA DO ESTADO DO RIO GRANDE DO SUL

ADI nº 70082801408
CNJ nº 0252049-63.2019.8.21.7000

O **PREFEITO MUNICIPAL** e o **MUNICÍPIO DE PORTO ALE-GRE**, por meio dos Procuradores Municipais signatários,[1] vêm, com

---

[1] Representação judicial por mandato *ex lege* do Município e do Prefeito Municipal prevista no art. 11, VII, da LC 701/2012, arts. 1º e 2º da Lei nº 12.180/2016 e arts. 3º e 4º da Lei nº 7.433/1994.

a devida *venia*, perante Vossa Excelência, nos autos da *Ação Direta de Inconstitucionalidade*, proposta pela **Ordem dos Advogados do Brasil – Conselho Seccional do Rio Grande do Sul – oab/rs,** processo em epígrafe, em respeito ao despacho de fls. 570-574, apresentar

INFORMAÇÕES

o que faz em conformidade com os elementos fáticos e jurídicos doravante elencados.

1 Contextualizando a LCM nº 859/2019. Considerações sobre a atualização da Planta Genérica de Valores do IPTU em Porto Alegre

1.1 Os parâmetros da justiça tributária

No mundo contemporâneo, verifica-se, conforme aponta Casalta Nabais,[2] a consolidação do **Estado Fiscal**, entendido como o Estado Democrático de Direito que promove os direitos e garantias fundamentais por meio dos tributos pagos pelas pessoas (físicas e jurídicas) dotadas de capacidade contributiva.

As receitas tributárias, assim, ganham fundamental importância para que o Estado Fiscal alcance seus objetivos. Isso porque, como apontam Stephen Holmes e Cass Sunstein,[3] não há direitos sem custos. Tanto os direitos econômicos e sociais como as liberdades públicas demandam altos gastos para o Estado, de modo que as receitas tributárias são o principal instrumento para o custeio de tais despesas.

Nesse sentido, o Poder Público possui uma função imprescindível para a criação de condições de vida razoáveis e para superação das desigualdades sociais e econômicas – trata-se, inclusive, de princípio da República Federativa do Brasil (art. 3º, III, da Constituição Federal[4]). Desse modo, os tributos hoje são considerados como o principal

---

[2] NABAIS, José Casalta. *O Dever fundamental de pagar impostos.* Coimbra: Almedina, 2004, p. 185.

[3] HOLMES, Stephen; SUNSTEIN, Cass. *The Cost of Rights*: why liberty depends on taxes. Nova Iorque e Londres: W. M. Norton, 1999, p. 233-236.

[4] "Art. 3º Constituem objetivos fundamentais da República Federativa do Brasil: (...) III – erradicar a pobreza e a marginalização e reduzir as desigualdades sociais e regionais;"

suporte financeiro para que o Estado garanta as necessidades básicas dos indivíduos.

Por isso, não se pode visualizar os tributos como mero instrumento arrecadatório estatal. Eles estão fundamentados em uma importante função social, que abrange, por exemplo, a **distribuição de renda, a diminuição das desigualdades sociais e regionais e a garantia de direitos fundamentais.**[5] Com base nisso, aos indivíduos, no atual contexto do Estado Fiscal, não apenas são atribuídos direitos e garantias, mas também determinados deveres fundamentais, dentre eles, destaca-se o **dever fundamental de pagar tributos.**[6]

No entanto, para a consagração da justiça tributária, não basta somente a imposição a todos do dever de pagar tributos. A tributação será justa na medida em que cada um contribuir de acordo com sua possibilidade econômico-financeira.[7] Assim, no âmbito do Estado Democrático de Direito, não há justiça fiscal se não houver uma **tributação isonômica e de acordo com a capacidade contributiva dos particulares,**[8] considerando os diversos fatores de desigualdade existentes em nossa sociedade. Isso porque, na seara do Direito Tributário, o princípio da igualdade, também denominado de **isonomia tributária**, impõe não só um tratamento igualitário diante da lei (isonomia formal), mas também a obrigação do Poder Público de levar em consideração as peculiaridades de cada grupo de contribuintes (**igualdade material**).[9]

---

[5] RIBEIRO, Maria de Fátima; VINHA, Thiago Degelo. Efeitos socioeconômicos dos tributos e sua utilização como instrumento de políticas governamentais. *In:* PEIXOTO, Marcelo Magalhães; FERNANDES, Edison Carlos (coord.). *Tributação justiça e liberdade.* Curitiba: Juruá, 2004, p. 658-662.

[6] FAVEIRO, Vitor. *O Estatuto do Contribuinte.* Coimbra: Coimbra Editora, 2002, p. 92-93. Inclusive, sob tal perspectiva, a Constituição portuguesa consignou expressamente que "o sistema fiscal visa à satisfação das necessidades financeiras do Estado e outras entidades públicas e uma repartição justa dos rendimentos e da riqueza" (art. 103, §1º).

[7] Para Estevan, está consagrado no modelo tributário espanhol o entendimento de que para que o tributo cumpra sua função social, em especial, combatendo as desigualdades socioeconômicas, é preciso que haja não apenas uma aplicação eficiente dos recursos obtidos pelo Estado, mas também a utilização de *técnicas de tributação justas,* baseadas na capacidade contributiva (ESTEVAN, Juan Manuel Barquero. *La Función del Tributo en el Estado Social y Democrático de Derecho.* Centro de Estudios Políticos y Constitucionales: Madrid, 2002, p. 49-60).

[8] Segundo UCKMAR, a capacidade contributiva reafirma o preceito da isonomia tributária e contribui para a justiça fiscal, já que cada indivíduo deve contribuir para o custeio das necessidades da coletividade na medida de sua possibilidade econômica (UCKMAR, Victor. *Princípios comuns de Direito Constitucional Tributário.* São Paulo: Malheiros Editores, 1999, p. 84-86).

[9] Cf. ÁVILA, Humberto. O princípio da igualdade tributária. *In:* TÔRRES, Heleno Taveira (org.), *op. cit.,* Saraiva, 2005.

A isonomia tributária, portanto, apresenta-se como uma das principais bases para a consagração da **justiça tributária.**[10] Essa é a premissa que rege a ordem tributária da maioria dos países, inclusive do Brasil, tal como estabelecido pelo art. 145, §1º, da Constituição, que determina que sempre que possível a tributação considerará as condições pessoais dos contribuintes e será graduada segundo a sua capacidade econômica.[11] Essa garantia, nas palavras de Felipe Oliveira, promove "uma maior percepção e concretização de justiça e igualdade constitucional".[12]

A justiça tributária contribui também para a construção de um **orçamento republicano**, que, segundo Fernando Scaff,[13] "é aquele que busca arrecadar de quem tem mais e gastar com quem tem menos riqueza". A partir dele, explica o autor, permite-se que "as pessoas possam, de igual modo, exercer suas liberdades e serem iguais em direitos para o exercício de suas capacidades, em busca de uma liberdade igual para todos".

Portanto, percebe-se que a noção de justiça tributária, um dos valores supremos do Estado Democrático de Direito,[14] aponta para a necessidade de se estabelecer um ambiente de harmonia e de proporcionalidade entre, de um lado, os custos do Estado para suprir as necessidades públicas, e, de outro, a situação econômica do contribuinte.[15]

---

[10] Não se desconsidera, contudo, que alguns autores preferem a utilização da expressão *justiça tributária*, na medida em que a ideia de justiça fiscal estaria mais relacionada a questões do orçamento público.

[11] Veja-se, pois, que nosso texto constitucional não proíbe que o Estado atribua tratamento desigual a contribuintes que estejam em situações desiguais. Muito pelo contrário. Promovendo a isonomia material, a Constituição admite, *v. g.*, que a lei complementar disponha sobre "tratamento diferenciado e favorecido para as microempresas e para as empresas de pequeno porte" (art. 146, III, "d").

[12] OLIVEIRA, Felipe Faria de. *Direito Tributário e Direitos Fundamentais*. Belo Horizonte: Arraes Editores, 2010, p. 213.

[13] SCAFF, Fernando Facury. *Orçamento republicano e liberdade igual*: ensaio sobre direito financeiro, república e direitos fundamentais no Brasil. Belo Horizonte: Fórum, 2018, p. 270.

[14] TIPKE, Klaus; YAMASHITA, Douglas. *Justiça fiscal e princípio da capacidade contributiva*. São Paulo: Malheiros Editores, 2002, p. 18.

[15] Uma análise mais aprofundada sobre o tema é encontrada em: RAMALHO, Renato. *Desafios para a consagração da justiça tributária diante da globalização*. João Pessoa: Sal da Terra, 2018.

1.2 A planta genérica de valores como instrumento de verificação da base de cálculo do IPTU

Do ponto de vista da política tributária dos Municípios, um importante instrumento para a consagração da justiça tributária é a atualização periódica da Planta Genérica de Valores, para fins de apuração da base de cálculo do IPTU.

Com efeito, a base de cálculo do IPTU deve ser o **valor venal do imóvel**, conforme o art. 33 do Código Tributário Nacional (CTN).[16] Conceitua-se valor venal, nas palavras do prof. Kiyoshi Harada, "como sendo aquele preço que seria alcançado em uma operação de compra e venda à vista, em condições normais do mercado imobiliário".[17]

Nesse sentido, explica o autor que, para se identificar a base de cálculo do IPTU, pressupõe-se "a existência de lei definindo critérios objetivos para a apuração do valor unitário do metro quadrado da construção e do terreno considerando os diferentes tipos e padrões de construção, bem como sua localização nas diferentes zonas fiscais em que se subdividem a zona urbana do Município".[18]

Ocorre que não seria possível os Municípios, principalmente os de médio e grande porte, realizarem anualmente avaliações individualizadas de todos os imóveis da zona urbana da cidade, para fins de cálculo do IPTU.

Por isso, para se obter o valor venal dos imóveis urbanos, os Municípios utilizam a chamada **Planta Genérica de Valores (PGV)**, que, por meio de estudos técnicos de profissionais especializados traça os critérios gerais que permitem apurar o valor venal dos imóveis localizados no Município.

Sobre a PGV, explica Helton Kramer Lustoza:[19]

> Diante da impossibilidade de haver uma avaliação individual de cada imóvel urbano, é comum os Municípios estabelecerem critérios genéricos para a apuração do valor venal. Por isso que, na maioria das situações, o valor venal dos imóveis é definido na Planta Genérica de Valores, a qual determina o preço do metro quadrado por região. Então, a base de

---

[16] Art. 33. A base do cálculo do imposto é o valor venal do imóvel.

[17] HARADA, Kiyoshi. *Direito financeiro-tributário*. 17. ed. Atlas, 2008, p. 423.

[18] HARADA, Kiyoshi. *Valor venal: prevalência do conceito legal*, Âmbito Jurídico, 2008.

[19] LUSTOZA, Helton Kramer. Parte V – Tributos Municipais. *In:* CASTRO, Eduardo de; LUSTOZA, Helton Kramer; GOUVÊA, Marcus de Freitas. *Tributos em espécie*. Salvador: Juspodivm, 2014, p. 692-693.

cálculo poderá variar em relação aos imóveis, uma vez que o valor do metro quadrado estará condicionado a uma série de situações definidas em lei municipal como o tipo de construção, localização, destinação, etc. (...) A Planta Genérica de Valores é o documento ideal para definir a valorização imobiliária, fixando o valor venal com base em critérios técnicos de valoração, apuração e enquadramento dos imóveis. Leva em conta condições individuais do imóvel como seu tamanho, área construída, localização, infraestrutura existente, condição do solo, entre outros elementos. Estas informações são mantidas em um cadastro imobiliário municipal, onde constam os dados necessários sobre os imóveis, como a existência de edificações, área, tipo, número de pavimentos, etc. A atualização do cadastro imobiliário é essencial para acompanhamento acerca da expansão urbana, por isso ela serve tanto para função fiscal quanto extrafiscal.

A PGV, então, é a técnica segundo a qual se retrata o preço médio do terreno por região e o preço do metro quadrado das edificações, conforme o padrão construtivo, estabelecendo o valor legalmente presumido dos imóveis do Município.

Os valores previstos na PGV, aliados a outros fatores como a área total e a idade de construção do imóvel, possibilitam à administração tributária a identificação do valor venal, ou seja, da base de cálculo do IPTU dos imóveis urbanos do Município.

1.3 Da necessária atualização da PGV do Município de Porto Alegre

Por orientar a verificação da base de cálculo, a fixação da PGV deve se fundamentar em lei, nos termos do art. 97, IV, do CTN.[20] Por isso, o Município, para manter atualizada a PGV, deve periodicamente aprovar leis para a fixação dos novos valores venais para os imóveis da zona urbana.

Uma planta de valores atualizada é fundamental para que a incidência do IPTU ocorra sobre base de cálculos verdadeiras, que correspondam efetivamente ao valor venal, como determina o CTN.

Assim, a atualização da PGV fornece as condições necessárias para a execução eficiente da lei; promove uniformidade da tributação,

---

[20] "Art. 97. Somente a lei pode estabelecer: (...) IV – a fixação de alíquota do tributo e da sua base de cálculo, ressalvado o disposto nos artigos 21, 26, 39, 57 e 65;"

evitando-se avaliações díspares para situações iguais; facilita e racionaliza o lançamento do imposto (conforme o princípio da praticabilidade tributária[21]), e; traz segurança jurídica para a administração tributária e para os contribuintes.

O ciclo de avaliação dos imóveis, para fins de apuração da base de cálculo do IPTU, deve ser curto, já que o valor venal dos imóveis está sujeito a fatores bastante dinâmicos, como: **(a)** investimentos públicos (revitalizações, equipamentos de infraestrutura urbana e serviços etc.); **(b)** investimentos privados (reformas no imóvel, construções de *shoppings* no entorno etc.); **(c)** alterações no regime urbanístico (alterações no uso ou na finalidade do imóvel); **(d)** alterações nas preferências do consumidor (valorização de algumas áreas em detrimento de outras pelos mais variados fatores); **(e)** depreciação do imóvel com o passar dos anos, entre tantos outros fatores.

Nesse sentido, o então **Ministério das Cidades**, hoje sucedido pelo Ministério do Desenvolvimento Regional, editou a **Portaria nº 511/2009**, que versa sobre o ciclo de avaliação dos imóveis urbanos nos municípios brasileiros. No referido instrumento normativo, prevê-se a necessidade de Municípios com mais de 20 mil habitantes, como é o caso de Porto Alegre, **promover a atualização da base de cálculo do IPTU *a cada quatro anos***, como uma forma de se preservar a justiça fiscal e o tratamento isonômico dos contribuintes. Veja-se o que dispõe o art. 30 da referida Portaria:

> *Art. 30 Recomenda-se que o resultado final da avaliação retrate a real situação dos valores dos imóveis no mercado, permitindo o fortalecimento da arrecadação local dos tributos imobiliários e a promoção da justiça fiscal e social, com o tratamento isonômico dos contribuintes.*
>
> *(...) §2º Para manter atualizada a base de cálculo do IPTU e demais tributos imobiliários recomenda-se que o ciclo de avaliação dos imóveis seja de, **no máximo, 4 (quatro) anos**.*
>
> §3º Para Municípios com população até 20.000 habitantes e em que não ocorra evidência de variação significativa nos valores dos imóveis, comprovada por meio de relatórios e pareceres técnicos, a avaliação

---

[21] Como explica Casalta Nabais, "há justificação constitucional para lançar mão das técnicas de simplificação, designadamente da tipificação, já que o legislador está constrangido a generalizar ou estandardizar a fim de tornar a disciplina jurídico-fiscal praticável, sendo-lhe, por conseguinte, permitido escolher, por razões de praticabilidade, bases forfaitaires, em vez dum critério ancorado na realidade da situação individual, satisfazendo-se assim com uma justiça tipificada" (CASALTA NABAIS, José. *O dever fundamental de pagar impostos*. Coimbra: Livraria Almedina, p. 624 apud COSTA, 2007, p. 89)

de imóveis poderá ser dispensada no período de um ciclo, desde que observado o limite máximo de 8 (oito) anos.

Ocorre que, antes da aprovação da lei impugnada (Lei Complementar Municipal nº 859/2019), a última atualização da Planta Genérica de Valores do Município de Porto Alegre se deu em 1991. Ou seja, *o Município estava há 28 anos sem fazer uma atualização integral e efetiva de sua Planta Genérica de Valores.*

Tratando-se de uma cidade dinâmica, com transformações urbanas relevantes nas últimas décadas, houve um natural e variável impacto na estrutura de preços dos imóveis no mercado.

Vale registrar que, antes da aprovação da LCM nº 859/2019, o Município de Porto Alegre era umas das capitais mais atrasadas em termos de atualizações nos valores utilizados para fins de IPTU, senão vejamos:

10 Maiores Capitais – Quantidade de atualizações da PGV após 1991	
São Paulo	2013, 2009, 2001, 1999, 1994
Rio de Janeiro	2017, 1997, 1993
Belo Horizonte	2009, 2001
Salvador	2013, 1994
Recife	2015, 1997
Curitiba	2017, 2014, 2004, 2003, 2002, 2001, 2000, 1999, 1998, 1997
Brasília	2016, 2011, 2007, 2004, 2003, 2002, 1999, 1998, 1997, 1996, 1995, 1993, 1992, 1991
Fortaleza	2013, 2009, 2003
Manaus	2011, 2006
Porto Alegre	Nenhuma

É fácil perceber que as transformações ocorridas em algumas regiões do Município de Porto Alegre, ao longo das últimas décadas, impactaram significativamente no valor dos imóveis. Cita-se como exemplo: a Av. Carlos Gomes e a Rua Dom Pedro II, o Parque Germânia e o Jardim Europa, a ampliação da Av. Juca Batista e a Orla do Guaíba, o Bairro Cristal e o Barra Shopping Sul:

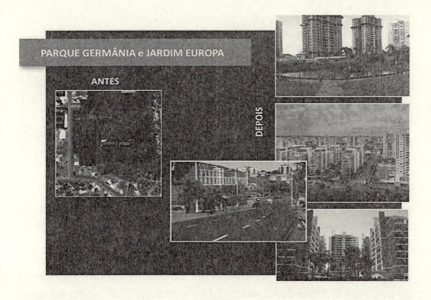

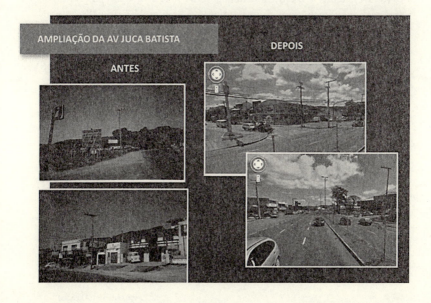

A falta de atualização da PGV durante tanto tempo e com tantas transformações na cidade ocasionava o tratamento não isonômico entre contribuintes, em contraposição ao ideal de justiça tributária.

Tal cenário provocava um grande número de situações de erros, desvios e inconsistências nos valores que servem de base ao lançamento do imposto. Em realidade, na vigência da anterior PGV, antes da aprovação da LCM nº 859/2019, a base de cálculo do IPTU dos imóveis em Porto Alegre era de, em média, *apenas 31% (trinta e um por cento) de seu valor real de mercado*, em flagrante afronta ao art. 33 do CTN.

Nesse sentido, o Gráfico 1, a seguir, demonstra a relação entre o valor venal médio presumido na anterior PGV (nível médio) e o valor venal médio, se considerado o valor atual de mercado dos imóveis (nível legal):

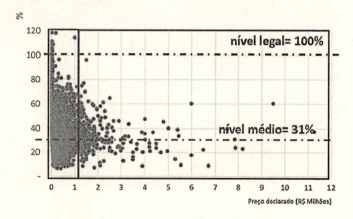

Gráfico 1. Variação entre o valor venal médio atual ("nível legal") e o valor venal presumido pela PGV antes da promulgação da LCM nº 859/2019 ("nível médio").

O gráfico demonstra que a relação entre o valor real de mercado e o valor presumido na PGV, antes da aprovação da LCM nº 859/2019, era altamente variável e que pouquíssimos imóveis estavam avaliados segundo o valor real de mercado (na linha do nível legal).

Ademais, verifica-se que a subavaliação estava mais concentrada nos imóveis de maior valor, ou seja, eram os imóveis mais valiosos que possuíam uma maior disparidade entre o valor previsto na PGV e o seu valor real de mercado. De tal modo, os proprietários de imóveis de grande valor, dotados de maior capacidade contributiva, eram os maiores beneficiários das distorções da antiga PGV, uma vez que arcavam com um ônus de IPTU muito menor do que o devido.

Além do mais, conforme demonstra a parte esquerda do gráfico, imóveis de menor valor também sofriam uma imensa variabilidade no nível de avaliação. Alguns eram avaliados em valor até acima do de mercado, enquanto outros em cerca de 10% do valor real. Essa variação intensificava as injustiças perpetradas pela antiga PGV.

Aliás, além da desatualização da base de cálculo do imposto, 80% (oitenta por cento) dos imóveis prediais não tinham seu IPTU calculado pela multiplicação da base de cálculo pela alíquota.

Isso ocorria em razão de legislações antigas e obsoletas (por exemplo, os arts. 2º e 3º da LCM nº 212/1989[22]), que frearam o crescimento do imposto em virtude das altas inflações vivenciadas até os anos 1990 – situação que não mais subsiste, diante da revogação de tais dispositivos pela LCM nº 859/2019 (art. 21) –, ocasionando a aplicação de alíquota efetiva muito menor que a determinada pela legislação.

O resultado desse cenário, portanto, era o seguinte: o IPTU era irrisório para um grande número de imóveis; havia fortes iniquidades na distribuição da carga tributária, inclusive com situações de absoluta falta de isonomia; havia inconsistências no cálculo do imposto para a maioria dos imóveis, e; as distorções entre os valores da antiga PGV e os valores reais de mercado eram mais significativas nos imóveis de alto valor.

Como consequência direta da defasagem da PGV: **(i)** têm-se inúmeras injustiças tributárias, com contribuintes dotados de alta capacidade contributiva arcando com valores ínfimos de IPTU; **(ii)** o Poder

---

[22] "Art. 2º Para imóveis residenciais de valor venal até 280 URM, a correção do Imposto Predial e Territorial Urbano para o ano de 1990, será limitada até 60% da inflação oficial de 1989. Art. 3º Para os proprietários de um único imóvel residencial, o reajuste do valor do Imposto Predial e Territorial Urbano – IPTU –, no exercício de 1990, não poderá ultrapassar o índice de inflação do ano de 1989."

Público municipal perde fontes de financiamento para investimentos em áreas sociais como educação e saúde; **(iii)** há falta de transparência no cálculo do imposto, causando insegurança jurídica para o Poder Público e para os contribuintes.

Para se melhor visualizar as injustiças ocasionadas pela desatualização de IPTU, a Secretaria Municipal da Fazenda realizou levantamentos na base de dados do Município, a fim de debater com a sociedade o projeto de lei da nova PGV (vide apresentação no **documento 01**).

Em tal levantamento, fica claro que a antiga PGV acarretava a cobrança de valores irrisórios de IPTU sobre imóveis com significativo valor real de mercado, como se percebe dos exemplos a seguir[23]:

IMÓVEIS PAGANDO VALORES IRRISÓRIOS DE IPTU

Rua / Avenida	Bairro	Valor Real	IPTU 2018
JOSE LEONARDI	Jardim Sabará	R$ 409.546,03	R$ 2,63
SANTA VITORIA	Tristeza	R$ 202.747,33	R$ 3,08
DANTE POGGETTI	Jardim Itu	R$ 481.791,03	R$ 4,31
DONA CECILIA	Azenha	R$ 380.822,53	R$ 4,31
PORTUGAL	Higienópolis	R$ 475.429,31	R$ 4,56
FELICISSIMO DE AZEVEDO	São João	R$ 567.129,56	R$ 4,72
GEN TASSO FRAGOSO	Passo da Areia	R$ 375.989,59	R$ 4,72
JOAO MAIA	Nonoai	R$ 202.996,78	R$ 4,72
DR GASTAO RHODES	Santana	R$ 405.384,84	R$ 5,14

As injustiças tributárias decorrentes da defasagem do IPTU ficam ainda mais evidentes quando se verifica que imóveis com valores reais de mercado extremamente distintos estavam submetidos a uma incidência de IPTU em valores praticamente idênticos. Vejam-se os seguintes exemplos, também decorrentes do levantamento realizado e apresentado à sociedade pela Receita Municipal:

---

[23] Todos os exemplos das tabelas são casos reais, omitindo-se a numeração do imóvel e informações sobre o proprietário, em observância ao sigilo garantido pelo art. 198 da Lei nº 5.172/1966 (CTN).

MESMO IPTU PARA IMÓVEIS DE VALORES DIFERENTES

Rua / Avenida	Bairro	Valor Real	IPTU 2018	
DO FRANKLIN	Jardim Sabará	R$ 29.874,98	R$ 106,61	
DOS ANDRADAS	Centro Histórico	R$ 52.969,51	R$ 109,90	100 reais
DR CARLOS BARBOSA	Azenha	R$ 199.145,39	R$ 106,61	
ELIAS CIRNE LIMA	Partenon	R$ 577.710,88	R$ 109,28	
GEN FRANCISCO DE PAULA CIDADE	Chácara das Pedras	R$ 805.476,50	R$ 112,37	
DOS MAIAS	Rubem Berta	R$ 50.311,44	R$ 300,85	
BENTO GONCALVES	Vila João Pessoa	R$ 85.586,33	R$ 302,55	300 reais
MARILAND	Montserrat	R$ 306.488,56	R$ 302,55	
JUCA BATISTA	Ipanema	R$ 419.266,09	R$ 300,90	
DO RINCAO	Belém Velho	R$ 610.586,88	R$ 303,99	
DO ARMANDO	Lageado	R$ 41.700,18	R$ 500,75	
BORBOREMA	Vila São José	R$ 155.932,88	R$ 501,16	500 reais
GONCALVES DIAS	Menino Deus	R$ 202.836,88	R$ 500,75	
ARTUR FABIAO CARNEIRO	Passo da Areia	R$ 463.085,38	R$ 501,16	
EDMUNDO BASTIAN	Cristo Redentor	R$ 613.175,56	R$ 501,16	
BENTO GONCALVES	Santana	R$ 172.354,22	R$ 1.007,28	
MIGUEL TOSTES	Rio Branco	R$ 196.204,92	R$ 1.001,93	1.000 reais
DOS ANDRADAS	Centro Histórico	R$ 294.116,59	R$ 1.005,43	
DOM DIOGO DE SOUZA	Cristo Redentor	R$ 439.713,72	R$ 1.001,93	
CEL MANOEL PY	Higienópolis	R$ 627.196,75	R$ 1.005,43	

Ora, como se poderia admitir que um imóvel, localizado no Bairro Lageado, com valor real de R$41.700,18, estivesse submetido ao mesmo IPTU (de aproximadamente R$500,00) que um imóvel, localizado no Bairro Cristo Redentor, com valor real de R$613.175,56, ou de outro no Menino Deus, com valor de R$202.836,88? Como defender a manutenção de tamanha injustiça tributária?

Do mesmo modo, a desatualização da PGV também fazia com que imóveis com similar valor real de mercado se submetessem a valores de IPTU substancialmente distintos:

IMÓVEIS DE MESMO VALOR, PORÉM, IPTUS DIFERENTES

Rua / Avenida	Bairro	Valor Real	IPTU 2018	
ITABORAI VILA CACARAUMA	Lami	R$ 50.146,17	R$ 328,91	R$ 50 mil
DO PACHECO	Boa Vista do Sul	R$ 50.041,70	R$ 294,40	
FELIPE CAMARAO	Bom Fim	R$ 50.012,88	R$ 59,47	
OCTAVIO DE SOUZA	Nonoai	R$ 50.048,90	R$ 16,66	
DEPUTADO ADAO PRETTO	Lomba do Pinheiro	R$ 102.417,64	R$ 633,40	R$ 100 mil
BUTUI	Cristal	R$ 100.008,84	R$ 437,36	
SILVERIO SOUTO	Teresópolis	R$ 100.181,04	R$ 84,58	
INACIO ANTONIO DA SILVA	Belém Novo	R$ 100.021,28	R$ 40,74	
JUCA BATISTA	Belém Novo	R$ 300.043,97	R$ 1.372,84	R$ 300 mil
FRANCA	Navegantes	R$ 300.226,72	R$ 485,11	
BERTHOLDO MARIO THEBICH	Farrapos	R$ 302.541,69	R$ 80,88	
CEL MASSOT	Camaquã	R$ 300.577,81	R$ 14,19	
SOUZA LOBO	Vila Jardim	R$ 600.226,06	R$ 2.737,83	R$ 600 mil
CARLOS VON KOSERITZ	Auxiliadora	R$ 600.062,00	R$ 1.963,93	
AZEVEDO SODRE	Passo da Areia	R$ 609.349,75	R$ 626,72	
ENG ADOLFO STERN	Bela Vista	R$ 603.491,06	R$ 68,32	

Como se admitir que imóveis localizados no conhecido Bairro Bela Vista e outro na Vila Jardim, de valores tão próximos (em torno de R$600 mil), estejam submetidos a IPTU em quantias tão diferentes (o primeiro imóvel, a um IPTU de R$68,32; o segundo, a um IPTU de R$2.737,83)?

Essas disparidades prejudicavam principalmente os proprietários mais pobres, de menor capacidade contributiva. Estes contribuintes eram prejudicados de duas formas: por um pagamento mais alto de IPTU que o justo e pela perda de receitas do Município para investimentos em áreas que beneficiam diretamente as pessoas de renda mais baixa, como educação e saúde.

Vale mencionar, ainda, o prejudicial impacto da defasagem da PGV nas contas públicas. Analisando o IPTU de Porto Alegre ao longo dos anos, tem-se que, em 1997, tal imposto representava 0,79% do Produto Interno Bruto (PIB); em 2015, o IPTU representou apenas 0,55% do PIB. Ou seja, a arrecadação do tributo, relevantíssimo aos municípios, que suportam a maior parte dos serviços públicos a serem prestados ao cidadão, teve queda acentuada em relação ao PIB, justamente em face da desatualização da PGV.

É importante ressaltar que o **Tribunal de Contas** e o **Ministério Público de Contas do Estado do Rio Grande do Sul**, em diversas oportunidades, ao analisar a gestão dos Executivos Municipais, já se posicionaram pela necessidade de revisão da planta de valores, sob pena de concorrer para a evasão tributária, diante significativa renúncia de receitas, e de atentar contra o princípio da proporcionalidade e razoabilidade.

Especificamente em relação às contas do Município de Porto Alegre, **os Relatórios de Auditoria de Acompanhamento de Gestão do Tribunal de Contas do Estado** nos exercícios de 2010 e 2011 apontaram a *defasagem dos valores venais dos imóveis sujeitos ao IPTU e a necessidade da atualização da planta de valores*. Vejamos entendimento no âmbito do TCE/RS:

> Processo 1080-0200/10-9
>
> (...) Desta forma, o valor venal dos imóveis para a apuração da base de cálculo para os impostos predial e territorial urbano e de transmissão de bens imóveis, deve estar em consonância com o valor de mercado desses imóveis.
>
> No entanto, a análise das guias de arrecadação do Imposto de Transmissão de Bens Imóveis – ITBI – revelou *significativa defasagem dos valores venais cadastrados* **para fins de apuração da base de cálculo do Imposto Predial e Territorial Urbano**, com prejuízo ao Erário Municipal.
>
> Verificou-se que *a defasagem ocorre em imóveis de todas as faixas de valores*, **fato que demonstra que há** *a necessidade de atualização geral da planta de valores* **dos imóveis urbanos que serve de base de cálculo do referido imposto.**
>
> (...) Portanto, *a Administração Municipal deverá adotar medidas para uma reavaliação dos valores dos imóveis urbanos* a fim de atualizar os valores venais utilizados como base de cálculo do tributo, com vistas ao incremento de sua receita própria, mais especificamente as oriundas do IPTU, a fim de dar cumprimento à Lei Complementar nº 101/00, que em seu artigo 11 estabelece como requisitos essenciais da *responsabilidade na gestão fiscal a instituição, previsão e efetiva arrecadação de todos os tributos da competência constitucional do ente da Federação.*
>
> Processo 951-0200/11-0
>
> (...) 8.2.1. VALORES VENAIS DOS IMÓVEIS DESATUALIZADOS
>
> **Inconformidade apontada no Processo relativo ao exercício 2010 (Processo de Contas n. 1080-0200/10-9), ainda sem decisão.**

No Relatório referente ao Acompanhamento de Gestão do exercício 2010 a equipe de auditoria constatou que os valores venais dos imóveis da zona urbana de Porto Alegre estavam desatualizados, resultando em arrecadação de IPTU inferior à que poderia ser obtida, visto que o valor venal é a base de cálculo desse tributo.

(...) De acordo com o quadro acima, **a base de cálculo do ITBI chega a ser *mais de 800% superior* à base de cálculo do IPTU do mesmo imóvel.**

(...) Independentemente da existência daquele projeto, *a inconformidade caracterizou-se mais uma vez, sem ser solucionada* ao longo do exercício 2011. Razão pela qual permanece o apontamento realizado no exercício 2010.

A situação, portanto, era intolerável do ponto de vista social, moral e fiscal. Foi necessário instaurar, nos últimos anos, um amplo ciclo de debates entre o Poder Público e a sociedade para construir alternativa que permitisse eliminar iniquidades, garantir transparência e reestruturar a modelagem jurídica do IPTU em Porto Alegre, importante instrumento fiscal e de gestão territorial do Município.

1.4 Das alterações advindas da LCM nº 859/2019 – Promoção da justiça tributária por meio da atualização PGV

Diante desse contexto, após amplo e primoroso trabalho técnico da Receita Municipal, o Poder Executivo enviou, em agosto de 2017, um projeto de lei à Câmara Municipal, visando atualizar a Planta Genérica de Valores. Trata-se do PLCE nº 013/17. Porém, entendendo que o tema ainda não estava amadurecido o suficiente para aprovação pelo Poder Legislativo municipal, a Câmara de Vereadores rejeitou, por maioria, o referido PLCE.

No fim de 2017, houve a apresentação de novo projeto de lei, de conteúdo similar ao primeiro, com o objetivo também de atualizar a PGV. Novos debates e estudos ocorreram no âmbito do Poder Legislativo. Porém, em virtude de decisão liminar do TJRS, versando sobre questões formais (inconstitucionalidade de reapresentação, na mesma sessão legislativa, de matéria rejeitada), o projeto não obteve prosseguimento.

Foi nesse cenário que, em 2018, o Poder Executivo enviou à Câmara Municipal de Porto Alegre, o Projeto de Lei Complementar do Executivo (PLCE) nº 005/18 (Proc. nº 0721/18), que, após aprovado, em abril do corrente ano, deu origem à **Lei Complementar Municipal (LCM) nº 859/2019** – objeto da presente ação direta de inconstitucionalidade.

Com efeito, tal como os projetos de lei anteriores, o PLCE nº 005/18, desde o início da sua tramitação até a sua aprovação, tinha como premissas o reestabelecimento da **justiça tributária**, com a adoção de normas que promovessem o princípio da isonomia e da capacidade contributiva.

Vale ressaltar que o PLCE nº 005/18 foi objeto de ampla análise e intensos debates no âmbito do Poder Legislativo municipal, tanto em relação a questões de natureza jurídica, quanto ao mérito do Projeto para o interesse público.

Inicialmente, o projeto recebeu parecer favorável, quanto à sua constitucionalidade, pela **Procuradoria da Câmara Municipal**, por meio do Parecer nº 231/18. Em seguida, a **Comissão de Constituição e Justiça – CCJ**, por meio do Parecer nº 08/19, também concluiu pela constitucionalidade formal e material do PLCE nº 005/18 (Proc. nº 0721/18). No parecer, a CCJ reconheceu que o PLCE nº 005/18 atendia à Constituição Federal, Estadual e à Lei Orgânica do Município. Apontou também a observância do art. 14 da LRF, tendo sido preenchidos os requisitos para a renúncia de receitas decorrentes do PLCE (diante do aumento das isenções). Ao final, a CCJ opinou pela "inexistência de óbice de natureza jurídica para a tramitação do Projeto". O PLCE, então, passou por amplo debate na **Comissão de Economia, Finanças, Orçamento e do Mercosul – CEFOR**. Após audiências e reuniões com representantes do Poder Executivo, com a comunidade em geral e com os próprios vereadores, a Comissão opinou pela aprovação do projeto, conforme o Parecer nº 037-19 – CEFOR (**documento 02**).

O PLCE nº 005/18, então, foi aprovado em 03 de setembro do corrente ano e, assim, promulgada a LCM nº 859/2019, – questionada na presente ADI.

É importante destacar que, ao contrário do que faz crer a exordial, *a LCM nº 859/2019 não versa apenas sobre a nova PGV do Município de Porto Alegre*, mas trata de inúmeras *outras alterações na legislação tributária municipa*l, trazendo diversas modificações no Código Tributário Municipal (LCM nº 7/1973)

Em suma, a LCM nº 859/2019 está assim estruturada:

i) **Art. 1º da LCM nº 859/2019**: aprova a Planta Genérica de Valores (PGV) para efeitos de lançamento e cobrança do IPTU para 2020. Ademais, prevê que os valores unitários do metro quadrado de terreno e de construção são os determinantes para o cálculo dos valores venais dos imóveis e constam, respectivamente, dos Anexos I e II da LC nº 859/2019, acrescentando-se, para o exercício de 2020, a variação acumulada do IPCA do período de dezembro de 2017 até outubro de 2019;

ii) Art. 2º da LCM nº 859/2019: promove alterações no art. 5º do Código Tributário Municipal (LCM nº 7/1973), dispondo sobre: (a) alíquotas para o cálculo do imposto predial (imóveis edificados) e do imposto territorial (terrenos); (b) cálculo do IPTU sobre terreno cuja edificação não foi concluída em virtude de falência do empreendedor ou de sua destituição por abandono da obra; e (c) cálculo do IPTU sobre terreno objeto de projeto arquitetônico em trâmite na Administração municipal;

iii) Art. 3º da LCM nº 859/2019: altera o art. 7º do Código Tributário Municipal (LCM nº 7/1973), dispondo sobre os critérios para o cálculo do valor do metro quadrado do terreno;

iv) Art. 4º da LCM nº 859/2019: inclui o parágrafo único no art. 8º do Código Tributário Municipal (LCM nº 7/1973), para prever reduções no preço do metro quadrado, de acordo com o ano-base de construção dos imóveis, com vistas a observar à depreciação física e funcional e ao estado de conservação, conforme a Tabela XI, inserida na LCM nº 7/1973;

v) Art. 5º da LCM nº 859/2019: inclui o art. 8º-A no Código Tributário Municipal (LCM nº 7/1973), que prevê redutores, para fins de cálculo do valor venal, da área do imóvel territorial com profundidade média superior a 80 metros;

vi) Art. 6º da LCM nº 859/2019: altera o art. 10 do Código Tributário Municipal (LCM nº 7/1973) prevendo critérios e procedimentos para a revisão administrativa do valor da base de cálculo do IPTU;

vii) Art. 7º da LCM nº 859/2019: altera o art. 67, §6º, do Código Tributário Municipal (LCM nº 7/1973) que versa sobre as hipóteses em que a interposição de recurso de ofício do Secretário Municipal da Fazenda ao Conselho Municipal de Contribuintes detém natureza facultativa;

viii) Art. 8º da LCM nº 859/2019: altera o art. 70, XVII, do Código Tributário Municipal (LCM nº 7/1973), para alterar os critérios da isenção do IPTU para aposentados, inativos e pensionistas cuja renda mensal seja igual ou inferior a três salários mínimos;

ix) Art. 9º da LCM nº 859/2019: altera o art. 72 do Código Tributário Municipal (LCM nº 7/1973), que versa sobre condições e critérios para o gozo de benefícios tributários, como isenções;

x) Art. 10 da LCM nº 859/2019: inclui no Código Tributário Municipal (LCM nº 7/1973) as Tabelas IX, X e XI, que correspondem, respectivamente, aos Anexos III, IV e V, da LCM nº 859/2019;

xi) Art. 11 da LCM nº 859/2019: altera o art. 20 da LCM nº 312/1993, modificando as definições das divisões fiscais no Município de Porto Alegre;

xii) Art. 12 da LCM nº 859/2019: altera o art. 12 da LCM nº 535/2005, definindo critérios para atualização do valor da UFM (Unidade Financeira Municipal);

xiii) Art. 13 da LCM nº 859/2019: definindo critérios para atualização do valor da UFM especificamente para o exercício de 2020;

xiv) Art. 14 da LCM nº 859/2019: prevê regra de transição, com limites para eventuais aumentos do valor do IPTU, por meio de um escalonamento do acréscimo ao longo de seis anos (de 2020 a 2025);

xv) Art. 15 da LCM nº 859/2019: dispõe sobre regra de transição, prevendo as alíquotas do IPTU dos imóveis prediais não residenciais a serem aplicadas, de forma escalonada, em relação aos anos de 2020 a 2025;

xvi) Art. 16 da LCM nº 859/2019: prevê regra de transição aplicável às alíquotas de imóveis prediais não residenciais utilizados exclusivamente como hotéis localizados na região central da cidade, em relação aos anos de 2020 a 2025;

xvii) Art. 17 da LCM nº 859/2019: vetado;

xviii) Art. 18 da LCM nº 859/2019: cria a Câmara Especial de Recursos no Tribunal Administrativo de Recursos Tributários (TART);

xix) Art. 19 da LCM nº 859/2019: dispõe sobre a possibilidade de utilização do valor oriundo de IPTU sobre imóveis utilizados por estabelecimentos comerciais voltados ao cuidado com animais para gastos com controle populacional e saúde animal;

xx) Art. 20 da LCM nº 859/2019: vacatio legis;

xxi) Art. 21 da LCM nº 859/2019: indica os dispositivos legais revogados.

É importante mencionar que, com o advento da LCM nº 859/2019, os novos valores da PGV refletem, de forma mais realística, os valores de mercado, embora a Secretaria Municipal da Fazenda ainda estime uma defasagem, em média, de cerca de 30% do valor real dos imóveis, *margem esta, inclusive, que confere segurança jurídica, evitando riscos de sobrevalorização inerentes à adoção dos critérios técnicos e objetivos da PGV.*

Destaque-se ainda que, conforme levantamento da Receita Municipal, os imóveis cujo IPTU em 2019 girou em torno de R$500,00 verificarão, em média, uma redução do imposto.

Ademais, conforme os arts. 15 e 16 e os Anexos III e IV, da LCM nº 859/2019, **a faixa de isenção aumentará significativamente**.

Com efeito, pela lei anterior, aplicava-se a isenção de IPTU para imóveis avaliados em até 3.325 UFMs, o equivalente a **R$13.888,75** (em 2019, uma UFM corresponde a R$4,1771). Com a LCM nº 859/2019, a isenção será aplicada para imóveis até 14.946 UFMs, que corresponde, atualmente, a **R$62.430,94** – exceto para espaços individualizados de estacionamento, cuja faixa de isenção vai até 2.490 UFMs (R$10.400,10).

Vale registrar que houve o aumento da faixa de isenção beneficiando diretamente os mais pobres, isto é, os proprietários de imóveis de menor valor. Mas, também se constata que a nova PGV favorece a **todos** os proprietários de imóveis urbanos no Município de Porto Alegre na medida em que o IPTU é calculado por faixas de valores venais. Assim, o IPTU somente incide sobre a fração do valor venal que ultrapassa a faixa de isenção. Por exemplo, em relação a um imóvel no valor de R$162.430,94, apenas incide o IPTU sobre os R$100 mil que superaram o valor da faixa de isenção (R$62.430,94).

*E mais, conforme levantamento da Receita Municipal, no geral, dentre todos os imóveis urbanos no Município, **31,08% sofrerão redução de IPTU, 19,1% estarão abrangidos por isenções, e apenas 49,8% terão algum aumento, o qual será escalonado até 2025**, conforme regra de transição prevista no art. 14 da LCM nº 859/2019. Segue em anexo demonstrativo nesse sentido (documentos 01 e 04).*

É importante mencionar também que **todas as alíquotas foram reduzidas**. Nenhuma alíquota aumentou. Em verdade, o Município já possuía uma das menores alíquotas entre as principais capitais e as reduziu ainda mais. Como resultado dessa redução de alíquotas, todos os imóveis que, em 2019, estavam avaliados próximos do valor real de mercado sofrerão em 2020 uma redução do IPTU.

Além do mais, destaque-se, desde logo, que a LCM nº 859/2019 garante a todos os contribuintes o direito de, não concordando com o valor de avaliação do seu imóvel, apresentar **impugnação buscando a revisão administrativa** do valor do imposto. Esse direito está regulamentado detalhadamente no art. 6º da LCM nº 859/2019, que alterou o art. 10 do Código Tributário Municipal (LCM nº 7/1973).

Desse modo, percebe-se que a atualização a PGV do Município de Porto Alegre foi uma fundamental medida para a garantia da justiça tributária a fim de se estabelecer uma tributação em respeito aos princípios da isonomia e da capacidade contributiva.

Eis, portanto, o necessário contexto da promulgação da LCM nº 859/2019, de seu conteúdo e de seus efeitos – questões centrais para o deslinde da presente demanda.

2 Resumo da inicial

A Ordem dos Advogados do Brasil – Conselho Seccional do Rio Grande do Sul – OAB/RS, propôs a presente Ação Direta de Inconstitucionalidade, pretendendo que seja declarada a inconstitucionalidade *integral* da Lei Complementar Municipal nº 859, de 03 de setembro de 2019 e seus anexos, que aprovou a nova "Planta Genérica de Valores Imobiliários", alterando dispositivos do Código Tributário Municipal (Lei Complementar n. 07/73), dentre outros.

Nas razões da exordial, a parte autora invoca cinco supostas inconstitucionalidades da LCM nº 859/2019, quais sejam:

i) Progressividade em razão da localização: aponta a suposta inconstitucionalidade do art. 5º, §3º, e, por arrastamento, da Tabela X, ambos da LCM nº 7/1973, com a redação dada pelo art. 2º e pelo Anexo IV da LCM nº 859/2019. Afirma que os dispositivos, ao estabelecerem uma suposta progressividade de alíquotas em virtude da localização do imóvel teria violado o art. 156, §1º, I e II, da CF/88, que apenas permite a progressividade em razão do valor do imóvel;

ii) Retroatividade da alteração dos critérios para a fixação do metro quadrado do terreno: sustenta a suposta inconstitucionalidade do art. 7º, I, e, por arrastamento, do Anexo I (Tabela de Valores do Metro Quadrado de Terreno em Face do Quarteirão), ambos da LCM nº 7/1973, na redação dada pela LCM nº 859/2019. Alega que os valores constantes no referido Anexo I teriam sido calculados com base em critérios não previstos legalmente. Defende que o Município, primeiro, deveria ter aprovado os novos critérios de cálculo, para só depois enviar projeto de lei com os novos valores do metro quadrado. Ao não se obedecer essa ordem, teria havido uma inconstitucional retroatividade dos critérios para a fixação do metro quadrado do terreno. Assim, concluiu que os referidos dispositivos teriam violado o art. 150, III, "a", da CF/88;

iii) Inobservância dos critérios informadores da Planta Genérica de Valores: sustenta a inconstitucionalidade do Anexo I (Tabela de Valores do Metro Quadrado de Terreno em Face do Quarteirão) da LCM nº 859/2019. Defende que não haveria critério científico informador dos valores constantes da referida Tabela de Valores. Haveria, assim, o que afronta aos princípios constitucionais da legalidade, da capacidade contributiva e da moralidade administrativa (arts. 5º, II, 145, §1º, e 37, todos da CF/88);

iv) Diferenciação do valor do tipo construtivo por divisão fiscal: aponta a suposta inconstitucionalidade do Anexo II da LCM nº 859/2019. Aduz que seria inconstitucional a diferenciação do valor do tipo construtivo por divisão fiscal. Sustenta que "o material utilizado para a construção de um imóvel (madeira, alvenaria etc) independe da localização de sua construção". O tipo construtivo não poderia ser critério para a definição da base de cálculo do IPTU. Com base em tais premissas, o Anexo II da LCM nº 859/2019 teria violado os princípios da isonomia, proporcionalidade e razoabilidade, e;

v) Violação à segurança jurídica e aumento de tributo com efeitos confiscatórios: aduz que a LCM nº 859/2019 provocaria um regime jurídico "bastante restritivo dos direitos de propriedade e liberdade", estabelecendo "aumentos anuais drásticos" de IPTU. Ademais, a nova legislação teria aplicado "efeitos confiscatórios ao imposto sobre a propriedade urbana da capital gaúcha". Por tais razões, conclui pela suposta violação ao art. 150, IV, da CF/88.

A parte autora ainda requer a concessão de **medida cautelar**, com o objetivo de suspender a eficácia do ato normativo impugnado até que sobrevenha decisão final. Para tanto, alega que estão presentes o *fumus boni iuris* e o *periculum in mora*.

Ocorre que os argumentos da inicial não se sustentam. A ADI possui inúmeras inconsistências de naturezas processuais e materiais, como se demonstra a seguir.

3 Preliminares

A ADI deve ser extinta, sem resolução do mérito, diante da falta das condições da ação e dos pressupostos processuais doravante elencados.

3.1 Da primeira preliminar. Procuração que não indica de forma objetiva e individualizada os dispositivos legais impugnados. Descumprimento de determinação judicial que implica a extinção da demanda sem resolução do mérito

É pacífico na jurisprudência do **TJRS** e do **STF** que, em ações diretas de inconstitucionalidade, objeto de controle abstrato de constitucionalidade, a petição inicial deve vir acompanhada de procuração com poderes específicos para o ajuizamento da ação, indicando de **forma objetiva e individualizada** os dispositivos legais que serão impugnados na ADI.

No caso em tela, o Exmo. Relator, ao identificar a inobservância do referido requisito, determinou "a intimação da proponente para, no prazo de 10 (dez) dias, apresentar novo instrumento de procuração, *sob pena de extinção do processo sem resolução do mérito*. Isso porque a proposição de Ação Direta de Inconstitucionalidade demanda a juntada de instrumento de mandato com poderes especiais para atacar **a norma impugnada específica**" (fls. 573).

Ocorre que a parte autora limitou-se a acostar procuração com a finalidade genérica de se propor ADI em face da LCM nº 859/2019, sem especificar, de forma objetiva e individualizada, qual ou quais dispositivos da referida lei seriam impugnados, senão vejamos:

PODERES: Para em conjunto ou isoladamente, representar a outorgante e defender seus interesses, perante qualquer Juízo, Instância ou Tribunal, ou fora deles, com os poderes da cláusula ad judicia, podendo propor as ações que julgar necessárias, apresentar defesas e recursos, impetrar medidas preventivas ou assecuratórias, confessar, desistir, transigir, firmar compromissos ou acordos, receber e dar quitação, podendo substabelecer com ou sem reserva de iguais poderes e, ainda, usar de todos os meios admitidos em direito, para o bom e fiel cumprimento do presente mandato, **especialmente para ajuizamento de Ação Direta de Inconstitucionalidade em oposição à Lei Complementar Municipal nº 859, de 03 de setembro de 2019, do Município de porto Alegre, que altera a Lei Complementar Municipal nº 07/1973 (Código Tributário do Município) no tocante ao Imposto Predial e Territorial Urbano (IPTU).**

Porto Alegre, 23 de setembro de 2019.

Ricardo Breier
Presidente da OAB/RS

Ora, os argumentos expostos na causa de pedir da petição inicial não se referem à integralidade da LCM nº 859/2019, mas apenas a uma parcela dos dispositivos da referida Lei. Deveria, portanto, a procuração especificar, de forma objetiva e individualizada, os dispositivos legais impugnados.

Como visto acima, **a LCM nº 859/2019 versa sobre inúmeros temas.** Não trata apenas da Planta Genérica de Valores para a base de cálculo do IPTU. Inclusive, versa sobre dispositivos que sequer se referem ao IPTU.

Por exemplo, a LCM nº 859/2019, no **art. 12,** versa sobre critérios para atualização do valor da UFM (Unidade Financeira Municipal);[24] no **art. 13**, trata da atualização da UFM especificamente para o ano de 2020,[25] e; no **art. 18**, cria a Câmara Especial de Recursos, no Tribunal Administrativo de Recursos Tributários (TART).[26]

---

[24] "Art. 12 Fica alterado o §2º do art. 1º da Lei Complementar nº 535, de 28 de dezembro de 2005, conforme segue: 'Art. 1º ... §2º O valor da UFM terá vigência de 1º de janeiro a 31 de dezembro de cada ano e será atualizado tendo por base a variação acumulada do índice previsto neste artigo ocorrida no período de novembro do segundo ano anterior à sua vigência até outubro do ano imediatamente anterior a sua vigência....' (NR)"

[25] "Art. 13. Especificamente para o exercício de 2020, a UFM será atualizada com base na variação acumulada do IPCA do período de dezembro de 2018 até outubro de 2019."

[26] "Art. 18. Fica criada, nos termos do regulamento, a Câmara Especial de Recursos, no Tribunal Administrativo de Recursos Tributários (TART), que processará e julgará recursos

Assim, a nova procuração, acostado somente após expressa determinação do Exmº Relator, não afastou o vício identificado inicialmente. Permanece a inexistência de instrumento de mandado especificando, *de forma objetiva e individualizada*, a norma impugnada, de forma que deve incidir a consequência prevista no despacho de fls. 570-574, ou seja, a extinção do processo, sem resolução do mérito.

Vale pontuar que egrégio **TJRS** tem entendimento pacífico quanto à necessidade de que, "em se tratando de ação de controle abstrato de constitucionalidade, a **indicação objetiva – e sempre individualizada – da regra legal** impugnada na procuração outorgada é obrigatória, *não sendo suficiente mera referência genérica ao diploma legislativo*". Nesse sentido, veja-se os seguintes precedentes:

AÇÃO DIRETA DE INCONSTITUCIONALIDADE. LEI MUNICIPAL QUE REGULAMENTA O AUXÍLIO-ALIMENTAÇÃO E O AUXÍLIO-TRANSPORTE. NATUREZA INDENIZATÓRIA E NÃO REMUNERATÓRIA. EXCLUSÃO DO RECEBIMENTO DE AUXÍLIO-TRANSPORTE POR SERVIDORES OCUPANTES DE CARGO EM COMISSÃO. OFENSA AO PRINCÍPIO DA ISONOMIA. INCONSTITUCIONALIDADE RECONHECIDA, NO PONTO. **DA REPRESENTAÇÃO PROCESSUAL. Em se tratando de ação de controle abstrato de constitucionalidade, a indicação objetiva – e sempre individualizada – da regra legal impugnada na procuração outorgada é obrigatória, não sendo suficiente mera referência genérica ao diploma legislativo nem o registro de que a procuração autoriza o ajuizamento de ação direta contra preceitos "indicados na petição inicial".** (...) (Ação Direta de Inconstitucionalidade, Nº 70079199931, Tribunal Pleno, Tribunal de Justiça do RS, Relator: André Luiz Planella Villarinho, Julgado em: 15-04-2019)

AÇÃO DIRETA DE INCONSTITUCIONALIDADE. LEI MUNICIPAL Nº 3.710 DE GUAÍBA. DEFEITO DE REPRESENTAÇÃO. PROCURAÇÃO. AUSÊNCIA DE PODERES ESPECÍFICOS PELO CHEFE DO PODER EXECUTIVO E INDICAÇÃO DA NORMA IMPUGNADA. INTIMAÇÃO PARA REGULARIZAÇÃO. INÉRCIA. VÍCIO NÃO SANADO. **Conforme orientação pelo Plenário do Supremo Tribunal Federal na ADI 2.187/BA, para a propositura de ação direta de inconstitucionalidade, é imperativo a juntada de *procuração com poderes específicos* pelo chefe do Poder Executivo, inclusive com a *indicação objetiva e individualizada da norma impugnada*. Situação dos autos em que, embora intimada pessoalmente para regularizar**

---

específicos de contribuintes face a eventuais divergências em relação a valores arbitrados pela SMF na revisão da planta de valores do imóvel."

a representação processual, a parte autora permaneceu inerte, impondo-se a extinção da ação, sem resolução de mérito. Precedentes do Tribunal Pleno do TJRS. AÇÃO JULGADA EXTINTA, SEM RESOLUÇÃO DE MÉRITO.(Ação Direta de Inconstitucionalidade, Nº 70079368585, Tribunal Pleno, Tribunal de Justiça do RS, Relator: Tasso Caubi Soares Delabary, Julgado em: 23-05-2019)

Portanto, verifica-se o descumprimento do despacho de fls. 570-574, razão pela qual o processo deve ser extinto sem resolução do mérito.

3.2 Da segunda preliminar. Descompasso entre o pedido e a causa de pedir. Inépcia da inicial

A petição inicial requer a inconstitucionalidade integral da LCM nº 859/2019 e de seus Anexos. Em momento algum, a parte proponente indica, de forma específica, os dispositivos legais impugnados.

Nesse sentido, a ADI é proposta "em face da LEI COMPLE-MENTAR Nº 859, DE 3 DE SETEMBRO DE 2019". Ademais, o pedido da exordial é no sentido de que "seja declarada com efeito *ex tunc* a inconstitucionalidade integral da LEI COMPLEMENTAR Nº 859, DE 3 DE SETEMBRO DE 2019 E SEUS ANEXOS".

A parte autora, contudo, ao expor sua causa de pedir, apenas se insurge, com argumentos genéricos e superficiais, sobre parcela da referida Lei. Não há qualquer impugnação, por exemplo, a artigos que se referem às isenções para pessoas idosas (art. 8º), à definição das divisões fiscais (art. 11), à atualização da UFM (arts. 12 e 13), à criação da Câmara Especial de Recursos no âmbito do TART (art. 18), dentre outros.

Ora, percebe-se que da causa de pedir (alegações de supostas inconstitucionalidades de parcela da LCM nº 859/2019) não decorre, em uma conexão lógica, o pedido (inconstitucionalidade *integral* da LCM nº 859/2019 e de seus Anexos).

Percebe-se, portanto, um descompasso entre a causa de pedir e o pedido. Se, por exemplo, acolhido o pedido – único e genérico – de declaração de inconstitucionalidade da LCM nº 859/2019, haveria a retirada do mundo jurídico de inúmeros dispositivos da Lei que sequer foram questionados na demanda.

Além do mais, a inépcia da exordial deriva também de equívo-cos insanáveis na fundamentação e no pedido da petição inicial, que prejudicam não só o julgamento da ADI, como a própria defesa da norma impugnada.

Por exemplo, embora no pedido final tenha sido requerido genericamente a inconstitucionalidade de toda a LCM nº 859/2019, a parte autora apontou, na fundamentação da exordial, a inconstitucionalidade especificamente do "Anexo I da Lei Complementar nº 7, de 7 de dezembro de 1973, na redação da Lei Complementar nº 859, de 3 de setembro de 2019" (fls. 25).

Ocorre que, seja na redação atual ou na anterior, **inexiste qualquer Anexo I na LCM nº 07/1973!** A LCM nº 859/2019 não inseriu nenhum Anexo I na LCM nº 7/1973. Como se poderia defender ou apreciar a constitucionalidade de uma norma inexistente?

Portanto, percebe-se que, além de ter sido formulado um pedido genérico, não se verifica uma causa de pedir consistente, de forma que a petição inicial mostra-se claramente inepta. Desse modo, a petição inicial deve ser indeferida, extinguindo-se a demanda sem resolução do mérito, nos termos dos arts. 330, I, §1º, I, II e III, e 485, I, do CPC.

3.3 Da terceira preliminar. Ausência de impugnação do complexo normativo. Falta de interesse de agir

Além do mais, a petição inicial desconsidera que grande parte das normas da LCM nº 859/2019 impugnadas na ADI não são inovações na legislação municipal, deixando de impugnar todo o complexo normativo sobre o tema.

Por exemplo, a diferenciação de alíquotas por divisões fiscais é sistemática adotada no Município há muitas décadas. Desde a redação originária da LCM nº 7/1973, há a previsão para alíquotas diferenciadas (seletivas) em razão da localização dos imóveis a depender da divisão fiscal em que estão inseridos. Tal sistemática foi mantida em diversas alterações legislativas ao longo dos anos e também permaneceu com a LCM nº 7/1973.

Veja-se, por exemplo, que a redação do art. 5º, §3º, da LCM nº 7/1973 (Código Tributário Municipal) anterior à promulgação da LCM nº 859/2019 já previa alíquotas diferenciadas para terrenos a depender da localização por divisão fiscal:

> Art. 5º A base de cálculo do imposto é o valor venal do imóvel. (Redação dada pela Lei Complementar nº 212/1989)

§3º A alíquota para cálculo do Imposto Territorial é: (Redação dada pela Lei Complementar nº 461/2000)

I – Para terrenos situados na 1ª Divisão Fiscal:

a) valor venal até 6.651 (seis mil, seiscentas e cinqüenta e uma) UFMs, alíquota de 5% (cinco por cento);

b) valor venal acima de 6.651 (seis mil, seiscentas e cinqüenta e uma) UFMs e até 33.258 (trinta e três mil, duzentas e cinqüenta e oito) UFMs, alíquota de 5,5% (cinco vírgula cinco por cento);

c) valor venal acima de 33.258 (trinta e três mil, duzentas e cinqüenta e oito) UFMs, alíquota de 6% (seis por cento). (Redação dada pela Lei Complementar nº 461/2000)

Além do mais, também não inovou a LCM nº 859/2019, quando traz, como um dos critérios para a identificação do valor venal, a diferenciação de valores pelo tipo construtivo a depender da divisão fiscal.

Tal critério de avaliação dos valores venais, diferenciando os tipos construtivos por divisão fiscal, também era utilizado na legislação anterior e foi mantido na Lei Complementar nº 859/2019. Nesse sentido, veja-se o que dispõe o art. 92 do Decreto nº 16.500/2009:

Art. 92 O valor venal da construção da unidade imobiliária predial é determinado pela multiplicação da área construída, pelo preço do metro quadrado correspondente ao tipo construtivo.

(...) §2º Os preços das construções fixados anualmente têm como multiplicadores os fatores de ajuste de 1 (um inteiro); 0,8 (oito décimos) e 0,6 (seis décimos) para as 1ª, 2ª e 3ª Divisões Fiscais, respectivamente, onde se localize a unidade imobiliária.

São apenas alguns exemplos que demonstram que, com a devida *venia*, a Ação Direta de Inconstitucionalidade foi proposta de forma precipitada, sem um estudo aprofundado da matéria. Por isso, sequer atentou-se para a análise de todo o complexo normativo dos temas levantados na exordial.

Ora, a falta de impugnação de todo o complexo normativo, abrangendo também as normas anteriores à LCM nº 859/2019 e de conteúdo similar, evidencia uma flagrante **ausência de interesse de agir**.

Isso porque se tornaria inócuo eventual provimento judicial acolhendo o pedido da exordial. A declaração de inconstitucionalidade, no controle abstrato, teria efeito *ex tunc* e repristinatório da legislação anterior. Portanto, diante do conteúdo similar das normas revogadas, ainda subsistiria no mundo jurídico a suposta inconstitucionalidade.

Portanto, percebe-se que a petição inicial não impugna todo o complexo normativo, o que enseja, na jurisprudência do **Supremo Tribunal Federal**, a extinção do processo sem resolução do mérito, senão vejamos:

> AGRAVO REGIMENTAL EM AÇÃO DIRETA DE INCONSTITU-CIONALIDADE. EXTINÇÃO SEM RESOLUÇÃO DE MÉRITO. ASSOCIAÇÃO NACIONAL DOS MAGISTRADOS ESTADUAIS (ANAMAGES). LEGITIMIDADE ATIVA. LEI COMPLEMENTAR 1.031/2007 DO ESTADO DE SÃO PAULO. NORMA DE INTERESSE DA MAGISTRATURA ESTADUAL. NÃO IMPUGNAÇÃO À NORMA DO MESMO COMPLEXO NORMATIVO. AUSÊNCIA DE INTERESSE DE AGIR. IMPOSSIBILIDADE DE ADITAMENTO DA INICIAL. NECESSIDADE DE NOVAS INFORMAÇÕES. DESPROVIMENTO DO AGRAVO REGIMENTAL. 1. Embora a ANAMAGES represente apenas fração da classe dos magistrados, a jurisprudência do SUPREMO TRIBUNAL FEDERAL passou a reconhecer a sua legitimidade ativa quando a norma objeto de controle de constitucionalidade referir-se exclusivamente à Magistratura de determinado ente da Federação. Precedentes. 2. *A não impugnação de todas as normas que integram o conjunto normativo apontado como inconstitucional implica a ausência do interesse de agir da parte requerente. Precedentes.* 3. (...) 4. Agravo Regimental a que se nega provimento. (STF – ADI 4265 AgR, Relator(a): Min. ALEXANDRE DE MORAES, Tribunal Pleno, julgado em 09/04/2018, PROCESSO ELETRÔNICO DJe-096 DIVULG 16-05-2018 PUBLIC 17-05-2018)

No mesmo sentido, o **TJRS** não conhece de ADI que, limitando-se a questionar uma norma vigente, não impugna também a norma anterior, de conteúdo similar, diante da absoluta falta de interesse de agir. Veja-se:

> DECLARAÇÃO DE INCONSTITUCIONALIDADE. REPRISTI-NAÇÃO DA NORMA ANTERIOR DE IGUAL TEOR. AUSÊNCIA DE IMPUGNAÇÃO. NÃO CONHECIMENTO. ART. 18, IX, LEI COM-PLEMENTAR MUNICIPAL Nº 12/75. ART. 13, LEI COMPLEMENTAR MUNICIPAL Nº 832/18. *A declaração de inconstitucionalidade nulifica a norma nela atacada, restaurando, pelo efeito repristinatório que lhe é inerente, aquela por ela revogada, já que a lei inválida não tem eficácia derrogatória. Com isso, a ação direta há de, forçosamente, também objetivar a norma revogada, sendo esta de igual teor. Sem isso, óbvia a inutilidade do provimento judicial, levando a que não se conheça da ação direta quanto ao art. 18, IX, na sua atual redação trazida em o* **art. 13, Lei Complementar nº 832/18, tirante a sua parte que se refere**

à majoração das multas. (...)Ação Direta de Inconstitucionalidade, Nº 70077010890, Tribunal Pleno, Tribunal de Justiça do RS, Relator: Armínio José Abreu Lima da Rosa, Julgado em: 25-06-2018)

Dessa forma, diante da ausência de interesse de agir, pela falta de impugnação de todo o complexo normativo, deve a ação ser extinta, sem resolução do mérito, nos termos do art. 485, VI, do CP.

3.4 Da quarta preliminar. Alegação de divergência dos valores da PGV com os critérios fixados em lei. Matéria infraconstitucional. Não cabimento de ADI

A parte autora alega que os cálculos para a identificação dos valores constantes do Anexo I da LCM nº 859/2019 não foram elaborados em conformidade com a lei então vigente. Afirma que, quando da elaboração da referida Tabela, ainda não estariam vigentes os critérios de cálculo advindos com a LCM nº 859/2019. Ou seja, o cálculo da Planta Genérica de Valores deveria ter sido formulado conforme os critérios antigos (conforme as normas anteriores à LCM nº 859/2019).

Percebe-se que, além de extremamente confusa, tal argumentação não pode ser objeto de controle abstrato de constitucionalidade – que visa resguardar normas da Constituição Federal ou da Constituição Estadual. Tal questão levantada versa sobre **matéria infraconstitucional**: a compatibilidade ou não de valores da Planta Genérica de Valores com os critérios legalmente fixados.

Não há, nesse ponto, qualquer discussão sobre matéria constitucional, seja sob a óptica da Constituição Federal ou da Constituição Estadual. Por isso, não cabível a ADI quanto a tal questão. Esse é o entendimento do **Supremo Tribunal Federal**:

> AGRAVO REGIMENTAL EM RECURSO EXTRAORDINÁRIO COM AGRAVO. DIREITO TRIBUTÁRIO. IPTU. EXIGIBILIDADE DA EXAÇÃO. PUBLICAÇÃO DE PLANTAS GENÉRICAS. BASE DE CÁLCULO. PRINCÍPIO DA LEGALIDADE. 1. **A jurisprudência do STF é firme no sentido de que a controvérsia relativa à cobrança de IPTU com base na publicação da planta de valores cinge-se ao *âmbito infraconstitucional*. Súmula 279 do STF.** 2. É entendimento sumulado do STF o não cabimento de recurso extraordinário, em decorrência de violação ao princípio da legalidade, quando a sua verificação pressuponha rever a interpretação dada a normas infraconstitucionais

pela decisão recorrida. Súmula 636 do STF. 3. Agravo regimental a que se nega provimento. (STF – ARE 940091 AgR, Relator(a): Min. EDSON FACHIN, Primeira Turma, julgado em 15/03/2016, PROCESSO ELETRÔNICO DJe-069 DIVULG 13-04-2016 PUBLIC 14-04-2016)

Portanto, por conter matéria incognoscível em sede de controle abstrato, deve ser extinta a demanda, sem resolução do mérito, ao menos, quanto ponto atinente à alegada violação da PGV aos critérios legais para o cálculo do metro quadrado.

4 Mérito

Como apontado, a ADI em questão está estruturada na alegação de "cinco" pretensas inconstitucionalidades, quais sejam: (i) instituição de progressividade do IPTU em função da localização do imóvel; (ii) retroatividade da alteração dos critérios para a fixação do preço do metro quadrado do terreno; (iii) inobservância dos critérios informadores da Planta Genérica de Valores, o que teria afrontado os princípios da legalidade, capacidade contributiva e moralidade administrativa; (iv) ofensa aos princípios da isonomia, proporcionalidade e razoabilidade e (v) violação à segurança jurídica e vedação dos efeitos confiscatórios.

Ocorre que a LCM nº 859/2019 e seus respectivos Anexos, aprovados após estudos técnicos e amplo debate perante a sociedade e o Poder Legislativo, não violam qualquer norma da Constituição Federal ou da Constituição Estadual, como se demonstra a seguir.

4.1 Da inexistência de progressividade em função da localização do imóvel. Aplicação de alíquotas diferenciadas por divisões fiscais. Expressa autorização constitucional

A parte proponente afirma que a LCM nº 859/2019, ao supostamente estabelecer uma progressividade de alíquotas em virtude da localização do imóvel, teria violado o art. 156, §1º, I e II, da CF/88, que apenas permitem a progressividade em razão do valor do imóvel. Assim, pugna pela declaração de inconstitucionalidade do art. 5º, §3º, e, por arrastamento, da Tabela X, ambos da LCM nº 7/1973, com a redação dada pelo art. 2º e pelo Anexo IV da LCM nº 859/2019.

Ocorre que a alegação não se sustenta. Em primeiro lugar, o art. 2º da LCM nº 859/2019 e o Anexo IV preveem a **alíquota diferenciada (seletiva)** do imposto *territorial* (para terrenos e imóveis não edificados) com base na localização do imóvel ("divisões fiscais"). Não se trata, portanto, de progressividade em razão da localização do imóvel.

Com efeito, não se pode confundir o conceito de *alíquota progressiva* e *alíquota diferenciada (ou "seletiva")*.

Como explica **Hugo de Brito Machado**, "progressividade não se confunde com seletividade. *Progressivo* é o imposto cuja alíquota cresce em função do crescimento de sua base de cálculo. [...] *Seletivo*, por sua vez, é o imposto cujas alíquotas são diversas em razão da diversidade do objeto tributado. Assim, **o IPTU será *seletivo* se as suas alíquotas forem diferentes para imóveis diferentes, seja essa diferença em razão da utilização,** *ou da localização,* ou de um outro critério qualquer, mas sempre diferença de um imóvel para outro imóvel.".[27]

Nesse sentido, conforme o art. 2º da LCM nº 859/2019 e seu Anexo IV as alíquotas do imposto territorial (terrenos e imóveis não edificados) passaram a ser: (i) de 3% na Divisão Fiscal nº 1; (ii) de 2% na Divisão Fiscal nº 2 e; (iii) de 1% na Divisão Fiscal nº 3, senão vejamos:

> Art. 2º Ficam alterados o caput do §1º, o caput do §3º, o §8º, o caput do §10, o §12, o caput do §16 e o caput e os incs. I, II e III do §17, e ficam incluídos incs. V e VI no §17 e §§18 e 19, todos no art. 5º da Lei Complementar nº 7, de 7 de dezembro de 1973, e alterações posteriores, conforme segue:
>
> "Art. 5º ...
>
> §1º As alíquotas para cálculo do imposto predial são diferenciadas em função do uso e progressivas em função do valor venal dos imóveis, fracionado por faixas, conforme a Tabela IX desta Lei Complementar....
>
> §3º *As alíquotas para cálculo do imposto territorial são diferenciadas em função da localização* e do valor venal, conforme a Tabela X desta Lei Complementar (...)"

---

[27] MACHADO, Hugo de Brito. *Curso de direito tributário*, 29. ed., pp. 390-392

ANEXO IV

TABELA X ANEXA À LEI COMPLEMENTAR N° 07/73

Tabela para lançamento do imposto territorial, nos termos do § 3° do art. 5° da Lei Complementar 07/73.

Espécie	Divisão Fiscal	Valor venal (UFM)	Alíquota (%)
Territorial	1	menor ou igual a 14.946	-
		maior que 14.946	3,00
	2	menor ou igual a 14.946	-
		maior que 14.946	2,00
	3	menor ou igual a 14.946	-
		maior que 14.946	1,00

Como se percebe, houve a fixação, para imóveis acima da faixa de isenção (até 14.946 UFMs), de *alíquotas diferenciadas em razão da divisão fiscal*, ou seja, da **localização** do imóvel.

A alíquota diferenciada em razão da localização é expressamente permitida pela Constituição Federal:

Art. 156. Compete aos Municípios instituir impostos sobre:

I – propriedade predial e territorial urbana;

(...) §1º Sem prejuízo da progressividade no tempo a que se refere o art. 182, §4º, inciso II, o imposto previsto no inciso I poderá: (...)

(...) II – ter **alíquotas diferentes de acordo com a localização** e o uso do imóvel.

Por um lado, permitida constitucionalmente a variação da alíquota de acordo com a localização do imóvel, é possível, por exemplo, a criação de alíquotas diferenciadas (seletividade) para bairros de classe alta, média e baixa ou por regiões fiscais, não havendo que se falar em qualquer inconstitucionalidade.

Por outro lado, a diferenciação de alíquotas por divisões fiscais é um importante instrumento de política urbanística. No caso em questão, **as alíquotas do IPTU territorial superiores na 1ª Divisão Fiscal e 2ª Divisão Fiscal servem justamente para desestimular a manutenção de terrenos nessas áreas**, incentivando a construção, para moradia ou comércio, em regiões em que há maior concentração populacional e de serviços.

Trata-se de ferramenta colocada à disposição da Administração Pública, a fim de, justamente, utilizar os instrumentos tributários voltados ao desenvolvimento urbano e ambiental e ao cumprimento da função social da cidade e da propriedade urbana, conforme determina o art. 182, §2º, da CF/88,[28] e o art. 54 do Plano Diretor do Município de Porto Alegre (LCM nº 434/99)[29].

Aliás, o Plano Diretor de Porto Alegre (Lei Complementar nº 434/1999) tem como princípio o cumprimento das funções sociais da cidade e da propriedade urbana. Com divisões em áreas de ocupação prioritária, intensiva e rarefeita, as estratégias de estruturação são diferentes para cada região, como pode ser verificado na Figura 1 anexa à Lei Complementar nº 434/1999.[30] As três divisões fiscais da cidade, assim como as estratégias de estruturação, podem ser visualizadas nas imagens a seguir:

Divisões Fiscais

Potencialidades da Estratégia de Estruturação Urbana (Plano Diretor)

Percebe-se que o objetivo da diferenciação de alíquotas do IPTU de terrenos foi justamente **desestimular a manutenção de terrenos em regiões centrais** e estratégicas da cidade, não havendo que se falar em qualquer inconstitucionalidade.

---

[28] "Art. 182. A política de desenvolvimento urbano, executada pelo Poder Público municipal, conforme diretrizes gerais fixadas em lei, tem por objetivo ordenar o pleno desenvolvimento das funções sociais da cidade e garantir o bem-estar de seus habitantes. (...) §2º A propriedade urbana cumpre sua função social quando atende às exigências fundamentais de ordenação da cidade expressas no plano diretor."

[29] "Art. 54. A utilização dos Instrumentos Tributários deverá ser voltada ao desenvolvimento urbano e ao cumprimento da função social da cidade e da propriedade, mediante lei específica."

[30] Disponível em: https://leismunicipais.com.br/RS/PORTO.ALEGRE/VLEI-COMPLEMENTAR-434-1999-1-PORTO-ALEGRE-RS.pdf.

Tanto o objetivo foi esse que **a diferenciação de alíquotas por localização (divisão fiscal) não foi utilizada para o IPTU predial (incidente sobre os imóveis edificados)** – neste caso, foi utilizada a *progressividade em função do valor venal* e a *seletividade em razão do uso do imóvel*, conforme o Anexo III da LCM nº 859/2019 (Tabela IX da LCM nº 07/1973).

Além do mais, vale registrar que a LCM nº 859/2019 nada inovou nesse ponto: *a técnica de alíquotas diferenciadas em razão da localização do imóvel ("divisões fiscais") já é utilizada há muitos anos* **pela legislação do Município de Porto Alegre.**

Nessa linha, a redação do art. 5º, §3º, da LCM nº 7/1973 (Código Tributário Municipal), anterior à promulgação da LCM nº 859/2019, já previa alíquotas diferenciadas para terrenos a depender da localização por divisão fiscal:

> Art. 5º A base de cálculo do imposto é o valor venal do imóvel. (Redação dada pela Lei Complementar nº 212/1989)
>
> §3º A alíquota para cálculo do Imposto Territorial é: (Redação dada pela Lei Complementar nº 461/2000)
>
> **I – Para terrenos situados na 1ª Divisão Fiscal:**
>
> **a) valor venal até 6.651 (seis mil, seiscentas e cinqüenta e uma) UFMs, alíquota de 5% (cinco por cento);**
>
> **b) valor venal acima de 6.651 (seis mil, seiscentas e cinqüenta e uma) UFMs e até 33.258 (trinta e três mil, duzentas e cinqüenta e oito) UFMs, alíquota de 5,5% (cinco vírgula cinco por cento);**
>
> **c) valor venal acima de 33.258 (trinta e três mil, duzentas e cinqüenta e oito) UFMs, alíquota de 6% (seis por cento).** (Redação dada pela Lei Complementar nº 461/2000)

Assim, a alteração perpetrada no art. 5º, §3º, da LC nº 07/73, pelo art. 2º da lei impugnada manteve a sistemática de alíquotas diferenciada do imposto territorial.

Portanto, a diferenciação das alíquotas do imposto territorial em função da localização do imóvel está expressamente permitida pela Constituição da República, em seu art. 156, §1º, II, e serve justamente para promover o desenvolvimento urbano e ambiental e a função social da cidade.

A questão, aliás, da seletividade em razão da localização do imóvel já foi objeto de exame por este Tribunal incontáveis vezes, conforme arestos abaixo colacionados:

APELAÇÃO CÍVEL. DIREITO TRIBUTÁRIO. IMPOSTOS. IPTU. AÇÃO DECLARATÓRIA. PROGRESSIVIDADE. MUNICÍPIO DE SÃO LUIZ GONZAGA. É legal a cobrança de IPTU do Município de São Luiz Gonzaga, com base na Lei Municipal nº 2.773/93. *A previsão de alíquotas diferenciadas, em razão do uso e da localização do imóvel não viola a Constituição Federal.* APELAÇÃO PROVIDA. VOTO VENCIDO. (Apelação Cível, Nº 70071620975, Primeira Câmara Cível, Tribunal de Justiça do RS, Relator: Carlos Roberto Lofego Canibal, Redator: Newton Luís Medeiros Fabrício, Julgado em: 23-03-2018)

APELAÇÃO CÍVEL. AÇÃO DECLARATÓRIA CUMULADA COM RESTITUIÇÃO DE INDÉBITO. IPTU. PROGRESSIVIDADE. LEGISLAÇÃO POSTERIOR À EC 29/2000. Antes da edição da Emenda Constitucional n. 29/2000, o Supremo Tribunal Federal decidiu reiteradas vezes que é inconstitucional qualquer progressividade do IPTU que não atenda exclusivamente ao disposto no art. 156, §1º, da Constituição Federal (Súmula n. 668). Ocorre que, no caso, os imóveis da autora são constituídos apenas de terrenos (não edificados), e o pedido inicial questiona a legalidade dos lançamentos que constituíram créditos de IPTU, relativamente aos lançamentos ocorridos entre 2001 a 2003. *Na época, vigia a Lei Complementar n. 07/73, com a redação da Lei Complementar n. 461/2000, que estabelece várias divisões fiscais, com alíquota diferenciada, para os terrenos ali localizados, dependendo do seu valor venal (art. 5º, §3º). Como a referida Lei Complementar n. 461/2000 foi editada após a Emenda Constitucional n. 29/2000, autorizando a cobrança do Imposto sobre a propriedade predial e territorial urbana, podendo ser progressivo em razão do valor do imóvel (art. 156, I, da Constituição Federal) e ter alíquotas diferentes de acordo com a localização do imóvel (art. 156, II, da CF), não se divisa qualquer inconstitucionalidade.* Inaplicável o conteúdo do RE 602.347/MG, Tema 226/STF: "Declarada inconstitucional a progressividade de alíquota tributária do IPTU no que se refere a fato gerador ocorrido em período anterior ao advento da EC 29/2000, é devido o tributo calculado pela alíquota mínima correspondente, de acordo com a destinação do imóvel e a legislação municipal de instituição do tributo em vigor na época". Apelação desprovida. Rejulgamento.(Apelação Cível, Nº 70012043758, Vigésima Primeira Câmara Cível, Tribunal de Justiça do RS, Relator: Marco Aurélio Heinz, Julgado em: 22-11-2017)

Não se trata de progressividade, como tenta fazer crer a parte autora, mas sim, repita-se, de seletividade, a mesma que já existente na legislação municipal há décadas, e que, diga-se, já estava autorizada constitucionalmente até mesmo antes da EC 20/00.

Portanto, diante da constitucionalidade das alíquotas diferenciadas em razão da localização dos imóveis (divididos por "divisões fiscais"), deve ser julgada improcedente a demanda.

4.2 Inexistência de retroatividade da alteração dos critérios para a fixação do preço do metro quadrado do terreno

Questiona-se a previsão, na mesma lei, de novos critérios para o cálculo do metro quadrado e da nova Planta Genérica de Valores. No ponto, com a devida *venia*, é difícil, inclusive, de compreender a tese sustentada.

Com efeito, a redação anterior do art. 7º da LCM nº 7/1973 era a seguinte:

> Art. 7º O preço de metro quadrado do terreno, será fixado, levando-se em consideração:
>
> I – o índice médio de valorização;
>
> II – os preços relativos às últimas transações imobiliárias deduzidas as parcelas correspondentes às construções;
>
> III – os acidentes naturais e outras características que possam influir em sua valorização;
>
> IV – qualquer outro dado informativo.

O art. 3º da LCM nº 859/2019 alterou o referido art. 7º da LCM nº 7/1973, que passou a ter a seguinte redação:

> Art. 7º. O preço de metro quadrado do terreno, será fixado, levando-se em consideração:
>
> I – o índice médio de valorização, **variáveis de localização, a legislação urbanística**; (Redação dada pela Lei Complementar nº 859/2019)
>
> II – os preços relativos às últimas transações imobiliárias deduzidas as parcelas correspondentes às construções;
>
> III – os acidentes naturais e outras características que possam influir em sua valorização;
>
> IV – qualquer outro dado informativo.
>
> **Parágrafo único. A determinação de valor do metro quadrado de terreno referente a novas faces de quarteirão será regida pelo disposto neste artigo. (Redação acrescida pela Lei Complementar nº 859/2019)**

Em primeiro lugar, vale registrar que a LCM nº 859/2019 não inovou no ordenamento jurídico: não trouxe novos critérios de cálculo para a fixação do metro quadrado. A inclusão das *"variáveis de localização"* e da *"legislação urbanística"* no art. 7º, I, da LCM nº 7/1973 serviu para simplesmente *deixar expressos critérios que já eram utilizados na avaliação dos terrenos.*

A redação anterior da LCM nº 7/1973 já previa implicitamente a utilização das "variáveis de localização" e da "legislação urbanística" para o cálculo do metro quadrado. Tais critérios advêm, ainda que implicitamente, do *"índice médio de valorização"* (inc. I), das *"características que possam influir em sua valorização"* (inc. III) e do termo genérico *"qualquer outro dado informativo"* (inc. IV).

Ou seja, a LCM nº 859/2019 em nada inovou nesse ponto. Apenas previu, de forma mais clara e transparente, critérios que já poderiam ser utilizados com base na legislação anterior pela Receita Municipal para apurar o valor do metro quadrado. Critérios esses que sempre foram utilizados e já tinham suporte legal nos demais incisos do art. 7º da LCM nº 7/1973.

Por outro lado, mesmo que de novos critérios se tratassem as "variáveis de localização" e a "legislação urbanística", **a nova PGV foi aprovada de forma concomitante à aprovação de tais critérios**, o que demonstra que não houve qualquer afronta ao princípio da irretroatividade tributária, princípio aliás, *data vênia*, mal empregado pela proponente no caso.

Ora, a nova PGV teve os valores atualizados pelos critérios estabelecidos no projeto de lei, do contrário, aí sim, estar-se-ia diante de ilegalidade. Houve a revisão da planta mediante critérios técnicos de avaliação que, evidentemente, estão de acordo com a lei aprovada, pois tanto a nova redação do art. 7º, I, da LCM nº 7/1973, quanto a nova tabela da Planta de Valores foram aprovadas pelo mesmo diploma legal.

Assim, é absolutamente descabida e sem precedentes a tese da proponente, no sentido de que a nova PGV deveria ser atualizada por meio de duas leis distintas: uma para estabelecer critérios para a fixação do valor do metro quadrado e outra para aplicar tais critérios e, assim aprovar, a nova planta de valores.

A prevalecer a tese da proponente, todas as leis que aprovaram as Plantas Genéricas de Valores, não só no Município de Porto Alegre, mas em todo Brasil, seriam inconstitucionais.

Aliás, toda lei orçamentária anual (LOA) já aprovada no país seria inconstitucional. Tais leis, geralmente, trazem critérios para se identificar a receita prevista (por exemplo, crescimento da economia) e, ao mesmo tempo, trazem os valores em si das receitas previstas, o que, na óptica da tese da proponente, seria inconstitucional.

No mais, não se está a cobrar tributos de fatos geradores pretéritos, tampouco se trata de retroatividade "imprópria", pois o fato gerador do IPTU ocorre em janeiro de cada ano, não havendo risco da lei impugnada incidir sobre *"relações jurídicas que ainda não foram concluídas à época do início de sua vigência". As disposições da LCM n 859/2019 somente serão aplicadas aos fatores geradores futuros, ocorridos a partir de 01/01/2010.* Não há, no ponto, qualquer violação ao art. 150, III, "a", da CF/88.

Por fim, o parágrafo único incluído no art. 7º da LCM nº 7/1973 não tem relação com a inclusão dos termos "variáveis de localização" e "legislação urbanística" no inciso I do referido dispositivo. Trata-se de deixar expresso que os elementos que servem de base para a definição do valor do metro quadrado dos terrenos (incisos I a IV do art. 7º da LCM nº 7/1973) serão utilizados não só para a atualização da Planta Genérica de Valores (quarteirões já existentes na cidade), como também para a avaliação e definição do valor do metro quadrado de terrenos dos novos quarteirões.

Portanto, também sob esse aspecto, não há qualquer inconstitucionalidade da LCM nº 859/2019, devendo a demanda ser julgada improcedente.

4.3 Critérios informadores da Planta Genérica de Valores em conformidade com os princípios da legalidade, capacidade contributiva e moralidade administrativa

A proponente traz alegações genéricas sustentando uma suposta falta de "transparência" na avaliação dos imóveis para a redefinição da PGV. Aduz, ainda, que não haveria "notícia" de que a estimativa dos valores tenha se dado em conformidade com as normas da ABNT. Por fim, alude que teria também faltado "debate" com a sociedade.

Ocorre que, com o devido respeito, falta sustentação na alegação da autora, não havendo qualquer indício de agressão aos arts. 5º, II, 145, §1º, e 37 da CF/88. O trabalho de avaliação criterioso foi realizado pela Secretaria Municipal da Fazenda, por servidores experientes e especializados na área, e aprovado pelo Poder Legislativo, estando devidamente ajustado às normas técnicas de avaliação e aos critérios previstos na lei municipal aprovada (art. 7º, I à IV da LCM nº 7/1973, alterada pela LC 859/19).

(a) Em primeiro lugar, como já asseverado, a Planta Genérica de Valores é um estudo técnico, elaborado pela equipe especializada no tema. No caso do Município de Porto Alegre, a competência para elaborar a planta de valores para a cobrança dos tributos imobiliários é da **Divisão de Avaliação de Imóveis** da Secretaria Municipal da Fazenda, que é composta por **engenheiros e arquitetos, servidores municipais de carreira, com vasta experiência na área de avaliação de imóveis.** Nesse sentido, quanto à competência para avaliação de imóveis e elaboração dos cálculos para atualização da PGV, o Decreto Municipal nº 14.150/2003 prevê as seguintes atribuições para a Divisão de Avaliação de Imóveis (anteriormente denominada de Unidade de Avaliação de Imóveis – UAI):

> Art. 22 À UAI, órgão dirigido por um chefe de unidade e diretamente subordinada ao Gestor da CGT, compete:
>
> (...) IV – atribuir preços de terrenos para novos quarteirões do cadastro imobiliário;
>
> V – assessorar a CGT nas questões relativas aos valores imobiliários;
>
> VI – atualizar banco de dados do mercado imobiliário e de valores de imóveis;
>
> VII – analisar disparidades entre valor de mercado e valor venal do imóvel;
>
> VIII – efetuar pesquisa, acompanhamento e análise dos valores imobiliários de mercado;
>
> IX – elaborar, quando solicitada, a planta de valores para a cobrança dos tributos imobiliários e submeter às instâncias responsáveis para homologação;
>
> X – gerenciar os indicadores de infra-estrutura e localização no cadastro imobiliário que influenciam no valor dos imóveis;
>
> XI – rever o valor venal de imóveis para base de cálculo do IPTU;

Portanto, a atualização da PGV, claramente, deu-se por equipe qualificada na área, com competência legal, não havendo qualquer razão para se questionar o trabalho técnico dos servidores municipais integrantes da Receita Municipal, **muito menos em sede de ação direta de inconstitucionalidade.**

(b) Por outro lado, a elaboração da Planta observou os critérios legais exigidos. A **Informação Técnica** anexa, elaborada pela Receita

Municipal, expõe detalhadamente a metodologia do cálculo dos valores da PGV aprovada por meio da LCM nº 859/2019 (**documento 03**).

A referida manifestação técnica, em suma, explicita que, para apuração do valor do metro quadrado, **foram utilizadas as normas da ABNT, especialmente a NBR 14653-1:2001,** não procedendo a principal afirmativa da Proponente no ponto.

Nesse sentido, os avaliadores da Receita Municipal – frise-se, todos especializados e com vasta experiência na área – valeram-se do método evolutivo, previsto no item 8.2.4, da referida NBR. Tal método é assim caracterizado:

....

8.2.4 Método evolutivo
A composição do valor total do imóvel avaliando pode ser obtida através da conjugação de métodos, a partir do
valor do terreno, considerados o custo de reprodução das benfeitorias devidamente depreciado e o fator de comercialização, ou seja:

$$VI = (VT + CB) . FC$$

Onde:
VI é o valor do imóvel;
VT é o valor do terreno;
CB é o custo de reedição da benfeitoria;
FC é o fator de comercialização.

....

Para atualização dos valores com base no Método Evolutivo foram atualizadas as tabelas de preços de metro quadrado de terreno da face de quarteirão, de metro quadrado de cada tipo construtivo, bem como, a tabela de depreciação da construção em função de sua idade. A definição dos valores unitários de terreno e de tipo construtivo teve como base o Método Comparativo de Dados de Mercado.

Em relação à *definição do valor unitário de terreno por face de quarteirão*, os valores médios unitários de **terrenos-padrão**, para fins de IPTU territorial (imóveis não edificados), foram identificados a partir **do Método Comparativo de Dados de Mercado,** (previsto no item 8.2.1 NBR 14653-2:2011). As seguintes etapas foram desenvolvidas:

- Extração de dados do banco de dados de mercado;
- Formação de conjunto de amostras aleatórias constituídas por imóveis territoriais que foram ofertados ou comercializados no mercado imobiliário.
- Homogeneização das amostras aleatórias. Entende-se por homogeneização o tratamento dispensado aos dados objetivando retirar as discrepâncias existentes entre as características de cada imóvel. A fim de que se alcance um grau maior de precisão nos trabalhos avaliatórios a NBR 14653-2:2011, Norma Brasileira de Avaliação de Imóveis Urbanos, recomenda que a homogeneização deve ser baseada em processos de inferência estatística, ao invés de utilizar fatores determinísticos e ponderações de ordem subjetiva, que implicam em uma sensível perda do nível de precisão da avaliação;
- Desenvolvimento de modelo-base para inferir o valor unitário de terreno;
- A partir do modelo-base de terreno, obtenção do valor de metro quadrado para todos os lotes cadastrados, simulando-os como se terrenos-padrão fossem;
- Obtenção da média dos valores unitários por face de quarteirão a partir dos lotes localizados neste;
- Posterior geocodificação destes valores e avaliação de sua coerência em termos de distribuição espacial;
- Aplicação dos valores obtidos a seus respectivos imóveis do cadastro imobiliário com a simulação dos novos valores venais;
- Checagem dos valores venais de terreno obtidos com apoio em modelos preexistentes e novos e executados os ajustes;
- Processamento de novas simulações com os ajustes;
- Por fim, a elaboração da tabela definitiva (PGV) de m² de terreno por face de quarteirão, para integrar o projeto de lei.

Por sua vez, em relação à *definição do valor unitário de tipo construtivo e valores de depreciação da construção*, os valores unitários de construção foram estabelecidos a partir de dados de mercado, deduzidas as parcelas de terreno, sendo estratificados em 53 diferentes tipos construtivos. As seguintes etapas foram desenvolvidas:

- Extração de dados do banco de dados de mercado, por diferentes segmentos de imóveis;
- Dedução da parcela de terreno do valor total dos imóveis: através de modelo genérico de terreno para toda cidade foi calculado um valor unitário para um lote padrão (considerada

área de 300,00m²) e aplicado na área corrigida de terreno de cada dado;

- Desenvolvimento de modelos-base para embasar o estudo do valor unitário dos tipos construtivos: Extraídos os valores de terreno dos dados de mercado, a amostra aleatória também passou por um processo de homogeneização, acima explicado. Foram elaborados diversos modelos matemáticos com objetivo de embasar os valores das construções, para os diversos tipos construtivos cadastrados;
- Estimativa dos valores para os 53 tipos construtivos baseados em matrizes de dados com os resultados dos modelos baseados em dados de mercado ou inferidos por comparação e demais ajustes;
- Obtenção da média dos valores unitários por tipo construtivo para a 1ª Divisão Fiscal;
- Com os novos unitários de terreno e tipo construtivo, implementou-se a simulação dos novos valores venais dos imóveis do cadastro imobiliário;
- Checagem dos valores venais totais (Terreno + Construção) obtidos com apoio em modelos preexistentes e novos e executados os ajustes;
- Através dos modelos de avaliação, juntamente com as análises de valor unitário dos tipos construtivos bibliografia consagrada, foram redefinidos os percentuais de depreciação em função da idade construtiva dos imóveis;
- Por fim, a elaboração da tabela (PGV) de m2 de construção para a 1ª Divisão Fiscal e de depreciação, para integrar o projeto de lei.

Assim, definidos os valores unitários de terreno e construção, identificadas as características do imóvel constante no cadastro imobiliário e aplicada a legislação vigente, há a apuração do valor venal específico de cada imóvel, base de cálculo do IPTU.

A informação técnica traz, ainda, o seguinte exemplo (com dados cadastrais hipotéticos), para ilustrar melhor a metodologia utilizada:

TERRENO
- Metragem (AT): 500 m²;
- Valor m² (VUT): R$3.194,83

CONSTRUÇÃO
- Metragem (AC): 600 m²
- Tipo construtivo: alvenaria fina (Alvenaria (D) – casas até 2 pavimentos)
- Valor m² da alvenaria fina na 1ª Divisão Fiscal (VUC): R$2.087,80
- Ano-base: 2017
- Depreciação (DP): 0%

VALOR VENAL IMÓVEL = VALOR VENAL TERRENO
+ VALOR VENAL CONSTRUÇÃO

VV= (AT x VUT) + (AC x VUC x DP)
VV = (500 x 3.194,83) + (600 x 2.087,80 x 1)
VV = 1.597.415,00 + 1.252.680,00

VALOR VENAL IMÓVEL = R$2.850.095,00

(c) Ainda sobre os critérios para a apuração dos valores, ao contrário do que alega a parte proponente, houve inúmeros debates com a sociedade, que ocorreram por meio de diversos seminários, reuniões e audiências. Relata-se, apenas a título de exemplo:

(i) O **Seminário "IPTU de Porto Alegre: cenário atual e perspectivas"**, organizado pela Associação dos Auditores-Fiscais da Receita Municipal de Porto Alegre (AIAMU), em conjunto com a Secretaria Municipal da Fazenda, o qual reuniu servidores municipais, vereadores, representantes de entidades de classe e público em geral, em março de 2017, para iniciar o debate sobre o tema, incluindo os critérios de cálculo do metro quadrado[31];

(ii) Apresentação do projeto à **Sociedade de Engenharia do RS (Sengers)**, instituição que, aliás, representa grande

---

[31] Notícia: Disponível em: http://www.aiamu.com.br/2017/03/23/evento-debate-sistema-de-cobranca-do-iptu-em-porto-alegre/.

parte dos profissionais qualificados para fazer avaliação de imóveis. Aliás, em notícia publicada em junho/2018, inclusive, **a Sociedade de Engenharia apoia publicamente o projeto de lei;**[32]

(iii) Em abril de 2018, a Secretaria Municipal da Fazenda reuniu-se, para debater. o projeto, incluindo os critérios de apuração dos novos valores venais, com o Sindicato das Indústrias da Construção Civil do Rio Grande do Sul (**Sinduscon-RS**), o Sindicato dos Lojistas do Comércio de Porto Alegre (**Sindilojas**), o Sindicato do Comércio Varejista de Material Óptico, Fotográfico e Cinematográfico do RS (**Sindioptica-RS**), o Sindicato das Lavanderias e Similares do RS (**Sindlav-RS**) e a Associação Comercial de Porto Alegre (**ACPA**). Também foram realizados encontros com representantes do Sindicato de Hospedagem e Alimentação de Porto Alegre e Região (**Sindha**) e a Sociedade de Engenharia do RS (**Sergs**).[33]

(iv) Em maio e junho de 2018, a **Comissão Especial da Câmara de Vereadores** criada para apreciar o tema da Planta de Valores discutiu a matéria e realizou diversas reuniões com os setores empresariais e técnicos da Fazenda e promoveu audiências públicas para debater o tema com a sociedade.[34][35]

Registre-se que, nestas ocasiões e nas outras tantas, fartamente noticiadas na mídia, foi dada ampla oportunidade para a manifestação dos interessados sobre todos os aspectos do então projeto de lei, inclusive sobre os critérios de cálculo.

Como se não bastasse, o Município disponibilizou o "**Simulador do IPTU**", plataforma *online* por meio da qual os cidadãos poderiam realizar simulações sobre o valor do imposto a partir da aprovação da nova PGV. As consultas ao Simulador não tinham caráter oficial, porém serviram para conferir ainda mais substrato para as audiências e reuniões ocorridas para a discussão do projeto.

---

[32] Disponível em: https://gauchazh.clicrbs.com.br/porto-alegre/noticia/2018/06/e-divisor-de-aguas-diz-presidente-da-sociedade-de-engenharia-do-rs-sobre-mudanca-no-calculo-do-iptu-cjiub2aka0g4n01pa78f6mn3a.html.

[33] Disponível em: http://www2.portoalegre.rs.gov.br/portal_pmpa_novo/default.php?p_no ticia=999195989&PROJETO+DO+IPTU+E+APRESENTADO+AO+SINDUSCON.

[34] Disponível em: http://www.camarapoa.rs.gov.br/noticias/comissao-especial-aprova-rela torio-sobre-projeto-do-iptu.

[35] Disponível em: http://www.camarapoa.rs.gov.br/noticias/camara-finaliza-ciclo-de-reu nioes-sobre-reestruturacao-do-iptu.

Vale pontuar que, conforme amplamente divulgado, até julho de 2018, o Simulador do IPTU teve, até aquela data, *59,5 mil visualizações*,[36] o que demonstra a alta interação entre o projeto então debatido e a comunidade em geral.

(d) No mais, é preciso destacar que a LCM nº 859/2019 garante ao contribuinte **o direito de impugnar administrativamente o lançamento** caso verifique excesso na base de cálculo (valor venal), a fim de se rever eventual erro de avaliação. E nessa hipótese, mais uma vez serão seguidos os critérios técnicos da ABNT, norteados pela legislação municipal.

Nesse sentido, vejam-se as alterações no art. 10 da LCM nº 7/1973 realizadas pelo art. 6º da LCM nº 859/2019:

> Art. 6º Fica renomeado o parágrafo único para §1º, alterando-se a sua redação, e ficam incluídos §§2º, 3º e 4º no art. 10 da Lei Complementar nº 7, de 1973, e alterações posteriores, conforme segue:
>
> "Art. 10 ...
>
> **§1º Quando constatado que os imóveis de uma face de quarteirão ou de um mesmo segmento têm seu valor venal superestimado, por algum fator não adequadamente apreciado nos termos dos arts. 7º ou 8º desta Lei Complementar, o valor de metro quadrado de terreno desta face ou o valor venal dos imóveis poderá ser reduzido para adequação, conforme regulamentação.**
>
> **§2º** No **caso singular de imóvel particularmente desvalorizado, o valor venal do imóvel obtido com base na Planta Genérica de Valores poderá ser reduzido com a aplicação de redutores no valor de terreno ou construção, conforme regulamentação.**
>
> **§3º** Quando for constatado que o valor venal do imóvel, para fins de IPTU, se encontra acima do valor de mercado, mesmo após a implementação do disposto nos §§1º ou 2º deste artigo, o valor venal **poderá ser reduzido em conformidade com laudo de avaliação elaborado de acordo com as normas da ABNT – Associação Brasileira de Normas Técnicas – por profissional habilitado integrante do Quadro Funcional de Provimento Efetivo do Município de Porto Alegre e lotado na Divisão de Avaliação de Imóveis da SMF.**
>
> **§4º** Quando o valor venal do imóvel lançado for inferior a 120.000 (cento e vinte mil) UFMs, o laudo de avaliação referido no §3º deste artigo **poderá ser substituído por parecer fundamentado elaborado por servidor integrante do Quadro Funcional de Provimento Efetivo do Município de Porto Alegre e lotado na Divisão de Avaliação de Imóveis da SMF."** (NR)

---

[36] Disponível em: http://www2.portoalegre.rs.gov.br/portal_pmpa_novo/default.php?p_noticia=999197271&SIMULADOR.

Portanto, não há qualquer inconstitucionalidade no Anexo I da LCM nº 859/19, não cumprindo à lei apresentar os "estudos de avaliação", mas sim aprovar a Nova Planta Genérica e os critérios legais a serem seguidos, tendo havido, sim, amplo debate no processo legislativo.

(e) De todo modo, destaque-se que, conforme a jurisprudência pátria, não é condição para a aprovação da Planta Genérica de Valores a abertura de procedimento administrativo prévio para justificar os comandos legais que venham a ser aplicados na atualização dos valores.

O dever do Município, na visão dos Tribunais pátrios, é conferir, após o lançamento do IPTU, ao contribuinte a possibilidade de impugnar a avaliação realizada por meio da PGV, oportunizando a revisão administrativa do lançamento. Sobre o tema, o **Superior Tribunal de Justiça** já firmou seu entendimento:

> ADMINISTRATIVO. RECURSO REPRESENTATIVO DA CONTROVÉRSIA. ART. 543-C DO CPC. TERRENO DA MARINHA. TAXA DE OCUPAÇÃO. ATUALIZAÇÃO. ART. 28 DA LEI N. 9.784/99. CONTRADITÓRIO PRÉVIO. DESNECESSIDADE. ART. 1º DO DECRETO N. 2.398/87. SIMPLES RECOMPOSIÇÃO PATRIMONIAL. [...] 8. Não fosse isso suficiente, cumpre destacar que é possível a incidência, na espécie, embora com adaptações, daquilo que vem sendo decidido pelo Superior Tribunal de Justiça acerca da atualização da planta de imóveis para fins de cobrança de IPTU. 9. Nestes casos, é necessária a edição de lei (princípio da legalidade), mas *não é necessário que o Poder Público abra procedimento administrativo prévio para justificar os comandos legais que venham a ser publicados*. 10. A Súmula n. 160 desta Corte Superior diz que "[é] defeso, ao Município, atualizar o IPTU, mediante decreto, em percentual superior ao índice oficial de correção monetária". 11. **Veja-se, no entanto, que a vedação imposta pelo verbete sumular diz respeito apenas ao meio utilizado para a atualização – qual seja, o decreto –, por conta do princípio da legalidade tributária, nada tendo a ver com uma impossibilidade genérica de atualização anual da base de cálculo do imposto através de revisitação da planta de valores venais ou com a necessidade de que, antes de editada a norma adequada para revisão da base de cálculo, seja aberto contraditório e ampla defesa a todos os interessados.** 12. Similarmente, no caso das taxas de ocupação dos terrenos de marinha, é despiciendo procedimento administrativo prévio com participação dos administrados interessados, bastando que a Administração Pública siga as normas do Decreto n. 2.398/87 no que tange à matéria. 13. *Após a divulgação da nova planta de valores venais e da atualização dela advinda, aí sim os administrados podem recorrer administrativa e judicialmente dos pontos que consideram ilegais ou abusivos.* 14. Não há, portanto, que se falar em necessidade

de contraditório para a incidência do art. 1º do Decreto n. 2.398/87. 15. Recurso especial não provido. Acórdão submetido ao regime do art. 543-C do CPC e da Resolução STJ n. 8/08. (STJ – REsp 1150579/SC, Rel. Ministro MAURO CAMPBELL MARQUES, PRIMEIRA SEÇÃO, julgado em 10/08/2011, DJe 17/08/2011).

Portanto, sob nenhuma óptica, o Anexo I da LCM nº 859/2019 afrontou os princípios da legalidade, da capacidade contributiva ou da moralidade, merecendo também neste ponto ser julgada improcedente a ação.

4.4 Inexistência de ofensa aos princípios da isonomia, proporcionalidade e razoabilidade

A proponente alega haver inconstitucionalidade do Anexo II da LCM nº 849/2019, por estabelecer, em relação ao IPTU *predial* (imóveis edificados), o valor do metro quadrado de forma diferenciada conforme a divisão fiscal. Afirma que a diferenciação de tipos construtivos por divisão fiscal não encontraria fundamento de validade na Constituição Federal, por presumir que um imóvel possuiria tipo construtivo inferior se localizado na terceira divisão fiscal e superior se estivesse localizado na primeira divisão fiscal. Isso porque, conforme alega, o valor do material utilizado para a construção de um imóvel (madeira, alvenaria etc.) independeria da localização de sua construção.

A argumentação busca induzir os doutos julgadores em erro e claramente não se sustenta: **não se pode confundir o custo da construção (valor do tijolo, do cimento etc.) com o valor de mercado de área construída do imóvel.**

Em imóveis edificados, somente o valor do terreno não é capaz de apropriar a diferença de valor no mercado de imóveis de mesmo padrão, tamanho e idade, localizados em regiões diferentes da cidade.

A variável mais importante para determinar o valor de um imóvel é a localização: e, portanto, **é evidente que uma edificação localizada no Bairro Restinga tem um valor de mercado menor do que outra edificação exatamente igual, mas localizada no Bairro Moinhos de Vento, embora o custo para construí-las tenha sido o mesmo.** Os diferentes valores para o mesmo tipo construtivo, conforme a localização na cidade (Divisão Fiscal), objetiva captar os diferentes valores de mercado.

Ora, uma casa de alvenaria localizada na Lomba do Pinheiro teria o mesmo valor, por metro quadrado, de outra casa, construída de forma idêntica àquela, mas localizada no bairro de Petrópolis? Parece evidente que um imóvel de mesmo padrão construtivo situado no Bairro Moinhos de Vento possui. valor do metro quadrado superior a outro situado no Bairro Serraria, Cavalhada ou mesmo Petrópolis. São regiões distintas, com valorizações imobiliárias distintas e que assim obrigatoriamente devem ser consideradas, **sob pena de grave injustiça fiscal.**

A própria **ABNT**, por meio da **NBR 14653-2:2011**, acima referida, determina que a avaliação do imóvel deve considerar o valor do terreno e das construções e suas variáveis, o que inclui o **tipo construtivo** e a **localização do imóvel.**

Em verdade, se a lei desconsiderasse as diferenças de valorização por região, aí sim, estar-se-ia diante da violação aos princípios da isonomia, proporcionalidade e razoabilidade. O argumento, portanto, aplica-se de forma inversa ao pretendido pela autora.

Desproporcional, em verdade, seria permanecer com a antiga PGV, em que os imóveis atingiam, na média, 31% do valor de mercado; em que os mais pobres arcavam com o ônus tributário em favor dos mais ricos; em que pessoas com imóveis de mesmo valor real pagavam valores de IPTU extremamente díspares; em que contribuintes, com imóveis de valores reais substancialmente diferentes, arcavam com basicamente o mesmo IPTU!

De todo modo, é importante ter em mente que o Anexo II da LCM nº 859/2019, ao apontar os valores de metro quadrado de tipo construtivo, divididos por divisão fiscal, representa parte do cálculo da estimativa dos valores venais dos imóveis do Município. O dado, sozinho, não representa a base de cálculo do tributo. Ele deve ser analisado em conjunto com os demais fatores que influenciam no valor real do imóvel (valor do metro quadrado do terreno, área do terreno, valor do metro quadrado da construção, área construída, depreciação).

Por fim, vale registrar que, como já explicitado no item 3.3, acima, tal critério de avaliação dos valores venais, para o cálculo do IPTU predial (imóveis edificados), diferenciando os tipos construtivos por Divisão Fiscal, já é utilizado há muitos anos na legislação municipal e tão somente foi mantido na Lei Complementar nº 859/2019.

Cabe fazer referência ao art. 92 do Regulamento do IPTU (Decreto nº 16.500/2009):

> *Art. 92 O valor venal da construção da unidade imobiliária predial é determinado pela multiplicação da área construída, pelo preço do metro quadrado correspondente ao tipo construtivo.*

(...) §2º Os preços das construções fixados anualmente têm como multiplicadores os fatores de ajuste de 1 (um inteiro); 0,8 (oito décimos) e 0,6 (seis décimos) para as 1ª, 2ª e 3ª Divisões Fiscais, respectivamente, onde se localize a unidade imobiliária.

Destaque-se que as diferenças de metro quadrado dos tipos construtivos foram as mesmas utilizadas na legislação anterior (100%, 80% e 60%) e, ao final, foram adequadas para se calcular o valor venal dos imóveis.

Portanto, também diante de tais aspectos, não há que se falar em inconstitucionalidade da LCM nº 859/2019 e seus Anexos, devendo ser a demanda julgada improcedente.

4.5 Observância dos princípios da segurança jurídica e da vedação dos efeitos confiscatórios

Por fim, a parte autora sustenta violação à segurança jurídica e vedação ao confisco, para ver afastado do ordenamento a integralidade da LCM nº 859/19. Alega que os contribuintes experimentarão um aumento que impactaria de maneira profunda as suas realidades econômicas e financeiras violando a vedação da utilização dos tributos com efeito de confisco.

É preciso destacar, novamente, que, antes da LCM nº 859/2019, o IPTU de Porto Alegre era o mais injusto do país. Não havia qualquer capital do país em que a Planta Genérica de Valores era tão distorcida da realidade quanto no Município de Porto Alegre. O IPTU demonstrava-se excessivamente baixo para muitos contribuintes mais favorecidos, enquanto que, para grande parte dos contribuintes de baixa classe social, o imposto era cobrado de forma extremamente prejudicial a sua própria subsistência.

Como defender a manutenção desse cenário de flagrante injustiça tributária? Como persistir em uma planta de valores que desconsidera princípios como igualdade material e capacidade contributiva?

Com efeito, não subsiste qualquer motivo que justifique o "caos" levantado pela exordial em virtude da atualização da PGV por meio da LCM nº 859/2019.

Conforme levantamento anexo elaborado pela Receita Municipal, **cerca de metade dos contribuintes será beneficiado com a redução ou a isenção do IPTU (documentos 01 e 04)**. Eventual aumento de imposto atingirá, na verdade, imóveis mais valorizados e que estavam subavaliados na anterior Planta Genérica de Valores.

Ademais, como já mencionado, é preciso destacar que **todas as alíquotas do IPTU foram reduzidas com a LCM nº 859/2019.** Em verdade, o Município de Porto Alegre já adotava algumas das menores alíquotas dentre as principais capitais e reduziu ainda mais com a nova legislação, conforme a seguinte tabela:

	Alíquota (em %)		
	Residencial	Não residencial	Terreno
Antes da LC 859/19 [1]	0,85	1,10	1,5 – 6,0
Após a LC 859/19 [2]	0 a 0,85	0 a 0,80% (OBS: será 0,80% por 3 anos; depois 0,90% por outros três anos, e somente, então, passa para 1%)	0 – 3,00

Ora, jamais se poderia falar em efeitos confiscatórios para um tributo que terá alíquota máxima de 3%, muito inferior à alíquota máxima anteriormente prevista, que era de 6%, ambos para os imóveis territoriais. Nos imóveis prediais, diga-se, a alíquota máxima de 1,2% reduzirá para 0,80% nos primeiros três anos (sendo de 0,90% nos três anos seguintes e, somente então, passará para 1,0%).

Assim, considerando que a alíquota incide sobre o valor venal do bem, que está estimado, segundo o princípio contábil da máxima prudência, na média em menos de 70% do valor real de mercado, *não há qualquer possibilidade, no caso concreto, de ser configurado o confisco.*

Como resultado da redução de alíquotas, **todos os imóveis que, em 2019, estavam avaliados segundo o valor real de mercado sofrerão em 2020 uma redução do IPTU.** Nessa linha, do total de cerca de 790 mil imóveis de Porto Alegre, *31% terão redução do valor do imposto e 19,2% serão isentos. Ou seja, no total, 50,2% dos imóveis terão redução ou isenção do IPTU.*

---

[37] Redação anterior do art. 5º, §§1º e 3º, da Lei Complementar nº 07/73.

[38] abela IX da Lei Complementar nº 7/73, inserida pela Lei Complementar nº 859/2019.

Além do mais, como reconhece a própria petição inicial, a LCM nº 859/2019 estabeleceu que, em relação aos imóveis que sofrerão algum acréscimo de IPTU (o que, frise-se, é a menor parte), tal **eventual aumento será escalonado até o ano de 2025** de forma, justamente, a evitar maior impacto ao contribuinte, permitindo a programação econômica e financeira.

Trata-se de uma **regra de transição** bastante razoável. Há um escalonamento em eventual aumento do IPTU nos próximos seis anos, com percentuais *máximos* de majoração para cada ano. No primeiro ano (em 2020), o aumento apenas pode ser de até 30% em relação ao valor pago no ano anterior. A partir do segundo ano (em 2021), o aumento somente poderá ser de até 20%, em relação à quantia paga no ano anterior (e, assim, sucessivamente, até 2025). Não se trata de mudança em curto espaço de tempo. Ao contrário, está espaçada em seis anos, o que se mostra absolutamente razoável e proporcional. **No mais, a maior parte dos lançamentos não representará aumento superior a 30%.**

Nesse sentido, como pode ser verificado no art. 14 da LCM nº 859/2019, os percentuais são para o *limite* de aumento, *o que não ocorrerá para grande parte dos imóveis.*

> Art. 14 O valor do IPTU, calculado de acordo com o disposto nesta Lei Complementar, *não poderá ter acréscimo superior* à correção monetária aplicável somada aos valores percentuais abaixo, sendo:
>
> I – 30% (trinta por cento) para o ano de 2020;
>
> II – 20% (vinte por cento) para o ano de 2021;
>
> III – 20% (vinte por cento) para o ano de 2022;
>
> IV – 20% (vinte por cento) para o ano de 2023;
>
> V – 20% (vinte por cento) para o ano de 2024; e
>
> VI – 20% (vinte por cento) para o ano de 2025.

Por exemplo, imagine-se um imóvel subavaliado pela PGV anterior, sobre o qual em 2019 incidiu IPTU na ordem de R$100,00. Supondo-se que com a nova PGV, o IPTU devido passasse a ser de R$180,00. Diante dos limites escalonados no tempo para o aumento do tributo, previstos no art. 14 da LCM nº 859/2019, no ano de 2020 o proprietário arcará com R$130,00 (30% a mais que no ano anterior). Em 2021, arcará com R$156,00 (20% a mais que no ano anterior). Em tal hipótese, apenas em 2022, passará a pagar o valor integral do tributo.

Como se não bastasse, foram adotadas **regras de transição adicionais** para situações específicas, com o objetivo de trazer ainda mais *segurança jurídica* aos contribuintes, conforme se depreende dos arts. 15 e 16 da LCM nº 859/2019:

> Art. 15. A alíquota para a faixa de valor venal maior que 14.946 (quatorze mil, novecentas e quarenta e seis) UFMs do IPTU dos imóveis prediais não residenciais, constante na Tabela IX anexa à Lei Complementar nº 7, de 1973, será de:
>
> I – 0,8% (zero vírgula oito por cento) para os anos de 2020, 2021 e 2022; e
>
> II – 0,9% (zero vírgula nove por cento) para os anos de 2023, 2024 e 2025.

> Art. 16. Para os imóveis prediais não residenciais utilizados exclusivamente como hotéis e localizados nos bairros Centro Histórico, Floresta, São Geraldo, Navegantes, Humaitá e Farrapos, a alíquota para a faixa de valor venal maior que 14.946 (quatorze mil, novecentas e quarenta e seis) UFMs, constante na Tabela IX anexa à Lei Complementar nº 7, de 1973, será de 0,6% (zero vírgula seis por cento) para os anos de 2020 a 2025.

Por outro lado, **não haverá escalonamento para a redução do tributo.** Ou seja, já no primeiro ano de incidência da nova PGV, que é em 2020, será aplicada integralmente a diminuição do valor do IPTU – *redução de tributo esta que, frise-se, atingirá cerca de 245 mil imóveis no Município.*

A revisão da PGV beneficia diretamente contribuintes que foram penalizados durante décadas, que passarão a pagar o valor justo do IPTU, conforme os ditames da justiça tributária, da isonomia e da capacidade contributiva.

Em razão dos quase trinta anos de defasagem da PGV, diversas disparidades eram encontradas: imóveis pagando valores irrisórios de IPTU (R$2,63; R$3,08; R$4,56 etc); imóveis com valor real de mercado muito distinto, mas pagando o mesmo IPTU (ex.: imóveis de valor real de R$577.710,88 e R$52.969,51 pagaram R$109,00 de IPTU em 2018); imóveis com mesmo valor real de mercado mas pagando IPTU muito distinto (ex.: imóveis com valor real aproximado de R$50.000,00 pagaram R$59,47, R$294,40 e R$328,91).

É importante destacar que a jurisprudência do **TJRS** tem rotineiramente afastado as alegações de violação à segurança jurídica, à capacidade contributiva e à vedação de confisco nas recentes atualizações de plantas de valores por municípios gaúchos, reconhecendo a constitucionalidade da revisão da PGV nas diversas ADIs propostas, *verbis:*

AÇÃO DIRETA DE INCONSTITUCIONALIDADE. LEIS COMPLEMENTARES DO MUNICÍPIO DE VENÂNCIO AIRES ESTABELECENDO NOVA PLANTA DE VALORES PARA APURAÇÃO DE VALOR VENAL DE IMÓVEIS URBANOS E ESTABELECENDO PRAZOS E FORMAS DE PAGAMENTO. QUESTÕES PRELIMINARES ATINENTES À LEGITIMIDADE ATIVA, PROCURAÇÃO SEM PODERES, INÉPCIA DA PETIÇÃO INICIAL, PERDA PARCIAL DO OBJETO DA AÇÃO E IMPOSSIBILIDADE DA AÇÃO DIRETA DE INCONSTITUCIONALIDADE. QUESTÕES DE MÉRITO. PROGRESSIVIDADE DO IPTU. CAPACIDADE CONTRIBUTIVA. PROIBIÇÃO DE CONFISCO. Rejeitam-se as questões preliminares desvinculadas da realidade processual, porque (a) partido político tem legitimidade para propor a ação, (b) a procuração tem poderes específicos para a ação, (c) a petição inicial atende aos requisitos legais e processuais, (d) as duas leis complementares formam o objeto da ação e estão em vigor, (e) a ação direta de inconstitucionalidade representa a ação certa para discutir a constitucionalidade da lei. **No mérito, são constitucionais as leis complementares da alteração da planta de valores para apuração de valor venal dos imóveis e do estabelecimento de prazos e condições para pagamento do tributo. A alteração de valor do imposto devido, ainda que individualmente elevado no seu resultado se comparados o imposto anterior e o resultante, decorre da lei que atualiza a planta de valores e da espécie do tributo, que tem por base o valor atual do imóvel, das quais decorre a progressividade do imposto, presume-se a capacidade contributiva e demonstra-se a inexistência de confisco. Só a lei pode promover tal alteração, sem prejuízo de que o munícipe, como contribuinte individualmente prejudicado, postule administrativa ou judicialmente o que entender, na hipótese de incorreção na avaliação do imóvel e no valor do imposto cobrado.** IMPROCEDENTE. UNÂNIME (Adin n. 70058096264, Rel. Des. Carlos Cini Marchionatti, j. 12/05/2014)

AÇÃO DIRETA DE INCONSTITUCIONALIDADE. MUNICÍPIO DE GUAÍBA. LEI MUNICIPAL Nº 3.243/2014, QUE ALTERA A REDAÇÃO DOS ARTIGOS 3º A 32, 130, VI, 209, §2º, 285, 308, II, 364, II, "D", 493, I, E 538, BEM COMO DA SEÇÃO XII DO CAPÍTULO I DO TÍTULO II DO LIVRO I, E O ITEM 3.1 – PLANO DE MANEJO DO ANEXO, E SUBSTITUI O ANEXO VI – PLANTA DE VALORES GENÉRICOS, TODOS DA LEI MUNICIPAL Nº 3.208/2014, DE GUAÍBA. ATUALIZAÇÃO DOS VALORES VENAIS PARA FINS DE CÁLCULO DO IMPOSTO SOBRE A PROPRIEDADE PREDIAL E TERRITORIAL URBANA – IPTU. (...). CONSTITUCIONALIDADE DA NORMA. **A norma em análise não acarretou ofensa aos princípios da razoabilidade, capacidade contributiva, vedação ao confisco e proporcionalidade, estando ressalvada, por certo, a possibilidade de discussão concreta, em ação própria, pelo munícipe supostamente lesado.** Ademais, resta afastada o argumento de violação ao princípio da anterioridade nonagesimal, expressamente excepcionado na hipótese em questão. Rechaçada, ainda, a alegação de ausência de participação popular, bem como de inviabilidade de progressividade do tributo, expressamente autorizada depois da Emenda Constitucional nº 29/2000. Liminar revogada. AÇÃO DIRETA DE INCONSTITUCIONALIDADE JULGADA IMPROCEDENTE. UNÂNIME. (Ação Direta de Inconstitucionalidade, Nº 70063663520, Tribunal Pleno, Tribunal de Justiça do RS, Relator: Angela Terezinha de Oliveira Brito, Julgado em: 13-08-2018)

AÇÃO DIRETA DE INCONSTITUCIONALIDADE. **MUNICÍPIO DE GRAMADO. PLANTA GENÉRICA DE VALORES. ATUALIZAÇÃO DOS VALORES VENAIS DOS IMÓVEIS.** INÉPCIA DA INICIAL NÃO VERIFICADA. OFENSA A ARTIGOS DA LEI MAIOR DE OBSERVÂNCIA OBRIGATÓRIA POR MUNICÍPIOS, NOS TERMOS DO ARTIGO 8º DA CARTA ESTADUAL. LEI DE EFEITOS CONCRETOS. POSSIBILIDADE DE ARGUIÇÃO POR ADI. **DESATENDIMENTO AOS PRINCÍPIOS DA CAPACIDADE CONTRIBUTIVA, VEDAÇÃO AO CONFISCO, RAZOABILIDADE E PROPORCIONALIDADE *NÃO VERIFICADOS.*** IMPROCEDÊNCIA DA AÇÃO. UNÂNIME. (Ação Direta de Inconstitucionalidade Nº 70063645600, Tribunal Pleno, Tribunal de Justiça do RS, Relator: Marcelo Bandeira Pereira, Julgado em 27/07/2015)

AÇÃO DIRETA DE INCONSTITUCIONALIDADE. MUNICÍPIO DE FARROUPILHA QUE ALTERA ZONEAMENTOS FISCAIS E DISPÕE SOBRE A ATUALIZAÇÃO DOS VALORES VENAIS PARA FINS DE CÁLCULO DO IMPOSTO SOBRE A PROPRIEDADE PREDIAL E TERRITORIAL URBANA – IPTU. SINDICATO DOS TRABALHADORES DAS INDÚSTRIAS DO CALÇADO E DO VESTUÁRIO DE FARROUPILHA. (...). **LEI MUNICIPAL QUE PROMOVE A READEQUAÇÃO DO ZONEAMENTO FISCAL E ATUALIZA VALORES VENAIS DOS IMÓVEIS À REALIDADE DO MERCADO LOCAL. AUSÊNCIA DE VIOLAÇÃO AOS PRINCÍPIOS DA RAZOABILIDADE, DA CAPACIDADE CONTRIBUTIVA E DA VEDAÇÃO AO CONFISCO.** ATUAÇÃO LEGISLATIVA QUE TEVE POR BASE ESTUDO PRÉVIO REALIZADO PELA ADMINISTRAÇÃO PARA CORRIGIR DISTORÇÕES E DEFASAGEM HISTÓRICA VERIFICADAS NOS VALORES VENAIS DOS IMÓVEIS. (...). AÇÃO PARCIALMENTE CONHECIDA E, NESSA PARTE, JULGADA IMPROCEDENTE. UNÂNIME. (Ação Direta de Inconstitucionalidade Nº 70073037715, Tribunal Pleno, Tribunal de Justiça do RS, Relator: Marilene Bonzanini, Julgado em 18/09/2017)

Outrossim, o entendimento do **STF**, quanto aos parâmetros do princípio da proibição do confisco, demonstra que não houve, no caso em tela, qualquer afronta à Constituição:

> AÇÃO DECLARATÓRIA DE CONSTITUCIONALIDADE – PROCESSO OBJETIVO DE CONTROLE NORMATIVO ABSTRATO – A NECESSÁRIA EXISTÊNCIA DE CONTROVÉRSIA JUDICIAL COMO PRESSUPOSTO DE ADMISSIBILIDADE DA AÇÃO DECLARATÓRIA DE CONSTITUCIONALIDADE – AÇÃO CONHECIDA. – (...)**A proibição constitucional do confisco em matéria tributária nada mais representa senão a interdição, pela Carta Política, de qualquer pretensão governamental que possa conduzir, no campo da fiscalidade, à injusta apropriação estatal, no todo ou em parte, do patrimônio ou dos rendimentos dos contribuintes, comprometendo-lhes, pela insuportabilidade da carga tributária, o exercício do direito a uma existência digna, ou a prática de atividade profissional lícita ou, ainda, a regular satisfação de suas necessidades vitais (educação, saúde e habitação, por exemplo). A identificação do efeito confiscatório deve ser feita em função da totalidade da carga tributária, mediante verificação da capacidade de que dispõe o contribuinte – considerado o montante de sua riqueza (renda e capital) – para suportar e sofrer a incidência de todos os tributos que ele deverá pagar, dentro de determinado período, à mesma pessoa política que os houver instituído (a União Federal, no caso), condicionando-se, ainda, a aferição do grau de insuportabilidade econômico-financeira, à observância, pelo legislador, de padrões de razoabilidade destinados a neutralizar excessos de ordem fiscal eventualmente praticados pelo Poder Público. Resulta configurado o caráter confiscatório de determinado tributo, sempre que o efeito cumulativo – resultante das múltiplas incidências tributárias estabelecidas pela mesma entidade estatal – afetar, substancialmente, de maneira irrazoável, o patrimônio e/ou os rendimentos do contribuinte. – O Poder Público, especialmente em sede de tributação (as contribuições de seguridade social revestem-se de caráter tributário), não pode agir imoderadamente, pois a atividade estatal acha-se essencialmente condicionada pelo princípio da razoabilidade** (ADC 8 MC, Relator(a): Min. CELSO DE MELLO, Tribunal Pleno, julgado em 13/10/1999, DJ 04-04-2003 PP-00038 EMENT VOL-02105-01 PP-00001)

Portanto, também sob tal óptica, resta patente inexistir qualquer afronta da LCM nº 859/2019 à Constituição Federal ou à Constituição do Estado do Rio Grande do Sul, de forma que deve a demanda ser julgada totalmente improcedente.

5 Do não cabimento da medida cautelar

Além do mais, diante da falta de seus requisitos autorizadores (*fumus boni iuris* e *periculum in mora*) não deve ser deferida a medida cautelar requerida na exordial.

5.1 Inexistência de *fumus boni iuris*

Quanto ao *fumus boni iuris*, denota-se sua ausência, já que não há qualquer argumento consistente que indique a probabilidade do direito da parte autora.

As **preliminares** arguidas demonstram que a ADI, inclusive, sequer merece ter seu mérito apreciado:

(i) falta dos requisitos para o desenvolvimento válido e regular do processo, já que a proponente descumpriu o despacho de fls. 570-574, não acostando procuração indicando, de forma objetiva e individualizada, os dispositivos legais questionados;

(ii) a petição inicial é inepta, diante do flagrante descompasso entre o pedido (declaração de inconstitucionalidade integral da LCM nº 859/2019) e a causa de pedir (argumentação que somente abrange uma parcela da LCM nº 859/2019);

(iii) não se verifica interesse de agir, diante da inobservância da necessária impugnação do complexo normativo;

(iv) identifica-se questões infraconstitucionais, como a alegação de desrespeito aos critérios legais para a elaboração dos valores do metro quadrado na nova PGV.

De toda forma, *no mérito*, percebe-se que a ação é manifestamente improcedente, já que:

(i) a diferenciação de alíquotas em razão da localização do imóvel (*in casu*, por divisões fiscais) é expressamente autorizada pelo art. 156, §1º, II, da CF/88;

(ii) não houve afronta ao princípio da irretroatividade tributária, uma vez que inexistem novos critérios de cálculo e, mesmo que existissem, foram aprovados de forma concomitante aos novos valores da PGV, e serão aplicados aos fatores geradores futuros, ocorridos a partir de 01/01/2010;

(iii) não se observa violação aos princípios da legalidade, da capacidade contributiva e da moralidade administrativa, já que os cálculos dos valores da nova PGV, além de terem sido formulados por avaliadores do Município, servidores efetivos especializados da área, foram elaborados conforme as normativas da ABNT, especialmente a NBR 14653-1:2001, tendo os critérios de cálculos sido intensamente debatidos perante a sociedade e no âmbito do Parlamento municipal, demonstrando a transparência na tramitação do projeto;

(iv) não há qualquer afronta aos princípios da isonomia, da proporcionalidade e da razoabilidade, porque não se pode confundir tipo construtivo com custo da construção, e porque o valor real de mercado somente é identificado quando considerados os diferentes valores para o mesmo tipo construtivo, conforme a localização na cidade (divisão fiscal), e;

(v) inexiste violação à segurança jurídica e aumento de tributo com efeitos confiscatórios, porque a LCM nº 859/2019 não provocará qualquer aumento abrupto de tributos – muito pelo contrário, grande parte dos imóveis sofrerão uma redução no IPTU –, além de prever regras de transição proporcionais e razoáveis, estabelecendo um escalonamento, durante seis anos, para as hipóteses de aumento de tributo no período.

Portanto, das alegações da exordial, não se percebe a probabilidade do direito, o que demonstra a impossibilidade de deferimento da medida cautelar pleiteada.

5.2 Inexistência de *periculum in mora*

Também não se verifica o *periculum in mora* para a concessão da medida cautelar requerida.

Primeiro, porque grande parte dos imóveis sofrerá uma redução do IPTU ou serão inseridos na faixa de isenção, o que, por si só, demonstra os graves prejuízos aos contribuintes, caso seja suspensa a eficácia da LCM nº 859/2019.

Segundo, porque, como apontado no item 4.5 acima, foram previstas várias regras de transição a fim de preservar a segurança jurídica. Eventual aumento de IPTU será fracionado em até seis anos. No ano de 2020, eventual aumento apenas poderá atingir a fração *máxima* de 30% do valor que foi pago em 2019. Por exemplo, se o IPTU de um imóvel em 2019 foi de R$600,00, o IPTU em 2020 não poderá ultrapassar a quantia de R$780,00, ou seja, o limite de eventual aumento será de 30% do valor pago em 2019.

Terceiro, a LCM nº 859/2019 garante a todos os contribuintes o direito de, não concordando com o valor de avaliação do seu imóvel, apresentar **impugnação buscando a revisão administrativa** do valor do imposto. Esse direito está regulamentado detalhadamente no art. 6º da LCM nº 859/2019, que alterou o art. 10 do Código Tributário Municipal (LCM nº 7/1973).

Nesse sentido, não há qualquer risco de grave prejuízo apto a autorizar a concessão da medida cautelar.

5.3 Do *periculum in mora* inverso

● Em verdade, verifica-se, no caso em tela, o *periculum in mora* **inverso**. Ou seja, caso deferida a medida cautelar, quem sofre riscos de grave prejuízo é o Município e o interesse público municipal.

No caso de ser deferida a cautelar e inviabilizada a cobrança do IPTU com base na nova PGV, haveria *perda estimada de cerca de 102,51 milhões de reais em arrecadação em 2020*.

É importante mencionar que a Lei de Diretrizes Orçamentárias – LDO (PLE 016/19), aprovada recentemente na Câmara Municipal,[39] foi elaborada com base na majoração da receita tributária advinda da atualização da PGV, nos termos da LCM nº 859/2019. Na página 74 da redação final da lei aprovada,[40] logo após da Memória de Cálculo da Receita Consolidada (Anexo II – De Metas Fiscais), consta o seguinte texto:

> (...) A estimativa da arrecadação das receitas próprias foi obtida tendo como base a arrecadação prevista no exercício anterior.
>
> Em relação ao Imposto Predial e Territorial Urbano (IPTU) cabe ressaltar que em 29/04/2019, a Câmara Municipal de Porto Alegre (CMPA) aprovou o projeto de lei (PLCE 005/18) que estabelece nova Planta Genérica de Valores (PGV), atualizando assim a base de cálculo do imposto. O projeto de lei aprovado altera as alíquotas vigentes do IPTU, mudando inclusive as divisões fiscais para determinadas áreas e alterando dispositivos da Lei Complementar nº 7 de dezembro de 1973,

---

[39] Disponível em: http://www.camarapoa.rs.gov.br/noticias/camara-aprova-ldo-2020.

[40] Disponível em: http://www.camarapoa.rs.gov.br/processos/135462.

da Lei Complementar 312 de 1993, da Lei Complementar 535 de 2005 e revoga dispositivos da Lei Complementar nº 212 de 1989.

Neste contexto, haverá impacto na arrecadação do IPTU para o ano de 2020 e exercícios subsequentes, com repercussão financeira já a partir de 2019, em virtude da antecipação de arrecadação que ocorrerá, em dezembro próximo, em virtude do desconto disponibilizado aos contribuintes que efetuarem o pagamento do IPTU 2020 à vista.

Em notícia publicada no site da Câmara Municipal em 29 de agosto de 2019,[41] ao se tratar da entrada em pauta do projeto da Lei de Diretrizes Orçamentárias de 2020, destaca-se a previsão dos recursos da atualização da planta de valores:

> O projeto de lei da LDO também prevê os recursos da atualização da planta de valores do IPTU, medida que permitirá *redução do déficit* do Tesouro Municipal da ordem de R$68 milhões em 2020

Em notícia publicada em 10 de setembro de 2019, no site da Secretaria Municipal da Fazenda,[42] consta a expectativa com o aumento da arrecadação em 2020, sendo pelo menos **25% destinado à educação e 15% à saúde:**

> O novo IPTU aprovado pela Câmara poderá arrecadar até R$65 milhões a mais em 2020. A partir de 2026, quando a atualização da planta de valores dos imóveis for cobrada na íntegra, o acréscimo anual deverá chegar a R$230 milhões.
>
> A atualização do IPTU é mais uma reforma estrutural com visando o futuro da cidade, envolvendo a justiça no tributo. Haverá um período de transição, de forma diluída, o que também contribuirá para que as contas sejam equilibradas e a prefeitura possa entregar melhores serviços à população.
>
> Calendário – O calendário do IPTU 2020 será divulgado pela Secretaria Municipal da Fazenda (SMF) no inicio do mês de dezembro. O percentual de desconto para pagamento em cota única também será definido em dezembro.
>
> Educação e Saúde – *Da receita gerada pelo IPTU, pelo menos 25% são*

---

[41] Disponível em: http://www.camarapoa.rs.gov.br/noticias/entra-em-pauta-o-projeto-da-ldo-2020.

[42] Disponível em: http://www2.portoalegre.rs.gov.br/smf/default.php?p_noticia=999205110&SANCIONADA+LEI+QUE+ATUALIZA+NOVA+PLANTA+DO+IPTU&SANCIONADA+LEI+QUE+ATUALIZA+NOVA+PLANTA+DO+IPTU&SANCIONADA+LEI+QUE+ATUALIZA+NOVA+PLANTA+DO+IPTU.

destinados à educação e 15% aplicados em saúde, conforme prevê a Constituição Federal.

O percentual restante compõe a receita do município para custear, com recursos próprios, serviços e projetos em áreas como habitação, assistência social, saúde, educação, saneamento e cultura.

Vale registrar que, estando a pouco mais de um mês de promover os lançamentos do IPTU com desconto (o que está previsto para dezembro do corrente ano), *todos os sistemas do Município foram alterados, nos últimos meses, para adaptar a cobrança do IPTU de 2020 com base nas novas regras.*

Não é exagero pontuar que eventual suspensão, neste momento, da eficácia da LCM nº 859/2019 provocará um *verdadeiro caos na Administração Municipal,* **arriscando seriamente restar** *inviabilizada de promover a cobrança do IPTU por vários meses,* **inclusive deixando de proceder à política de desconto pelo pagamento antecipado (o que está previsto para ocorrer a partir de dezembro).**

Não haverá tempo hábil para adaptar todos os sistemas do Município para se realizar a cobrança do IPTU com base na PGV anterior. Vale lembrar que *o PL que revisou a PGV foi aprovado em abril deste ano* **e desde então o Fisco Municipal vem trabalhando para a alteração da base das mais de 790 mil inscrições municipais.**

Em verdade, esse imbróglio poderá gerar a paralisação de serviços essenciais e a impossibilidade de pagamento da folha salarial, além de, obviamente, prejudicar o contribuinte, pois não poderá gozar da política de descontos do IPTU (que tradicionalmente conta com alta adesão por parte da população).

Assim, não apenas o eventual acréscimo de receita já previsto na LDO restaria comprometido, mas, inclusive, a receita tradicional do IPTU no período, podendo impor o caos às já combalidas contas públicas.

Há ainda que se considerar o enorme esforço do Poder Executivo e Legislativo para concluir o trabalho da revisão da Planta Genérica de Valores, projeto este essencial para a realização da justiça tributária e real cumprimento das diretrizes constitucionais, como a isonomia e a capacidade contributiva.

E não é demais relembrar que o Município de Porto Alegre vinha sofrendo apontamentos pelo Tribunal de Contas do Estado e pelo Ministério Público de Contas por não atualizar a PGV, não sendo admissível retroceder neste momento.

A LCM nº 859/2019 promove a redução parcial ou total (por ampliar a faixa de isenção), já em 2020, do IPTU para cerca de 245 mil imóveis. Isso porque para os imóveis cujo IPTU será reduzido não há qualquer escalonamento. Aplica-se imediatamente a redução do imposto (ao contrário do que ocorre com eventual aumento do imposto, que fica submetido a uma regra de transição, apenas atingindo o valor total nos próximos seis anos).

Ou seja, **deferir a medica cautelar significaria prejudicar proprietários de 245 mil imóveis cujo IPTU sofrerá redução a partir de 2020**. E vale pontuar que tais proprietários pertencem às classes mais baixas da população. Portanto, eventual suspensão dos efeitos da LCM nº 859/2019 promoverá uma verdadeira injustiça social, evitando aumento de IPTU para os mais favorecidos e, ao mesmo tempo, a redução do imposto para os integrantes das classes mais baixas.

Em suma, a concessão da medida cautelar causaria o *periculum in mora* inverso, trazendo não só prejuízos ao orçamento municipal, mas também um embaraço a toda a atividade administrativo-tributária do Município, além de, como visto, prejudicar os contribuintes beneficiários de reduções ou de isenções do IPTU.

É oportuno mencionar que, conforme recente alteração na LINDB, os impactos sociais da decisão devem ser levados em conta pelo julgador no momento de proferir a decisão. Nesse sentido, o art. 20 prevê que "nas esferas administrativa, controladora e judicial, não se decidirá com base em valores jurídicos abstratos *sem que sejam consideradas as consequências práticas da decisão*".

Por tais razões, deve ser indeferida a medida cautelar pleiteada.

6 Conclusão

PELO EXPOSTO, pede e espera o Prefeito Municipal e o Município de Porto Alegre que seja, inicialmente, **indeferida a medida cautelar pleiteada**, e, ato contínuo, **julgado extinto o processo, sem resolução do mérito**, diante dos motivos expostos nas preliminares do item 3, com fulcro no art. 485, I e VI, do CPC, ou, ainda, **julgada totalmente improcedente a demanda**, diante da ausência de afronta da LCM nº 859/2019 à Constituição Federal ou à Constituição Estadual.

Nestes termos, pede deferimento.

Porto Alegre, 07 de novembro de 2019.

7 Listagem dos documentos anexos

Documento 01 – Levantamentos gerais – Receita Municipal
Documento 02 – Pareceres no processo legislativo
Documento 03 – Informação Técnica DAI-SMF
Documento 04 – Levantamento de reduções e isenções – Receita Municipal
Documento 05 – Outros documentos

Informação bibliográfica deste texto, conforme a NBR 6023:2018 da Associação Brasileira de Normas Técnicas (ABNT):

RAMALHO, Renato. Ação Direta de Inconstitucionalidade nº 70082801408. *In*: FLORIANO, Eduardo de Souza; CUNHA, Bruno Santos; TAVARES, Gustavo Machado (coord.). *Direito Municipal em Debate*. Belo Horizonte: Fórum, 2021. p. 243-305. v. 5. ISBN 978-65-5518-158-6.

RECLAMAÇÃO CONSTITUCIONAL (COM PEDIDO DE MEDIDA LIMINAR)

LUCIANO SODRÉ GALVES

SÉRGIO VERÍSSIMO DE OLIVEIRA FILHO

JOÃO LUIZ MARTINS ESTEVES

EXCELENTÍSSIMO SENHOR MINISTRO PRESIDENTE DO SUPREMO TRIBUNAL FEDERAL

MUNICÍPIO DE LONDRINA, pessoa jurídica de direito público interno, com sede administrativa na Av. Duque de Caxias, 635, Centro Cívico, Londrina – PR, vem, respeitosamente, perante a jurisdição de Vossa Excelência, por seus Procuradores infrafirmados e com fundamento no artigo 102, I, "l", da Constituição da República, 988 e ss. do CPC e art. 156 do RISTF, apresentar a vertente
RECLAMAÇÃO CONSTITUCIONAL (com pedido de medida liminar)
contra ato judicial produzido no âmbito do Tribunal de Justiça do Estado do Paraná que violou a autoridade de julgado desse Egrégio Supremo Tribunal, adotado como solução da **Arguição de Descumprimento de Preceito Fundamental nº 672 e da Ação Direta de Inconstitucionalidade nº 6341 e da própria Súmula Vinculante nº 38**, conforme exposição de fatos e fundamentos que passa a expor, registrando-se, por ora, a aplicação a esta Municipalidade das disposições processuais próprias da Fazenda Pública, em especial, *in casu*, as dos artigos 91, 183 e 1.007, não exaustivamente.

Nestes termos,

Pede e Espera Deferimento.

De Londrina para Brasília/DF, em 29 de abril de 2020.

Luciano Sodré Galves
Procurador do Município
de Londrina
OAB/PR Nº 28.973 –
Matrícula nº 15.797-0

Sérgio Veríssimo de Oliveira Filho
Procurador-Geral Adjunto de
Gestão do Contencioso
do Município de Londrina
OAB/PR nº 32.418 –
Matrícula nº 14.130-5

João Luiz Martins Esteves
Procurador-Geral do Município de Londrina
E. Supremo Tribunal Federal

1 Do cabimento da presente reclamação

A fim de garantir o efetivo cumprimento das decisões emanadas por esse Excelso Supremo Tribunal Federal, foi instituído no art. 102, I, "L" da Constituição Federal e também pelo Regimento interno da Suprema Corte, em seu art. 156, a Reclamação Constitucional.

Outrossim, o novel Código de Processo Civil, estabeleceu as hipóteses de cabimento da reclamação, senão vejamos:

Art. 988. Caberá reclamação da parte interessada ou do Ministério Público para:

I – preservar a competência do tribunal;

II – garantir a autoridade das decisões do tribunal;

III – garantir a observância de enunciado de súmula vinculante e de decisão do Supremo Tribunal Federal em controle concentrado de constitucionalidade; (Redação dada pela Lei nº 13.256, de 2016) (Vigência)

IV – garantir a observância de acórdão proferido em julgamento de incidente de resolução de demandas repetitivas ou de incidente de assunção de competência; (Redação dada pela Lei nº 13.256, de 2016) (Vigência)

§1º A reclamação pode ser proposta perante qualquer tribunal, e seu julgamento compete ao órgão jurisdicional cuja competência se busca preservar ou cuja autoridade se pretenda garantir.

§2º A reclamação deverá ser instruída com prova documental e dirigida ao presidente do tribunal.

§3º Assim que recebida, a reclamação será autuada e distribuída ao relator do processo principal, sempre que possível.

§4º **As hipóteses dos incisos III e IV compreendem a aplicação indevida da tese jurídica e sua não aplicação aos casos que a ela correspondam.**

§5º É inadmissível a reclamação: (Redação dada pela Lei nº 13.256, de 2016) (Vigência)

I – proposta após o trânsito em julgado da decisão reclamada; (Incluído pela Lei nº 13.256, de 2016) (Vigência)

II – proposta para garantir a observância de acórdão de recurso extraordinário com repercussão geral reconhecida ou de acórdão proferido em julgamento de recursos extraordinário ou especial repetitivos, quando não esgotadas as instâncias ordinárias. (Incluído pela Lei nº 13.256, de 2016) (Vigência)

§6º A inadmissibilidade ou o julgamento do recurso interposto contra a decisão proferida pelo órgão reclamado não prejudica a reclamação. (Grifos nossos)

Admite-se, então, a reclamação contra atos administrativos ou judiciais (art. 7º da Lei Federal nº 11.417/2006), que marginalizem a autoridade das decisões desse E. Supremo Tribunal Federal, assim como as que não observem *enunciados de súmula vinculante ou decisões em controle concentrado de constitucionalidade*. Sobre esta questão:

EMENTA: RECLAMAÇÃO. PRELIMINAR: CABIMENTO DE RE-CLAMAÇÃO POR DESRESPEITO A DECISÃO DO SUPREMO TRIBUNAL FEDERAL PROLATADA EM AÇÃO DIRETA DE INCONSTITUCIONALIDADE. MÉRITO: ALCANCE DA DECISÃO PROLATADA NA ADI Nº 598, QUANTO AO EDITAL DE CONCURSO, E DESCONSTITUIÇÃO E CASSAÇÃO DE ATOS EXORBITANTES DESTE JULGADO. I – Preliminar. **A jurisprudência do Supremo Tribunal Federal admite, excepcionalmente, reclamação para preservar a autoridade de decisão prolatada em ação direta de inconstitucionalidade, desde que haja identidade de partes e que a prática de atos concretos fundados na norma declarada inconstitucional promane do** órgão que a editou. Precedentes. II – Mérito. Inteligência da decisão prolatada na ADI Nº 598-7-TO, a qual declarou inconstitucionais: a expressão "inclusive para fins de concurso público de títulos e provas", contida no par. único do art. 25 da Lei nº 157/90; o art. 29 e seu pár. único do Decreto nº 1.520/90; e todo o Edital do Concurso "Pioneiro do Tocantins" e, consequentemente, do concurso realizado. 2. Reclamação conhecida e julgada procedente, em parte, para declarar a nulidade do "Termo de Acordo" firmado entre o Estado e o Sindicato dos Funcionário do Fisco do Estado do Tocantins – SINDIFISCO nos autos da Ação Cautelar Inominada nº 10/93 e do Decreto nº 123/95 e, ainda, para cassar o acórdão proferido na Medida Cautelar Inominada nº 10/93 e a decisão que homologou o referido Termo de Acordo, por serem exorbitantes do julgado desta Corte na ADI nº 598. 3. Reclamação julgada improcedente quanto: ao Decreto nº 124/95; aos pedidos genéricos e não especificados, por serem incompatíveis com a natureza do processo reclamatório; e quanto aos demais atos locais, cuja existência não foi comprovada nos autos. (Rcl. 556, Relator(a): Min. MAURÍCIO CORRÊA, Tribunal Pleno, julgado em 11/11/1996, DJ 03-10-1997 PP-49230 EMENT VOL-01885-01 PP-00049)

De mais a mais, cediço que a Lei Federal nº 9.882/1999, que dispõe sobre o processo e julgamento da arguição de descumprimento de preceito fundamental, estabelece parâmetros que incidem ao caso, ainda que indiretamente, senão vejamos:

Art. 1º A arguição prevista no §1º do art. 102 da Constituição Federal será proposta perante o Supremo Tribunal Federal, e terá por objeto evitar ou reparar lesão a preceito fundamental, resultante de ato do Poder Público.

(...)

Art. 5º O Supremo Tribunal Federal, por decisão da maioria absoluta de seus membros, poderá deferir pedido de medida liminar na arguição de descumprimento de preceito fundamental.

§1º Em caso de extrema urgência ou perigo de lesão grave, ou ainda, em período de recesso, poderá o relator conceder a liminar, ad referendum do Tribunal Pleno.

§2º O relator poderá ouvir os *órgãos* ou autoridades responsáveis pelo ato questionado, bem como o Advogado-Geral da União ou o Procurador-Geral da República, no prazo comum de cinco dias.

§3º A liminar poderá consistir na determinação de que juízes e tribunais suspendam o andamento de processo ou os efeitos de decisões judiciais, ou de qualquer outra medida que apresente relação com a matéria objeto da argüição de descumprimento de preceito fundamental, salvo se decorrentes da coisa julgada. (Vide ADIN 2.231-8, de 2000)

(...)

Art. 10. Julgada a ação, far-se-á comunicação *às* autoridades ou *órgãos* responsáveis pela prática dos atos questionados, fixando-se as condições e o modo de interpretação e aplicação do preceito fundamental.

§1º O presidente do Tribunal determinará o imediato cumprimento da decisão, lavrando-se o acórdão posteriormente.

§2º Dentro do prazo de dez dias contado a partir do trânsito em julgado da decisão, sua parte dispositiva será publicada em seção especial do Diário da Justiça e do Diário Oficial da União.

§3º A decisão terá eficácia contra todos e efeito vinculante relativamente aos demais *órgãos* do Poder Público.

No caso em debate, a r. decisão antecipatória dos efeitos da tutela recursal proferia pelo E. Tribunal de Justiça de Estado do Paraná, no **Agravo de Instrumento nº 0019324-57.2020.8.16.0000 (DOC. 1)**, marginaliza e deixa de aplicar as disposições das r. decisões cautelares proferidas pelos Excelentíssimos Ministros Alexandre de Moraes **(ADPF nº 672 – DOC. 2)** e Marco Aurélio **(ADI nº 6341 – DOC. 3)**, essa última referendada pelo Plenário em sessão virtual de 15 de abril de 2020, bem como a proferida pela Exma. Ministra Carmen Lúcia, na **ADI 4.102 (DOC. 4)** e, por fim, à própria Súmula Vinculante 38 dessa C. Corte Suprema, conforme se demonstrará adiante.

Em síntese, a r. decisão do E. TJ-PR para além de sua teratologia, defeitos técnicos incontornáveis, ausência de fundamentação congruente com os pedidos vertidos na demanda e no próprio agravo de instrumento na qual proferida *inaudita altera pars*, marginaliza, sobremaneira, as disposições das decisões indicadas acima, as quais reconheceram expressamente que a implementação de providências administrativas e a edição de medidas legislativas pertinentes à proteção da saúde pública estão inseridas nas competências comum (CF, art. 23, II) e concorrente (CF, art. 24, XII) das três esferas de governo, conviventes em federação, bem como a competência dos municípios para suplementar, no que couber, a legislação federal ou estadual, sempre que se tratar de assuntos de interesse local (CF, art. 30, II) e, por fim, em mesma linha, que compete aos municípios a regulamentação do horário de funcionamento do comércio local, com ou sem pandemia ou emergência em saúde pública declarada.

Desta forma, frente ao flagrante descumprimento, pela decisão proferida pelo E. Tribunal de Justiça do Paraná no âmbito do Agravo de Instrumento nº 0019324-57.2020.8.16.0000, das disposições e motivos transcendentes das decisões proferidas por essa C. Corte Suprema na ADPF nº 672, nas ADIs nº 6.341 e 3 nº 4.102 e, bem ainda, ao próprio enunciado de súmula vinculante (SV 38), resta demonstrado o cabimento da presente Reclamação Constitucional, com o especial fim de se determinar, já em sede de tutela de urgência, *inaudita altera pars*, a cassação da decisão judicial impugnada, determinando que

outra seja proferida nos limites das decisões e súmula vinculante em comento, sendo o que requer esta Municipalidade.

2 Do interesse e da legitimidade ativa do requerente

Cumpre salientar que esta Municipalidade Reclamante preenche todos os requisitos para o seguimento e conhecimento desta insurgência, restando patentes seu interesse e legitimidade na cassação da decisão judicial proferida pelo E. TJ-PR, a qual afastou a aplicabilidade de Decretos Municipais que, implantando o denominado "Distanciamento Social Seletivo" (DSS), estabeleceram condições para a retomada do funcionamento dos estabelecimentos industriais e da construção civil, assim como os de comércio e prestação de serviços, ao argumento de que teriam extrapolado os limites do exercício de sua competência suplementar.

Com efeito, cada município possui suas peculiaridades fáticas que devem ser levadas em consideração pelo gestor municipal para efeitos de estabelecimento das medidas mais eficazes para o avanço do Covid-19, no sentido de proteger a população quanto à saúde, bem como preservar, na medida do possível, a economia local.

Dito isto, os Decretos objeto de suspensão pela r. decisão do E. TJ_PR viram-se editados no sentido da flexibilização de outros decretos locais anteriores e mais restritivos, permitindo, pois, a abertura de estabelecimentos industriais, da construção civil e comerciais, em horários determinados e desde que atendidas as medidas de segurança sanitária, tratando-se, pois, de atos administrativos discricionários que para além de não contrariarem a legislação federal e estadual pertinente, são de competência do Chefe do Poder Executivo local, a quem é data a prerrogativa de examinar as peculiaridades da localidade, para definir quais as medidas mais adequadas.

Assim, sem prejuízo às discussões pertinentes ao embasamento técnico de tais atos normativos suspensos, as quais serão ofertadas adiante, há interesse e legitimidades patentes desta Municipalidade em ver cassada a decisão do E. TJ-PR em comento, conformando-a com as decisões desse E. STF indicadas no tópico antecedente, inclusive com vistas a obstar, como está a ocorrer, a extrapolação de limites do controle judicial sobre os atos da Administração Municipal, especialmente em relação às medidas sanitárias de contenção do ritmo de contágio do coronavírus (Covid-19).

Outrossim, tem-se que a r. decisão ensejadora da vertente Reclamação foi proferida à **Seq. 9.1 dos Autos de Agravo de Instrumento nº 0019324-57.2020.8.16.000 (DOC. 1)**, em 27.04.2020, tendo sido objeto de intimação desta Municipalidade em 29.04.2020, não incidindo, pois, quaisquer das vedações de processamento do §5º, do art. 988, do CPC.

Desta forma, pelo preenchimento dos requisitos exigíveis, requer-se a este E. Pretório Excelso, o conhecimento e processamento da presente reclamação, na forma dos artigos 988 e *ss.*, do CPC.

3 Da síntese fática e contextualização processual

Excelências, trata-se, na origem, de ação civil pública proposta pelo Ministério Público do Estado do Paraná (24ª Promotoria de Justiça de Londrina – DOC. 5), objetivando, em síntese: a) declaração de nulidade *integral do Decreto Municipal nº 459, de 11 de abril de 2020, que, flexibilizou a política de isolamento social até então adotada em Londrina, a partir de 15.04.2020, permitindo o funcionamento dos estabelecimentos industriais e da construção civil, não essenciais; b) declaração de nulidade parcial do Decreto Municipal nº 458, de 11 de abril de 2020, nos pontos em que flexibilizou a política de isolamento social até então adotada em Londrina, a partir de 19.04.2020, permitindo o funcionamento dos estabelecimentos comerciais, de serviços e similares não essenciais;* c) imposição de obrigações de faze e de não fazer diversas, consistentes em editar, alterar, prorrogar e se abster de editar qualquer ato normativo local que permita qualquer forma de adoção, ainda que programada e justificada, do denominado "Distanciamento Social Seletivo" (DSS), em especial os atinentes ao estabelecimento de condições para a retomada do funcionamento dos estabelecimentos industriais e da construção civil, assim como os de comércio e prestação de serviços.

Pugnou o Parquet, ainda, pela concessão da tutela de urgência de natureza antecipada, *inaudita altera parte*, no sentido de **obter determinação judicial de suspensão dos Decretos Municipais nº 458 e nº 459, de 11.04.2020 e, bem ainda, dos requerimentos específicos** formulados na petição inicial (Doc. 5 – Vide Item IV, letras "a.1" a "a.9)

Intimação dos Requeridos para manifestação quanto ao pedido de tutela de urgência, respondida tempestivamente à Seq. 30 dos autos na origem (DOC. 06 em anexo), em relação aos quais se apresenta EXPRESSA RATIFICAÇÃO DOS TERMOS EM QUE LAVRADAS E DOS DOCUMENTOS EMBASADORES.

Sobreveio, pois, a r. decisão de Seq. 36.1 (Doc. 07 em anexo), denegatória da concessão de tutela antecipada pretendidas, dispondo, ao final, que:

> 3.3. Antes de pingar o ponto final, é de lembrar que decretos de flexibilização de medidas de quarentena e isolamento impostas inicialmente por estados e municípios não são novidade nos cenários nacional e estadual. Com maior ou menor intensidade, o fenômeno tem se verificado, aqui e ali, sempre considerados os dados epidemiológicos locais ou regionais. Tomem-se, a título de exemplo, o Decreto n. 47025/2020, editado pelo Governador do Rio de Janeiro; o Decreto n. 11033/2020, baixado pelo prefeito do Município de Franca; o Decreto n. 37892/2020, editado pelo prefeito do Município de Joinville; o Decreto n. 14241/2020, oriundo do Município de Campo Grande; e o Decreto n. 15374/2020 do Município de Cascavel. Por idêntico caminho seguiram os Municípios de Ponta Grossa (Decretos n. 17242/202 e 17243/2020) e Curitiba (Resolução n. 1/2020).
>
> Tudo somado, **considero que os fundamentos trazidos pelo Ministério Público não são suficientes para demonstrar a probabilidade do direito. Pelo que só resta rejeitar os requerimentos de tutela provisória formulados na inicial (vide item IV, letras "a.1" a "a.9").** (Grifos nossos)

Irresignado o Parquet interpôs recurso de Agravo de Instrumento (Seq. 1.1 – Autos nº 0019324-57.2020.8.16.0000 – DOC. 8), entendendo equivocada a decisão denegatória da tutela de urgência pelo MM. Magistrado "a quo", reiterando, no mais, todos os pedidos vertidos na peça vestibular da demanda, acrescendo, em sede de especificação complementar, de suspensão do Decreto Municipal 484/2020, de 17 de abril de 2020.

Ato contínuo, proferiu-se a r. decisão de Seq. 9.1 (Doc. 1), que concedeu a tutela provisória pra suspender parcialmente os efeitos dos Decretos Municipais nº 458/2020 e nº 459/2020 e para suspender integralmente os efeitos do Decreto Municipal nº 484/2020, decisão teratológica, pueril, contraditória com a temática vertida nos autos e no recurso e, bem ainda, sem a indicação de qualquer razão ou fundamento no sentido de reconhecer qualquer mácula na r. decisão que deu origem ao agravo interposto. Aliás, diga-se, a r. decisão monocrática do E. TJ-PR sequer se debruçou sobre as razões e fundamentos de fato e de direito em que assentadas r. decisão de 1ª Instância que dera origem ao próprio agravo.

No que interessa, assim constam pontos essenciais da decisão ensejadora da presente reclamação:

Cinge-se a presente controvérsia acerca da legalidade das previsões contidas no Decreto Municipal n. nº 459, de 11 de abril de 2020, no Decreto Municipal nº 458, de 11 de abril de 2020, e no Decreto Municipal n. 484/2020, de 17 de abril de 2020, do Município de Londrina, que autorizaram o funcionamento dos estabelecimentos industriais e da construção civil e dos estabelecimentos comerciais, de serviços e similares, e outras atividades não essenciais.

(...)

Sobre o tema, o Supremo Tribunal Federal, através de Decisão exarada pelo Eminente Ministro Marco Aurélio em 24 de março de 2020 na Medida Cautelar na Ação Direta de Inconstitucionalidade nº 6341/DF, reconheceu a competência concorrente dos entes federativos para legislar sobre a atual crise causada pelo coronavírus.

(...)

Forçoso concluir, nesses termos, que o funcionamento dos estabelecimentos industriais e da construção civil e as atividades comerciais e de prestação de serviço não encontram correspondência nas hipóteses previamente autorizadas pelo ente federal, a quem compete estabelecer as diretrizes gerais no combate à pandemia de covid-19 em âmbito nacional

Por sua vez, entende a doutrina especializada que **em caso de conflito entre as legislações federais, estaduais e municipais gerado em virtude do exercício da competência concorrente, deve prevalecer o interesse geral da União.**

(...)

Por conseguinte, **se o ente federal decidiu por não incluir as atividades industriais e da construção civil e as atividades comerciais e de prestação de serviço dentre aquelas cujo funcionamento se faz essencial mesmo durante a pandemia, tem-se, ao menos nesse primeiro e precário juízo, típico desta fase processual, que o Município de Londrina extrapolou os limites do exercício de sua competência suplementar ao editar os decretos questionados.**

Assim sendo, aparenta existir verossimilhança nas razões que embasam o pleito formulado pelo Agravante de suspensão dos efeitos dos decretos municipais **naquilo em que restou extrapolada a competência previamente limitada pelo decreto federal.**

(...)

Diante do exposto, **concedo a tutela provisória para suspender parcialmente os efeitos dos Decretos Municipais n. 458/2020 e 459/2020 e para suspender integralmente os efeitos do Decreto Municipal n. 484/2020. (Grifos nossos).**

De se ver, pois, que a r. decisão sob ataque **expõe como causa para a suspensão de atos normativos locais** atinentes ao controle e enfrentamento da emergência em saúde pública decorrente do Coronavírus (Covid-19) suposta afronta à competência legislativa concorrente, partindo da premissa, teratológica, equivocada e sem amparo em qualquer documento ou assertiva das partes, quer no processo originário, que no recurso de agravo de instrumento em que proferida, de que os atos locais estariam a ofender as normas gerais editadas pela União Federal (Lei Federal nº 13.979/2020 – art. 3º, §9º e Decreto Federal nº 10.282/2020 – art. 3º, caput e incisos I a XL), **entendendo que os decretos Municipais nº 458/2020, nº 459/2020 e nº 484/2020, estariam a "classificar atividades essenciais".**

Ademais disso, a r. decisão ensejadora da vertente reclamação, expõe, novamente de forma teratológica e sem qualquer fundamento jurídico, que a União Federal, através da Lei Federal nº 13.979/2020 e do Decreto nº 10.282/2020, **teria permitido, em** âmbito **nacional, o só funcionamento das atividades e serviços classificados por essenciais, o que se revela um absurdo sob quaisquer** óticas, **tratando-se de erro grosseiro de leitura das disposições da lei e decreto federais em comento.**

A Lei Federal nº 13.979/2020, **ao dispor sobre as medidas que poderão ser adotadas para enfrentamento da emergência de saúde pública decorrente do coronavírus (Covid-19), previu a possibilidade de imposição de quarentena, nela compreendida a *restrição de atividades*" (arts. 2º, II, e 3º, II).**

O mesmo diploma legal **reconhece competir aos "gestores locais de saúde", de forma concorrente com o Ministério da Saúde, a implementação de medidas dessa natureza.** Ocorre, porém, que o §8º do art. 3º erige uma limitação ao exercício de semelhante atribuição administrativa pelos órgãos gestores, ao prever, *verbis*: "*As medidas previstas neste artigo, quando adotadas, deverão resguardar o exercício e o funcionamento de serviços públicos e atividades essenciais*".

O Decreto Municipal nº 458, de 11 de abril de 2020 (DOC. 09), NÃO CLASSIFICOU OU RESTRINGIU ATIVIDADES OU SERVIÇOS PÚBLICOS ESSENCIAIS previstos no Decreto Federal nº 10.282/2020, tendo sido editado com vistas à prorrogação, em âmbito Municipal, do prazo da situação de emergência decretada no Município de Londrina, como medida de enfrentamento da pandemia decorrente do novo coronavírus (COVID-19), para até 19.04.2020, dispondo, ainda:

> *Art. 1º. Fica estendida a situação de emergência decretada no Município de Londrina, até 19 de abril de 2020, para todos os efeitos, inclusive das disposições contidas nos Decretos 334/2020, 346/2020, 350/2020, 361/2020, 365/2020, 375/2020, 377/2020, 382/2020, 438/2020, 439/2020 e as demais normas editadas em decorrência da referida situação, no que não lhes forem contrárias.*
>
> *Parágrafo único. Ficam excetuados do disposto no "caput" as indústrias e a construção civil, cujo funcionamento será tratada em documento próprio.*

A indústria e a construção civil, forma objeto do **Decreto Municipal nº 459, de 11 de abril de 2020 (DOC. 9)**, que estabeleceu as condições para sua retomada em âmbito local, nos seguintes termos:

> *Art. 1º. Fica autorizada a reabertura das indústrias e das empresas e obras da construção civil no Município de Londrina, a partir de 15 de abril de 2020, respeitadas as disposições do presente Decreto.*
>
> *Art. 2º. Todos os estabelecimentos e profissionais tratados no presente Decreto deverão observar rigorosamente as normas sanitárias e de saúde pública aplicáveis, inclusive as estabelecidas pelo presente Decreto, alertando todos os seus colaboradores da necessidade de estrito cumprimento.*

De se ver, pois, que diferentemente do entendimento exposto equivocadamente na r. decisão sob ataque, **este ato normativo também NÃO CLASSIFICOU OU RESTRINGIU ATIVIDADES OU SERVIÇOS PÚBLICOS ESSENCIAIS** previstos no Decreto Federal nº 10.282/2020.

Outrossim, de **Decreto Municipal nº 484, de 17 de abril de 2020 (DOC. 10)**, foram estabelecidas, em âmbito local, as **condições para retomada das atividades comerciais e de prestação de serviços no Município de Londrina**, assim como **definido o horário de funcionamento do comércio local**, nos seguintes termos:

> *Art. 1º Fica autorizada a retomada das atividades comerciais e de prestação de serviços no Município de Londrina, a partir de 20 de abril de 2020, respeitadas as disposições contidas no presente Decreto.*
>
> *Art. 2º Todos os estabelecimentos e profissionais tratados no presente Decreto deverão observar rigorosamente as normas sanitárias e de saúde pública aplicáveis, inclusive as estabelecidas pelo presente Decreto, alertando todos os seus colaboradores da necessidade de estrito cumprimento.*
>
> *(...)*
>
> *Art. 5º Os estabelecimentos de comércio em geral deverão adotar obrigatoriamente as seguintes medidas:*

I – funcionamento de segunda-feira a sexta-feira, das 10:00 às 16:00 horas, adotando sistema de escala de revezamento entre os colaboradores;

II – manter, preferencialmente, o sistema de trabalho remoto ou domiciliar (home office) paras as atividades administrativas;

III – proibição de viagens de funcionários e colaboradores a quaisquer localidades que representem maior risco de infecção;

IV – instalação e uso de anteparo mecânico fixo nas estações de atendimentos/ caixas, de forma a evitar o contato direto entre atendente e cliente ou fornecimento de protetor facial (face shield), bem como orientação formal, exigência e fiscalização da correta higienização das mãos e das superfícies de toque antes e após cada atendimento, principalmente das máquinas de cartão;

V – adotar sistema de organização do ambiente de trabalho de forma a garantir que a distância entre os trabalhadores, seja de, no mínimo, 2 (dois) metros, exceto em caso de absoluta impossibilidade;

VI – proibição de entrada de clientes em proporção maior que 1 (um) para cada 4 m² (quatro metros quadrados) de área;

VII – disponibilização de estações com álcool *em gel, em locais de fácil acesso aos colaboradores e clientes em quantidade suficiente;*

VIII – proibição de formação de filas e aglomerações no refeitório/copa/cozinha, limitando, de qualquer forma, a utilização simultânea de, no máximo, 50% da capacidade total do local;

IX – limpeza e higienização de todas as cadeiras e mesas do refeitório/copa/ cozinha, antes e depois da utilização;

X – proibição de utilização de toalhas de qualquer material nas mesas do refeitório/copa/cozinha, ainda que individuais e/ou descartáveis;

XI – proibição de compartilhamento de pratos, talheres, copos e outros utensílios pessoais similares entre os colaboradores;

XII – higienização contínua dos banheiros durante todo o período de funcionamento, preferencialmente após cada utilização, e sempre quando do início das atividades, inclusive pisos e paredes;

XIII – disponibilização de álcool *em gel na estação de registro de ponto, orientando com comunicação visual a forma correta e a obrigatoriedade de uso do referido produto pelo colaborador, antes e depois do respectivo registro.*

§1º. O número máximo de clientes que podem adentrar os estabelecimentos, deverá ser informado por meio de placa ou cartaz afixado em todas as entradas, em local de fácil visualização.

§2º. Para controle da quantidade de clientes que poderão adentrar e permanecer concomitantemente no interior dos estabelecimentos, considerar-se-á tão somente as áreas cujo acesso e utilização são permitidos aos clientes.

§3º. Cada estabelecimento será responsável pelo controle de entrada de clientes, de forma a impedir entrada de número maior que o permitido.

§4º. Considerar-se-á limpeza contínua para os fins do presente Decreto, aquela realizada com intervalo não maior que 2 (duas) horas.

§5º. Em caso de impossibilidade de utilização de álcool em gel, conforme determinado, fica o estabelecimento obrigado a disponibilizar aos colaboradores, pia/lavatório com água e sabonete líquido e toalhas descartáveis de papel não reciclado. **(Grifos nossos)**

De se ver, pois, que **também diferentemente do entendimento exposto equivocadamente na r. decisão sob ataque, o ato normativo também NÃO CLASSIFICOU OU RESTRINGIU ATIVIDADES OU SERVIÇOS PÚBLICOS ESSENCIAIS previstos no Decreto Federal nº 10.282/2020.**

Em síntese, **nenhum dos Decretos Municipais objeto de suspensão indevida pela r. decisão sob ataque CLASSIFICOU OU RESTRINGIU ATIVIDADES OU SERVIÇOS PÚBLICOS ESSENCIAIS previstos no Decreto Federal nº 10.282/2020.**

De igual modo, e *data máxima vênia*, a Lei Federal nº 13.979/2020 e o próprio Decreto Federal nº 10.282/2020, impuseram obrigação de fechamento ou deixaram de permitir o funcionamento de atividades ou serviços públicos não classificados como essenciais, restando vazia a base em que se fundamenta a decisão, qual seja, a de que esta Municipalidade estaria a classificar atividades e serviços essenciais, em descumprimento às normas gerais editadas pela União Federal e, bem ainda, que esta Municipalidade, ao estabelecer as condições para a retomada das atividades da indústria, da construção civil e do comércio locais, estaria agindo em violação ou descompasso com as normas gerais federais, as quais, por óbvio JAMAIS VEDARAM, ATÉ O PRESENTE MOMENTO, O FUNCIONAMENTO DE ATIVIDADES E SERVIÇOS NÃO ESSENCIAIS.

Inexiste, pois, a aduzida extrapolação dos limites do exercício de competência suplementar Municipal na edição dos Decretos Municipais objeto de suspensão pela r. decisão objurgada.

Os decretos municipais indevidamente suspensos se limitaram a abrandar a quarentena em sede local, ostentando tais atos normativos natureza também política, no sentido de buscar equilibrar valores constitucionais de igual magnitude (leia-se: "o direito à vida e à saúde da coletividade expresso nos arts. 196 e 197 da Constituição; de outro, as liberdades de trabalhar e empreender, bem assim a preservação dos postos de trabalho (formal e informal – arts. 1º, IV, 5º, XIII, 6º, e 170, caput, inciso VIII, c/c p.ú., da CF/1988)

Os decretos municipais ilicitamente suspensos decorrem da discricionariedade técnico-política da Administração, cabendo ao gestor público, eleito pelo voto popular optar por determinada direção ou medida, **e ao Poder Judiciário, respeitar-lhe a opção**, ainda que outra lhe pareça mais aconselhável.

Ademais disso, esta Municipalidade, por ocasião da edição dos decretos suspensos, não ignorou o dever de dar proteção ao direito à vida e à saúde da população, eis que criou órgão técnico incumbido da coordenação e assessoramento das ações de enfrentamento da pandemia (COESP – Decreto nº 334/2020 – DOC. 11), além de se ter imposto medida de quarentena, já em 22.03.2020, proibindo o exercício de atividades econômicas não essenciais (Decreto nº 346/2020 – DOC. 12); determinando-se, ainda, o fechamento de todos os parques, praças, lagos, pistas de caminhada, ciclovias, academias ao ar livre e espaços públicos similares (Decreto nº 439/2020 – DOC. 13), além de obrigar o uso de máscaras em ambientes fechados não domiciliares (Decreto nº 457/2020 – DOC. 09).

Ao editar os decretos municipais ora suspensos, o Chefe do Executivo se cercou de cautelas substantivas para reduzir os riscos de contágio, estabelecendo rígidas condições e exigências sanitárias para a retomada das atividades industriais, de construção civil, comerciais e de prestação de serviços (Vide arts. 3º, 6º e 7º do Decreto Municipal nº 459/2020, c/c os arts. 3º, 5º, 6º, 8º a 12, ambos do Decreto nº 484/2020).

Reitere-se, que o órgão técnico (COESP) que assessora o Chefe do Executivo, que analisa diariamente os dados epidemiológicos e a taxa de ocupação hospitalar locais, entendeu possível a retomada condicionada das atividades industriais e comerciais, por ora, e, em havendo *necessidade ou indicação pelo mesmo COESP, medidas mais restritivas voltarão a ser editadas*, sem prejuízo do não desejado "lockdown". (DOC. 6)

É a síntese fático-processual e dos fundamentos equivocados da r. decisão sob ataque, pelo que passamos a expor as razões pelas quais se comprovará sua violação às decisões dessa C. Corte Suprema.

4   Da violação de decisões e súmula vinculantes desse excelso Supremo Tribunal Federal

Excelências, cediço ser cabível a reclamação contra qualquer ato administrativo ou judicial que contrarie decisão proferida em Ação Direta de Inconstitucionalidade ou em Ação Declaratória de Constitucionalidade ou, ainda, em Arguição de Descumprimento de Preceito Fundamental, eis que se presta a reclamação, nesses casos, exatamente para assegurar a autoridade de decisões de tal envergadura.

Entende a doutrina[1], também:

> *A decisão de ADI, ADC ou ADPF, além de decidir a questão objetiva que lhe foi submetida, torna-se precedente, estabelecendo a norma geral para casos futuros semelhantes. Quando o STF afirma, por exemplo, que uma lei estadual é inconstitucional, ele não só cria a regra do caso, como também produz um precedente, para que, em casos futuros, que digam respeito a outras leis estaduais, este mesmo entendimento seja observado. Se um órgão jurisdicional considerar como constitucional uma lei estadual análoga àquela que o STF considerou inconstitucional, caberá reclamação, em razão do desrespeito ao precedente nascido de uma decisão em controle concentrado. A reclamação, nesse caso, serve para fazer valer a ratio decidendi do precedente (fundamentação) adotada pelo STF, em um processo de controle concentrado de constitucionalidade.*

Ademais disso, a reclamação se amolda ao próprio conteúdo do art. 927, I, do CPC, segundo o qual os juízes e tribunais devem observar as decisões do Supremo Tribunal Federal em controle concentrado de constitucional, de tal modo que, sua conjugação com o próprio art. 988, do mesmo Códex e que ora embasa a vertente reclamação, reforça a eficácia formalmente vinculante dos precedentes do STF em casos de controle concentrado de constitucionalidade e não apenas dos comandos dessas decisões.

No caso em debate, a r. decisão antecipatória dos efeitos da tutela recursal proferia pelo E. Tribunal de Justiça de Estado do Paraná, no **Agravo de Instrumento nº 0019324-57.2020.8.16.0000 (DOC. 1)**, marginaliza e deixa de aplicar as disposições das r. decisões cautelares proferidas pelos Excelentíssimos Ministros Alexandre de Moraes (**ADPF nº 672 – DOC. 2**) e Marco Aurélio (**ADI nº 6341 – DOC. 3**), essa última referendada pelo Plenário em sessão virtual de 15 de abril de 2020, bem como a proferida pela Exma. Ministra Carmen Lúcia, na **ADI 4.102 (DOC. 4)** e, por fim, à própria **Súmula Vinculante 38** dessa C. Corte Suprema, conforme se demonstrará adiante.

Em síntese, a r. decisão do E. TJ-PR para além de sua teratologia, defeitos técnicos incontornáveis, ausência de fundamentação congruente com os pedidos vertidos na demanda e no próprio agravo de instrumento na qual proferida *inaudita altera pars*, marginaliza,

---

[1] DIDIER JR, Fredie; CUNHA, Leonardo Carneiro da. *Curso de direito processual civil*: o processo civil nos tribunais, recursos, ações de competência originária de tribunal e *querela nullitatis*, incidentes de competência originária de tribunal. 13. ed. reforrn. Salvador: Juspodivm, 2016, v. 3, p. 549.

sobremaneira, as disposições das decisões indicadas acima, assim como a força vinculante de seus respectivos precedentes, **as quais reconheceram expressamente que a implementação de providências administrativas e a edição de medidas legislativas pertinentes à proteção da saúde pública estão inseridas nas competências comum (CF, art. 23, II) e concorrente (CF, art. 24, XII) das três esferas de governo, conviventes em federação, bem como a competência dos municípios para suplementar, no que couber, a legislação federal ou estadual, sempre que se tratar de assuntos de interesse local (CF, art. 30, II) e, por fim, em mesma linha, que compete aos municípios a regulamentação do horário de funcionamento do comércio local, com ou sem pandemia ou emergência em saúde pública declarada.**

Pois bem.

Este Colendo Supremo Tribunal Federal, no julgamento da ADPF 672, reconheceu e assegurou, em medida de caráter cautelar, *"O EXERCÍCIO DA COMPETÊNCIA CONCORRENTE DOS GOVERNOS ESTADUAIS E DISTRITAL E SUPLEMENTAR DOS GOVERNOS MUNICIPAIS, cada qual no exercício de suas atribuições e no âmbito de seus respectivos territórios, para a adoção ou manutenção de medidas restritivas legalmente permitidas durante a pandemia, tais como, a imposição de distanciamento/isolamento social, quarentena, suspensão de atividades de ensino, restrições de comércio, atividades culturais e à circulação de pessoas, **entre outras; INDEPENDENTEMENTE DE SUPERVENIENCIA DE ATO FEDERAL EM SENTIDO CONTRÁRIO, sem prejuízo da COMPETÊNCIA GERAL DA UNIÃO para estabelecer medidas restritivas em todo o território nacional, caso entenda necessário "**.* (Grifos nossos)

Infere-se da r. decisão supra, que o Ministro Alexandre de Moraes reconheceu que a Constituição Federal (incisos II e IX do artigo 23) consagra a existência de competência administrativa comum entre União, Estados, Distrito Federal e municípios em relação à saúde e assistência pública, inclusive quanto à organização do abastecimento alimentar e, bem ainda, que texto constitucional (inciso XII do artigo 24) também prevê competência concorrente entre União e Estados/Distrito Federal para legislar sobre proteção e defesa da saúde, **permitindo, ainda, aos municípios possibilidade de suplementar a legislação federal e a estadual, desde que haja interesse local (inciso II, artigo 30).**[2]

---

[2] Disponível em: http://www.stf.jus.br/portal/cms/verNoticiaDetalhe.asp?idConteudo=441075.

Disto decorre que as determinações dos Governadores e Prefeitos, mais restritivas ou com flexibilização programada de distanciamento social e de atividades industriais e comerciais, não vedadas pelas normas gerais federais, não poder ser objeto de intervenção do Poder Executivo Federal.

Além disso, o Eminente Ministro bem ressaltou que "Não compete ao Poder Judiciário substituir o juízo de conveniência e oportunidade realizado pelo Presidente da República no exercício de suas competências constitucionais, porém é seu dever constitucional exercer o juízo de verificação da exatidão do exercício dessa discricionariedade executiva perante a constitucionalidade das medidas tomadas".

Na presente reclamação, para além das premissas e fundamentos absolutamente equivocados consignados na r. decisão atacada ("suposta extrapolação de competência suplementar"), está há ocorrer frontal, direta e inequívoca invasão do Poder Judiciário Estadual no Poder Executivo Municipal de Londrina, na exata medida em que está a afastar a vigência de atos normativos e com preceitos administrativos editados em conformidade com a prevalência dos interesses locais, com fundamentos em análises estatísticas, projeções, índices de contágio, índice de ocupação e percentual de saturação da rede de saúde local (pública e privada, inclusive as contratualizadas) no cenário local da emergência em saúde pública, análises estas levadas a efeito por órgão técnico instituído pelo Chefe do Executivo, por meio do **Decreto Municipal nº 334, de 17 de março de 2020 (Leia-se: Centro de Operações e Emergências em Saúde Pública – COESP – Vide DOC. 11)**, que se reúne constantemente, de forma presencial e virtual, **apoiando e orientando a tomada de decisões da Administração Pública Municipal, mas, mais do que isso, com foco na organização, alinhamento e padronização entre todos os serviços de saúde da atenção hospitalar do Município de Londrina nos temas atinentes ao combate à pandemia do novo coronavírus (SARS-cov2), cuja** dinâmica de trabalho, **guiada por análises técnicas individuais que são discutidas coletivamente, abre campo para as discussões que norteiam as orientações, sendo usual, sobretudo por envolver a Administração Pública, que durante o processo de construção coletiva haja divergência de pontos de vistas, conceitos, opiniões, metodologias, o que se agrava para o tema em tela, haja vista ser algo muito novo e com variáveis alteradas diariamente em todo mundo.**

A decisão infirmada na vertente reclamação, também queda desatenta ao exato teor da r. decisão do Exmo. Sr. Ministro Marco Aurélio, que deferiu em parte pedido de liminar do Partido Democrático Trabalhista (PDT) na Ação Direta de Inconstitucionalidade (ADI) 6341 **para explicitar que as medidas adotadas pelo Governo Federal na Medida Provisória (MP) 926/2020 para o enfrentamento do novo coronavírus não afastam a competência concorrente nem a tomada de providências normativas e administrativas pelos estados, pelo Distrito Federal e pelos municípios, referendada pelo Plenário desta C. Corte em 15.04.2020.**[3]

No julgamento em plenário, o Ministro Edson Fachin expressou o entendimento de que estados e municípios podem, inclusive, estabelecer quais são as atividades essenciais, aquelas atividades que não sofrem restrições de funcionamento durante a crise.

Das explanações da Exma. Ministra **Rosa Weber**, destaca-se a da possibilidade de edição de medidas diferentes e até mais rígidas de controle do coronavírus diante das realidades de cada local, respeitando o princípio da proporcionalidade.

Reconhecendo a competência concorrente de Estados e Municípios, o Presidente da República fez editar o recentíssimo DECRETO Nº 10.329, DE 28 DE ABRIL DE 2020 (DOC. 14), que Altera o Decreto nº 10.282, de 20 de março de 2020, que regulamenta a Lei nº 13.979, de 6 de fevereiro de 2020, para definir os serviços públicos e as atividades essenciais.

O novel ato normativo federal viu-se assim justificado:

> *Considerando que o Plenário do Supremo Tribunal Federal, na Ação Direta de Constitucionalidade nº 6341, por maioria, referendou Medida Cautelar, que deu interpretação conforme a Constituição ao §9º do art. 3º da Lei nº 13.979, de 2020, a fim de explicitar que o Presidente da República poderá dispor, preservada a atribuição de cada esfera de governo, nos termos do disposto no inciso I do caput do art. 198 da Constituição, sobre serviços públicos e atividades essenciais;*
>
> *Considerando a Medida Cautelar deferida pelo Supremo Tribunal Federal na Arguição de Descumprimento de Preceito Fundamental nº 672; e*
>
> *Considerando que o rol de atividades essenciais, acrescido por este Decreto, foi objeto de discussão e avaliação multidisciplinar por colegiado composto por*

---

[3] Disponível em: http://www.stf.jus.br/portal/cms/verNoticiaDetalhe.asp?idConteudo=440055

representantes das áreas da vigilância sanitária, da saúde, do abastecimento de produtos alimentícios e de logística. (Grifos nossos)

Através de seu art. 1º, o novo Decreto em evidência promoveu alterações relevantes no art. 3º do Decreto nº 10.282, de 20 de março de 2020, destacando, *in casu*, o reconhecimento, pela União Federal, da competência concorrente administrativa e normativa dos demais Entes Federativos para a tomada de providências em relação à forma de enfrentamento e contenção da pandemia em combate, o que se deu através da alteração do §9º da norma alterada, que passou a vigorar com as seguintes alterações:

> **§9º O disposto neste artigo não afasta a competência ou a tomada de providências normativas e administrativas pelos Estados, pelo Distrito Federal ou pelos Municípios, no âmbito de suas competências e de seus respectivos territórios, para os fins do disposto no art. 3º da Lei nº 13.979, de 2020, observadas:**
>
> I – a competência exclusiva da União para fixar as medidas previstas na Lei nº 13.979, de 2020, referentes ao uso dos seus bens e à prestação dos serviços públicos essenciais por ela outorgados; e
>
> II – que a adoção de qualquer limitação à prestação de serviços públicos ou à realização de outras atividades essenciais diretamente reguladas, concedidas ou autorizadas pela União somente poderão ser adotadas com observância ao disposto no §6º deste artigo." (NR)
>
> (...). (Grifos nossos)

Nada mais seria necessário acrescentar para demonstrar o desacerto da decisão combatida, todavia, a marginalização às decisões e precedentes desse E. Supremo Tribunal Federal não parou aí, tendo aquela se distanciado (e muito, diga-se de passagem) da sedimentada jurisprudência dessa C. Corte atinentes ao princípio da separação de poderes, cujas razões se viram expostas por ocasião do julgamento da ADI 4.102, tal qual consta das publicações deste E. Tribunal pertinente às decisões suas interpretativas do texto Constitucional (Entenda-se: "A Constituição e o Supremo" – disponível em http://www.stf.jus.br/portal/constituicao/artigoBd.asp#visualizar). Vejamos:

> As restrições impostas ao exercício das competências constitucionais conferidas ao Poder Executivo, incluída a definição de políticas públicas, importam em contrariedade ao princípio da independência e harmonia entre os Poderes. [**ADI 4.102**, rel. min. Carmen Lúcia, j. 30-10-2014, P, *DJE* de 10-2-2015.]

Vide RE 436.996 AgR, rel. min. Celso de Mello, j. 22-11-2005, 2ª T, *DJ* de 3-2-2006.

Por brevidade, transcreve-se parcialmente a ementa do v. acórdão em comento, no que interessa à presente reclamação:

EMENTA: AÇÃO DIRETA DE INCONSTITUCIONALIDADE. VINCULAÇÃO DE RECEITAS TRIBUTÁRIAS A SETORES DA POLÍTICA EDUCACIONAL. ARTS. 309, §1º, 314, CAPUT E §§2º E 5º, E 332 DA CONSTITUIÇÃO DO RIO DE JANEIRO. ALEGAÇÃO DE CONTRARIEDADE AOS ARTS. 2º, 5º, 61, §1º, INC. II, AL. B, 165 e 212 DA CONSTITUIÇÃO DA REPÚBLICA.

1. A jurisprudência do Supremo Tribunal Federal firmou serem inconstitucionais normas que estabelecem vinculação de parcelas das receitas tributárias a órgãos, fundos ou despesas, por desrespeitarem a vedação do art. 167, inc. IV, da Constituição da República, e restringirem a competência constitucional do Poder Executivo para a elaboração das propostas de leis orçamentárias. Precedentes.

2. As restrições impostas ao exercício das competências constitucionais conferidas ao Poder Executivo, incluída a definição de políticas públicas, importam em contrariedade ao princípio da independência e harmonia entre os Poderes. (...). (Grifos nossos)

Afirma-se isto porque os decretos municipais suspensos pela decisão atacada, permitiram a retomada das atividades da indústria, da construção civil e do comércio e, em relação a este estabelecendo horário reduzido de funcionamento, **desde que atendidas medidas sanitárias rígidas e específicas, as quais se, não observadas, impediriam o funcionamento e ensejariam a fiscalização e o sancionamento pelo Poder Público local, o que restou, igualmente suspenso, sem qualquer razão para tanto.**

Dito isto, ao se imiscuir indevidamente na definição das políticas públicas sanitárias definidas em nível local, a r. decisão atacada, marginalizando pois, as razões que transcendem ao acórdão proferido na ADI 4.102, violou frontal e sobremaneira o princípio da independência e harmonia entre os Poderes, substituindo, ilicitamente, a vontade do Chefe do Executivo Municipal.

Tal intervenção só é possível em situações absolutamente excepcionais e, no caso, o Poder Judiciário Estadual está inovando na ordem jurídica, definindo por si, políticas sanitárias e medidas administrativas, inclusive derivadas do legítimo poder de polícia sanitário que compete aos Municípios, desviando-se, a r. decisão objurgado, dos limites de intervenção judicial assentados por ocasião do julgamento do **RE 642.536 AgR, da relatoria do Ministro Luiz Fux,** (j. 5-2-2013, 1ª T, *DJE* de 27-2-2013).

Cabe aqui, ainda, pontuar, por pertinente, que o regime republicano apresenta-se incompatível com poderes absolutos e decisões inquestionáveis, não havendo, portanto, que se cogitar da possibilidade de existirem agentes públicos soberanos ou imunes a qualquer controle, como se dotados de poder incontrastável para interpretar a lei ao seu alvedrio.

Nesta senda, decisões teratológicas, como a aqui tratada, acabam por se revelarem conflitantes com o princípio da razoabilidade, estando, portanto, o controle dos atos praticados pelas altas autoridades dos diversos poderes, condicionado à observância do princípio fundamental da harmonia e independência, eis sua tomada, sem as devidas cautelas e mensuração das suas consequências no mundo fático, leva, como está a ocorrer, à invasão de competências e ao fomento do conflito e da desordem jurídica.

Por fim, tem-se que a decisão objurgada ainda desprezou a competência dos Municípios para a definição do horário de funcionamento do comércio, exista ou não emergência de saúde, nos termos do enunciado da Súmula Vinculante nº 38, desse E. STF[4], *verbis: "Súmula Vinculante 38 – É competente o Município para fixar o horário de funcionamento de estabelecimento comercial".*

De todo o exposto, bem se de ver que a r. **decisão hostilizada e proferida no** âmbito **do E. TJ-PR, marginaliza de forma contundente e em escala ampla nunca vista a jurisprudência, precedentes,** disposições e motivos transcendentes das r. decisões proferidas por essa C. Corte Suprema, tanto na **ADPF nº 672 (Doc. 2 em anexo),** quanto nas ADIs nº 6.341 (Doc. 3) e nº 4.102 (Doc. 4) e, bem ainda, ao próprio enunciado de súmula vinculante (SV 38), impondo-se a cassação da decisão judicial impugnada, facultando-se, pois, que outra seja proferida nos limites das decisões e súmula vinculante em comento, sendo o que requer esta Municipalidade, a quem compete dispor, adotar e impor medidas administrativas e normativas respeitantes às políticas públicas de enfrentamento da pandemia em âmbito local e, bem ainda, a própria gestão do Município e de sua saúde pública, por quem de

---

4   Disponível em: http://www.stf.jus.br/portal/jurisprudencia/listarJurisprudencia.asp?s1= 38.NUME.%20E%20S.FLSV.&base=baseSumulasVinculantes.

direito, qual seja, o Chefe do Executivo Municipal, eleito que foi pelo voto popular para tanto.

5 Da necessidade de concessão de medida liminar (tutelas de urgência e de evidência)

Excelências, restou demonstrada e comprovada, inclusive documentalmente (Vide Docs. 01 a 15), que a r. **decisão hostilizada, proferida no âmbito do E. TJ-PR, está a violar tanto a autoridade de decisões desse E. STF (ADPF nº 672,** ADIs nº 6.341 e nº 4.102), quanto enunciado de súmula vinculante (SV 38), o que já se revela bastante suficiente para autorizar a concessão do provimento judicial liminar consistente na determinação de suspensão do ato judicial infirmado, sendo o que se requer.

O *fumus boni iuris* resta *quantum satis* comprovado, visto a desobediência à ordem emitida por esta Suprema Corte tanto nos autos da ADPF nº 672, quanto nas ADIs nºs 6.341 e 4.102, violando diretamente a determinação de que a competência suplementar dos governos municipais para adoção ou manutenção de medidas restritivas legalmente permitidas durante a pandemia.

Aliás, o novel **DECRETO Nº 10.329, DE 28 DE ABRIL DE 2020, que** altera o Decreto nº 10.282, de 20 de março de 2020, que regulamenta a Lei nº 13.979, de 6 de fevereiro de 2020, para definir os serviços públicos e as atividades essenciais, reconhece expressamente a **competência concorrente de Estados e Municípios, administrativa e normativa, para a tomada de providências em relação a forma de enfrentamento e contenção da pandemia em combate, o que se deu através da alteração do §9º do Decreto Federal nº 10.282/2020.**

O *periculum in mora* decorre do fato de que a manutenção da decisão hostilizada, descumpridora da autoridade das decisões desse E. STF, como já comprovado, está a interferir sobremaneira na gestão da epidemia em âmbito local, eis que, com a **indevida suspensão judicial dos Decretos Municipais nº 458/2020, nº 459/2020 e nº 484/2020, inexistem vigentes em âmbito local quaisquer restrições ao funcionamento das atividades da indústria e comércio, na exata medida em que os decretos anteriores que tiveram seu prazo prorrogado pelo art. 1º do Decreto Municipal nº 458/2020, vigeram até 19.04.2020.**

Pior que isso, com a suspensão dos decretos municipais em comento, que abrandaram a quarentena em sede local, **as condições** e rígidas exigências sanitárias específicas para a retomada das atividades industriais, de construção civil, comerciais e de prestação de serviços (Vide arts. 3º, 6º e 7º do Decreto Municipal nº 459/2020 (DOC. 9); e arts. 3º, 5º, 6º, 8º a 12 do Decreto nº 484/2020 (DOC. 10), não mais vigem e, pior, a decisão vergastada transformou o cenário local em verdadeira "terra sem lei".

Ademais disso, o Decreto Municipal nº 484/2020, para além de estabelecer as condições e medidas sanitárias rígidas a serem cumpridas para a retomada das atividades do comércio, **também estabeleceu horário reduzido de seu funcionamento, o que não mais existe, de tal forma que, para além de se ter promovido invasão de competência e descumprimento ao enunciado da Súmula Vinculante nº 38 desse E. STF.**

Neste quadro, inviabiliza-se, inclusive, a fiscalização e o sancionamento pelo Poder Público local, o que restou, igualmente suspenso, sem qualquer razão para tanto, pela decisão hostilizada, que está a permitir, em verdade, o funcionamento do comércio na forma da legislação local existente até à edição dos atos normativos restritivos, que não mais vigoram (Art. 16 da Lei Municipal nº 11.468/2011 – DOC. 15), *in verbis*:

TÍTULO III

DO HORÁRIO DE FUNCIONAMENTO DOS ESTABELECIMENTOS
LOCALIZADOS NO MUNICÍPIO

Art. 16. A abertura e o fechamento dos estabelecimentos de atividades de pessoas físicas ou jurídicas, públicas ou privadas, localizados no Município, deverão se limitar aos horários determinados neste capítulo, de acordo com os grupos a que pertençam.

I – GRUPO 1, composto pelas atividades do comércio varejista de modo geral, terá como horário normal de funcionamento: de segunda a sexta-feira das 8 *às* 18 horas, aos sábados das 9 *às* 13 horas e fechado aos domingos e feriados. No primeiro e segundo sábados depois do quinto dia *útil* do mês o horário de funcionamento será das 9 *às* 18 horas;

II – GRUPO 2, composto pelas atividades dos prestadores de serviços, com ou sem estabelecimento fixo, profissionais liberais e correlatos: todos os dias, durante 24 horas;

III – GRUPO 3, composto pelas atividades do comércio varejista de alimentos e gêneros de primeira necessidade para atendimento local, localizados na *área* central e periférica: será livre para fixar o horário normal de funcionamento até as 22 horas todos os dias;

IV – GRUPO 4, composto pelos bares, restaurantes e similares, boates, casas de shows e similares, diversões públicas, estabelecimentos religiosos e locais de cultos de qualquer natureza, clubes recreativos e serviços de hospedagens: todos os dias, 24 horas;

V – GRUPO 5, composto pelas atividades hospitalares, postos de saúde, clínicas médicas e similares, postos de combustíveis e farmácias: todos os dias, 24 horas;

VI – GRUPO 6, composto pelos reparadores de veículos em geral, serralherias, marcenaria, serviço de metalurgia e indústrias que, por suas características, são consideradas atividades incômodas e ruidosas localizadas em zonas comerciais ou residenciais: de segunda a sábado, na faixa das 8 *às* 18 horas; e aos domingos e feriados, fechado;

VII – GRUPO 7, composto por todas as atividades localizadas nas zonas e cilos industriais: todos os dias, 24 horas; excluídas as atividades voltadas para o comércio varejista/atacadista, as quais obedecerão ao horário estabelecido no inciso I deste artigo (Grupo 1);

VIII – GRUPO 8, composto pelos shoppings centers, hipermercados, supermercados e mercados será livre para fixar o horário normal de funcionamento de segunda a sábado das 8 *às* 22 horas e aos domingos e feriados das 8 *às* 18 horas, observando-se ainda o seguinte:

a) as praças de alimentação localizadas nos estabelecimentos referidos neste Grupo poderão funcionar até as 24 horas;

b) os estabelecimentos localizados nas dependências ou nas mesmas edificações dos supermercados e hipermercados o horário normal de funcionamento de segunda a sábado será das 8 *às* 22 horas e aos domingos e feriados das 8 *às* 18 horas;

c) os mini-mercados, mercados, supermercados e hipermercados não funcionarão nas datas comemorativas de 1º de janeiro (Confraternização Universal), Domingo de Páscoa, 1º de maio (Dia do Trabalho), Dia das Mães, Dias dos Pais, Natal e no Dia da Consciência Negra.

IX – GRUPO 9, composto pela indústria da construção civil, terá como horário normal de funcionamento de segunda a sexta-feira, das 7 *às* 18 horas, aos sábados, das 7 *às* 12 horas e fechados aos domingos e feriados.

§1º A pedido dos interessados, o Município poderá expedir Autorização Especial para antecipação ou prorrogação do horário de funcionamento dos estabelecimentos comerciais, industriais e de prestação de serviço, a título precário, e por prazo determinado, com anuência do Sindicato dos Empregados.

§2º Serão considerados horários normais de funcionamento nos estabelecimentos comerciais do Grupo 1 e nos prestadores de serviços, *às* vésperas de datas festivas ou promocionais: das 8 *às* 18 horas, de segunda a sexta-feira, e das 9 *às* 13 horas, aos sábados. Outros horários poderão ser negociados por meio de Convenção Coletiva de Trabalho entre os sindicatos dos empregados e o patronal.

§3º Também, será considerado horário normal de funcionamento das atividades comerciais durante o mês de dezembro de segunda a sexta-feira, das 8 *às* 22 horas, e aos sábados, das 8 *às* 18 horas.

§4º As atividades exercidas em zonas residenciais poderão ter seu horário limitado, independente do grupo a que pertença.

§5º Estabelecimentos comerciais ou de prestação de serviços, localizados em distritos, patrimônios ou distantes da *área* central poderão ter horários de funcionamento diferenciados.

§6º As normas complementares necessárias para definição, limitação dos horários de atividade e especificação de atividades, conforme cada grupo, serão editadas por meio de regulamento do Poder Executivo.

§7º As Convenções Coletivas de Trabalho e os Acordos Coletivos, firmados entre os Sindicatos Patronais e de Trabalhadores, serão considerados para fins da ampliação do horário de funcionamento dos estabelecimentos e para situações não previstas anteriormente, com anuência do Município.

§8º Para fins do cumprimento do disposto no inciso VIII (Grupo 8) a definição de Shopping Center se dará por meio de lei específica.

§9º As atividades não previstas neste capítulo e que vierem a estabelecer-se no Município serão enquadradas no grupo a que mais se assemelharem.

§10. As atividades que constarem de mais de um grupo deverão optar pela atividade predominante. (Grifos nossos).

Excelências, o funcionamento desregrado do comércio local ensejará por certo danos irreparáveis à saúde pública, desnaturando o plano de contingência e as ações administrativas até o presente momento levadas a efeito em âmbito local, restando, pois evidenciado o direito e os perigos na demora de suspensão e posterior cassação da decisão objurgada, quadro que conduzirá a situações imprevisíveis e que escaparam ao controle do Chefe do Executivo, eleito que foi para Administrar esta Municipalidade, impondo-se, pois, com fundamento no art. 989, II, do CPC, requerer-se a concessão de tutela de urgência, determinando-se a suspensão do ato impugnado.

6   Do provimento jurisdicional postulado

Ante o exposto, esta Municipalidade ora reclamante, na qualidade de tutora dos interesses públicos locais que lhe cumpre defender, bem como na defesa das competências constitucionais administrativas e normativas que lhe são próprias, requer, demonstrada e comprovada que está, inclusive documentalmente (Vide Docs. 01 a 15), a violação **tanto da autoridade de decisões desse E. STF (ADPF nº 672,** ADIs nº 6.341 e nº 4.102), quanto seu enunciado de súmula vinculante (SV 38), pela r. decisão liminar proferida no Agravo de Instrumento nº 0019324-57.2020.8.16.0000, em trâmite perante o E. Tribunal de Justiça do Estado do Paraná, requer a concessão de **LIMINAR, determinando-se a imediata** suspensão dos efeitos da r. decisão hostilizada e, ao final, seja confirmada a medida liminar, a fim de que seja determinada sua cassação em definitivo.

Nestes termos,

Pede e Espera Deferimento.

De Londrina para Brasília/DF, em 29 de abril de 2020.

Informação bibliográfica deste texto, conforme a NBR 6023:2018 da Associação Brasileira de Normas Técnicas (ABNT):

GALVES, Luciano Sodré; OLIVEIRA FILHO, Sérgio Veríssimo de; ESTEVES, João Luiz Martins. Reclamação constitucional (com pedido de medida liminar). *In*: FLORIANO, Eduardo de Souza; CUNHA, Bruno Santos; TAVARES, Gustavo Machado (coord.). *Direito Municipal em Debate*. Belo Horizonte: Fórum, 2021. p. 307-332. v. 5. ISBN 978-65-5518-158-6.

SOBRE OS AUTORES

Adelmar Azevedo R'égis
Procurador-Geral do Município de João Pessoa.

Alexsandro Rahbani Aragão Feijó
Procurador do Município de São Luís/MA. Professor Assistente do Departamento de Direito da Universidade Federal do Maranhão (UFMA) e Mestre em Direito Constitucional pela Universidade de Fortaleza (UNIFOR).

Ana Beatriz Getelina Sousa
Bacharela em Direito pela Universidade Federal do Maranhão (UFMA).

Daniel de Souza Vellame
Advogado. Procurador do Município de Maricá/RJ. Diretor jurídico na Secretaria Municipal de Saúde. MBA em Direito Tributário pela Fundação Getulio Vargas (FGV)

Daniel Lopes Pires Xavier Torres
Advogado. Procurador do Município de São Luís-MA. Ex-procurador do Município de Goiânia. Mestre em Direito e Políticas Públicas pela Universidade Federal de Goiás. *Master of Laws* (LL.M) pelo Ibmec do Rio de Janeiro. Graduado pela Universidade Federal do Ceará. Lattes: http://lattes.cnpq. br/6148088674004211. *E-mail*: daniel@xaviertorres.com.br.

Edcarlos Alves Lima
Advogado-Chefe da Consultoria Jurídica em Licitações, Contratos e Ajustes Congêneres, da Advocacia-Geral do Município de Cotia. Especialista em gestão pública, pela Universidade Tecnológica Federal do Paraná, e em Direito Tributário, pela Universidade Presbiteriana Mackenzie, onde também é discente do Programa de Mestrado em Direito Político e Econômico. Autor de artigos jurídicos e instrutor em matéria de licitações e contratos.

Eliane Pires Araújo
Procuradora do Município de Goiânia/GO. Mestranda do Programa de Pós-Graduação em Direito e Políticas Públicas da Universidade Federal de Goiás. Lattes: http://lattes.cnpq.br/2539865354823511. *E-mail*: elipiresa@gmail.com.

Giuliano Campos Pereira
Procurador do Município de Luís Correia/PI. Advogado. Graduado em Direito pela Universidade Estadual do Piauí (UESPI). Pós-graduado em Direito e Processo Penal pela Faculdade Internacional do Delta (INTA-FID). Pós-graduando em Direito e Processo Civil pela Universidade Maurício de Nassau (UNINASSAU). Pós-graduando em Direito Constitucional e Administrativo pela Escola Superior de Advocacia do Estado do Piauí (ESA/PI). Afiliado à Associação Nacional de Procuradores Municipais. Membro da Comissão da Advocacia Pública da OAB/PI. Lattes: http://lattes.cnpq.br/7615301893702084. *E-mail*: giulianocamposadv@hotmail.com.

Gustavo Bedê Aguiar
Procurador-Chefe Setorial. Secretaria de Saúde (SMS).

Igor Silva de Menezes
Possui graduação em Ciências Jurídicas e Sociais Aplicadas pela Universidade Iguaçu (UNIG), na qual obteve o título de pós-graduado em Direito Público. Mestre em Justiça Administrativa pela Universidade Federal Fluminense (UFF). Aprovado na seleção de 2015, foi aluno do doutorado em Sociologia e Direito da UFF (PPGSD) por um ano. Doutorando em Direito (PPGDIN/UFF), obteve a primeira colocação na linha de pesquisa Jurisdição e Estado (2016.2). É professor e foi coordenador do curso de Direito da UNIABEU. Membro do Conselho Editorial da *Revista de Direito da Uniabeu*. Procurador do Município de Mesquita/RJ. Foi presidente da Associação dos Procuradores Municipais de Mesquita (APROME), da Federação dos Procuradores Municipais do Estado do Rio de Janeiro (FEPROMERJ) e da Comissão de Advocacia Pública da OAB Subseção de Nova Iguaçu. Além da advocacia pública, milita na advocacia privada contenciosa e consultiva. Procurador do Município. Membro eleito do Conselho Superior da Procuradoria-Geral do Município de Mesquita.

João Luiz Martins Esteves
Procurador-Geral do Município de Londrina.

Luciano Sodré Galves
Procurador do Município de Londrina.

Matheus Vinicius Menegatti da Costa
Procurador do Município. Membro eleito do Conselho Superior da Procuradoria-Geral do Município de Mesquita.

Renata Hellwig Ferreira
Graduada em Direito (UFPel). Pós-Graduada em Filosofia (UFPEL), Gestão Pública e Direito do Estado (UFRGS) e Advocacia Pública (Universidade de Coimbra). Procuradora do Município de Capão do Leão/RS.

Renato Ramalho
Procurador para Assuntos Estratégicos.

Sérgio Veríssimo de Oliveira Filho
Procurador do Município de Londrina. Gerência de Licitações e Contratos.

Thaís Ferreira Viturino Boueres
Procuradora-Chefe Setorial. Secretaria de Administração (SEAD).

Esta obra foi composta em fonte Palatino Linotype, corpo 10
e impressa em papel Offset 75g (miolo) e Supremo 250g (capa)
pela Paulinelli Serviços Gráficos, em Belo Horizonte/MG.